山西文华·著述编　梁园东史学论著四种

梁园东史学论集

第一册

梁园东◎著

《山西文华》编纂委员会　编

传媒集团
出版社

图书在版编目(CIP)数据

梁园东史学论集：全2册 / 梁园东著. —太原：三晋出版社，2017.10

（梁园东史学论著四种）

ISBN 978-7-5457-1605-4

Ⅰ. ①梁… Ⅱ. ①梁… Ⅲ. ①史学—中国—文集 Ⅳ. ①K207-53

中国版本图书馆CIP数据核字(2017)第259678号

梁园东史学论集

著　　者：梁园东

责任编辑：秦艳兰

封扉设计：山西天目·王明自

出 版 者：山西出版传媒集团·三晋出版社（原山西古籍出版社）

地　　址：太原市建設南路21號

邮　　编：030012

电　　话：0351-4922268（发行中心）

0351-4956036（总编室）

0351-4922203（印制部）

网　　址：http://www.sjcbs.cn

经 销 者：新华书店

承 印 者：山西人民印刷有限责任公司

开　　本：700mm×1000mm　1/16

印　　张：30.75

字　　数：380千字

版　　次：2017年10月　第1版

印　　次：2017年10月　第1次印刷

书　　号：ISBN　978-7-5457-1605-4

定　　价：140.00元（全二册）

《山西文华》学术顾问委员会

《山西文华》分编主编

出版说明

山西东屏太行，西濒黄河，北通塞外，南控中原，是中华民族的主要发祥地之一。中华文明辉煌灿烂，三晋文化源远流长。历史文献丰富、文化遗产厚重，形成了兼容并包、积淀深厚、韵味独特的晋文化。山西省政府决定编纂大型历史文献丛书《山西文华》，以汇集三晋文献、传承三晋文化、弘扬三晋文明。

《山西文华》力求把握正确方向，尊重历史原貌，突出山西特色，荟萃文化精华，按照抢救、保护、整理、传承的原则整理出版图书。丛书规模大，编纂时间长，参与人员多，特将有关编纂则例简要说明如下。

一、《山西文华》是有关山西现今地域的大型历史文献丛书，分“著述编”“史料编”“图录编”。每编之下项目平列；重大系列性项目，按其项目规模特征，制定合理的编纂方式。

二、“著述编”以1949年10月1日前山西籍作者（含长期在晋之作者）的著述为主，兼收今人有关山西历史文化的研究性著述。

三、“史料编”收录1949年10月1日前有关山西的方志、金石、日记、年谱、族谱、档案、报刊等史料，以影印为主要整理方式。

四、“图录编”主要收录1949年10月1日前有关山西的文化遗产精华，包括古代建筑、壁画、彩塑、书画、民间艺术等，兼收古地图等大型图文资料。

五、今人著述采用简体汉字横排，古代著述采用繁体汉字横排。

《山西文华》编纂委员会

出版前言

梁园东，原名佩衮，字公宇，1901 年出生于山西省忻县（今忻州市忻府区）温村，1927 年改名为园东。其父梁际蓉是一位旧民主主义革命志士。梁园东从小在家乡读私塾，师从清末秀才梁哥九，熟读“四书”“五经”，为后来研究古史准备了初步条件。1916 年，15 岁的梁园东考入山西省立第一中学。1920 年，考入北京大学预科班，两年后入哲学系就读。1924 年，经王壮飞介绍，梁园东加入中国共产党。1926 年北京大学毕业后，他被派到武汉，参加了中国共产党领导下的全国农民协会的工作，后又被派回太原，任国民师范教员。其时，他是山西党组织的负责人之一，组织了“滂沱社”，筹办了《滂沱》杂志。1927 年“四一二”反革命政变后，他逃离太原，只身赴上海，因党组织已被迫转入地下，从此脱离了组织。他先后在上海劳动大学、浦东中学任教，在大东书局任编辑，最后在大夏大学任历史系教授兼主任。1937 年至 1946 年夏，他先后由大夏大学转湖南兰田师范学院、四川白沙女子师范学院、四川乐山武汉大学任教。其间，他积极宣传进步思想，热情支持学生们的爱国主义活动，博得“进步教授”的名声。1947 年，因参加武汉大学学生组织的和平促进会而被捕，此即震惊全国的“六一惨案”。1948 年，他参加了地下党领导的新民主主义教育协会。

1950 年 8 月，梁园东应山西大学校长邓初民和副校长赵宗复的邀请，任山西大学历史系教授兼师范学院院长。1953 年秋，师范学院独立建院，他被任命为山西师范学院院长，大力延聘教师，建立制度，重视科研工作，学院学习和学术空气相当浓厚。1956 年秋，梁园东受九三学社中央的委托，负责筹备太原九三学社分社，任主任委员。1957 年，梁园东被打成“右派”。1958 年 5 月，被撤职降级。1960 年，被摘掉“右派”帽子，恢复原级。1966 年，“文化大革命”开始后，被遣送回忻县温村老家。1968 年，突发脑溢血，于 1 月 30 日逝世。

在 20 世纪三四十年代，梁园东是一位与时代脉搏息息相通的文化战士，在各文史杂志上连续发表论文，与陶希圣、梅思平等进行论战，对顾颉刚代表的“疑古派”进行了有力的批评，与郭沫若商讨相关史事等。他的论文，一是有创见，一是面向现实，指导现实，是当时文化“反围剿”战斗的一部分。其 20 世纪 30 年代出版的著作有《中国文学史》《五代十国史》《爪哇史》《中国政治思想史》《外国史》等，20 世纪 50 年代出版的著作有《中国现代史》《中国政治社会史》等。其较有创见的论文有《十年来之中国外交》《中国社会的基础》《中国社会的前途》《中国社会问题的核心——实在组织问题而非经济问题》《〈古史辨〉的史学方法商榷》《伪书讼冤导言》《清俞正燮的史学》等，计 40 余篇。

梁园东先生对中国史的研究颇有见地，其有关著作，至今仍站在学术前沿，对中国当下史学研究的方法及视角都有较大的启迪。所以，我们将其有关著作辑为《中国社会发展论集》、《中国政治社会史》、《梁园东史学论集》（全二册）、《中国原始时代的图腾氏族》（手稿影印），收入“山西文华·著述编”，是为“梁园东史学论著四种”。论著所收梁园东先生的著作大多作于 1949 年前，个别著作作于 1949 年后，但由于研究范畴及研究思想一以贯之，且 1949 年前已个别论及，1949 年后为深入论述，故酌情收录其中。

《中国社会发展论集》为其 20 世纪三四十年代社会发展类论文

的结集，颇有创见及学术意义。

《中国政治社会史》1954 年曾由群联出版社出版了三册，探讨中国社会演变发展的规律，说明其演变发展的实况。

《梁园东史学论集》为其 20 世纪三四十年代文史类论文的结集，包括历史观、研究历史的方法、中国历史的相关问题等，基本上可以显示其学术思想的概貌，1991 年曾由姚奠中、梁归智先生选编，由山西人民出版社出版。此次重新整理，将其发表于各杂志的十余篇读书提要附录于后，更为直观地显示了作者的治学精神。

《中国原始时代的图腾氏族》为手稿本，此前未出版过，深入探讨了中国原始部落的图腾。需特别说明的是，《中国原始时代的图腾氏族》一书为未完稿，个别章节只完成了一部分，个别有修改、批注的稿本，因整理者早年复印时未复印全，也有部分缺失，但现原稿已失，无处补充，只得留此遗憾。此外，《释子》《〈禹贡〉写定时代的新考查》《华夏名称及其种族的考查》三篇也为手稿，未公开发表过，鉴于其具有较高的学术价值，故作为附录，附于《中国原始时代的图腾氏族》一书中。

此次出版，与梁园东先生的孙女梁爰如女士协商，对原著作进行了少量的修订，主要是改正了一些错别字和较为错乱的标点符号，修订了个别史料。鉴于论著及文章多发表于 20 世纪三四十年代，语言具有鲜明的时代特征及个人习惯（如“感觉兴趣”），个别词语的用法虽不符合今日习惯，但古文中多有之，《现代汉语词典》中也时有收录，故一仍其旧，未作统一与修改。同时，很多译名与今译名多不同，仍保持作者当时的译名习惯；作者文中有个别英语、法语等外语，为作者当时的写法，不作修改；很多地名为作者写作时的地名及行政区划，也未作修改。兹略举数例，如下：

“根原”“来原”“原于”中之“原”，现均为“源”，论著因作于不同时期，多作“原”（主要见于《中国社会发展论集》《梁园东史学论集》中），个别著作中作“源”，未统一。又如“计画”“撤消”“身分”“雅片（鸦片）”“句践”“稍为”等，《现代汉语词典》中录有相关词条，故未作修改。又如“支拄”“发见”“冒然”“澎涨”“连络”“连系”“真象”“付与（赋予）”“征伏（征服）”等，为当时用语，未作修改。其著作中对“的”“地”“得”不作区分，多为“的”，除“不值的”“使的”等个别改为“不值得”“使得”等外，“看的懂”“迫的急”“变的强大”等，一般不作修改。“哪”多作“那”，“它”多作“他”，“做”与“作”则混用，“绝不是”“绝不止”则多为“决不是”“决不止”，诸如此类，也保持其原文，未作修改。“著”旧与“着”个别意思通，故书中多有“随著（随着）”“著重（着重）”“存在著（存在着）”等，也一仍其旧。此外，关于文献名称，多简写，如《史记》简作《史》，《汉书》简作《汉》，颜师古《汉书注》简作颜师古《注》，昭公七年简作昭七年，等等。或省略《史记》《汉书》等，直接作《××传》。若前文已提及所述人物或史料，也直接作《传》《注》。个别史料名称不够准确，如《史记·太史公自序》作《司马迁自序》或《自序》，《史记·秦始皇本纪》作《始皇本纪》，《三国志》中《魏书》多作《三国志·魏志》，等等。其他如郭沫若的《周代彝器铭中无五服五等之制》，梁先生著作中作《周金文中无五服五等之制考》，诸如此类。为保持作者行文特色，未作修改。个别文献也如是，引用不是很严格，但基本意思与原文献同，仅略微作了修改。

限于学识和时间因素，漏校、错校之处在所难免，敬请读者明鉴。

三晋出版社

2017年10月

目　录

第一册

出版说明 …… 一

出版前言 …… 一

历史观 …… 一

历史观的历史 …… 一一

处理中国上古时代史料的方法问题 …… 二五

研究历史的方法 …… 五七

怎样搜集和整理现实史料

——*历史学习法之一* …… 六一

《古史辨》的史学方法商榷 …… 六八

清俞正燮的史学 …… 一〇三

伪书讼冤导言 …… 一一四

商人自契至汤八迁重考与商民族兴于东土驳议 …… 一二五

汉代中国民族之南迁 …… 一四〇

中国民族之特点 …… 一五二

中国民族之名称 …… 一六五

古姓考原 …… 一七四

《韩非子》中之专制主义 …… 一七八

景亳考兼论《商颂》年代 …………………………………………… 一八四
古交趾考………………………………………………………………… 二〇〇
门阀观念不始于魏晋考 …………………………………………… 二一〇
关于《诗经·噫嘻篇》的解释问题
——周代史料解释问题之一 ………………………………… 二一九

第二册

《中华二千年史》(上册) …………………………………………… 二三一
中国古代经济研究 ………………………………………………… 二三四
中国经济史研究方法之诸问题 …………………………………… 二三八
家长制家族下的自然哲学 ………………………………………… 二四一
中国古代的教育观念 ……………………………………………… 二四四
唐代的学校……………………………………………………………… 二五一
华夏名称及其种族考原 …………………………………………… 二六五
白虎族考………………………………………………………………… 二七五
古代均田制度的真象:历史上一个误解 …………………………… 三〇四
从历史上观察中国的土地问题 …………………………………… 三一九
井田制非土地制度说 ……………………………………………… 三三一
南宋和战问题的分析 ……………………………………………… 三三九
岳飞、秦桧旧案 …………………………………………………… 三四七
桃花石名号解 ………………………………………………………… 三五二
藏经书室札记 ………………………………………………………… 三六四
中国史上之斗争形态 ……………………………………………… 三七〇
中国史的问题 ………………………………………………………… 三七七
《回鹘史》译注 ……………………………………………………… 三八三
《〈西辽史〉译注》序言 ……………………………………………… 四〇四

附录:读书提要

中国近代边疆沿革考 …… 四一一
《中国经济思想史》上卷 …… 四一四
中国农业概况估计 …… 四一七
中西交通史料汇篇 …… 四二一
西域之佛教 …… 四二四
读胡适之先生《论学近著》书后 …… 四二七
明末和民国 …… 四三五
西域南海史地考证译丛及续编 …… 四三八
兀良哈及鞑靼考 …… 四四一
现代中国文学史 …… 四四四
亚洲民族反帝运动史 …… 四四七
中国近百年史 …… 四四九
西域文明史概论 …… 四五三
《古史研究》第二集 …… 四五五
欧化东渐史 …… 四五八
方志学 …… 四六〇
中国法制史 …… 四六二
唐代经济史 …… 四六四
韩非子 …… 四六六

历史观

历史观,起先是一种历史哲学。历史事实,绝不能突然发生,也不能突然变动。他的发生,至少也应当有一种简单的原故。这种原故,在逻辑上应当是历史的基础。这种基础是什么?是历史哲学者努力的目标。

但是社会现象和自然现象不同。往往有许多方法,考查自然已经很够了,而应用到社会科学上,仍然是找不出一点头绪来。这种困难,是向来社会科学不能进步的根原。比方各种自然科学,都有先见预测的可能,而对于社会现象,都绝没有这种把握,所以竟有许多人讲,社会科学没有成立的可能,只有让一班科学者去空谈玄想。历史观也被认为是这样的一类,除少数人以外,并不被人怎样重视。世界上第一流的历史家,若问他研究历史所根据的历史观是什么,往往只是些极平凡的见解,并不采取一定的历史观。

但是除开历史基础不讲,即只做一种平常的叙述,若没有一种历史观做基础,无论任何叙述,也是做不来的。历史上的事实,错综复杂,写历史的人,都是选取他所要写的,屏弃他所不写的。其实,凡是人类过去的经验,都应当是历史的范围以内。秦始皇灭六国,是人类的经验,王妈妈洗脚把脚烫了,何尝不是人类的经验?但是历史家为什么要写秦始皇不写王妈妈呢?可见他们必有一种选取的主观见地在内。这种选取的见地，正是历史观的一种含义。历来的历史家，不知道用正当的方法，去发见正确的历史观，而却喜欢应用他们的主观见地叙述历史。试问，这种历史书，还能比哲学家的空谈玄想更好么？

所以，不论为发见人类社会的基础，或为记载一本历史书，都有确定一种历史观的必要。历史观是一种历史法则，它能解释历史演变的所以然，能预测人类社会的演变，可以应用上制驭人类社会的变动，在他的正当意义上之历史的基础。

平常所以不重视历史观的原故，只是因为社会现象不能用自然科学方法研究。然而社会科学所发见的法则，也不能确切无疑。但是这种困难，近来却免除多了。统计学成立，可以把社会现象用数目字计算出来；实验心理学的进步，使人类的心灵变动，也不是不可捉摸的东西。尤其是人类学者的努力，把各种不同的社会，可以放在一起比较研究，使向来所认为已过去的，不能再考查的历史状况，也能作更确实的诊断。况且近代社会组织的统一，人类关系的密切，更使社会学者能有较明了简单的观察。若在这种便当的环境之下，仍然以为无发见人类社会演变法则的可能，那也许只是一种传统的固执！否则近来少数学者所共认的一种历史法则，或不久会被大多数较顽固的历史学者所采用，以作更精确的努力。况且一种科学法则的成立，与其说是由其方法的精确，毋宁说是由其应用的普通与准确。如是现在的历史法则，是不是一种较可信的，那将由现代的社会运动与以更确实的保障。

不过，历史观的另外一种性质，即是叙述任何历史不能不有的选取标准，所以凡是历史记载，不论他是任何时代的，若稍为研究，都包含有他的历史观在内。古代历史家，虽没有发见历史基础的企图，但是他们为选取材料，天然有一种主观见地，这种见地，在他们的意思，未尝不是要解释那时社会演变的所以然，表现的结果，在历来的历史上，各因不同的时代，显出各种的历史观。我们把这些历史观仔细观察一下，以与我们现在所要说的历史观比较，或更可了然其价值。

（一）神意史观

人类的载籍，以历史记载为最早，所以人类所发见的法则，也应以历史法则为最早。虽现在怎样鄙弃，但他们却不能没有历史的价值。我们所以要认最古的历史记载，即有历史法则，不惟是因为他们用来作一种选取事实的标准，而且在他们的意中，的确是用那种标准，以解释当时所有的演变，结果，无疑的是被认为一种历史的基础。比方，古代人对于一切事情，绝不止是单单地写出事实的经过，而且必说明其发生的原因，事实发生了变动，必定要叙述出变动的所以然。

伊利亚特（Iliad）所要说的，不过是一件极平淡的历史事实，斯巴达和土劳埃的战争。但是这样惊人的大战争，无论在什么时代的人想起来，绝不能只以为是突然发生，一定有发生的道理。为的要把这种道理解释出来，做伊利亚特的人，就插入许多神的宴会、神的冲突、神的命令等等。这样人看这件事情，就不至突如其来和莫明其妙，而是可以了解的了。

夏、商、周的代兴，也不过是几件战争的事实，但是为什么一个很强的国家，就被另一个灭掉呢？一个社会为什么就发生这样扰乱呢？按人类的心理，非去了解这种原因不可，否则心里准是恍忽的。做历史的人就说这是“天命”的关系，“天之历数”在某人，就应当某人代兴，或者是“天帝震怒”，“降灾下民”。这样一来，无论所发生的事实怎样复杂，拿这种简单原理去解释，立刻就可冰释了。

有了这种解释，既可以了解当时所发生的变动，同时，在记载这些事实时,也就不发生什么困难。凡同这种天命有关系的事实,或违忤天命,或恪遵天命的事,都必须记载下来。其他王妈妈洗脚的事,隔壁两口吵嘴的事,都不必要了。

不惟如此,有了这种解释,既可以把当时的事情说明,而且对于将来历史的变动,也可以有个推测,即凡能顺从天命的,一定要兴,否则必被灭亡,于是"顺天者存,逆天者亡"的原则,显然为历史的中心,以后的历史,应当是都不外乎这种法则所支配。

古代的这种历史法则,假使不是因知识进步,谁能说他是绝对不合理?他所具的法则的普遍性,实不比现在科学法则为少,其效力亦准是。至于一件大发现——火的发见、铁的发见——和一件大变动——如洪水、山崩——以及祖先的原始、宇宙的原始等,都是用这种法则去说明,其效用的伟大,可想而知。历史观的必要,正在于此。这一点,我们不应拿我们现在的知识去批评,自是当然的。

(二)英雄史观

以神意为法则解释历史,自然在知识稍为进步以后,就会发见其不准确性。较高明的历史家,渐渐代替的,是以个人为中心的历史观。他们相信一切事情的变动是一个杰出人才的结果,这个人或者是特别愚蠢、残暴,或者是特别具有才能,同样都可以使历史发生变动。这种解释,似乎更能把历史的变动较为确实的说明白了。照这种见地,秦始皇的统一六国,亚历山大的毁灭希腊,是必然的关系,没有秦始皇和亚历山大,六国和希腊应当是另外一部历史。于是每一个大人物,是历史的重心。大流士、伯里克理、凯撒、阿育王、唐太宗、成吉思汗和其他许多人物,都是制造历史的神,没有他们,历史只是极平淡的一部。

拿这种观念,似乎把许多异于从前的事实可以说明了。写历史的人,对于历史事实的记载,也一点毫不感觉复杂的困难,即是有关这个历史神的一切事实都可记下，其他则都在排斥之列。而且更能从此得到一个观念，即“人存政举，人亡政息”，或“五百年必有王者兴”等等，也可以把未来的状况，大略的推测出来。

这样解释历史的方法，支持很久，即至最近，历史家虽不以大人物为惟一的历史重心，但至少在每一个大人物的时代，是以大人物为重心的。法国大革命时的拿破仑、俄国的大比得、日本的明治天皇和最近的威廉二世威尔逊以及许多发明的天才，都是被认为开启新历史幕的神，仿佛以为没有牛顿，三大定律就不会被发见，没有威廉二世，欧洲大战就不会发生。这种见地，中国有句古话，叫做“英雄造时世”。

不过这种历史观，若稍与以考察，正和以神意做解释，同样不足为历史演变的法则和基础。个人的性格、才能，对于历史虽不能没影响，但是这种影响究竟有多少大，应当是研究历史的人急宜注意的问题。

牛顿的天才固然伟大，但是我们试想，假使没有十五六世纪以来数学和天文学上许多树立，这种天才充其量也不过较中世纪的 Ptolemy 强点罢了。乐圣 Bathoven，他在音乐上的许多创造，与其说是他的天才伟大，毋宁说是一点一滴积来的历史伟大。若把他放到澳大利亚的山里边或印第安人的森林中，试设想他的发展又是什么。同样的道理，把历史上政治方面的大人物，只要稍为一转移他的环境和时代，他是不是制造历史的神，应当是极易断定的。如是，则在希腊人长期间的内哄以后，他的被毁灭，也没有什么希奇。在帝国主义者相互矛盾十分显露以后，发生一个较大的战争，更不能算希奇的事。在这中间的各个人，他可能尽力的是什么，说的近真一点，只不过是历史演变的傀儡罢了！历史人物的性格、才能，固然对于历史有影响，但是他那种特殊的性格和才能，是从什么地方得来,是岂不和牛顿、Bathoven的天才一样,照样还不过是时代和环境的孕育?试问没有世界观念的人,能不能有统一世界的野心?亚历山大的世界帝国,到了印度和中亚,已经踟蹰满志了;到了拿破仑,面积就扩张至莫斯科;若在威廉二世的脑筋中,他不是野心,客客气气也要包括非洲和印度。人只惊讶这些人的口胃特别大,毫不考求他们那时的历史是什么。如今英国、日本的太子、皇子,数数旅行亚、非、美、欧,若推想不出逼迫他的是什么,那是极愚蠢的人。用柏拉图的方法,无论把什么人一生下来,就关到地窖中去,他的最大的野心,也许不过只是要从地窖中跑出来!

所以,历史上个人对于历史的影响和历史对于个人的影响比较,正如矮子和天神、小鬼和夜叉。历史的幕是铁做的,个人只是一只蚊子,历史的幕变成丝绒,而且拴了绳子,那就一只狗也含嚼着绳头拉开了!相信英雄史观的人,只是看见开幕时候的活跃和复杂事实,已经弄的惝恍迷离,自然没有工夫考查幕后的装扮了。

其实,历史的堆积性,是历史的本性,历史的演进,只是蠕动,若跳起来,那就真成了活剧!另外一种历史观,就稍为能注意到这点。

(三)政治史观

历史上最占势力的一种观念,是相信政治状况,良好、紊乱或改变,有改移时世的伟力。政治是历史枢纽,政治上发生更动,历史就跟着发生变动,政治和历史有必然的因果关系。往往见一个时代人类社会发生扰乱了,考查到他的政治,一定出了毛病,反之,若在安定时候看,他的政治一定是好的。这种因果关系,是读历史书的人最易看出的,而且也较为确实。于是在历史上,无论任何时代,只要研究他的政治组织,观察他的政治状况,那可以推知明了当时的一切情形,所以记载历史只要记载政治就够了。历代的兴亡变迁,国家的衰弱强盛,是全部历史的正确材料。Freemen说,政治就是历史！

由这种观念写出来的历史，第一要注意民族——民族的特点和特性——和民族构成的国家团体，第二要注意国家的组织和制度以及法律等，第三要注意政治舞台上的人物。至于其他社会经济状况及变化等，都不过是这种政治支配下的奴隶，那是良好的政治是发展社会文化的主体，反之，坏的政治是摧残社会文化的毒剂。由此推论，假使周代的政治永久能保文、武、成、康时代状况的话，1930 年的中国应当还是周朝，中国人头上还应当顶着姓姬的做皇帝，齐、楚、秦、晋等等还依旧存在，可惜任二千五百余年前，不幸生出些厉王、幽王，早把这种政治扰乱了。尤其不幸的是，以后历代也都要莫明其妙的在一个时期政治突然腐败起来，遂使连文景、贞观也保存不到现在。政治状况不幸的破坏，是使历史多事的根原。中国人常说，天下之势，分久必合，合久必分。中外的历史家，都有同样的见解，只好把整个的历史，最先放到政治上，而最后又不得不放到无可奈何的“势”上。所以渊博的历史家，每到一个社会安定时期，准能写出许多政治修明、文物制度完备的事实，而到一个扰乱时期，更能列举出君主荒淫、吏治腐败、法度废弛的种种状况。于是，无论多么长的历史，只要几个简单的形容词，即可述之无误：英明或荒淫，完备或腐败，整顿或废弛。

对于这种历史家，最不可解的应当是“改革”二字。他们所描写的政治，每在一个时期，即生许多不同样式，而他们对于这些不同，却不与以考查。十一二世纪以来，封建的诸侯、武士，已都要消灭尽了，代替的是专制君主。在一般政治史观的历史家看来，这种改变，除过政治本身的意义以外，绝看不出有其他更深刻的原因。政治的变动，是政治本身做原因——腐败或精明，等这种政治不好了，天然应当以较好的一种替代。但是政治的不良好，并不是绝对的。无论怎样坏的政体,在他原先无不认为是最相宜的。一种改变,何不返回他原来好的时期,而必要以绝相异的形式代替呢?这在一般的历史家不认为是谜,然而却是谜。历史家遇到这些地方,只是轻轻的叙述过去,左右不过是那种政治既出了毛病,天然应以一种较好的代替。但是这种"较好"的,是用什么方法决定?为什么不用其他方式,而必定要用这种?法国在查理曼时代是极强盛的,为什么在法国大革命时,不采取查理曼时代的政治,而务必要追求英国的宪章制度呢?罗马的伟大,是被全欧洲所景仰的,为什么他的后裔在十九世纪不追求他祖宗的光荣,而要仿效他们所早认为蛮族的日耳曼国家呢?历史家遇到这些地方,只以时代不同作有力的解释。其实人类社会所造成的时代,竟能转移人类社会的文物制度,也应当是极有兴味的问题。况且时代的背后,又是什么鬼物在作弄呢?

政治史观的缺点,并非在政治不是历史上的重要部分,也不是政法的转变和历史的转变不相适应,而主要在政治的转变,究竟说不明白历史转变的原因。历史家描写埃及、希腊、罗马中世纪和近代国家的政治绝不相同,然而在他们笔底下,绝写不出这种不同的原故。在他们,只以为能治理社会就是适宜的政治,否则就是不适宜的罢了。但是为什么古代社会没有近代的政治发生、近代社会不能也用古代的政治,在他们殊有不闻不问的态度。其实,正当说起来,不明白这种原故,实应当是历史学的失败。历史家不能明白过去一切政治改变的所以然,那当然要推测未来的变化,也是没有权利的,无怪乎自然科学者要说人类社会就没有法则可寻!

政治的历史观,到了近代,尤其与历史家以极浓厚的兴味,而其乏力,不足说明历史的演变,也尤其显明。历史家看到一班外交家、政治家、军事家,一个宴会,一篇演说,就和全世界有重大的关系,甚至政治家发一发神经,世界就会改了样。然而政始上的把戏弄尽了，世界还是世界，战争只是战争，和平只是和平，政治家没有改变了分毫！最后，较为开通的历史家，才在政治舞台背后寻出老板来。

（四）最近几种历史观的考查

社会主义的发展，曾给近代各方面人物以新的冲动。他的可贵，并不止在他有救济社会的慈善心，有改良社会的企图，而是在能使向来单注重政治观的人，返回来注意社会。他给人类开始认识社会的方法，社会是人类的真正团体，政治不过是人类社会的一种活动，政治虽能把社会摧残破坏了，但是离开社会，政治绝没方法建立。假使政治能破坏社会的话，那种破坏性的政治，他的建立，也应当是在社会的基础上。如是一切扰乱安定，究竟还是社会做根原，政治不过是表面罢了。这样，历史的变动，是社会的变动，社会为什么变动，才是历史演变的根原。

德国一派社会主义者，把社会的变动，归到社会的生产力上面。以为社会是一个生产关系的构造，这种构造的改变，当然要随生产力改变。因为生产力的大小，能决定生产关系的状况，如果生产力改变了，生产关系若不改变，必然就要发生扰乱，一直到生产关系也改变为止。他样的见地，通常称为“唯物史观”（Historical materialism）。

这种史观，很容易被人误认为是一种以经济为中心的见地。社会的生产，是属于社会的经济方面的，所以从一方面说来，经济的变动，即是社会或历史变动的根原。这种史观传到美国以后，Seligman就称他为“经济史观”（Economical Interpretation of History）。因此，即有许多人批评，经济不能算作人类生活的唯一部门，而且只是一部分的。经济和政治、家教、艺术，在人类生活中是同等的价值，如果经济状况的不安定，可使社会扰乱，那么其他部分的不满足，也应当有同样的效力。所以历史的法则，不能让经济学上的法则独占，应当和各种活动都有关系。

后来把这种史观更传到中国来了，于是又特别加了一种东方的色彩，更圆满的改正，说生产是经济，而经济不过是生活，说经济状况不安定，社会就会变动，毋宁说生活不安定，社会就必要不安定。而生活的范围，更较经济要包含的多点，把政治、美术、宗教等等也都包括进去，因为这样的理由，孙中山先生称他为“民生史观”。

这几种观念，对于历史现象，都能有较满意的说明。试把以个人为中心或政治史观所遇到的困难，拿经济史观或民生史观去解答，即可有较完备的答复。在人类的历史上，没有一个时期不是因经济的扰乱而发生变动，这种经济自然是生活上的必需品，所以民生史观在一方面似乎是更根本的一个观念。

但是对这几种观念，仍有一点缺憾的是，他们所说明的，仍只是历史变动当然的状况，而不是必然的基础。我们说，经济状况破坏，社会就会扰乱，但是经济状况为什么就破坏和怎样破坏，往往仍能归到政治的原因上去，于是向来政治史观所用的方法，也能应用，同样在民生史观也是如此。为什么一个时期生活安定而一个时期又绝对不安定呢？这样用水、旱、盗贼和吏治腐败等等解释外，也不会更有较好的发现。所以一种历史观的成立，还不止在他能把历史现象合理的解释下去，而是要把历史现象的内部，更合理的搜寻出来。这样一种历史观，不止应当是一种圆满有理论式学说，而尤应当是一种事实。这种事实，唯物史观者曾有极详博的解说，即普通所认为的历史法则是也。关于这种法则，此地不能详细叙述，好在一般的解说文字很多，尽可供研究历史观之参考。

一九三〇. 五. 一三

原载《浦东中学期刊》第 14 期

历史观的历史

历史观，虽是个新名词，其实是旧观念。平常对于这种观念，往往太不敢或太不肯悉心研究了，遂没有注意到他在历史上的实际作用和历来历史上的应用。其实无论任何时代的历史家，若没有历史观，是没有方法记载历史的。

历史观的意义，是对于历史的解释（The Interpretation of History）。历史家记述历史，并不能单单记载，不惟历史现象的演变、历史事实的因果需要解释，即首先什么是历史，亦需要解释。人类社会的现象复杂万端，历史家是以记述人类的全体生活为责任，绝不能划分人类社会现象何者为历史，何者非历史，但事实上又绝不能将人类的全体经历一一与以记载，历史家必须从全体经历中，选择较有关系或较重大的事实，记载下来，以为认识全体生活的标准。此种选择史料的眼光，旧日称为"史识"，其实就是"历史观"①，是对于历史的认识。比方最古的历史书，把所有自然现象上的变异，如日蚀、月蚀、陨星、彗星等类，都当成最有关系的事，都要记载上去，甚至把各种神话也当成历史，这就是因为他们对于历史的认识不同。到了后来，历史家又把政治事项当成最有关系的历史，历史书上所记的几乎全部都是政治，政治的设施、制度、变革等，而其他事实却多不述。及到最近，一般人都知道历史是人类的整个生活，历史记载应包括生活的全体及其文化，如政治、经济、社会、道德、思想、文艺等，都应记载，不应当只记一种[②]。这种种不同的演变，即因为各时代所认为历史的互不相同，因而所记载的历史内容亦不能同。各时代对于历史的认识既不同，即是对于历史的解释不同，亦即各时代的历史观不同。

不过历史观最重要的作用，尚不只在认识历史，主要的是要认识历史的演变和演变的基础。“历史基础”一观念，有些历史家颇以为不能成立，因为人类的生活是整个的，各种生活都有密切的关系，都属同样重要，决不能以某一种生活为基础。但以事实上看，历来历史家却无不有一种“历史基础”的观念。历史家中最多的是以政治为一切生活的基础，以为政治状态安定，各种生活都可以安定发展，若政治上发生扰乱，社会亦必发生扰乱，各种生活亦必随以不安，历史上所有的一切演变，都是原于政治。从前历史家所以要只记载政治状况而不记载其他生活的，正是因为其认定政治为人类生活中最重要的事项，是可以影响、改变一切生活的，即是把政治看成一切生活的基础。最近历史学上虽把这种观念改正，以各种生活同样重要，无所谓基础，但许多社会学家却有一种社会基础的观念，显然是可以影响历史的。社会学家以为人类的同情心和道德心为维持社会的基础[③]，如果人和人间的同情心若破裂，社会必要发生扰乱、争斗而引起破裂，所以心理的自然结合，是一切生活的基础。但历史上的扰乱，就是社会的扰乱。如果进一步解释历史的演变，显然应以心理的结合，即种种道德观念，为历史的基础了[④]。所以历史的基础，许多历史家虽不愿讨论，但其实也是历史上旧有而且也是已经常常应用的观念。历史观即是认识了这种基础以后产生的。认识了历史的基础，才可以解释历史的演变。历史现象常是演变的，必须把演变的实在原因说明，才是完全的历史。这是历史观的主要任务。

因为历史观实在是历史学上最需要且最重要的观念，没有一种历史观，既不足以认识历史，更不足以说明历史的演变，所以历来的历史观念虽全不同，然而不同的历史观却是各时代都有。本文即是要把各种历史观，加以批评的说明，说明其在历史上如何应用及其缺点，以备我们进一步探讨一种正确的历史观。

（一）神意史观

以神的意思解释历史上的变动，是最古的一种历史观。人类的一切记载，以历史记载发生最早，此种历史观在最初有文字记载的时候即已具有。古代的人以为一切事情的发生，都是神的意思。洪水泛滥，是上帝降灾下民；灾难去了，是天佑斯民；一个人很聪明，是天亶聪明；一个伟人出现，是天生神人。桀、纣为什么亡呢？是上帝震怒，不锡"洪范九畴"的关系。汤、武为什么能兴呢？是受命于天的原故。俱如此类，凡所有的一切事实变动，都是神的意思，神要如此的结果。这种观念，不惟中国是如此，即任何民族，解释其历史，也是这样。希腊人和土劳埃（Troy）的战争，并不是因为希腊人和土劳埃人有政治上或经济上的冲突，乃是因为神和神冲突的原故，因为天上的神发生了意见，遂各以一方面的人为武器以相争[⑤]。犹太人找见巴勒斯坦了，说是天赐他们的乐园。至于天地的开辟，万物的产生，要是以神做解释，尤其是很普遍的。这种观念，通常只认定是人类的宗教心理，而不确考他的意义，往往把他的重要性忽略了，其实是古代人最有效用的一种历史观。他们用此观念，正好比以鬼神解释自然现象的一样[⑥]，把生活上一切变动，都可以说明，都可了解其变动的意义。他们是以神意做历史的基础，以神意做行为上的法则[⑦]。有了这种历史观，他们对于历史事实记载的，就有一定的范围，凡是最能表现神意的地方，即是最有关系的事实，就必与以记载。试看通常所认定孔子作的《春秋》，于人的生活事项写的极其简短，但对于天灾地变、日月蚀、陨星、大火等事，都一一与以详细记载。为什么把这些事也当成是历史？我们现在不会懂，其实是因为那时把天灾地变都看成是神的意思，包有警告、惩戒、责罚的意思在里边。神的意思是生活中最有关系的一部，人类生活都是神支配的，这种天灾地变，是神意最显明的表现，于生活上有极大的关系，正好比现在社会重视失业问题的一样，所以要把他详细记下来。而且知道了这些事实，也就可以推知其他生活的好坏了。这种历史观存在的时期很长，即如中国直到现在，普通社会上还把“天命”“天意”当成解释一切事变很重要的原理。

（二）政治史观

以神意解释历史现象，在知识相当进步以后，当然不会相信，除一般人以外，纯正的历史家，绝不会再以人事上的变动是上帝支配的结果[8]。中国汉代董仲舒、刘向等，虽仍以灾异说历史，不过其所谓灾异，是一种奇异的“天人感应”学说，并非完全以神做基础。代替神意而起的一种历史观，是“政治史观”，即是以政治的良否为历史演变的根原。按此种观念，人类社会的安定与否，历史现象的变动与否，都是原于政治。政治状态良好，社会就能长治久安，生活上都呈进步；若政治腐败黑暗，再加以戕害民生，社会就必发生扰乱，历史现象亦必改变起来。比方桀、纣的灭亡，汤、武的继兴，在从前全以为是神意的，此时即可说桀、纣是因暴虐而亡，汤、武因爱民而兴[9]。春秋、战国的混乱，在孔子、孟子一般人看来，是因为当时诸侯不行王道、仁政所致。孔子尚未完全脱离神意史观的支配，到孟子，却全变成一个政治史观论者，他把王政的效用说的极详，而于历史上的证据亦解释极多，自此以后，历史家大率都以政治的变动为历史变动的基础。每一代兴起时，政治修明，法度完备，所以都很太平。但到后来，君主昏庸，政治黑暗，法度废弛，社会必至骚乱起来，历史现象亦必随着改易。秦代为什么二世就灭亡呢？贾谊的《过秦论》推考极详，其结论是因秦人暴虐的关系。唐初势力很盛，但到中叶以后发生极长久的混乱，历史家无不归罪于唐玄宗的荒淫好色，以致百度废弛，引起扰乱。这种历史观，是最占势力的一种观念，中国是如此，即世界各国的历史家，也无不如此。西罗马的灭亡，欧洲历史家无不归罪于罗马帝国末年政治的破坏；日本近百年的强盛，无不归功于明治的维新；法国大革命的起因，是自路易十四以来极端专制的结果；而英国所以能成为近世最强的国家，乃是因为英人有良好政治习惯和制度的原因。凡此都不过是政治史观极明显的应用，其他以政治状况解释历史演变的，实举不胜举。

因为政治状况是历史社会演变的根原，所以历史家记述历史，自以政治状况为主要部分，能把一时代政治的设施和其利弊详述无遗，此一代的兴亡、得失、治乱、安危情形，即可洞悉，从而社会生活的荣枯衰旺、文物制度的兴盛与否，都可明了。现代受有新观念的历史家，颇以旧日历史太偏重政治而不记述社会生活为最可批评的地方。殊不知旧日历史家，本以政治为社会生活或历史的基础，了解了政治上的变革，社会生活的全部即可明了，一切普通生活都是受政治支配的，自然不必都是如政治一样的详细叙述。彻底说来，历史上所有的一切演进、变迁、纷扰、骚乱，都不外乎是政治的，“政治就是历史”，这是佛里曼(Freeman)所说过的。

以政治就是历史，把政治看成历史演变的基础，这种观念，在社会演进极迟缓，社会上变动极不易看出的时代，本是很自然的。比方在中国，自秦代以来几有两千年社会的变革极微，生活上的各种形态，除政治以外，其他几乎并无多少改变，而常常发生改变的只有政治。小规模经营的商业、农业、丝毫不发达的小手工业，以至于由这种生产关系构成的各种组织、思想形态，二千年都未发生根本变动，但在政治上，帝王姓氏却已有过二十余代不同的改变，不惟朝代改变，即制度上，亦有种种变更。由这种现象观察，自然要说政治的演变就是历史的演变了。况且社会的组织，既未发生根本变动，所有历史上的扰乱，原于社会自身发动的很少，大都是政治上的缺点，如最明显的秦、隋两代，其政治不惟不能安定社会，而且反把社会生活那样的破坏，自然要扰乱起来。历史家因此说政治是一切生活的基础，政治是历史演变的原动力，因而发生政治的历史观，自然是很合理的。以此情形观察欧洲历史，也完全一样。欧洲社会发生很显明的动摇，差不多是自一八四八年以后才明白看出，而在此以前，欧洲历史的演变，也是以政治的演变最明显。所以政治史观在历史学发展的阶段上，实在是最不可忽视的一节。

不过以政治为历史演变的原动力，当作一时的或偶然的现象还可以，若以为系历史的定律，却不可以。这有两层原故：第一，政治虽能把历史现象改变，如安定、扰乱、改易朝代等，但其所改变的只是表面，而非社会全体，即非整个的生活。在从前的社会，虽因政治不良而发生扰乱，但改易朝代的结果，其生活还完全一样，即政治上除帝王易姓外，其他的改变究竟极少，这样的改变实不能算作历史的演变或变革。中国的历史最古的且不论，即在秦汉以前和秦汉以后，其情形完全不同。秦汉以来和东、西周时代的生活全然两样[10]，而自秦汉以来直至明清间，像这样的改变却几乎没有。这种原故就是因为周、秦间的改变，不只是政治的，而实是社会的根本改变。至于秦汉以来的改变，却只是政治。如果社会的基础不动摇，只有政治上的改变，是并不能影响社会生活的，所以说政治的改变只是表面的，而非历史的真正基础。第二，政治所以不能是历史的真正基础，乃因政治只不过是人类生活形态之一，既不能代表生活全体，也非全体生活所不可缺少的基础，因为政治组织在人类生活史上发展最晚，而且也最不需要。亚里士多德虽曾说“人类是政治动物”，但实际上原始时代的人类并没有政治组织而已经也是人类。十八世纪的政治学者已经告诉我们，人类最初并没有政治以及一切社会的组织制度，像《民约论》的著者卢梭，更指出政治乃是有了阶级以后的产物。“社会契约说”固然难免出于理想，但其所谓原始人类并没有政治和政治的出于阶级，却是真的[11]。最初倡“社会进化说”的斯宾塞（Spencer）也说人类最初是一种毫无组织的集团[12]。斯宾塞的社会学，往往缺乏人类学的根据，可是像如极有权威的人类学者摩尔根（Morgan），更能指出原始人类的状态，原始人类不惟没有国家及政治制度，即连家族组织也没有[13]。近来美国的人类学者如高登倭沙（Goldenweiser），虽不尽同意摩尔根的考查，但由其所见，人类最初的组织，也不过是家族和地方团体的结合，政治组织也是发生在后[14]。至于政治组织究竟发生在何时和是不是有阶级以后的产物，我们不暇细述[15]。总之，政治生活是后起的，是发展成的，而非生活本体，却很显然。

政治生活既是由其他更主要的生活发展的结果，所以政治生活常须随着其他生活而改变其组织及性质，而却不能改变其他生活。政治并非人类生活的基础，同时即不是历史演变的基础，这是政治史观不能成立的地方。不过我们还要记清，政治史观是发生于社会构造改变极少而政治形态却常常改变的时代中，在那时，政治史观是颇为有用的。

（三）英雄史观

和政治史观连带的，尚有一种以个人为中心的历史观。这种历史观是以为人的性格及才能，往往能影响历史，改变历史，制造新的历史。中国古代有一种“人存政举，人亡政息”的论调，其意以为政治固然是维持社会生活的主要势力，但“有治人无治法”“为政在人”，如果不得其人，虽怎样良好的制度也无所用，反是，若得其人，虽制度不完备，亦能因时兴革，治理得宜，所以五百年必有王者兴。若在长期混乱以后，必待应运而生的圣人，始能治平。应用这种观念，把历史上另外许多现象，也可以说明。比方同样是汤、武的政治，而在商、周末年却都乱起来，同样是唐代制度，而中叶以后也大乱起来，这就是因人的关系。五霸、七雄的交争，早已无法收拾，突然走出个秦始皇，就把六国统一了。三国时的曹魏，本早有统一的可能，但因为诸葛亮的才智，却把三分局面维持了几十年。其他如汉武帝、唐太宗、黄巢、成吉思汗等等，都是制造历史的中心人物。在欧洲，这类人物更多，远如亚历山大，近如拿破仑，都是给历史上增加丰富资料的人物。至于一个大思想家、大发明家，对于历史的影响更大。如法国革命前的福禄特耳，工业革命前的瓦特等，都是一时代的中心。若发见进化论的达尔文，更足以影响全体人类的生活及观念。这种事实，却足以证明个人在历史上的重要，如果没有某人，仿佛历史上就不会有某页历史。历史家因为这种观察，所以凡遇影响历史的大人物，其所记述的历史，即以大人物为中心，大人物的家世、性格、嗜好、思想、信仰及其经历，都要与以详细叙述，虽不能如政治一样，认定一切历史都以其时人物的性格、经历做基础，但至少在大人物的时代是以大人物为基础的。比方欧洲史家叙述法国革命时的恐怖时期，无不认为系马拉（Marat）、罗伯斯比尔（Robespierre）等几个人的神经病所造成的。

此种考查，从表面看似乎有理，但实际上却完全误解历史，远不如政治史观尚有时代的理由。个人的性格、才能，往往有的是异常伟大，确乎超过同时一切的人，但无论如何却绝不能超过历史。他所能做的事业，除遇历史上已有的趋势，同时代生活中已准备好的条件以外，决不能再多。孔子的确是圣人，他的思想影响了中国二千年，但他对于历史的影响是什么呢？除过把封建社会散漫的意识观念变成学说，使人易于认识外，决无其他，他不能把中国社会有进一步演进的促动。成吉思汗的确是英雄，他能创出亘古未有的大帝国，但他所创的历史是什么呢？仍然还是游牧时代的部落。哥仑布的发现美洲，是开启近代欧洲历史最有关系的一件事，但美洲是亚洲的蒙古人、欧洲的丹麦人早已到过的，但他们虽到过也无用，必须到了哥仑布才能震动世界，这是因为这块新大陆必须是十五世纪的欧洲社会始需用，在从前是没有用处的。达尔文的生物进化论，诚然是人类史上新的一页，但是进化的观念，既是哲学家早已具有，而且进化的事实，也是斯宾塞的社会进化论、来耳（Charles Lyell）的地质进化论早已指出来的，况且没有同时代科学上的种种发现，达尔文的学说也不会完成光大。这是说达尔文的成功，几乎全部分是时代的成功。哥仑布的冒险，达尔文的发现，都是代表了当时社会上已有的趋势，才能肯定其价值，否则即使哥仑布、达尔文的性格、才能再伟大点，若把他们早生几百年，也是埋没英雄的[16]。

中国向来有一个问题：究竟是时势造英雄呢，还是英雄造时势呢？中庸的中国人说，时势造出英雄，英雄又造出时势。但在历史上看，简直举不出英雄所造的时势来。历代开国的帝王，大都因时而兴，因时而定，其所定的还是一幕旧历史。中国的历史是有公式的，前一代简直可以把下一代的历史印好，只留些空白，预备后来填一填人名和甲子罢了，是和个人的才能绝无关系的。以现在看时势和英雄的关系，直是冬天有梅、夏日有荷的一样，须知个人的性格、知识、才能、经验和应付一切事情的方法，都是他所承受的历史和生存的社会给与的，他不惟不能超过他的历史和环境，即使他能纯粹根据社会上新生的条件而有新的创说，这种人大概也要被视为狂妄荒谬，要被社会处罚的，许多革命先锋都是在这种原故下牺牲了，虽属纯粹科学,如加利里等人,也不能免。所以历史有支配个人的绝对权力,而个人无丝毫改变历史的能力,这是很分明的。社会变革的条件未完备时,历史好比铁做的幕,个人只是一只蚊子,但等到新生活的基础立好了,历史的幕变成绒的,虽一个平常人,也可以拉开了。若以英雄史观解释历史,实较政治史观尤为表面。

(四)唯心史观

解释历史演变的许多观念,若个别考查,都有其社会背景,但是最明显的莫过于以精神生活解释历史的学说。这种学说显然是社会的统治阶级所愿意的学说,而非真正的历史基础,其理由较英雄史观更薄弱,几与神意史观的价值相等。中国人每在社会发生扰乱或产生一种不经见的事态以后,必要以道德的眼光作解释,常有“礼乐不修”“纲纪废弛”“道德沦亡”一类的话语。这种观念是认定心性的善恶和道德观念是维持社会共同生活的基础,如果把彼此间的和平、友爱、互助、道德这几种精神失掉,社会自然要发生扰乱(如所谓“礼义廉耻,国之四维,四维不张,国乃灭亡”等)。历史上有大部分事实,都被解作是由精神生活破裂的结果。中国人此种观念,是发生于儒家学说,儒家学说中道德观念极浓厚,自易有此主张,本不为希奇,最可注意的是近代欧洲资本主义社会学下的社会学家,也同样有此主张,很和中国的儒家相合。

社会学本是一种新学问,其所讨论的问题,正是人类知识上向来缺乏的社会如何构成及如何发展、演进等等问题,假若明白了社会构成的基础和社会演进的动力,于历史演进的基础自然可以得到解决。社会学家以为人类社会是由物质的和心理的这两种基础构成,而心理基础尤为重要,如季丁斯(Giddings)、爱尔乌德(Ellwood)一派社会学者,直以人类社会为“同类意识”或“同情心”的结合[17],这样结合的社会,端赖博爱、互助、责任、义务等道德心维系,如果缺乏此种心理,社会必起破裂。社会上所以常时扰乱而不安宁的原故,都是由于许多人道德心不健全,只欲私利而不计公共福利的结果,遂有争夺、抢掠、偷盗等不安宁的事。欲免除这种不安,只有教育。教育可以改善一般人的性格、习惯,使有一致的趋向[18],所以教育是这种社会中主要的事业。如果有教育也改良不过来的人,那就只有根本进行人种改良,如对待其他生物的一样,用选种的方法,使素性优良、能力健全的人始有结婚、传种的权利,至于一般顽劣成性的人,天然应当取消其传种资格。总之,在最后务必达到知识、能力、性格人人都能齐一的地步,然后社会就可以安定,且必繁荣富庶,不再有贫穷、饥饿、灾难等不美的现象发生,这样就是社会的进化。这固然好了,但不料这些社会学家又说,残忍的战争也是促进社会演进的主要动力云[19]。

我们不能详细介绍社会学家的学说,也不能详细批评,但其以"同类意识"或"同情心"为社会结合的基础,却十分谬误。无论什么时代的社会,最易看出的现象,是各种人利害关系的分歧和其意识的不同,即以组织极坚固的家庭论,家庭是社会的原始模型[20],而父子间、兄弟间、夫妻间,常常表现不同类的意识。至于全体社会中,相反的意识几乎时时都流露,最显明的例,比方工人大抵是希望少作工报酬多,而厂主的意识却恨不能使工人永作十四五小时的工作而不要报酬才好。季丁斯所谓"同类意识",大约是指人和动物的分别,人和人自较和动物的意识为接近,所以人和人结成社会而不能和其他动物构成社会,但是当欧洲人初到美洲时,其虐杀美洲土人,远不如其对于狗的亲密,若以那时看,究竟欧洲人和什么动物同类,我们将发生疑问。直到现在,各帝国主义国家和其殖民地及半殖民地的社会关系已经那样复杂,但其间意识的不同却甚远。这种事实直举不胜举,很难使人相信社会是同类意识或同情心的结合。况且这种不同，是无论用什么教育方法也不能强使齐一的。这并不是教育本身的失败，只是如果把教育的目的放在这一点上，那就只有失败。

总之，要从心理上改造社会，是正如二十年前中国儒家信徒要从道德上挽回世道人心，以救清朝的危亡，是渐渐会使人发笑的。因为社会学成立未久，据我所见，尚没有历史家用同情心的破裂以解释罗马帝国的灭亡和欧洲大战的，但以正义、人道、博爱、和平等在历史上宣传，而极鄙弃残忍、傲慢、自私、野心等等，认为系产生历史上各种纷扰、混乱根原的，历史家中却已很多，最著名的威尔士《世界史纲》一书，即满充此种观念[21]。历史书上其所以离不开此种观念的原故，大概是要使人记起人类久已希望和平，而和平至今尚未达到。至于历史上其所以常是不能和平的原故，尚有待于考查。

【注释】

① 旧日所谓"史识"，意极广泛，不过在其选择史料一点上，颇与历史观意义相近，如前人批评司马迁记游侠、记货殖为太滥，即是历史观不同的原故。

② 鲁滨孙（Robinson）所谓新史学（New History），即全以此点立论。

③ 此派社会学家如季丁斯（Giddings）、爱尔乌德（Ellwood）、麦独孤（Madaugall）等都是。季丁斯的著作未见译本，爱尔乌德、麦独孤的书，中译本甚多。

④ 以道德观念解释历史，威尔士的《世界史纲》即其一例，其书中常以虚荣心、自私、傲慢等，说明历史上的冲突。

⑤ 伊利亚特（Iliad）。

⑥ 迭更生（Glowes Dickinson）《希腊的人生观》（The Greek View of Life），说明希腊人的鬼神观念，是对于自然现象和人类情感的解释。作者曾本其意以解释中国人的鬼神、占卜、术数等观念，详于大东书局出版本《国史教科书》中（第一册第七章）。又夏曾佑《中国历史教科书》亦有同样解释，作者亦曾受其启发，惟夏书较略。

⑦ 以神意做行为上的法则，占卜即是此意，如婚姻的可否、出行的可否，都要问神意，至现在社会上仍极流行，其最盛时尚在商代。

⑧ 中国历史家至春秋时，大都已脱离神意的解释，如史嚣说“国将兴听于民，国将亡听于神”，即为政治观点决定兴亡的开端。

⑨ 如《论语》《孟子》所述桀、纣、汤、武的事，即与《尚书》所述全不同，《尚书》中全以天命说明，而《论语》《孟子》却注重政治的评判。

⑩ 秦汉以前和秦汉以后究竟是什么样的两种社会，现仍在争论中。陶希圣君以为周代是封建制，秦汉以来，同意于凡尔加（Voiga）的意见，以为系前资本主义社会。郭沫若君以为西周时是奴隶制，春秋以后直至最近百年以前都是封建制。郭说甚误，郭君未把允许完全封建制度存在和只允许封建势力存在的半封建社会其经济构造的不同分清，所以把秦汉以来也认成是封建社会。作者前亦曾发表一文，惟甚草率，无足称。

⑪ 极端反对政治组织及制度的，尚有当时的百科全书派（The Encyclopedist），至社会主义发生以后，各派的反对更不待说。

⑫ 即所谓“杂交期”，是人类社会原始的状况，此说初倡于斯宾塞。

⑬ 摩尔根的《古代社会》（Ancient Society），已有中译本。

⑭ 参看 Goldenweiser：Early Civilization，Chap Ⅻ，ⅩⅢ。

⑮ 参看恩格斯《家族私有财产及国家的起源》。

⑯ 高登倭沙虽仍看的个人才能很重，不过他有几句话，说的最透彻：爱迪生（Edison）是发明电灯的，但如使他生在有史以前，他至多只能做一个最初钻木取火者；拉飞耳 Raphae 是最善画的，但如使他生在布虚曼人 Bushman（澳洲和非洲森林中的原人）的家庭中，至多只能在穴洞中画些奇形怪状的牛类，如布虚曼女子所画的一样；裴德温（Bathoven）是乐圣，但如他是个中国人，至多也不过能唱唱梆子二簧而已。

⑰ 参看爱尔乌德《社会学及现代社会问题》（赵作雄译，商务出版）。

⑱ 威尔士《世界史纲》有云：“昔日在个人灵魂中及团体中战胜残忍、卑鄙、自私等冲动以防止人类之分裂者，宗教与教育之功也。”（汉译本一千十页）在另一处又云：“尤要者为如何创建一全世界之‘教育制度’，俾保持人类之昼光与利益，使其竞竞焉努力于群众之福利。”（汉译本八百四十一页）

⑲ 参看爱尔乌德《社会学及现代社会问题》。

⑳ 参看 Goldenweiser，Early Civilization，又摩尔根《古代社会》。

㉑ 其最明显的，如谓“与此人统一之动机相反抗者，当然有完全处于对敌地位之动机，如奇物异族之恶恨，安故守旧之习惯，爱国之热心，人种之偏见、横忌及怀疑，以及恶意诡行，极端之自私自利等，皆尚深中于人心”（汉译本一千十页）。是其已显然以此种心理的动机，为阻碍统一之原因。但在另一处却云：“欧洲社会，因物

理科学之进步而酿成机械革命，后因机械革命，而沿袭千年之文明社会阶级制乃坏，人类合理之新观念新希望乃生。”（汉译本八百七十页）是可见此合理的新观念、新希望的产生，并不是因其所谓心理上种种好的或坏的动机所造成，而乃确然为物质的原因，不知威尔士何以有此矛盾。

原载《世界与中国》1931 年第 2 卷第 2 号

处理中国上古时代史料的方法问题

中国上古史,始终没有整理清楚,从《史记》以来,所有记述上古时代的史书,都在将信将疑之间,任何一件事实,皆难论定。到了最近以前,因有所谓"疑古派",弄得问题愈来愈多,即从前认为比较可信的几部分,亦全部动摇。究竟中国历史初开幕的时候,状况如何?中国的国家,如何形成?中国的文化,如何产生?我们确切知道,中国的历史文化,有许多是从上古时代发展出来的,可是如何发展,如何递变到可信的历史时代,这些问题,都是急应知道的,然而都无法确实解答。

上古史的所以成问题,不能论定,本来有它自身的原因。因为上古时代距离我们过久,那时候的生活方法,人和人的关系,对一切事情的想法,都和我们完全不同。以数千年后的今日,要去了解它、说明它,而且要切合了当时的真象,这不惟极困难,且错误是势不能免的。又加以史料缺乏,所谓上古时代,正包含初用文字,甚或全无文字的时代,完备的记载固然没有,即根据传说后来追记的书,数量亦极少。以极不易了解的古初生活,又只有极少数的史料供参考,那自然更困难,更不容易研究清楚了。

不过,古史的困难尽有,却并不是说绝对不可了解,或不能研究。凡困难问题,与其诿过于问题本身,毋宁说是难得正确的方法,以打破这种困难。中国上古时代的真象,始终未能明白,实应归咎于从来所用的方法不足以揭发古初的秘密，古代流传下来的文献固然少，而对此很少的文献，亦未能悉行正确了解，以致本来极困难的古代史事，再加以不正确的方法，任意解说，任意评断，遂使问题愈来愈多，古史真象亦愈来愈晦。中国上古史所以成问题的大原因在此，实不在其本身。如欲解决上古史的问题，了解上古时代的真象，那就首先应考虑研究上古史的方法。

为要考虑这个问题，我曾把历来记述上古史的书，都行审查，仔细寻求他们所用的方法。大体上历来最感觉困难的，是古代神话传说太多，难以征信，而每一事又异说纷纭，不知所从，所以历来讨论上古史的书籍，几乎全部分是在做辨别史料的工作。不过，辨别史料的工作固然重要，但在有了可靠的史料后，还须进行研究，不得谓有了史料就算完事。所以我们对于过去古史的研究，有两点应当先行考查清楚：其一，过去用什么方法辨别史料的真伪呢？是否已把史料辨别清楚了呢？其二，有了可靠的史料后，用什么方法去研究呢？是否能揭发古代的秘密，了解古史的真象呢？据我的观察，过去所用的方法，对这两点都未能做到，既不能辨明史料的真伪，更不能获得古史的真象，但我们现在研究上古史时，有许多方面基本上还是用过去的研究方法，这实在有讨论的必要。现在把我对于各种方法的意见，详述于后，作为大家讨论的基础。

第一　《史记》以来儒家观点下研究古史的方法

对上古史事，采用一定方法，开始整理、记述的，实以司马迁的《史记》为第一部书。《史记》以前，《世本》早亡，《竹书纪年》失真，皆无由考见其方法。《史记》所用方法，书中有数处皆明言之，首如《五帝本纪》谓：

太史公曰：学者多称五帝，尚矣。然《尚书》独载尧以来，而百家言黄帝，其文不雅驯，荐绅先生难言之。……余并论次，择其言尤雅者，故著为本纪书首。

此其意谓黄帝以来事迹，百家所言异说甚多，皆不雅驯，为荐绅先生所难言，今取其最雅驯的，即荐绅先生所同意的事迹，著为此《五帝本纪》。是司马迁所用的方法，系以雅驯与否及荐绅先生同意与否为标准，来选取史料，以为记述根据。所谓"雅驯"，即平易近情，非神奇怪诞之言（即《正义》所谓典雅之言）。荐绅先生即士大夫，亦即当时儒家之经生。换句话讲，司马迁所用的方法，系以儒家的观点，作为一种方法，来选取史料。司马迁这种态度，他处亦多有述及，如《殷本纪》谓：

余以《颂》次契之事，自成汤以来，采于《书》《诗》。

《颂》即《诗经》之《商颂》，《书经》《诗经》皆儒家雅驯之言。又《三代世表》谓：

余读谍记，黄帝以来皆有年数，稽其历谱谍，终始五德之传，古文咸不同，乖异。夫子之弗论次其年月，岂虚哉！于是以《五帝系谍》《尚书》集世纪黄帝以来讫共和，为《世表》。

《五帝系谍》，即《五帝本纪》所谓"孔子所传，宰予问《五帝德》及《帝系姓》"，此二篇载今《大戴礼记》。"集世"谓集此二篇及《尚书》所载世系，以为表。是亦皆以儒家之书为标准，若其他谍记及邹衍"终始五德之传"等，虽有年数，亦皆不取。

司马迁的这种态度，后来记述古史的，除唐宋间的史学家不守其范围外（唐宋间的史学家，连"寓褒贬别善恶"的传统历史观念，亦不以为然。惟所记古史，亦只能搜罗异说，并无其他方法），其他大都取法。及至清代，有使用此观点更至极端的一人，即崔述。崔述之《考信录》，全以传说为孔子所传的"经"文为主，即传记与注疏，亦不在其可信之列。《考信录提要·释例》说：

圣人之道，在“六经”而已矣。二帝三王之事，备载于《诗》《书》，孔子之言行，具于《论语》……顾自秦火以后，汉初诸儒传经者，各有师承，传闻异词，不归于一，兼以战国之世，处士横议，说客托言，杂然并传于后……二帝三王孔门之事，于是大失其真……

余年三十，始知究心“六经”，觉传记所载，与注疏所释，往往与经互异，然犹未敢决其是非，乃取经传之文，类而辑之，比而察之，久之而后晓然知传记、注疏之失。

于是又说：

唐、虞、三代之事，见于经者，皆醇粹无可议，至于战国、秦、汉以后所述，则多杂以权术诈谋之习，与圣人不相类，无他，彼固以当日之风气度之也。故《考信录》但取信于经，而不敢以战国、魏、晋以来度圣人者，遂据之为实也。

崔述所谓“醇粹”，与司马迁所谓“雅驯”，词别而义实同。惟崔述连司马迁亦嫌其驳杂，故说：

若……《史记》……之属，率皆旁采卮言，真伪相淆……

此外，魏源之《书古微》，有数语表明此种态度，尤为明显，他说：

古书皆在竹帛，不得家置一编，惟凭口授，故每述一事，人各一词，要惟以经文为断耳！

根据这种观点来研究上古史，那就很简单，简直要不着什么研究方法，只要以“经文为断”，只要照《诗》《书》《易》《礼》《春秋》《论语》《孟子》等几部书直抄就是了。崔述的《考信录》就是如此。其他写上古史的，虽不如崔述的严格，亦采《左传》《国语》等“卮言”。然诸子的书，或《山海经》等类的小说家言，却是绝对不敢采取的。这样写出来的中国上古史，正名定分，实应称为“儒家观的上古史”。

这种“以经文为断”，以“雅驯”或“醇粹”为取材标准的办法，当然说不上是研究方法,这是不须多说的。不过他们的意思是在辨别史料,是在求“真”,是因为各家所记,“咸不同乖异”,“二帝三王之事大失其真”,所以才以“经文为断”,才取雅驯而醇正的儒家记载。但是,依他们这种办法,是不是果能得到真确可信的历史呢?稍有历史常识的人,立刻可以知道绝不能。这种办法,既谈不到是研究方法,也绝不是辨别史料真伪的方法,实在只是学究式的做法。因为历史事实的真伪,那能以雅驯与否或醇粹与否来评断!人类的生活时时在变更,前一时代的事,在后一时代看起来,已多觉可怪而不雅驯,何况远隔几千年前的上古时代?古代人束发而冠,以断发为奇,而今日人皆断发,偶见束发之道士,反以为怪。古人席地而坐,而今人见日本人席地,反以为彼邦异俗。上古时代使用石器,认动物或植物做祖先(图腾),知有母而不知有父,何一非不雅驯现象,正为荐绅先生所难言,故经文中绝未道及,然又何一非真确事实?若儒书所记,皆雅驯之言,固“醇粹无可议”,然尧让天下于其四世孙舜,舜又让天下于其四世祖禹,尧之女为舜之曾祖姑母,而舜妻之,鲧为禹之父,乃舜之五世从祖父,而舜杀之,却又让位于其子。凡此皆任何时代事理所不可能者,而司马迁信之。《孟子》所记舜、象之事,直街谈巷议之言;《金縢》记周公被流言,大风竟为之拔木偃禾,后又能反风起禾;文王受命,已自作国称王,而孔子乃谓其尚“服事殷”(文王“三分天下有其二”自在伐邘伐崇以后)。凡此亦甚不雅驯,无非“传闻异词”或阿好溢美,何尝“醇粹无可议”,而崔述亦皆信之。若再益以刘知几“十疑”“十二未喻”之说,应可知圣人固道德崇高,而其书却不能无所不包,述史记事,又何能一以经文为断?刘知几有言:“然则上起唐虞,下终秦穆,其书所录,唯有百篇,而书之所载,以言为主,至于废兴行事,万不记一,语其缺略,可胜道哉!”又谓:“正经雅言,理有难晓,诸子异说,义或可凭,参而会之,以相究核。”(《史通·疑古》)读此数语,可见崔述、魏源之见识,实不逮刘知几远甚。

第二　用考证法辨别古书真伪作为研究古史方法之错误

在古代神话传说中,觅取可信史料,另有一种方法,最为人所信任的,即用考证方法,先辨明古书的真伪,然后以真古书作为依据,找出史料,以叙述古史。此种做法,自较儒家的观点略为进步。儒家只信经文为真,凡经文所记,无不可信,其他皆杂驳无足取,皆属伪史。而用考证法所辨别对象,却不分经、传、诸子,凡考见其为伪的,虽经、传,亦所不取,若为真的,虽出诸子百家,亦引用无疑。而考证法本身,又语必有据,据必确凿无疑,所得结论,必期铁案如山,如此所定之真与伪,自不容再行置喙。所以这种方法,多年以来已成为最流行、最权威的方法了。

可是这种方法,是不是真如普通所说那样可贵?是不是真能解决了中国上古史的问题呢?我们试仔细考查,知道仍然是绝不能。普通对于这个方法过分的重视,实由于几种不自觉的错误,而对考证方法的本身,就存有莫大的误解,实为错误的起点。现在先就这一点加以说明,然后再审查其应用在古史上的结果。

按考证方法,严格说来,本只是研究方法的一段过程,而不是研究方法的主体。考证方法最大的要义,就是要拿出证据。凡建立一种主张,都要有证据,无证据就是空话,等于白说。这种程序是任何科学所必具的,天文学、地质学、物理学、化学、生物学……没有一种科学能不要证据而成立其学说,且只有科学才需要更多更精确的证据,但从没有人说起考证法是研究天文学、地质学、物理学、化学、生物学等的研究方法。各种科学都有他精密的研究方法,普通总名之曰“科学方法”。用精密的方法把各种问题、各种现象研究清楚以后，然后才详列证据，说明其所得的结果，建立其主张。假使对一问题并没有方法研究清楚，而即来考证，那就考什么证什么呢？所以考证法只是研究程序的一节，是研究清楚以后，说明其研究或建立其研究所得必经的程序，而却不是研究方法本身。

各种科学是如此，历史也是如此。历史也需要精密方法研究的，甚或需要更精密的方法。有方法研究清楚以后，去说明他，主张他，就要拿出证据，才用得着考证。历史上有春秋、战国扰乱了几百年的这种现象，为什么扰乱呢？扰乱有什么影响，有什么结果呢？如有方法研究清楚，原来如此如此，然后搜集证据去说明他。历史上有王安石变法的这种现象，为什么要变法呢？变法有什么意义呢？为什么失败了呢？如有方法研究清楚，然后才拿证据证明此种研究，是清楚，是正确。俱如此类，研究任何历史问题，无不如此。正因为研究问题时各人的观点不同，各人分析事实的方法不同，于是有的以为春秋、战国的扰乱，是由于世衰道微的结果，有的以为是政治腐败的结果，有的以为是社会变革的结果。王安石的变法，有的以为是南人为相，世运所关；有的以为是奸雄弄权，败坏祖法；有的以为是法度废弛，必须更张。因为分析的方法不一，各人的主张自不一致，各人说明时所拿出的证据，也就是所考证的，当然也不一致。可见研究与考证，截然是两段。有研究，然后愈考愈明，愈证愈确。若毫无研究，又考证何事呢？不过在近世考证风气盛行之下，常见若干考证大作，对所考问题毫无研究，而亦居然连篇累牍，引证繁博，这又为什么呢？此其因无他，实因作者虽名为考证，而实不自觉的已用一种方法，对其问题略有分析，故拿证据说明其意见。但这种不自觉的分析，是不科学的，不完全的，多半是模糊的私见，其所考证当然也不能成立。历史问题的所以不易解决、意见纷歧、永无定论，这种不讲求正确方法，乱用私意偏见考证，实为其主因。所以历史的研究，不能就是考证，应当采用科学的、完备的方法，方法正确了，那考证是不成问题的。

考证法的本身既已如是，那就照普通用考证法辨别古书真伪，即作为是研究上古史的方法，那可讨论的地方就更多了，兹分述如下：

（一）先秦古书，只有来历问题，不应有真伪问题。

历来考证古书真伪，无非考其流传情形，是否来自著作该书的时代及书的内容（所记事迹、思想、文字等），是否与著作时代相合等项（梁任公《古书真伪及其年代》列各种考查方法甚详）。这些考查方法，用于秦汉以来的书籍，自无问题，但若对秦汉以前的古书，却大有问题。因为秦汉以前的古书和秦汉以来的书籍，性质上完全不同。秦汉以来，著作观念已行发达，每一书，皆由著者自定书名，自行署名，且有序言述其著作缘起及内容范围等项。因此，若发见书中所记事迹或思想、文体，出在著者身后，那就断然可知其伪。或书本由著者自著，而其所记事迹，皆信口雌黄，毫无根据，与所记事迹的时代不合，亦可断其出于伪造。这些断定，都可确然无疑，不成问题。但秦汉以前的书籍，却完全不同。秦汉以前根本无著作观念，有所写作，似乎只是因为某些事，或某些话，需要记录，就记下来，并没有想到要成一部书，先起一个书名，更想不到有什么著作荣誉，要标出自己的名字为著者。所以我们看，凡是秦汉以前的古书，原来几乎全无书名及著者，现在我们看到的书名及著者，都是秦汉间的人陆陆续续加上去的，而且加的时候，多半是把性质相近的文字辑在一起，冠一个名称，其原来就是首尾完整的整部著作，几乎绝无。现在所见的古书，只有《书》《诗》《易》《礼》《春秋》等几种书名，产生较早，在春秋时就已通行。不过那时这几种书，却不是各成一部的书，恐怕只是每种简编的共名，而不是一部书的专名。比方“书”，大约凡典、谟、训、诰一类文字，都称“书”，而典、谟、训、诰各国都有流传，未必相同，绝不是现在所见《书经》的“书”。“诗”也是各地诗歌的共名，“易”是各种占卜材料的共名，“礼”是各种礼仪典制的共名，“春秋”是记事文字的共名。此外还有传、记、语、世、令、故志等等名称。这些名称，都是某种性质文字的共名，而不是一部书的专名，正好比现在的杂志、报纸，凡各地出版的月刊、半月刊、周刊、季刊等，都叫杂志，各地新闻纸都叫报纸，并不是单有一种书叫杂志，另有一种书叫报纸的。古代这些称为《书》《诗》《易》《礼》《春秋》等的零简断编，到秦汉间才把他分类辑在一起，各成一部书，而变为专名，遂有《尚书》、《诗》、《周易》（“周易”的名称春秋时即有，因另有他种易，周人所用的易称“周易”）、《礼》（礼经或礼记）、《春秋》（今之《春秋经》本《鲁春秋》，非周晋、燕、宋等国春秋）等经书。惟其这些书名原来只是共名，所以绝对没有作者，如说是有作者，那简直是笑话（正好比现在要说“杂志是某人著”“报纸是某人著”，是一样的笑话）。即连这些书中所包含的各篇，也绝不会有作者的名字留下来（只有《诗经》中有数篇，作者把自己的名字含在诗里边），这不惟因为当时没有著作观念，而且因为除《诗经》外，其他都是官书（《诗经》中大部分也是官书，只有《国风》中的一部分是私人作品），即到后世，官书也绝不表明作者的名字（如法律条文或政府命令，绝不会标明某人作某条、某人作某令）。

除经书外，各种子书，原来也无书名及著者。诸子书是私家著述的开始，但其最初当由各家大师随时写出其意见，或由各家弟子记录其师说，所以书中多是零语断句，不惟不成书，即首尾完备的一篇一章亦极少。《老子》《论语》《孟子》等固不必说，即《管子》《墨子》《庄子》《荀子》等，虽有篇名，而细核其文，也多是若干零碎语句集成，故语意重复，甚或不一致的辞句，往往在一篇中错出，其非由一人写成甚明。诸子书中的每一篇，都可能是结集而成（结集是佛家编订佛经的办法，释迦牟尼死后，其弟子等开了好几次会议，把各人所闻的佛说，结集起来，成为经典），其全书更系由结集而成，自不待言。而且这种结集，也绝非一次完成，必是随时发挥，随时增补，随时结集。现在所看见的诸子书，正不知是多少人，多少时间，汇集成功的。这种情形，不惟佛家经典的结集可以参考，即司马迁的《史记》，亦有一部分是结集成功的。《史记》在司马迁以后陆续增补的有十多家，都集在司马迁书里边，都称为《史记》，然除"褚先生"以外，也并未标出某人增某事、某人补某段。《史记》时代尚且如此，若诸子时代，更不待说。这些结集起来的书，尤其因为是竹简，更未必能悉行联缀在一起，由秦到汉，时移世易（我不愿说秦火以后，因为古书的凌乱，并不是秦火的影响，事实上原来就是凌乱的），有整理的必要，才根据各家弟子的传说及各人所保存的竹简，就其内容，略加分类，遂笼统称为某人所著书。或如《史记·诸子列传》，竟称某人著书若干万言云云，才渐渐加上书名及著者。这些书名及著者，都是别人所加，一望可知。管仲即使著书，也绝不会径名之曰《管子》，老聃即使著书，也不会径名之曰《老子》，书本没有，又何处自题其名曰"管仲著""老聃著"呢？

先秦古书，都由秦汉间人整理编纂，冠以书名及著者，才成今日所见的状况，这是事实。秦汉间人替后人做这种工作，自是极可称道、极有价值的。但他们的工作是否做得很好，是否精确无误，那却是大成问题的。不惟成问题，而且事实上都是些附会武断的作品。比方，《书经》里边的《虞夏书》，明明有"曰若稽古"的话，那里能是虞夏时代人著的书，但汉朝人都相信是虞夏时代的著作，且硬把"稽古"释为"同天"，谓"尧能顺天而行，与之同功"（《书疏》引郑注）。

又如《诗经》里边有许多篇章，明明是谈情说爱之作，却硬要说是歌功颂德的作品；明明有许多是极普通的诗歌，却硬要说是咏叹或讽刺的诗；其他说诗本事张冠李戴的，更不一而足。传说有“孔子读《易》韦编三绝”的话，就附会上说《十翼》是孔子作的；传说有周公制礼作乐的话，就附会上说《周礼》《仪礼》都是周公作的。这些《书》《诗》《易》《礼》，都是汉代学者精研专治的书籍，而其考核，尚都是乖舛百出，若诸子书的谬误，更是指不胜数。这一类谬误的指出，由宋、明以来到了清代，已成了考证学者的专业，其成绩的辉煌灿烂，是尽人皆知的。

不过，我们要注意，这种谬误，应当是秦汉间人的谬误，绝不能认为是某种书的谬误。说某书非某人作、某书非某时代作品，这应当订正了秦汉间人的错误，秦汉间人不应当乱定著者、乱定书的时代，这是秦汉间人整理工作做的不好，于书的本身又何干呢？我们现在如发现了这种错误，应当是把秦汉间人的成说推翻不用，重新加以整理，重新确定其著者及时代，才是正理。可是旧日考证学者的态度不然，他们发现了这种错误，就立刻断定这本书是伪书，是假造的，而对秦汉间人整理的不当、附会武断的责任，却毫不追究。究其实，这本书的某几篇和某几篇，本不应结集在一起，更不应笼统冠以某一人的名字。他们原非同志，气味不投，汉人硬把他们排在一起，他们原有主人，汉人不知，却硬派一个不相干的人做他们的主人，这些书都已叫屈连天，含冤莫伸，万不料后世所谓考证学家，竟因此更骂这些书都是假书，都是要不得的，都应丢到茅厕里去，这岂不是太诬罔这几种书了么？不惟诬罔，简直是无的放矢！那些书本不是一本书，本不是这个著者，被人误弄成一本书，误弄了一个著者，如今不骂那个误弄的人，却骂书是伪书，是某个人假造的。其实，书何尝是伪，何尝有人假造过？只是不该误行结集在一起，误冠书名，误冠著者罢了！书本不伪，也没有人去假造，今却连篇累牍，诋呵万端，硬说是伪作，这不全是无的放矢么！

所以我觉着我们对古书的态度，实应根本改变。古书是有问题的，自不待说，但这个问题，应当是来历问题，而非真伪问题。某一古书，究竟是怎样来的？什么时候写的？是谁写的？是否有不同时期的材料在内？如有，是什么时候，什么人，加了些什么？另外，某一书写定的人和时代，如都能考查清楚了，那就再要考查，他们各人所记述的事实，是否都能真确无误，是否都是事实。像如这样的考查，不惟每一书应当如此，甚至每一篇、每一段话，也应当如此。我们现在距离古书产生的时代，已经这么久，这种考查是否能成功，自然是极大的问题，但工作应当这样的做，是绝无问题的。不要说完全成功，即相当清楚了以后，使古书略还其本来面目，虞夏的虞夏，商周的商周，春秋、战国的春秋、战国，秦、汉的秦、汉，所有时代和作者都各还原，那古书都是“真”的，何尝有“伪”的呢？如果不这样考查，不脚踏实地考查其来历，而一味辨伪，那不过把真的东西都辨成伪的，书伪，书里边的记载也伪，一部古史全成了伪史，无非说明古史不能研究罢了，还成什么研究工作呢？

因此，我觉着我们今后对古书应当做的工作，是整理工作，而不是什么辨伪工作；应当重复汉人所做过的工作，而更谨严、更精细、更确实，去整理仍然凌乱的古书，而不应重复清代所谓汉学家工作，仅仅去辨伪。

（二）汉学家所辨古书的真伪，只是形式的，而不是实质的。

其次，即使退一步讲，汉学家的辨伪，是否诬罔，是否无的放矢，姑且不论，即汉学家所鉴定的古书，为真为伪，是否可靠，亦大有问题。因为所谓辨伪工作，只是一种消极工作，他只能知道怎样怎样是伪，并不能知道怎样怎样是真。这种消极工作，在汉学家看来，原认为有极大的价值,可以使应用古书的人,不至把时代颠倒,不至把伪书当成真书,把战国时代的作品当作尧、舜时代的材料。汉学家认考证方法是极谨严的方法,是科学方法,即以此故。但我们仔细考查,这种消极效用,也并不尽然,这有两点:

其一,照普通看,书的写作时代是一回事,书的内容又是一回事。某书尽管出在后一时代,绝不能断定他所记述的,就没有前一时代的真事实。同理,某书尽管出在那个时代,也不能保定他所记述那个时代的事实,就完全是真的。这本是极普通、极平常的道理,但汉学家的看法却不然。他们一发现某书不是某时代的作品时,立刻即称为伪书,认为所记都是不可靠的。反过来,如认为某书确是某时代的作品时,就认为是真书,就毫无抉择的相信。这种态度,实在是非常不科学的,然而汉学家却自认为是极谨严、极科学的。比方,《论语》《孟子》固然是真书,但《论语》《孟子》所记的事实,就完全是真的么?这显然不尽然。不要说尧、舜、禹的事迹,《论语》《孟子》所述,不是尧、舜、禹时代的真象(尧、舜禅让,孔子盛称其有天下而不与,其实乃尧、舜时代极平常之事,使桀、纣处其时亦为禅让,无关于个人道德。孔子、孟子皆盛称舜为大孝,然其时似仍为知有母而不知有父时代,瞽瞍云云已不可必,若前妻后妻之事可断其绝无。章太炎考《孝经》为夏德,以古社会制度演变观之,其说实至确。舜祖颛顼而宗尧,并不以瞽瞍配天,其不知孝为何事甚明。孔子称禹菲宫室尽力乎沟洫,其时离穴居未远,焉有宫室,何用为菲?凡此皆不过孔子、孟子以主观的观点,对尧、舜、禹事迹的一种解说或评论,其实皆未合当时真象),即粲然后王的周代制度,孟子所述亦不尽确(如周室班爵禄之制、井田之制,孟子亦称为大校,皆不能作准。夏、商、周三代皆行什一之税,人民担负如是之轻,绝非农奴制度真象)。而向来认为伪书的《山海经》《竹书纪年》等,乃确然有许多绝不见于任何真书的古代事迹存在，这不是显然的事实么？乃过去辩论“古史”的，仍一以“古书”为准，书真即一切真，书伪即一切伪，于是《论语》《孟子》为真书，那就不惟《论语》《孟子》所载的一切，以为古代必有之，乃至《论语》《孟子》所不载的一切，亦以为古代必无之（如《论语》未述黄帝，即以为古代无黄帝，乃战国间人伪造等），试想这种考证方法，还能说正确么？

其二，从另一方面说，辨伪工作只是把某书摘发三数伪事（其实辨伪书至易，只要发见一明确事实，即可断其书为伪，若证据不明，多亦无用。阎若璩辨伪《古文尚书》，举证多至一百二十余条，然可为《书》讼冤处甚多），不合著者的时代，就认为伪书，但书中是否有著者的思想事迹，却一概不问，不惟不问，而且只因这三数伪事，就一律抹杀，把全书都成了伪的，这也是非常不科学的，而汉学家也自认为是极科学的。比方《管子》，书中称齐桓公，言及毛嫱、西施，言及五霸，皆管仲以后事，非管仲所能见，即为伪书。《商君书》称秦孝公，记魏襄王事，亦皆商鞅以后事，非商鞅所能知，亦伪书。《山海经》传说为伯益作，然书中述及长沙、零陵、雁门等秦汉间郡县，即可知其为伪。俱如此类，书中既有著者身后的事，其不能为著者自著无疑，其伪可知。但除此类事例外，书中其他部分，是否有著者自著的材料，或虽为另一人写定，而是否记有著者自己的思想事迹，或确有著者时代的事迹，这都是应当分别考查的。如果有这种材料，那这本书不惟不是全伪，伪的部分固伪，真的部分自真，而且真的部分自可作为研究著者本人或其时代的根据，即伪的部分，亦可究明来历，作为研究其人其时的根据。如是，则先秦古书，将没有一本是伪的，不过是不同时日、不同人物各自写定的罢了。但辨伪学者的看法却不如是，他们一发见书中三数疑事，立即把全书判决是伪的，《管子》和《商君书》是否有管仲和商鞅自己的材料，或其思想事迹的可靠记述,《山海经》是否有虞夏时代的事迹,既谥为伪书后,即一律不问,试问这种作风,还能说是科学的么?

所以汉学家所鉴定先秦古书的真伪,实并不可靠,其所谓真与伪,止是形式的、表面的,以表面看来,某书说是某人作,若无可疑事迹发见即真,若有可疑事迹即伪。但究其实,此种可疑事迹,既皆指著者身后的事,然若真书中虽无著者身后的事,而是否悉为著者自著,或其所著是否可靠,实难遽定,而伪书中是否有可靠材料,亦难遽定。则所谓真书,实不见得即真;所谓伪书,亦不见得即伪。考证方法,语必有据,据必确凿无疑,所得结论,必须铁案如山,然对古书真伪的辩论,实未能尽如所期。试看明、清以来所判定先秦古书,究竟为真为伪,悉在游移飘忽中,故近人研究古史,于真书中忽觉有伪,于伪书中忽觉有真,犹疑两可,纷呶莫决的事类甚多,又那里铁案如山了呢?

考证方法应用在辨伪工作上,实在是失败了的(我说失败,辨伪者自不承认。其实所有先秦遗书,那一部能真正确定?《周礼》一向视为伪书,然近人皆知其中有周代流行制度。《列子》为魏晋间人作品,亦早有定评,然胡适之仍以《杨朱篇》为可信。即伪《古文尚书》,应无他说,然仍有人极力支持《殷历谱》之引用伪古文材料为当。此并非现在如此,《四库书目提要》已谓,"先王遗训,多赖梅书搜辑以传,其书并不可废",似已不啻明谓伪古文书并非全伪。至其他伪书,在一人眼中,忽视为伪忽视为真的甚多,略留心各家著作即知)。其所以失败,实由于忽视先秦古书之特殊性质,误与秦汉后之著作等量齐观。先秦古书,或由官书结集,或由若干私人著作结集,本非纯粹个人作品(古书皆如《吕览》《淮南》例,惟《吕览》《淮南》尚系有计划之集体著作,其他古书皆由后人结集,其初皆随时增补,并无计划。虽《左传》亦出众手,惟编年记载较有体例可循,故较完整),今悉按个人著作例，审核其真伪，自不能尽其内容，故皆飘忽游移，摇摆不定了。

（三）用考证方法，虽辨明古书真伪，亦不能得古史真象。

复次，今再退一步，先秦古书的为真为伪，是否能成铁案，姑置不论，今即假定其所考皆确，真书确真，伪书确伪，然上古时代的历史真象，因此便可完全明了么？在汉学家看来，自然是可能的，他们专门辨别古书的真伪，正是以为获得真书后，即可获得古史真象，殊不知事实上并不然。

按研究历史，辨别史料的真伪，固是极重要的工作，但古书的真伪，既未必便是史料的真伪，已如前说，而且即使真的书中，亦确是真的史料，然亦未必便是古史的真象。因为古史大都是神话传说，而各家所记，又不过是各本传闻，略记一二，并非如后世各体史书，每事皆原原本本有系统记述。以是研究古史，有较后世历史更困难的一点，即明为真史料，而亦未必为真史迹，其真象往往包含于神话传说中或各家的解释、评论中。而各家的传闻既不一，解释、评论又不一，每一史迹，儒家有儒家的传闻及看法，道家有道家的传闻及看法，其他各家又有其他各家的传闻及看法。各家的传闻看法既不同，及叙述起来，又要加上各自的解释、评论，以是神话传说本已非其事实真象，而又加以各家传闻异词，评述不一，以致异说杂陈，奇文错出，几于每事皆然。如是则纵得真书，纵其所记悉行可靠，那在这些神话传说、这些纷歧异说中间，又如何决定其真象呢？即使书都是真的，又该凭那本真书，说是古史的真象呢？

比方，尧、舜禅让的事，各家皆述之而各不同。《论语》《孟子》皆以尧、舜的禅让，为尧、舜个人道德崇高的结果，故能“有天下而不与”，“巍巍乎，唯天为大，惟尧则之”。《墨子》称道此事，亦以尧、舜为能“尚贤”。而《韩非子》述此事，则有两说。一谓古天子之生活过于劳苦，人皆不愿为之，故谓“夫古之让天子者，是去监门之养，而离臣虏之劳也”；又谓古天子之生活，不及一县令，故“人之于让也，轻辞古之天子，难去今之县令者，薄厚之实异也”（《五蠹》）。另一说则谓尧、舜禅让，仅为其名，舜、禹篡弑，乃其真象，故谓“舜逼尧，禹逼舜，汤放桀，武王伐纣，此四王者，人臣弑其君者也，而天下誉之”（《说疑》）。似此所述各异，韩非与儒、墨尤大不相同，而《论语》《孟子》《墨子》《韩非子》皆属真书（《墨子》各篇中多有可疑的，惟《尚贤》等数篇各家皆以为真墨子作），那究竟那一个是真象呢？韩非有言，“孔子、墨子俱道尧、舜，而取舍不同，皆自谓真尧、舜，尧、舜不复生，将谁使定儒、墨之诚乎”（《显学》）？是韩非已不能定，今人乃欲以真书定之，然韩非所见儒、墨之书应更真，为什么不早定了呢？

又如禹之子启，孟子盛称启之贤，谓“启贤，能敬继承禹之道”，故“天下之朝觐讼狱者，不之益而之启”，遂能代益而为帝。但据他书所述，启似乎是一个颇为荒唐的人。《墨子·非乐上》引《逸书·武观》曰：“启乃淫溢康乐，野于饮食……万舞翼翼，章闻于天，天用弗式！”墨子此文，清代汉学家看了，以为不合孟子所记启的身份，遂谓“乃”字为讹文，应为“子”字，其文应说“启子淫溢康乐”，系指太康，非谓启（惠栋说）。但他书亦多有谓启荒唐的，《山海经·大荒西经》谓：“西南海之外，有人名曰夏后开（即启，避汉景帝讳改），开上三嫔于天，得九辩与九歌以下。”《海外西经》亦谓：“大乐之野，夏后启于此舞九代。”此虽仅谓其好歌舞，非怎样荒唐，然《楚辞·离骚》谓：“启九辩与九歌兮，夏康娱以自纵，不顾难以图后兮，五子用乎家巷。”（“用”字下原有“失”字，依王念孙说删）此四语释者不同，王念孙曰：“自九辩与九歌以下，皆谓启之失德耳。言启窃九辩九歌于天，因以康娱自纵于下也。贻谋不善，子姓奸回，故下文有不顾难以图后云云也。《竹书》：帝启十年，帝巡狩，舞九招于大穆之野。及

《墨子·非乐》引《武观》,皆所谓夏康娱以自纵者。”(《读书杂志》)据此,则夏启之为贤为荒唐,正未可定。古本《竹书纪年》谓:“益干启位。启杀之。”是启之得位,究系如《孟子》所说,为和平相代,抑如《纪年》所述,为暴力夺取,实未易言。除《山海经》外,《孟子》《墨子·非乐》《离骚》皆系真书,启的贤不贤,究竟该据那本真书,以决定此案呢?

又如关于羿的事,《山海经·海内经》谓:“帝俊赐羿彤弓素缯,以扶下国,羿是始去恤下地之百艰。”《淮南·本经训》亦谓:“尧乃使羿……断修蛇于洞庭,擒封豨于山林,万民皆喜,置尧以为天子。”是羿去害恤艰,乃一有大功勋之人,故《淮南·氾论训》又以羿与炎帝、禹、后稷等并举,谓“羿除天下之害,死而为宗布”。但普通对于羿的观念,因受《论语》“羿善射,奡荡舟,俱不得其死然”的影响,觉羿为一凶猛暴乱之人,以致不得其死,对其功业却绝不提及。说者谓《论语》之羿,为《左传》所记因夏民以代夏政之有穷后羿,而奡即寒浞子浇(俱详《论语集解》引孔注)。然吴仁杰《两汉刊误补遗》谓奡即《虞书》“无若丹朱傲”之“傲”(傲又作奡,《释文》云:“《说文》奡字下亦引《虞书》‘若丹朱奡’。”是“傲”字古本实作“奡”)。俞正燮《癸巳类稿》及邹汉勋《读书偶识》,皆申其说,谓《虞书》之傲,即《论语》之奡,如是则羿、奡并举,奡在尧时,羿亦自为尧时之羿。而汪中《旧学蓄疑》又有羿即伯益之说,是《论语》之羿,究为《山海经》与《淮南子》所载尧时之羿,抑为《左传》所述夏少康时之羿,实难遽定。推原其故,无非因《论语》仅系简短语录,并非史册实录,自难详明。然古书大抵如是,今据是等真书,又将如何获得古史真象呢?

俱如此类,古书所记古事,悉行类是,伪书固不论,即所谓真书中,或互相抵牾,或奇文错出,或简短不明的,几于每事皆然,请问考证方法将如何处理呢?我们细读各家考证著作,他们实在没有解决办法。他们无非是各据古书，各引证利于自己主张的证据，各为考证，各立一说，结果还是异说杂陈，抵牾百出。他们并没有进一步的办法，把这些困难解决了，而把古史的真象找出来。

（四）考证方法的末路。

考证方法并没有把上古史的问题解决了，并没有把上古时代的真象找出来，这是摆在我们面前的事实。考证方法研究古史，走到这个顶点，不能再走，这是一个绝好的启示，应当使研究古史的人明白，今后必须改弦易辙，必须另找更正确的研究方法，不能再走考证方法的旧路，这是很明白的。

不过，在这一顶点，我们却发现考证学者不忠实的地方。他们不肯承认失败，不肯毅然放弃考证方法，指示人们找寻更正确的研究方法，而仍要固执考证，乃以一种极不正确、极违反考证精神的态度来支持其考证，即“武断”。他们武断说，古史都是神话传说，都是春秋、战国下至秦汉间人所伪造，或托古改制，或故为寓言，或有意虚妄，故造作许多诞妄的神话传说，以各行其私，其实都是假的，都靠不住；不论真书、伪书，都是伪史，都不足取信；要明了上古时代的真象，只有等待考古学者在地底下掘出古物后，再去研究——所谓研究，当然还是考证。

这种非常武断的话，近三十余年来早已流行于中国学术界，且已成了定见。这种看法是对的么？是事实么？其实，那里是事实？这种看法，适足以妨碍新方法的寻求，将使人们以为，古书所载，既都是神话传说，都靠不住，那又何必研究，只静待考古学发掘好了。但究其实，古书所载，虽都是神话传说，虽都是纷纭异说，但神话传说都不可靠么？传闻之辞里边没有真象么？实大不然！要知道，上古时代的人类，本都在神话中生活，古初本无文字，即有亦极不完全，所有事迹，本悉赖传说保存，若不研究上古史则已，若研究上古史，天然只有神话传说做对象。世界各民族都有上古史，那一民族的上古史不是从神话传说中整理出来？像如中国古书中保存有极丰富的神话传说，研究中国上古史的，正应引以为便利及庆幸，考证方法研究的没有结果，这明示考证方法不足以解决上古史的问题，那里能说古代的神话传说都是伪造的虚诞不经之辞呢？究其实，考证方法本不是专为研究历史的方法，他是一切研究工作中共有的一种程序，即在研究清楚后，搜辑证据，以建立其主张，而却不是研究方法的本身。这种程序是各种科学共同的，历史也不例外。普通误认历史就是考证，把考证方法当成研究历史的唯一方法，这是因为史料真伪的辨别，较其他科学尤为重要，而辨别史料时，为真为伪，尤须有充分证据，始能建立其主张，故对考证不免偏重。但其实，若对问题毫无研究，那史料何者为真，何者为伪，根本茫然，又如何下手考证呢？这就是说，即使辨别史料真伪，亦必须对其史迹有所研究，始能考证。比方没有了解宗教的意义及性质，如何考证宗教史呢？没有了解数学的原理、法则，如何考证数学史呢？若古代事，尤须了解，古代的神话传说，都是奇神怪兽，忽而天忽而地，若不了解其意义，又那里去找证据证明他的存在或辨明其真伪呢？这是考证方法应用在古史上失败的根原。乃研究者不在方法上想办法，而乃要根本推翻所研究的对象，这岂便是考证学者应有的态度么？

不过，考证学者也在研究方法上想有办法的。他们说，古代的神话传说都不足取信，只有等待考古学的发达，于是考古学方法又成了近三十多年研究中国上古史最时髦的方法了。但考古学方法又能不能解决了中国上古史的问题呢？这当然是问题。可是考证学者并没有看到中国考古学的发达完成，也并没有确切证据，可以证明地底下已经经过几千年来汉代所谓“椎埋攻剽”者流的不断发掘，而还有足够的古物，可以解决上古史的问题，但他们仍居然相信“只有考古学发达后,才能解决中国上古史的问题”。这种假想,老实说,如果不是武断,也是遁辞。考证方法解决不了上古史的问题,乃图逃遁,而不取水遁,不取火遁,取的是土遁,要遁到地底下发掘上古史去。那末,我们也来考查一下,考古学方法是不是能解决了中国上古史的问题呢!

第三　以考古学方法研究上古史之限度

以考古学方法研究上古史,是不是能解决上古史的问题,得到上古时代的真象呢?我觉着至多可以解决一部分,而不是全部分,而且普通最怀疑、最需要知道的许多事情,恐怕正不是考古学所能解决的。

因为考古学上的材料,即从地底下发掘出来的古物,只是史料的一种,这种史料,可以说是最好的史料,而却不是最完备的史料。其所以说是最好的史料,即因为他是最真实、最可靠的:一方面,他是直接从那时的生活中遗留下来的,当然没有丝毫伪造的成分(假古董自然除外);另一方面,他完全是客观的遗物,也绝没有主观的成分,像如文字记载那样,往往不免有夸张、歪曲、粉饰、附会等情。所以根据考古学上的材料,忠实研究,那是应当不会有错误的。

不过,这种实物史料,虽然是最真实、最可靠,即是最好的史料,然而无论怎样也不是最完备的史料,他绝不能代替文字记载。因为这种史料,既都是实物,其所表现的史迹,当然也只限于物质生活方面,除非上边附有文字,如甲骨文、金文那样。但这种附有文字的实物,究属少数,且究竟已到了使用文字的时代,若纯粹传说时期,有无文字极成问题,欲发现有文字的实物,希望更微。普通所谓古物,当然以无文字的一切用具、建筑等为主。古物既不一定有文字,且大都无文字,那他所表现的生活事项,当然只限于物质部分,如石矢、石斧、石刀、石针、陶碗、陶瓶等等，都是关于物质生活的。但研究历史，物质生活方面固然重要，而更重要的，也是一般历史研究中讨论最多、研究最多的，乃在各种组织、制度、思想、观念方面，如古代的社会组织、家族制度、婚姻状况、政治生活、宗教观念等等。这类抽象的生活，除非用文字记述，否则绝不是实物所能表现出来的。比方，一个石斧，一个石矢，由其制作的精粗美恶，可以观察出他们那时的经济生活进展至何种程度，甚或可能推断出他们所能生产的范围；石斧、石耨可以知道他们已过农业生活；陶瓶、陶碗可以知道他们已能制造陶具；或更由这些东西做种种推断，可以知道他们经济生活的全貌。这些都是可以的。但欲由这些东西，要知道他们的团体如何组织、人和人间的关系、种种的称谓、包含团体的名称及亲属的称呼等、婚姻状况、各种风尚习俗、政治形态以及所信仰的神祇及各种现象的解释等等，那就绝办不到。因为这些事项，非经文字记载不可。正因为要表达这些事项，人类才创造文字出来，也因为要记录保存这些事项，才有历史记载流传下来，如果单凭实物，又那里能把这类事项表达出来而保存下来呢？试看世界上的考古学，已经发达了好多年，世界各地发现的古物已甚多，但人类原始时代的许多问题，何尝曾用古物解决了？比方，人类的初期，是否已有政治性的生活？有的说，原始时代的团体，都是血缘的结合，并无政治性的关系；又有的说，除血缘团体外，居住接近的部落，已有地方性的政治组织。这也是争论的问题，从古器物上又那里能解决了呢？古人说“古者知有母而不知有父”，又说“古者结绳而治”，这都是事实，但古器物焉能证明这类事实的存在？又焉能说明其真象呢？所以考古学上的材料，虽尽管可贵，但他所能表现的史迹，只能是部分的，即属于物质生活方面的，但历史上所急欲知道的许多事项，恐正是考古学所不能解答的。中国考古学虽未发达，地底下发现的古代遗物虽尚有限，但将来纵然大量发现出来，除非是有文字的实物，否则对古史的贡献，绝未必有平常所希望的那么大。比方，黄帝、尧、舜是否有其人？尧、舜是否禅让过？尧和契、稷是否是弟兄？古史上传说的许多氏族，是否都是炎黄的子孙？大禹是不是治过水？伯益是不是为启所杀？如是等等问题，假若以后所发现的古物，不是文字，而是普通的实物，那就可以断言，这些问题仍然无法解决。也许有人说，这些传说本无其事，本来都是战国、秦、汉间人假造的，将来古物发现后，自可证明其无稽，而另外出现一部真正的上古史出来。这话也是梦想。比方，仰韶时代的石器、陶器，不是发现的已经很多么？使用这种石器、陶器的是种什么人？他们的部落称作什么？其组织如何？他们婚姻关系怎样？是不是知有母而不知有父？他们信仰些什么神话？这些问题，能不能从仰韶时代的石器、陶器上解答了呢？为什么不从仰韶时代的石器、陶器上找出他们的历史全貌，而仅仅分析他们的彩色花纹呢？这就显然可见没有文字的实物，是绝不能表现文字所代表的意义，即普通所谓历史事实的。若如是则将来古物虽大量发现后，其对历史上的贡献固将甚大，但也只能和仰韶时代一样，只知道些什么石器、什么陶器或什么彩色花纹罢了，多一点只能和其他地方的古物比较一下，略略推测其影响关系或大约的年代罢了，又那里能知道平常所要知道的历史呢？所以纵使将来古物大量发现，不惟不能呈现出另外一部完全的上古史出来，即绝对否定传说史的资格，恐怕也没有，因为本是性质根本不同的两种史料，实物既不能肯定表示出自己时代的历史事实，又如何否定自己所不能说出来的历史事实呢？

不过这个意思并不是说考古学不重要，考古学是极重要的，古物史料是极有价值的，这里只是说将来考古学发达，古物真的大量出现后，它必将补充文字史料的不足（如古书未载有石器时代，可由发现的石器补充等),或订正文字记载的讹误(如虞夏之币金三品等),把上古时代关于物质生活的真象,解答出来。但要说它能全部代替文字史料,把古代的传说完全否定,而另外造出一部要像传说史料所包含那样完备丰富的上古史,可敢断言是绝对办不到的。老实说,将来考古学发达后,不惟不能推翻传说史,且必提高了传说的价值,它将利用传说史料,甚或由传说史料的指引,以进行其研究。这并不是推测或武断,过去的事实就是如此,不惟甲骨文、金文的研究几全赖传说史的指引(这并不是说没有传说史,甲骨文、金文就不能研究,只是说由传说史的指引,才使甲骨文、金文的研究更便利,成绩才更大),即仰韶各期和城子崖陶器的研究,亦都由传说史的指引,才能有进一步的探索和种种描绘。这种研究,不惟给考古学以种种便利,而往往也增高了传说史的价值。如甲骨文的研究,增高了《史记·殷本纪》的价值,增高了《山海经》和《竹书纪年》的价值即是。由此推论,那将来考古学发达后,传说史必将愈益有用,愈有价值,又何能说传说史将变成无用的,将要被推翻了呢?

不过我说这话,也并不是说考古学可作为研究传说史的方法,这也是不能的。古器物和传说,都是古史的史料,可以互相对照,以揭发上古时代的真象,但他们的整理研究,都各有他们的方法,并不是说有了考古学,就可整理研究传说史,而不需要其他方法的。

第四　以社会发展史的观点处理上古时代史料

总括以上所说,只是说明中国上古史所以始终未能解决,实在是个方法问题。儒家的整理,只是根据儒家片面的传说,并没有什么方法。考证学家要用辨别古书真伪的方法以求得真史料,即据以为信史,殊不知书的真伪,并不等于所载事迹的真伪,纵然是真书,绝不能确定就是真史。考证方法并没有解决了古史的问题,也是事实。因为考证方法失败的结果，很多人又倡导考古学，以为掘得的古物自是可靠的，根据古物写出来的古史自然是信史，但又不知古物固然是可靠的，但古史上的问题，绝不能全靠古物解决，古代极丰富的神话传说，宜如何整理研究，还是问题。即使有了大量的古物，整理古代史料的方法问题，依然是存在的。

那末，究竟该用什么方法处理上古时代的史料呢？我觉着以现在看来应当已经很明白，只有用社会发展史的观点，才能解决上古史的问题。社会发展史的观点，过去也有人用过，只是偶然的，并未普遍采用。但即使偶然的一部分，已经很有成效，是对古史最正确的解决。不惟古代事迹的分析研究要用社会发展史的观点，即古书及其所载事迹的真伪、神话传说的真象，也必须用这种观点辨别。兹试举例说明如下：

比方，古有所谓“感生帝”之说，谓古圣人无父，皆感天而生。此说为汉代今文家所主张，而古文家反对之，谓圣人皆有父。如《诗·商颂》“天命玄鸟，降而生商”二语，今、古文家的解释不同。《毛传》云：“汤之先祖有娀氏女简狄配高辛氏帝，帝率与之祈于郊禖而生契。故本其为天所命，以玄鸟至而生焉。”但郑笺云：“天使鳦下而生商者，谓鳦遗卵，娀氏之女简狄，吞之而生契。”此两释不同。《毛传》为古文说，不承认有“感生帝”，故以高辛氏为契父，与简狄婚配，于玄鸟至时生契。郑玄虽亦为古文家，然其注解经书，多今古文杂用，此处所释即今文说，谓简狄非与高辛氏婚配，乃吞玄鸟卵而生契，此“玄鸟”即为契之“感生帝”。郑笺此说，《史记·殷本纪》亦载之。又如《诗·大雅·生民》篇，述周始祖后稷之生云：“厥初生民，时维姜嫄……履帝武敏歆……载生载育，时维后稷。”此数语之意，据《毛传》云：“帝，高辛氏之帝也，从于帝而见于天。”孔颖达本其意疏云：“姜嫄于礼祀郊禖之时，其夫高辛氏帝率与俱行，姜嫄随帝之后，践履帝迹，行事敬面敏疾，故为神歆飨，即得怀妊。”此亦古文说。郑笺云：“帝，上帝也，祀郊禖之时，时则有大神之迹，姜嫄履之，足不能满，履其拇指之处，心体歆歆然，于是遂有身。”此亦今文说。两说对“履帝武敏歆”之“帝”，解释各不同，一谓为高辛氏帝，一谓为上帝。姜嫄履大神迹之说，《史记·周本纪》亦载之。据此，契与后稷之生，其真象究竟如何呢？究系高辛氏与简狄配，于玄鸟至时生契，因谓“天命玄鸟，降而生商”呢，抑系简狄吞玄鸟堕卵因而生契呢？究系姜嫄履高辛氏迹，行事歆敏，为神所嘉，因而有娠以生后稷呢，抑系姜嫄履大人迹，因而受孕生后稷呢？究竟孰为真象，若凭考证方法考证，将以何种证据为断？若待考古学解决，何时始能发见高辛氏与简狄或姜嫄交配之遗物，或能使妇人有孕之玄鸟卵，或大人迹之遗物？这种证据或期待都是不会有的。那末，此事的真象将如何决定呢？无已，只有凭后世的常识判断，谓“感生帝”全为神话，毫不足信，当然古文家之言为“雅驯”较可靠。但其实，这种常识判断，却完全错误。以社会发展史的观点看来，“感生帝”之说，实至为平常，不惟非荒唐无稽之神话，且为古代生活中一极重要事项。“感生帝”即图腾（Totem），图腾在古代生活中之作用及其重要性，人类学者述之至详。中国古书中有此等传说，实为极可宝贵的材料，治古史者不知而存疑，尚可原谅，今乃诋为荒唐无稽之说，而反以与古代生活毫不相干的后世生活信为古代真象，那就距离古史真象愈来愈远了。由这个传说解释，我们可以看出汉代的古文家，名虽为“古”，其说实甚后，而今文家之说，必为春秋、战国间先师旧说，故其说实较古，反多保存古代传说的真象（惟也有例外，古文说中也有较古的）。

又如尧、舜禅让一事，儒、道、墨、法各家所述各异，无法定其真象，前已言之。最近崇尚考证方法，既不能考出其真象，乃根本否认有此事，而谓系春秋、战国间人的理想，或说是儒家的理想，或说是墨家的理想,原来实并无其事。但其实,此类事以社会发展的观点看,亦至为平常。在氏族社会时代,部落的领袖从无世袭的,皆由部族中推举,就领袖说,即是互相禅让。此种情形,即中国后世史书中所记其他民族亦然。如《三国志·魏志·乌丸传》注引《魏略》,记乌丸"常推慕勇健能理决斗讼相侵犯者,为大人,邑落各有帅,不世继也"。又《新五代史·契丹传记·契丹八部》:"部之长号大人,而常推一大人建旗鼓以统八部,至其岁久,或其国有灾病而畜牧衰,则八部聚议,以旗鼓立其次而代之,被代者以为约本如此,不敢争。"是乌桓、契丹的领袖,也不世袭,也是禅让的。我们经常读古书,看了这些记载,就可以想到古代领袖的禅让,必有某种道理,绝不是尽出虚构,也不是偶然的巧合。如今不然,于乌桓、契丹的就不怀疑,于中国古代的就认为不可能,是一种理想,这就是没有理论指导,不了解历史真象的结果。假使了解这是人类氏族社会阶段极普遍的现象,跟着再考查这种制度下的其他组织形态,返回来再研究尧、舜时代的其他状况,那就更可发见其他许许多多宝贵资料,可以知道古代那些传说不惟不是理想,纵使孔子、墨子是怎样了不起的大圣人,要理想也是理想不来的。

再如《易·系辞传》称:"上古结绳而治,后世圣人易之以书契。"究竟如何"结绳而治",无从考其详。郑康成为之说云:"事大大结其绳,事小小结其绳。"(《易正义》引郑注)此不过想当然之词,并非结绳真象。但我们如参考人类学者所记,秘鲁土人及台湾民族结绳记事的办法,那就可见结绳一事至为复杂,任何事皆可由结绳表示,其技术的高明至为可惊。古代中国的结绳办法,虽未必与之全同,但可由此想见略情。又书传多言,汤伐桀后大旱七年,汤乃祷于"桑林",而雨大至。此事初看起来,似为极普通的事,毫无足异。然《左氏·襄公十年传》谓宋公以"桑林"享晋侯,"舞师题以旌夏",晋侯惧而发疾。"桑林"何事?"旌夏"何物?何以使晋侯惧至如此?若如杜注所云,"旌夏,大旌也,题识也,以大旌表识其行列",如此亦甚平常,似不必惧。最近章太炎始识其意,谓《周礼·地官》"舞师教皇舞"。郑司农云"皇舞者,以羽冒覆头上,衣饰翡翠之羽",皇亦作翌。《说文》云:"翌,乐舞,以羽翳自翳其首,以祀星辰也。"章氏据此,释"题以旌夏",谓题为额,即首,旌即鸟羽之类,言"头蒙鸟羽屏隐其面,形象则不恒,类方相氏之熊皮金目者,故骤睹而惧,至于诶诒为疾矣"(章氏《检论辨乐》)。章氏此释,若证以今日原始民族中所见乐舞恒状,其说实至确不可易。"桑林"为乐名(《庄子》汤有"桑林"之舞,司马彪注"桑林"汤乐也。杜预、皇甫谧亦皆以为乐名。惟他书多有以"桑林"为地名,实误)。成汤用此乐舞以祷旱,舞时必扮为奇形怪状,故晋侯见之而惧。章氏释此事时,是否据其所见人类学者描绘之原始民族印象,因而串通《周官》之说,已不可知,但若以原始时代状况读其所释,更可知其精确,必为"桑林"真象无疑。

又如中国从来男尊女卑,女子一向无任何地位,后世如此,以为古代亦系如此。及清代,俞正燮始发见古代并不尽然,古代王后与国王并行治国,亦可发号施令,治理百姓。他引《周礼内宰》:"凡建国,佐后立市,设其次,置其叙,正其肆,陈其货贿,出其度量淳制,祭之以阴礼。"郑注云:"市朝者,君所以立国者,建国必面朝后市,王立朝而后立市,阴阳相成之义。"郑司农云:"佐后立市者,始立市,后立之也。祭之以阴礼者,市中之社,先后所立社也。"俞氏因谓古代实由王后管理财政之事,与国王分职而治。《易·大象传·泰卦传》:"后以财成天地之道,辅相天地之宜。"《复卦传》:"先王以至日闭关,商旅不行,后不省方。"《姤卦传》:"后以施令诰四方。"此三言"后"皆指"王后"言,非指国王,王后亦可"省方",亦可"施诰四方",与国王同。俞氏并谓:"《汉书》:安息钱,文为王面,幕为夫人面,大月氏钱同,亦夫人与市事。是后以财成天地之道,辅相天地之宜之事也。”又谓:“其礼秦后不复行,而外国仍之,使其国见其小君,其君出朝会亦夫妇偕行,是后以施命诰四方之义也,是周制也,是《周易》之说也。”(《癸巳类稿·大象传后义》)按俞氏此说,至足注意。俞氏识力,精辟过人,其书类此等处甚多。俞氏虽没有社会发展学说的知识,但他对事实能有正确分析,故与历史事实符合。现在我们若再根据俞氏此说,进一步探索,即可另行发见许多重要事实。按甲骨文有字,王国维释为“毓”字,亦即生育之“育”,而甲骨文中有多处皆用作“后”字,以称其先王。如癸丑卜,“□贞,王宾又自上甲至于多后,衣,亡尤”,又“□上甲至于多后,□十三月”(《殷虚书契前编》卷二第二十五页),此处“多后”之“后”字皆作“毓”。“后”本为生育之“育”,乃用为其先生尊号,殊不可解。王国维以为“毓”,“育”为本意,“后”为引伸意。但其实,若以俞正燮之说推之,古代王后本可以治理百姓,发号施令,是女子之“后”,与男子之“王”同。“王”字为火光盛大之象,疑古代守护火光为男子之专司,故用为男子之尊称。“后”为生育字,为女子之专司,故用为女子之尊称。女子称“后”与男子称“王”同,皆系由其特征用为尊称,实非假借字。若如是,则书传中凡称“王”或“先王”,当指男子领袖言,其称“后”或“先后”,当指女子领袖言。在古初,此种称呼必分别甚严,不能混同,及夏商间,似已混用,故甲骨文中所谓“后”,实即王,非指王后。然在传记中,后之称号,实较王为早,如后稷、后土、后羿、后益及夏后等称,似皆已在夏代以前,而当时男子领袖尚不称王。是可知女子称王(即后),已早在男子称王以前,此必为母系社会遗迹无疑。若俞正燮所说王与后并行治国之意,又系此种遗迹遗存于《周礼》中的。清末以来,根据人类学学说考查古初母系制度的已甚多(如刘师培、梁任公以古代姓字多从女,即指为母系制度遗迹,然其说并不确），但实无如俞正燮所启示此一点之重要。

俱如此类，凡古代生活、制度、文物、名号，以至于用具等，须根据社会发展理论解释，并用其方法分析研究的甚多，惟有循此途径，谨慎探索，始能发见上古时代真象。

且不止此，即欲辨别古代史料真伪，亦必须据社会发展学说，始能确实判定其为真为伪，而不至为书的形式所限。

比方，《越绝书·宝剑篇》载战国初年人风胡子曰："神农、赫胥之时以石为兵，黄帝之时以玉为兵，禹之时以铜为兵，当今之时以铁为兵。"这一段话不管出在什么书上，我们亦应相信为真的事实。因为中国古代绝无工具进化观念，仿佛以为人类一开始就是使用铁器，周、秦间人书上说及以铜制器具的已经很少，若知曾用石器，更是绝无。但《越绝书》此一段话，把由石器到铜器再到铁器的进化步骤说的明明白白，而且更分别出旧石器和新石器来（所谓以玉为兵，实指新石器，因新石器多光洁细致如玉）。这段话如出在近人书中，即可立刻断定其为伪说，因近人已早知工具进化之说，用以附会神农、黄帝云云，自不足信。但乃出在至少为东汉人所辑成的《越绝书》上，那就可断定其必为真事实，因东汉以后既无工具进化观念，其所记自必为古代以来流传的信史，否则即使当时人欲伪造，亦绝不能正与工具进化的痕迹密合如此，其必为真实事实可知。今试以今日所知古代使用工具情形，来考查此一段话。春秋、战国间，即所谓"当今之时"的，"以铁为兵"，是切确无疑的事实。"黄帝之时以玉为兵"，即用新石器，据今日所知，亦毫无疑问。如是更古的"神农、赫胥之时，以石为兵"，即用旧石器，自亦无问题。是此一段传说所成问题的，仅"禹之时以铜为兵"一事，若三占从二，则此四事已有三事决然可信，那就铜器时代应始于禹时，亦应为真实史迹。惟近人对中国铜器时代意见，极不一致，而人们多相信考古学上的推断。

但从考古学上推断，亦不一致，有谓商代始入铜器时代（马叔平先生说），亦有谓黄帝时已用铜器（章鸿钊《石雅》说）。其实就种种方面看，恐怕还是《越绝书》这段话可靠的多。古代关于夏初铸金的传说既很多（如《左传·宣公十三年》及《墨子·耕柱篇》），而据《孟子》所载，孟子时似乎还有禹时的残钟存在（《孟子·尽心章》，高子曰，禹之声尚文王之声。孟子曰，何以言之？曰以追蠡。赵岐注，禹时钟在者追蠡也。追谓钟纽，蠡欲绝貌）。即以考古学论，商代铜器已悉为青铜，且冶铸之术极进步，在商代以前非有一长期而粗糙的黄铜时代不可，此一时代自非夏代莫属。据此种种推断，那《越绝书》所谓"禹之时以铜为兵"之说，实亦无可疑。此无他，因在绝无工具进化观念的时代，而所记与工具进化情形密合，那就必为真实史迹的传闻纪录，固不必问其书的为真为伪了。

《越绝书》这一段话既可信，那就根据这一个事实，可再考查其他传说。比方《史记·封禅书》载"黄帝采首山铜，铸鼎于荆山下"云云，这个传说就可断定其非事实，绝不是真正由古代流传下来的传说，因为既与"黄帝以玉为兵"之说不合，且细核其内容，如"鼎成后黄帝乘龙上天，后富从者七十余人"云云，明系秦汉间方士的观念，此记载不论出于何书，皆不足取信。又如蚩尤受金作兵的话，各书所记更多。此事初见《管子·地数篇》，谓"割庐山发而出水，金从之出，蚩尤受之以作剑戟。"《世本·作篇》谓"蚩尤作五兵"，《尸子》更谓"造冶者蚩尤也"。此事虽亦不足信，然实另有原委，为后人误解，致有此说，非尽无稽。按古有祀蚩尤为"兵主"之事，亦出《封禅书》，谓齐人自古祀"八神"，其"三曰兵主，祠蚩尤"。此八神之祠起源甚古，故《封禅书》谓"其祀绝莫知起时"，又谓"自古而有之，或曰太公以来作之"，可知此种祠礼已无从稽考其原起。而《公羊·庄八年传》曰："甲午，祠兵。祠兵者何？出曰祠兵，入曰振旅。"所谓"祠兵”，据许慎《五经异义》谓，“《公羊》说祠兵者，祠五兵矛戟剑楯弓矢，及祠蚩尤之造兵者”。是《公羊》祠兵，与《封禅书》所记齐人祀兵主蚩尤说正合。《公羊》之祠兵，《左传》及《谷梁》两传皆作“治兵”，因此郑玄驳《五经异义》，谓《公羊》字误，应作“治兵”。其实此亦今文师说，较古文经义为古之一证，若合《封禅书》所记观之，祀兵主蚩尤古有其礼，则《公羊》字并不误，而《左传》及《谷梁》作“治兵”反误。且《周礼》数记“表貉”之祭（分见《肆师甸祝》及《大司马》），郑于《肆师》注云：“貉，师祭也，予所立表之处，为师祭造军法者，祷气势之增倍也。其神盖蚩尤，或曰黄帝。”是“貉祭”祭蚩尤，与公羊家及《封禅书》之说悉合，可见古代在战争及甸猎时，皆祭蚩尤，号曰“兵主”。其称“兵主”之意，当如其他原始民族所崇拜之“战神”（God of War），因其勇猛善战，故崇拜之。《龙鱼河图》谓，黄帝伐蚩尤后，“天下复扰乱，黄帝遂画蚩尤形象，以威天下，咸谓蚩尤不死，八方皆为殄灭”。此种传说，必与崇拜蚩尤为战神之说有关。战神称为“兵主”，后世不悉其意，乃误解为造兵器之主，由造兵器之说，乃更附会以“作五兵”，更附会以“造冶”，今人又据此种记载，以为蚩尤时已入铜器时代，益属误中之误！其实古代传说自有其真象，后人不明，妄为解释，以致真象全晦，而误说反流传的，其事例甚多，蚩尤事即其一例。吾人若以人类社会发展情况考查之，则传说中孰为原始时代真象，孰为后世误释误说，可一望而知，并不必问其书的为真为伪了。

一九四八年十一月写定

一九五六年二月修正

原载《山西师范学院学报》1957 年第 4 期

研究历史的方法

关于这个题目，我还有相当兴趣。研究历史的方法是研究历史的人所必要的。今晚我所讲的研究历史的方法，恐怕说得也不十分好，请各位指教。

我们平常看到讲"历史研究法"的书很多，但究其实，这些书并不是历史研究法，因为这些书的内容，大都是关于搜集材料、整理材料和编辑材料的技术问题，而毫没有讲到研究历史的方法。这是什么原因呢？因为他们对于历史的看法不同。

旧日对于历史的看法，可以分成三种：第一，最旧的一种，他们把历史完全看成静态的。人类的历史是时时在生长、发展、变化和演进的，而他们却把历史当成静的东西来研究，所以他们不必要研究的方法，因为他们把历史当成静的来看，只要有技术就够了。他们对于历史的事实，只取出一个形式来做代表，因为历史是动的，要把它看成静的，自然只有形式了。中国以前研究历史的人就是这样。他们以为尧、舜、禹、汤时代的政治很好，很觉得以后的政治也希望同尧、舜、禹、汤时一样，以为这是可以作为万世不变的模范。他们既把政治看成不变的，所以只拿一个形式来做代表。无论任何事变，他们都把它局限起来，看成一种形式。从前欧洲人也是这样。在这样的观察下，他们自然是用不着什么研究方法，只要搜集材料、整理材料即可，只要把这些历史事实抽出来做一个标准，以后遇到相似的事情，便拿一个形式来做天秤，不合乎这个标准的便认为不对，这不是只剩下了一个技术问题了吗？

这种观点，在欧洲方面，从十六世纪至十八世纪间便开始动摇。至十八世纪时便发现了历史是动的，发展的。可是拿历史当成动态的研究，又有两种看法。最初的一种，以为历史的动，是被动的，而且循环的，是由许多其他的力量来推动的，动了以后亦不过是在兜圈子。他们以为这推动历史的力量，有许多种，人类的精神即其一，如一种制度不合时，便另外由人的意志想出好的方法来改造。这就是"观念论"的看法。此外，还有"机械唯物论"的看法。这种看法略比观念论较进步。机械唯物论以为决定历史的是地理环境、文化环境和历史环境等。他们以为历史的动是有外面的东西在推动的。这就是被动的看法。这种看法也是不需要研究方法的。因为他们遇到一件历史事件发生，就可以以地理环境来解释，以为古今一律，没有什么进步和发展的。而他们所要研究的，也不过只要搜集材料等的技术而已。

还有一种历史的看法，以为历史是自动的，而且是往前发展的，这就是"辩证唯物论"的看法。这是最进步的一种。自马、恩颠倒过了黑格尔的哲学后，便发现了这个方法。黑格尔他本已很不满意机械唯物论，在黑格尔那时，机械唯物论正极流行，黑格尔便攻击他们，不过他们仍然犯了观念论的错误，到恩格斯才把他翻过来。

辩证唯物论的基本观念是以为历史的运动和发展的动力是内在的，这种内在的根源就在于对立的存在。因为凡任何人类社会的现象，都是矛盾的，每个现象都有对立的两方面，由这对立的两方面的相互摩擦产生出极大的力量，从而推动事物的运动和发展。每个事物的运动和发展，就是由于这两个对立物矛盾的结果。

对于这矛盾的看法，似乎觉得太神秘，其实你去细细的想一想，是绝对真的。这个学说,在自然科学上已经是证明了。如分子学说、原子学说及最新的电子学说,就是一个很好的证明。比方,生物都是由细胞构成,细胞的基本内容是三种对立的阴阳电子相互吸引、相互摩擦,假使没有这两种对立物,以至这两种对立物不去相互吸引和摩擦,那末细胞本身就不能有作用,亦就是死灭了,所以细胞的真实存在,就是两对立物的相互对抗,这种对抗,使细胞成为活的、动的、有作用的。

历史的三种看法,我们认为最后一种是最真实的,因为它是反映历史的真实存在。然而我们怎样应用这些学说去研究历史呢?这就是所谓研究方法了。

这研究方法,有下面几个步骤:

第一,先尽量去发现事物内在的两个对立的矛盾。研究历史,如遇着政治、经济等现象,便要去分析,去发现两个矛盾的所在,然后方能得到正确的结果。如西安事变,在以前的人,一定以为是天命,或说道德观念薄弱,然而我们要明了西安事变,必须就其中各方面的人物去分析他们,把他们的矛盾找出来,西安事变自可了然。现在的人都是这样做,其实历史上任何事件也都是如此。但怎样发现其矛盾呢?首先就得详细的考察他们的环境,特别是经济环境,他们有着一个怎样的不同点,然后再去看看他们基于这种经济环境的意识表现的言论又是怎样的不同,他们的言论代表什么,很精密的去考察,那末矛盾自可找出。尤其注意现实的矛盾点,事事去分析各方面的矛盾,而且把各方面的关系联系起来去考察,因为世界上就没有任何一个事情是孤立的。这样,了解愈多,就愈能把握事物的真象和发展了。

其次,我们既已知道各种的矛盾,便去注意它在不断的演进和不断的发展中的事实,去找出他的特点。事物的发展,所表现出来的有两种属性：一是质，一是量。如资本主义社会的发展，是经过工业资本主义、金融资本主义等阶段的，这些阶段都各有其特点。如果我们发现的特点愈多，了解事物也愈深刻，这恰好成正比例。

再次，应注意历史事实发展到一个相当阶段的时候，它一定是要由量的渐进而到达质的飞跃而进到另一个阶段。如资本主义社会发展到最后一个阶段的时候，它一定非转变到社会主义社会不可。如水加热，可变成沸水，再加热，则变成气。这样量变了，质也变了，这是很明显的。无论什么现象，都是如此。到了突变，必须又重新分析其矛盾和质量互变的关系。

拿旧的任何历史家的研究方法比较这个新的、动的研究方法，自然不可同日而语了。这个新的方法，我们也不必一定去叫它做唯物论、辩证法，我们叫它为“动的研究法”亦可以。我们并不是弄时髦，要提出这个方法，这实在是因为它是一个最科学、最正确的方法。至于如何去运用，那就要去把握上面所提出的三种基本原则。

今晚所说的恐怕也有错误的地方，希望各位指正。

梁园东讲，鲍文希记

原载《新史地》1937年第2期

怎样搜集和整理现实史料

——历史学习法之一

学习历史，不应当只读死书，读书不过是能了解过去的历史，而现在亲身的经历、所见所闻，都是活的历史，须知今天过去，明天看今天，即是历史的一页。过去的历史既应了解，这亲身经历活的历史尤应了解。了解过去事迹，只有读书，欲了解现实事迹，更须亲身考查，随时随地搜集所见所闻的材料，整理而研究之。认识现实，才是学历史的究极目的。

搜集现实史料的方法，可从多方面着手。其一如就参加各种活动的重要人物，如参加革命或某次战役的人物等，访问其经历及当时真象，加以记录，或编传记，或编为专篇记事。其二如就报章杂志所载国家社会大事，按年按月按日以次记之，一如旧日编年史形式，其有须加以说明的，即附记于下，如此积累数年或数十年，即可成现代的编年史。此两法简而易行，然于保存史料极有功用。凡学历史的，皆应负此责任。对于学生，自不妨以此法教之，令其练习搜集。

另外有较复杂而更有必要的，为搜集地方史料，即以一地方为单位而搜集资料，以研究此一地方的种种社会相。个人传记只属一人事迹,编年记事只就已发生的事迹排列比次之,皆甚易行。惟若以一地方为单位,而研究其种种活动及现象,因其为团体的、社会的,既较一人一事为复杂,且须分析、比类、探索其关系、性质,获得正确结论始可,自较艰难。惟此种工作,正属历史工作——历史不是只去研究个人的活动,乃是研究人群活动的科学。学习历史,必须加以练习,练习时由浅入深,由简单到复杂,日久以后,自可养成广博研究的习惯。所以无论在中小学教历史,皆应教学生就本地方——本省、本县或本村——所有的各种活动及现象加以搜集而研究之。

一地方应当搜集、考查的事项甚多,姑列举最重要的数端于次:

(一)气候的测验

一地方气候的冷暖燥湿,雨量风力的多寡大小,对于其地人们的生活,影响极大。在其地生活的人们对此等方面,必须有相当知识,然后才能适应或支配。试看内地的农民或商人,他们对其本地的气象,如某时多雨,某时多风,某时湿,某时燥,类能道之,即因气象的变迁与他们的生活有密切关系,故不知不觉能有粗浅的认识。但吾国所谓读书人,向来只知读死书,对于实际知识毫不注意,在此等方面反不如一老农远甚。现在各级学校,极宜力矫此弊,令学生多注意此等活的学问。气候、雨量、风力等的精密测验,因非有特殊设备不能办到,但在学校略作简单测验,以养成学生此种习惯即足。其法只需备一寒暑表,令学生日日注意气温的高低而记录之,经过数年,互作比较,自可略得其地气温常状。至于雨量多寡、风力方向,只需就其现象记录之,亦能得其大略。

(二)作山脉、河道、土壤及动、植、矿物之调查

此数种现象对当地生活影响尤大,山脉、河道有关交通及气候,土壤有关种植,动、植、矿物等更有关于日常生活。各地中小学校尽

可利用假期，与学生作有目的的旅行，逐处考查。对于山脉，记其高低、大小、森林、矿物及其一般形势。对于河流，记其宽狭、浅深、来源、入口、航行、灌溉等事。土壤，辨其性质、色泽、产物所宜。动、植、矿物记其种类多寡。考查时自应与生物教员、地理教员合作，以便指导。如能略知梗概，对当地生活情形即可推知。

（三）对本地农、工、商业状况作考查

农业如农产物种类，产量多寡，粮食的输出或输入，农产物价格，土地分配状况，田赋及杂税，以及农民生活情形等。工业如工场有无，手工业情形，工人数量及其生活情形，制造品之类别，输出入种类及数量等。商业如商店类别，资本，组织及数量，商人多寡，金融状况，与外县、外省或外国之商业关系等。作此种调查时，自应制成表格，详为填寄。

（四）一般社会状况调查

如户口数目、职业类别、生率及死亡率、有无移民或客籍、乡村及家庭状况、族或村庄组织。阶级关系，如地主、佃户、富农、贫农、工商业资本家、小商人、工人、乐户、赘婿等，有无奴婢。一般风俗，婚姻结合，婚丧庆吊或时节礼俗，庙会、集会或他种团体，如红枪会、天地会等，宗教及其他迷信事项等。此种调查，除记录外，最好搜集其实物，如特殊服饰、礼俗用物、迷信法物等，或摄影保存。

（五）本地特有的传说、故事、歌谣、神话、方言、历史遗迹以及所尊信的人物、流传的文献等，皆加以搜集、调查、记录或保存之。

历史遗迹一项，如古城、古墓、建筑及石刻，或偶然出土的古物，或传说的其他古迹等，皆宜加以保存。本地如有著名人物，宜访问其经历，作成传记；或过去的名人，宜搜访其遗作或其佚事等。

（六）本地方政治区划及其组织、驻防军队、民团、保甲、政府差役以及教育状况等，皆应加以记录。

以上各项皆系研究一地方生活情形必须了解的事项，能将此种情形了解，即是学习历史重要工作之一，并不是只读二十四史、三通鉴才是学习历史，令学生练习搜集此种资料，一方可养成其注重实在知识的习惯，一方即是训练搜集史料的方法。须知任何历史家研究一时代的历史，亦不过尽可能搜集过去此种材料而研究之，若能搜集完备，整理而编纂之，即是一种史书了。

照以上方法，将各种应考查的资料搜集好后，即当整理研究，研究的结果，系统叙述出来，即是史书。所以由搜集材料到编辑成书，中间须经过最重要也最困难的整理研究工作。这种整理研究工作，认真做来，非初学的人所能办，现在只得几种基本工作，提示如次：

（一）鉴别

处置资料的第一步，即是鉴别，鉴别其真确性如何及意义如何等。所有资料不见其完全可靠，有的或完全非事实，有的或只是偶然现象，皆须严密考核。材料的真确性，往往能出人意料外，即如亲见亲问的事实，但亦可由误亲误听而致误，或叙述的人有意致误，皆甚难防备。尤其在乡间做调查，乡人往往故意闪忽其辞，致不能真确。至于根据文献、根据传说得来的资料，尤宜谨慎，必须考查其来源，评判其价值，以决定之。发现谬误的方法只有以细密精严的态度临之，或不厌复核，或多方参证，始可。

至于意义的鉴别，尤其重要，因为一件材料，往往可有多种解释，由意思不明解释致误的甚多。解释一件材料，应当极端审慎，力避主观意见。各地方的风俗习惯千差万殊，绝不能尽行了解，必须鉴定其意义，真确无误，始可使用。

（二）分类

材料真确、意义明了后，即当进行分类。分类是整理工作上最主要的一项，若无分类，即不能纂述。分类是按性质相同的事实以类别之，更精密点说，是把各样事实的同点在心理上集合起来，以便把散漫的事实贯成一串，同时与不相关的事实分开。即如调查得某一地方风俗习惯的材料，就可分成饮食、衣服、起居、婚、丧、社交、迷信等数类，以研究之。这种分类，分的门类愈多，研究亦最细密，反是，若只粗浅分别，所知亦只能得其大略。所以在获得各种材料后，宜尽量注意其差别点，详密分析其内容，以得其真象。分析内容，即是分类的入手方法。

（三）选择

材料分类好后，再应加以选择，选择是为纂述的第三步准备。选择的理由是因为所得的材料，即使件件准确可靠，但也不见其件件可用。有的材料是必要的，有的材料或许是不必要的，有些材料或完全相同，有些材料或过于细微，有的材料或易与他种事实混淆，有的材料或太不明显，须费辞解释，凡此等等，皆应加以选择。选择的标准是取其最明显、最能代表这件事实的材料才使用之，否则即宜舍弃。比方关于迷信事项，如已有几种材料足以说明其迷信的对象为偶像，那就不应再三的积累此种事实，重复叙述，若如此，即为芜杂拖累，只宜选录其最显明的几项即足。

选择材料时最忌以主观的爱憎为取舍，必须严格以其事实本身的需要与否为决定。又材料的重要否也不能单独决定，应视其对事实真象的表现力如何，若能代表真象，虽小事亦属重要，若与事实无关，虽大事亦不必要，凡此皆有赖于作者的眼光与经验，以为判断。

（四）综合

一切材料经以上三种步骤整理好后，本已可进行纂述，惟若对较复杂的社会问题欲一并明了其意义与作用时，却非更进一步施行综合工作不可。综合研究，较不易为，然对于一切问题，所谓研究，差不多即是一种综合工作。综合的方法，简单说来，正与分类相反。

分类是务求事实的差别点,以类别之,而综合乃是寻求各种不同事实的关系,以明了其彼此间的作用及影响。因为一件事实的影响,决不能从其本身看出,必须在他种事实上始能发现,把这两件事实的这种关系发现出来,即是综合。比方一个地方,商业发达的结果怎样呢?土地过于集中的结果怎样呢?或说商业为什么发达呢?土地为什么集中呢?欲明了这些事,就非把他种事实都拿来看其关系不可。历史上普通所说的因果关系,都是用这种方法发现出来的,即如土地硗瘠,农产物稀少,本是和商业事项无关的,然而土地的硗瘠往往是一个地方商业发达的原因。又如气候和文化问题应属无关,然而气候过热或过寒的地方,文化多是落后的。凡此都是互相影响的结果。所谓研究,正是要发现他们彼此间的连带关系,即是综合。

综合方法怎样就能发现了不同事实间的连带关系呢?这不是偶然的,因为综合的意思是把许多事合并在一起来看,所以研究的结果虽只是说明两件事实间的关系,但在研究进行时,却是集拢数倍或数十倍的事实,才能明了之。比方土地硗薄可以是商业发达的原因,其所以能发现这种关系,乃是综合其他许多现象得来的,如土硗地薄,农产物稀少,人民生活困难,不得不另谋生路,于是有的从事制造,有的从事贩运,工人与商人增多,与其他各地的交易日增,商业自然会发达起来,把这种种事实都已观察周到,然后才可以说某地商业发达,其土地硗薄为其重要原因之一。假使不把这许多事实观察过,那这种关系是不会发觉的。所以综合并不是偶然的、神妙的,乃是由许多细密的观察得来,这就是综合方法的本质。如果徒说综合,而不多体验事实,那这种综合是空的,他的研究结果也是靠不住的。

无论研究任何事实,最后必须应用综合方法,以了解各种事实间错综复杂的关系始可。

（五）纂述

以上数层步骤俱已确实履行，即可进行纂述。纂述即是把事实真象或研究结果照实叙述出来。叙述时有几个条件最宜遵守。

第一，宜确实不宜空泛。叙述史事最忌文章家的浮词滥调，一件事实有一件事实的特色，往古来今，绝没有两件完全相同的事实，最好的叙述也就是最真确的叙述，必须把每一事实的特质叙述出来，所以必须确实。若不如此，只用一些浮词滥调、陈腐典故，千篇一律，那还有什么用处呢？

第二，材料宜排列得当。所叙述的材料，宜前宜后，宜详宜略，皆宜分配得当。若次序不清，条理失当，即属漫无组织，读的人即不能了解。排列材料的方法，应视所叙述的事实而定，或宜按其发生的先后叙述，或宜视其重要性分别前后，或以一般的事实叙述在前，特殊的叙述在后，凡此亦皆视作者的经验充足与否为衡。

第三，宜选择适当体裁。叙述一种事实，若体裁不适当，即不会有好的成绩。体裁适当，所有的材料可充分利用，且非常明晰；若不适当，即对于材料亦往往无处安排。比方《史记》一书，其中有本纪、世家、列传，有书，有表，各种体裁俱备，所以能把各种人物、各种事迹都叙述进去，若有列传而无书，或有书而无表，即有许多事实，必致遗漏。这虽是指一大部史书说，但即平常一种记载也是如此。即如对一地方情形的记载，历来有记事、纪略、概况、小志、调查、报告、杂述等体；对于人物可作成传记、年谱；对于人口状况、生活比较、产物种类等，可作各种年表或统计等皆是。若为教学上适用，为学生做参考，亦可按教科书体裁编述。

原载《读书青年》1937 年第 2 期

《古史辨》的史学方法商榷

引　言

中国的上古史，早已是一篇糊涂账，从来也未整理清楚。近数年以来，在这篇糊涂账内，突然起了一个轩然大波！这个波浪，完全是顾颉刚先生掀起来的。顾先生已出了将近百万言的两册书，专门唤作《古史辨》，以发表他的意见和别人讨论的文字。这两册《古史辨》内，包含的材料极多，内容极其复杂，不惟我们看的人找不出一点头绪，即连顾先生自己，也确实声明，并不在于急急求系统、求结论，只是要给上古史开辟一个研究的新途径。本来在久已扰的极其稀烂的一本账簿，要顾先生马上清理出来，自然未免是责人以难。顾先生若能开辟出一个研究的新途径，使上古史日有光明的希望，恐怕这点功已“不在禹下”，还用说别的！我们读顾先生这两本书，当然最好只从顾先生所用的研究方法上看，尤其是经顾先生确实声明不重结论的时候，我们更只能从他所用的方法上以看他的研究。

顾先生既做清理数千年糊涂账的大事业，那末他所用的方法是什么？无疑的绝不是神奇妙术，应当只是科学方法一样似的明白易晓而难做。于是我把《古史辨》打开一篇一篇读下去，不料无论怎样也找不出顾先生的方法来。读来读去，最后才恍然大悟，原来顾先生的方法是神奇妙术，怪不得我不懂！

也许我到现在还没有懂了顾先生的方法，也许我所懂的并非真是顾先生的方法,但是无论怎样,我总觉着《古史辨》中是有许多神奇妙术!

读《古史辨》的人,最易注意到也最易把捉住的,首先是“层累地造成的中国古史”这样一个奇妙观念。这个观念的奇妙,是把那本稀烂的账簿,一页一页把“前面的”整理到“后面”去。据说那本账簿原先就是假造的,假造时是先从腊月三十写起,一直翻到同年的元旦。这是顾先生的“发见”,也是读《古史辨》的人都领教过的!那末这本账根本是要不着了!这且不要管他。

但是我们不禁又要研究,顾先生究竟是又用什么方法发见,而且敢确实断定那本账簿完全是假造的呢?寻来寻去,终久寻不到顾先生的方法,却只是到处遇着顾先生的祖师爷。原来顾先生把汉学家的法宝应用到这本账簿上来了。用这个法宝一照,那几面是先写,那几面是后写,立刻都现原形。

可是且慢,究竟这件法宝,能不能照出原形?我们所见的那本账簿,确是先看到腊月,才返到正月,但是这种写法,究竟是假造,还是因为别的缘故,顾先生却没有给我们保证。于是我们只好自己来考查一下,那件法宝是不是可用,那本账簿是不是能那样假造!

现在我们首先看看那件法宝是什么。

第一　整理古史方法上传统的错误和《古史辨》

一

原来中国上古史既早已是本糊涂账,所以常常有人清理,凡清理的人,自然都要有方法才能下手,所以这整理古史的方法也早就有。可惜这些方法,几乎千人一律,谁也不比谁高明,才把一本糊涂账弄的更糊涂!我们现在且举两个在上古史上较著名的历史家来一说。

上古史传说在孔子时已成了问题,所以有"删诗书"的话。孟子更明明说"吾于《武城》取二三策而已",可见那时古史已不清。不过他们究竟是用什么方法来删取,我们是不能晓得了。我们所晓得有方法整理上古史的,恐怕以司马迁为第一人。

司马迁眼中的上古史,是只有五帝。他要叙述五帝的历史,也因为五帝的传说故事太多,没法断定什么是真,什么是伪的,才创出一种方法来整理。他的方法是:

> 百家言黄帝,其文不雅驯,荐绅先生难言之……择其言尤雅者,故著为本纪书首。

可知司马迁整理古史的方法,是以雅驯做标准,其言雅者始著录,否则不取。这种方法以现在看,无论谁,都可知道不是研究历史的方法,这是不错的。

不过雅驯与否,虽不是正确的史学方法,但也不失为是一种选取史料的方法。因为一切神奇怪诞的传说,大半不合雅驯的条件,确实也不是历史,比较近于事实的,即不神奇。这种方法,恐怕即使极精严的史学家,也难保一点没有。比如现在有两种记载,一个说袁世凯"乘龙升天去了",一个说袁世凯是"气死了",我们看了当然采取后者。这个缘故,并不是有其他高妙的史学方法,只是按我们的经验推测,乘龙升天绝不会有,是太怪诞了,即不雅驯。所以雅驯与否,若能确实从经验和事实上判别时,至少不失为是一种极正当的批评方法,这一点见地司马迁原是不错的。

但是我们的经验很有限,如果从我们自己的经验上也判别不来时,该怎么办?这就非另外有其他的方法不可。最可惜的就是因为这点,司马迁给中国史学界开了一个恶例。

司马迁遇到一些事情,自己判别不来,也没有别的方法判别时,就请教古人。他更以"荐绅先生"和"百家言"来分别雅驯。在他意自然以为荐绅先生说的话大半雅驯，大半是真，百家所言，大半怪诞，大半是伪，于是他就很大胆地把"宰予问《五帝德》及《帝系姓》"以及其他的许多书，都弃掉不取，其唯一的理由，只是因为"儒者或不传"。

司马迁这个错误，自然不用多说。须知在不同时代看起来，互相觉着怪诞的事情本来很多。比方，若没有确实的证明，谁能相信古代的同胞兄弟姊妹同时又是连襟、妯娌？若没有古代社会的智识，谁能理解古代人一有儿子起码就是二十、二十五、三十？若不拿事实给他看，谁又能相信人原来也是有尾巴的？像如这些古怪事情，雅驯的荐绅先生敢说么？万一"百家言"有类似这样的古怪，司马迁只好把他弃掉了。而在另一方面，荐绅先生按自己的经验，很固执的解释，汤、武必是夏、商的祖传老臣，司马迁又那能知道这事才真怪诞呢？

所以司马迁的整理古史，实际上是没方法，于没方法中才不得不找办法，去"请教古人"！正好比朱熹的见地很高，要"即物而穷其理"了，然而竟不知道理该怎样穷，没法，只好仍去"请教古人"！这古人，即是荐绅先生，是儒者，是孔子、孟子的书，即成了中国历史家、哲学家到没办法时想办法的唯一法门！

二

自从司马迁开始整理古史，发明了这一条方便法门，以后的历史家，当然是跟着进来。不料后来古史的期限拉长，不惟五帝三王是古史，即连春秋、战国，也成了古史，这里边最有关系的，是连司马迁所走的那条法门，也根本发生变化，从汉时起开始稀烂起来。什么今文、古文，什么真书、伪书，什么纯儒、杂儒，弄得一场糊涂！

法门既烂，古史更成糊涂账。好在儒家的徒子徒孙，单清理他们法门中的事，已经头晕脑眩，对于古史，大体上仍旧贯，像如司马迁的整理，也就很满意了。

这两篇糊涂账，历唐、宋、元、明一直到了清代，经多少学者的努力，那法门中的事，突然有清明的希望。据清查报告说，那司马迁原来认定雅驯毫无疑义的荐绅先生，或儒者之言，即书，里边也有许多是非儒者之言，是怪诞的。清理的结果，已把这些怪诞的、假的、伪的完全清除出来，所留于法门中的，已完全都是真的、确实的"儒者雅驯"之言了。

法门因这样清理完成了。法门既经过改组，那从法门中所看的那本古史账，岂不也是应改组么？于是又有几个历史家出来，从这清理以后的法门，再来整理古史。做这工作最成功的，当然要数做《考信录》的崔述。

崔述考信的根据，不要细讲。人都明白，他完全是根据汉学家所认定可靠可信非出于伪造的"古经"，如《商颂》《周颂》《大雅》《盘庚》《吕刑》《论语》《孟子》《春秋》《左氏传》等等，以整理古史。在他相信，以为这些书既可靠，当然上边所载的古史，也必可靠了。

崔述这个办法，无疑的仍是走的司马迁原来的法门。司马迁原就是以"儒者之言"可信，"百家之言"不可信，崔述不过是进一步明白"儒者之言"里边实际也有许多类似百家而非真正儒者之言在内，所以应当重新从真正"儒者之言"以整理古史，这应当也是司马迁的原意。所以近人批评崔述是以历史做"尊经卫道"的工具，这是崔述的错处。其实崔述并不一定要有"尊经卫道"的观念，只是这种方法，是中国人研究古史向来走的不二法门。

但是崔述虽和司马迁走的同一法门，然而在方法上看，崔述却更比司马迁坏多了。我们推考当初司马迁所以不得不走这条法门的原意，是因为要分别雅训。雅驯，据我们好意的解释，尚不失为是选取史料最原始的方法。司马迁的走那条法门,应当是在受窘的时候才请教(这自然是纯按客观上解释,司马迁未必真是如此),但是崔述就不然。崔述的脑中自然也有雅驯的观念(如他也不采取"百家言"),但他并不是以"儒者之言"来判定雅驯,而是直认真正儒者之言就是信史。这一个差别,至少在方法的教训上是有极坏的影响。我们试把这个差别说明一下。按司马迁应有的态度,应当是凡在他的经验所能判别的真伪事实以内,他即不请教儒者也可以,甚至不信儒者信百家言也可以,不过到了他的经验判别不来时,才宁取信儒者不信百家,这自然是可原谅的。但崔述就绝不然,他是先立好一个假定,凡可信的儒者之书,就是可信的历史,充其极,明明在经验上可判别来百家言也有可信的事实时,他也绝不敢采取。这是很自然、很明显的结果,要不着多解释。所以纯粹以方法论上讲,按司马迁的态度,还可编出一部不仅为儒者承认,且应有一些为事实所承认的上古史,而按崔述的态度,编出来的上古史,却只是一部儒家观的上古史。

不过崔述这个错误,总还可以原谅,他只是太信了儒家一点。但是若实在没有别的方法以整理这部上古史时,也只好走这条法门,其结果,亦不失为是一部可信的纯粹古代儒者一家之言的上古史,绝不会生出其他荒谬。

所可惜的是,他方法上的恶影响,他不应该假定,可靠的"古经",就是可靠的"古史",这样就把"古经"和"古史"混淆起来,使后来研究历史的人,稍不留心就会走上一条更大的歧途。不料果然,隔了一百余年,竟真有顾颉刚先生被崔述引到这条歧途上来。

三

在我们同时的顾颉刚先生以前,无论司马迁以至崔述,他们没有什么方法,要整理上古史,不得不走儒家那条法门,这是很可原谅的。我们现在，如不满意他们的结果，应当认清他们的缺点：表面虽是方法错误——不该单信“儒者之言”为信史——而实际却是因为“没有方法”所致，无论如何，绝不应和他们走上同一的错路才是。不料我们的顾先生，不惟毫不犹疑地走上他们的错路，而且自己更把这个错路扩大，简直走到一条绝路上去！顾先生自己不晓得他走上绝路，而且反以为是绝妙的史学方法，于是对上古史大事其整理，结果把一部上古史更弄得一塌糊涂，使人简直莫名其妙，究竟这部中国上古史是什么一套把戏！

（一）首先，我们要明白顾先生是和司马迁、崔东壁走了同一法门。这话顾先生绝对不肯承认，因为顾先生明明批评崔述的“尊经卫道”，太信儒者，怎么还肯走同一的路？其实，在这一点，顾先生自己不肯去细想。所谓顾先生仍走了司马迁、崔述的路，是说原先司马迁、崔述整理上古史，没有方法判别真史伪史，才不得不“请教古人”。司马迁请的是荐绅先生或“儒者所传”，崔东壁请的是“真古经”，顾先生呢？仍然也是请的“古人”，不过比司马迁多分别了一个“真古人”“伪古人”，比崔东壁多扩大了一点，不一定是“真古经”，是所有的“真古书”罢了！在司马迁，以为凡是荐绅先生所言的，即可信可取；在崔东壁，以为凡“真古经”上所言的，即可信可取；而在顾先生，只不过是不管荐绅先生也好，不管“真古经”也好，不管《老子》《墨子》《离骚》都好，凡是可靠的“真古书”，他上边的记载即可信可取。所差的是司马迁、崔东壁相信了古书上古史的“真”，顾先生相信了古书上古史的“伪”罢了。以表面看来，“真古书”上记载的古事，自然要比伪古书上记载的古事可靠的多，这自然是不要讲的。但是判定古史的真伪，只是依赖古书的真伪，这就算是史学方法么？顾先生相信了“真古书”来整理古史，和司马迁、崔东壁的相信了“儒者之言”来整理古史，其在程度上固有不同，但在方法上有没有不同呢？明白说来，中国上古史的需要整理，正是因为中国古书上——即使就是“真古书”——所载的古史，凌乱、复杂、不完备，可疑处甚多，才急需整理，若没有整理的方法，而仍是就着古书说古史，这和司马迁、崔东壁的就着“古儒者之言”说古史，又有什么不同呢。

所以单就这一点说，虽不能怪顾先生有什么错误，却应说顾先生整理古史也和司马迁、崔东壁一样，“没方法”。

但是我说顾先生整理古史“没方法”，顾先生一定会跳起来。因为顾先生明明白白已经开出许多方法，而且已经用这些方法，把古书中的古史整理成一部“层累地造成的中国古史”了，怎么还说没方法？

但是且慢，我再说的详细点，现在比如，顾先生要开始着手整理古史了，于是遂把古书拿来，五车！顾先生第一步先认定这五车古书里边，据清代汉学家考定，里边至少有四车半是假的、伪的，不足为根据，顾先生遂顺手一推，把那四车半都推到台子底下去，只把那半车真古书堆在台子上……且住！就按顾先生这一段工作，这是整理古书呢，还是整理古史呢？按顾先生意思，自然这是整理古史的初步，因为要找寻“真古史”，当然先要找寻“真古书”。但是那四车半“伪古书”，里边究竟有没有“真古史”呢？汉学家固然考定那些都是伪书，但却并没有考定都是伪史，即使就是汉学家已说过是伪史了，我们也应当用正确的方法，重新来审查一过，尤其是上古史，汉学家那里能有精密的史学方法来断定他的伪，顾先生怎么推下去？

况且汉学家所谓真书、伪书，那能和真史、伪史的观念相混？汉学家所谓伪书，是说著作者和著作的年代都是假托，就说他是伪的。假使这本书里边恰巧记着古代中国人真的经历，以历史眼光看，怎么也能说他是伪呢？正好比一家子弟，替他老人作了一篇传记，却假托是蔡元培、章太炎的名字，这是伪的了，但就能因此断定他的内容也伪么？我们试把顾先生推在台子底下的书随便翻一本来看，翻起一本《纬书》，他上边竟说：

古初之人卉服蔽体，至辰放氏时多阴风，乃教民搴木茹皮以御风霜，绹发闾首以去灵雨，而人从之，命之曰衣皮之人。（《春秋层命序》）

这是不是古代的经历？又翻起一本《亢仓子》来，他说：

几蘧氏之在天下也……天下之人惟知母不知父，鹑居鷇饮，而不求名誉，昼则旅行，夜则类处！

这是不是古代的状况？顾先生用什么方法把他整理过而弃掉呢？

无疑的按顾先生那种做法，并不是在整理古史，他只是受汉学家的指挥，拿古书来又加以整理。这话自然过甚。那末退一步，只好说顾先生没有整理古史的方法了，只有说是和司马迁、崔东壁走上同一法门，以诉之于汉学家的所谓"真古书"，做辨别"真伪史"的唯一工具罢了！

（二）虽然如此说，汉学家所谓"伪古书"，里边真史也实在太少，弃掉也罢了！只看顾先生既把那半车"真古书"留下，且看顾先生用什么方法整理那上边的古史。

假使顾先生曾经悟到他是进了司马迁、崔东壁所走的法门，规规矩矩仿照他们的办法，靠着汉学家清理出来的"真古书"，整理出一部受汉学家洗礼的古史，倒也罢了！这样一部古史，虽不见的怎样高明，但总比崔东壁的儒者一家之言的古史强一点。但是顾先生明明白白不赞成崔东壁的态度，那能不避开崔东壁的路？遂在半途往斜刺里一趱，趱到一条绝路上去。这时司马迁、崔东壁和汉学家可都不能负责了，误到什么地方，只好由顾先生自己负去。

现在我们且看顾先生怎样来整理那些"真古书"上的古史。

顾先生既做了第一步，从五车书里边受汉学家指引抽出半车

"真古书",堆在台子上以后,即开始第二步工作。因为是研究历史,遂把那些"真古书"一部一部按时代的先后排起来。假使顾先生真有整理古史的方法,在这时也不难整理出那一些是真那一些是伪的来。但顾先生眼中,早已是用真书来断定真史,用伪书来断定伪史。这时眼前的古书既都是"真"的了,那能看出里边有伪史呢?要整理下去,只好和崔东壁一样,一条一条把那些书上的古事抄下来,也辑成一本《考信录》。但是顾先生一想,这样一来,岂不是和崔东壁完全一样了么?除过能比崔东壁多抄数十条以外,还能有什么呢?顾先生这时应当是急了。不料人急生巧,顾先生左看右看以后,突然看出几种道理来。

第一,细看那些古书上所载的古史,明明白白是古史上时代愈前的,在古书上时代反愈后,而在古史上时代愈后的,在古书上时代反愈前。第二,一件古事,在时代较前的古书上说的都很简单,愈到后来就说的格外起劲热闹。这是什么缘故呢?顾先生想来想去,竟想不出个道理,只得疑惑说:"这个'古史',岂不是和我向来研究的'歌谣'同'民间故事'一样么?'民间故事'就是原先没有,都是后来一层一层加上去的,愈到后来,一只故事愈胖起来!现在看起来,'古史'岂不也是这种样子么?"顾先生不想犹可,谁知这样一想,不觉邪侵入骨,遂糊里糊涂而却自以为是大悟地说:"啊!是了!这个'古史',和'民间故事'一样,完全是'假造'的!"于是遂把他所向来极相信的"真古书",也一下推翻,另加了一个新考语,说"真古书就是伪古史",那上古史一本糊涂账,正是由这些"真古书"上伪造或说创造出来,然后"一人倡之……不幸十人和之",更由那些"伪古书"的著作者加以炫染,遂成了历史上向来有的上古史系统。

顾先生这样一想,心中更其明白,于是"层累地造成的中国古史"这个根本观念也出来了;"凡是一件史事,应当看他最先是怎样的，以后逐步逐步的变迁是怎样的”，这样的根本方法也出来了；“第一第二第三”三个上古史的原则也出来了。观念，方法，原则，都已齐备，于是顾先生天然应当进行整理上古史的大事业。

读者幸勿误会，我这样不惮烦地描写顾先生的研究程序，并非故意要阐微显幽，只是因为《古史辨》中的现象太神奇，怎么中国上古史完全是由周秦间人伪造，竟没一些真史料保存下来呢？怎么会有“层累地造成的中国古史”这样一个神奇观念呢？怎么研究一件史事，竟没有别的方法，只是要“看他最先是怎样的，以后逐步逐步的变迁是怎样的”这样没用的一个方法呢？就如这个方法，充其量也不过只能如顾先生所说，“不能知道某一种事的真确的状况”，只能知道一点“最早的状况”，这又有什么用处呢？历史学真敢是从顾先生才开始成立，竟没有较好的方法来帮帮顾先生的忙，让顾先生很可怜地只要知道一点“最早状况”还这样费事么？像如这些，《古史辨》中的奇离现象，顾先生并没有告给我们其所以要这样主张的理由和原因，却只是掉起书袋找些靠不住的材料去证明他的主张和假定。我们对于这些现象没法索解，才只好分析顾先生研究进行时的程序，究竟看看顾先生怎么就能发出这些观念、方法的妙论来！

现在我们似乎可以理解顾先生了。原来顾先生因为本和崔东壁走的同一道路，整理古史并没别的方法，只是全靠真书以抉择真史，这样就要不着整理，只要把古书整理一过，分别出真书、伪书，抄一抄就够了。崔东壁这样做了，但顾先生不肯住手，硬要再从“真古书”中整理下去，但书已是真的了，怎么再有伪史？既没伪史，又何必整理？既要整理，除非再发见真书是伪书始可！于是顾先生遂根据了两件偶然的现象，硬把那几部“真古书”也作弄成是伪的了，而且孔子、孟子、许行以及许多不能知名的作者，都被顾先生加了一个“伪造上古史”的罪名。经顾先生这样一来，中国上古史再要不着任何人费心思去整理了，只要等顾先生的《伪史源》《伪史辨》两部书出版，我们明白了古代这一个大骗术，那上古史还要谁再去整理呢？只有等以后考古学家、地质学家从地底下再掘出一部中国上古史来好了。

如果我们暂时假定我的批评未错，那末我以为顾先生的一切错误，仍然只是由于他整理古史，本来和司马迁、崔东壁同样的“没方法”，同样的走了一个法门，而他却不承认，硬要进一步的往下做，遂走到一个绝路上去。

（三）以上写了一大片，只是说明《古史辨》中根本没有史学方法，至于顾先生自己所定出来的那几个方法，我们下边还要细细考查。现在另有一个较小的问题而却和《古史辨》的方法有重要关系的，是很可奇怪，为什么顾先生在排列好那些“真古书”，正要进行整理的时候，怎么突然又能把那些真书，一下作弄成是伪的？仿佛如做小说的一样，完全是由作者虚构，又如做假古董的人一样，存心作伪。顾先生根据什么理由，起了这样一个重大的转变呢？这一点很重要，顾先生应当把他发见的原因、理由和方法明白告诉我们。我以为顾先生虽不做那六七十万言的两册《古史辨》也可以，而这一点却应当很郑重、很详细的说一下，然后再讲。不料顾先生对这一点却提也不提，而只是告给我们说，他发见“层累地”制造古史的观念了，他发见上古史上的原则了，他发见整理的方法了，接着就跟的举例证明下去。但是我们别的且不愿意多管，只是要问顾先生，究竟本何种见地，有了这种发见？如果这种见地很有理由，那顾先生由此发见出来的观念、方法、原则，还有商酌的必要，但是假使这一点若毫无理由，那顾先生的一切一切，岂不是根本应当烧掉么？

顾先生既不告给我们，我们当然也不必妄事揣测。只是我上边代拟的那两种现象，也许是顾先生把“真古书”按时代排好以后必全看到的,也许他真的就是上了这两种现象的大当。因为他确已受那两种的影响,竟改成两种原则,列成他《古史辨》中三种根本原则的"第一第二"两个。不过这两种现象是偶然的,无论谁,若不是和顾先生有一样的思想背景,绝不会上他的当,这要不着多说。另外,我想顾先生不了解传说的性质,恐怕也是一个重要原因。按他的意思,恐怕以传说就是以讹传讹之谓。这实在是极误的。此外,顾先生误用了怀疑的精神,变成"疑古"的奴隶;误会了康有为"孔子托古改制"说的意思,在顾先生看,简直不是"托古改制",直是"伪造古制以壮声势";以及顾先生太受汉学家的支配,至不觉他所研究的是什么,和多多少少受他研究歌谣、民间故事的影响,恐怕都是构成他那种冒然假定的根本原因。不过这些我们且不要说他。

只是顾先生的这种转变,很和他所走的那个法门有关系。原来顾先生并没有整理古史的方法,只是从整理古书中讨生活,一步二步把古书整理好了,打开一看,满望古书告给他些新知识,不料古书却对他讲:"我们这里所有的古史只有'凌乱复杂'!"我们要明白,顾先生不惟是没方法,而且他是相信"书"的,因为原先着手就是"请教书的"。现在,他所相信的那些"真古书",既告给他说是"凌乱复杂",那他天然就不由不相信了,于是就也断定说,不错,是"凌乱复杂"。凡"凌乱复杂"的事情是什么呢?是"不可靠"的。于是顾先生由这"不可靠"三字一推,滔滔的大论就出来了。

这里我们且不要说顾先生的错误是什么,只是看了顾先生这种研究法,完全和司马迁、崔东壁殊途而同归。司马迁和崔东壁是相信了真的和好的古书上自会告给他们可信的古史,他们遂根据上"儒者之言",编出认为可信的上古史;现在顾先生也是相信了真的古书上自会告给他一种"可信的东西",不过现在告诉出来的这个"可信的东西",和司马迁、崔东壁的改了样,是一个"不可靠",于是顾先生也根据上编出他的不可靠的伪古史。表面看起来是改了样，但毫无疑惑的是，那些古代史料并未被整理，却是真的。司马迁和崔东壁从古书上取了可信的方面，顾先生是从古书上取了不可信的方面。其没有自己的方法，完全相信古书的态度，司马迁、崔东壁和顾先生正是一脉传来的家法。

第二　层累地造成的中国古史质疑

一

以上我们把《古史辨》中的根本方法考查了一下，现在要看顾先生在他自己辟的所谓新途径上发见的几个方法和观念了。这几个方法和观念，却是神奇妙术，我们应当敬谨考查才是。

首先遇到的是胡适之先生介绍给我们，说是《古史辨》的基本方法，即是我们在前边曾经提过的：

> 凡是一件史事，应当看最先是怎样的，以后逐步逐步的变迁是怎样的。

跟着这条基本方法来的，是在研究中发见的“三件事实”，也是上古史的原则，那是说：

> 第一，时代愈后，传说的古史愈长，如周代人心目中最古的人是禹，到孔子时有尧、舜，到战国时有黄帝、神农，到秦有三皇，到汉以后有盘古。
>
> 第二，时代愈后，传说中的中心人物，愈放愈大。
>
> 第三，在这上既不能知道某一件事的真确的状况，但可以知道某一件事在传说中的最早的状况。

这几个方法和观念，是顾先生研究古史数年，成功出两册《古史辨》的原因，却也将成为顾先生从此再不能整理古史下去的原因。我们现在且先看那一个基本方法的妙处在什么地方。

在前面我已说过，这个基本方法，直等于无用，不过总还比顾先生的其他方法好点，不至于有害罢了。

为什么说无用呢？我先请问顾先生，为什么一件史事，只是应当看他最先怎样以后逐步变迁怎样呢？一件史事，我们如果已经认清他里边是参有许多传说成分，那就应当是看他什么是真的史事，什么是由传说增添的成分，假若能把这个分清，那件史事的何者真何者伪，就立刻整理出来了，为什么却要去看他的变迁呢？在顾先生意，莫非以为能知道了他的变迁，就可知道他的真伪成分么？这就神妙起来了！神农、黄帝、尧、舜以至孔子的事，都有逐步逐步的变迁，顾先生早已"看"出来了，曾经决定了那几件是"真"，那几件是"伪"呢？岂顾先生之所以把他们的事完全决定是"伪"，就是由这样"看变迁"而得的结论么？好在顾先生在这一点倒谨慎了一点，自己又说"在这上即不能知道真确的状况，但可以知道最早的状况"，这倒也罢了。

但是照顾先生的做法，能不能看出"最早的状况"，也是问题。顾先生的所谓"最早状况"，必须解释成是那件史事，在"最早传说时期"的状况，即不是传说长久以后，渗进增添成分的状况，这才有用。因为必须是"最早传说时期"的状况，其中增添的成分少，可信的程度自大，这自然是有用的。但据顾先生的做法，却决不是这一点。顾先生所谓"最早状况"，只是"最早看见的状况"。比方尧、舜的事迹，在《论语》上是说"大哉尧之为君也"和"舜有臣五人"一类的话，在《孟子》上是记著尧、舜禅让的事和舜的大孝事迹，在《尧典》上又是尧、舜的制度、选举的方法、用禹治水等事。在这三种书上都载尧、舜的事，究竟那一些是"最早的状况"呢？若按我们的解释，那就很不容易断定，但按顾先生所谓"应当看"的做法，却就很容易断定

《论语》上所记的是最早状况了。因为什么呢?惟一的理由,只是因为早见于《论语》,《论语》这本书,比《孟子》《尧典》的时代在前,而《论语》以前的书上又没见过尧、舜的事,故《论语》上就是最早状况了。但以我们看,《论语》尽管可以比《孟子》《尧典》时代在前,但却绝没有理由相信他所记的尧、舜事迹,就必是尧、舜传说中掺杂最少、成分较纯的最早传说状况。因为《孟子》《尧典》虽比《论语》时代较后,但并未后的很远,尚在同一时代,关于尧、舜的传说,作兴《尧典》上倒记着有些最早的传说,而《论语》《孟子》上倒反是有些增添的成分。正好比现在孙中山的事迹,民国初元作史书的人或许误采了清代的文献,把从前的革命说的很平常,民国十四年以后,另一个人采了近代的文献,自然会说的亲切热闹,这时孙文的事迹,那个是最早状况呢?顾先生只能以书的时代先后断定么?

我终以为顾先生究竟是整理古书,不是整理古史,他所整理出来一件史事的"最早状况",实不足凭信。

如果这样,顾先生这个基本方法,已经完全不可用了。况且顾先生注意了史事的变迁,因史事的有变迁而认为"不可靠",因其"不可靠"而更认定必出于伪造,这也是个一误再误、不可救药的错误。须知史事的有变迁,是因其多为传说,传说是会有变迁的,但传说的变迁,最大的限度只可说他是捕风捉影,若竟说他是"有意作伪",这就未免诬人太甚!诬人倒也不必在乎,只是既这样看成他是"有意作伪",那传说的真象,能不能了解呢?不惟不能了解,而且顾先生有这样一个成见横梗于心,也不打算了解去了。比方尧、舜禅让的事,儒家的传说固然是有炫染、有变迁的,但这个禅让究竟是怎么一回事,就须很费力的研究去,而顾先生却就不必再研究,只很轻便地因他是变迁,是"不可靠"的,就断定他是儒家伪造的了。顾先生要说伪造,自然还有其他证明,不过他的证明充分与否,且莫管他,只是在方法上，顾先生这种发见却是非法的，即使证明十分有理由，也是要不着的。如是传说是有变迁的，但要如顾先生的看法时，还是不要说变迁的好，只说传说有炫染，有增添的成分，倒还不至引起顾先生的误会。

顾先生的基本方法既如是，那跟着来的种种，自然都是有趣的了。现在我们且先看顾先生发见的那三件所谓“事实”。

（一）事实的第一件，是说“时代愈后，传说的古史愈长”。若单按字面上看，那就无论谁都不会懂，怎么“时代愈后”，传说的古史会“愈长”呢？若照这样，那自汉以后到现在，在盘古氏以上，应当更有几十套上上古史了。不过顾先生原意绝不是如此，他所谓“时代愈后”，照历史现象一想，只不过是个“同时代”或“同时期”，在同时期有年代的先后罢了。但就是同时期的年代，也不能“年代愈后，传说的古史愈长”。

因为一件事情的传说，必有一个极热烈的时期，等到把这个时期一过，那个传说，就渐渐凝结固定下去。一件故事，流传保有几百年几千年尽管可以有，但是要时时增添创造，却绝不会有。这个理由很简单，只是因为时代不同，生活环境都起了改变，对于前一时代的传说，不惟没有再行炫染的兴趣，而且也绝没有再炫染的能力，生活背景全不同，所造出来的当是另一件故事，绝不能再是那一件。比方宋江的故事，经过南宋和元代的传说创造，到明初已大体固定，不能再行扩大；明末唐伯虎等人的故事，尽管可以保存到现在，至多到清乾隆，明代的遗风遗俗已完全消灭以后，绝不能再炫染下去。古史的传说，何独不是如此？世界史上无论什么民族，其对于最古史的神话传说，大半都在有史以前即已完成，等到有了文字，已入农业生活时期，他们思想活动的中心，已是另一些事情，绝不能再是古史。最显明的一个例，如《旧约》上所保存的“创世”故事，那是远从巴比伦有文字以前传说下来的，等到犹太人到巴比伦学习的时代，大体上还相同。《伊里亚特》所保存的故事，《吠陀》中所保存的故事，世界上那有一个学者敢说，那只是《伊里亚特》和《吠陀》的作者创作的他的传说，在起先已经不知经过若干年代，到那时才记述下来罢了！这才是显然的事实。

不料顾颉刚先生却对于中国古史观察的很奇怪，说那些古史的传说，不惟是从前没有传说过，而且只是在春秋、战国间这个同时期以内，仅因几年几十年或几百年的年代先后不同，竟开始传说出一部古史来。而且对于这样传说来的古史，究竟有无影子，究竟有无一点古代的经历，也茫不加考察，更冒然认定那些古史就完全都是春秋、战国间传说者伪造的伪史，于是遂发见了"时代愈后，传说的古史愈长"的奇怪原则。这真是一种"发见"！

我们且不论春秋、战国是不是开始传说制造上古史的时期，只是春秋、战国间人，何以要伪造那些古史，这已经是不可解的谜了。而且假若那时所传说的上古史，真是出于他们的伪造，那我倒不惟不嫌他们造的伪，反倒使我极佩服他们怎么造的那么真！这一点我知道顾先生绝不会和我起同一的感想，但是如果中国上古史真是出于春秋、战国间人的创造时，我的确不惟不觉着他们造的伪，实在觉得他们造的太真了！他们居然知道千余年以前有过洪水，说他们住的地方都是水。他们在数百年几有千年的宗法制度、封建制度之下，居然知道古代有过禅让制度。他们安享了"宫室衣服"，闲着没事，要想像"宫室衣服"是谁创的，假造一个黄帝罢了，不料居然更能想见未有宫室以前是穴居，且有巢居。他们的饮食早已是大鼎小簋烹调的极考究了，居然也能想见他们必用的火，最初是钻木取来的。他们已保有许多书了，居然也能想见未有文字以前是"结绳记事"的。他们用铜器已厌烦，差不多都要用铁了，居然会很惊异"以铜为兵”的事，且更能知道以“砮石为矢”过！尤其可怪的是，他们对于较近的尧、舜，知道要叙他的宗谱，对于较远的庖牺、神农，却连个名字也不敢提。更其可怪的是，时代较前的所造出来不很远的古史，可疑的地方倒很多，而“时代愈后”了，所造出来“愈长”的古史，反倒可采取的地方甚多。这种造伪的本领，能不教人佩服么？这样真切近情的造作，能不教人相信么？

尤其不可了解的，是顾先生所谓“时代愈后”。其实在我们看，即如顾先生所定的造伪时期，从西周中叶（开始造禹），到秦初（造三皇完成），并没有改换时代，只不过过了几百年，居然由契、稷而禹，而尧、舜，而黄帝、神农，而天皇、地皇、人皇，风起云涌，一叠连“层累地”造出十几代极完备、极丰富的上古史来。这种造伪的能力，也是突破世界上传说的记录的。从西周中叶到秦初，极多不过七百年光景，若照现代的时间看，十八世纪的末年和初年就有天壤之别，但是以古代看，一个石器时期经过了五千年都不能算长，这只有封建时期内一半多的七百年算什么，这算着“时代愈后”么？

所以顾先生“时代愈后，传说的古史愈长”这个假定，照普通历史现象一想，几乎是一个不可了解的怪物！但按顾先生的全体方法看来，这只是一个很平常的错误而已。

（二）顾先生发见的第二点，“时代愈后，传说中的中心人物，愈放愈大”，也和第一点一样，不能成立。在同一时期以内，一个传说，较后的说法比较前的说法要放大一倍或几倍，这是可能的。如果不在同一时期，时代是“后”了，那传说的人物，绝不会再“放大”起来，要说事实，这才是事实。孔子本身是无疑的有神话成分，但是孔子的神话，极盛的时候恐怕只在西汉初搜求遗书、独尊儒家的前后，至远到东汉已绝不再有重大的变化。其他历史人物的故事，也莫不类是。至于古史的传说，到春秋、战国间，恐怕已不惟不是开始传说伪造的时期，即连“放大”，恐怕也超过时候了。关于这一点，我们不必拿春秋、战国的文化做说明，只要看看当时人们的风气即可明白。孟子已谓“尽信书，不如无书，吾于《武成》取二三策而已”，可见那时绝不是个竞尚矜奇立异的时代。邹衍对于当时所知的时间、空间上，是最能“放演”的，人已都称他是“谈天邹衍”；《庄子》书里边“非事实”的记载很多，他也自己声明“寓言十九”，可见当时的学者未必是以造伪骗人为务，当时的人也未必是专听希奇故事的。在春秋时，一个晋人读史，误把“己亥”读成“三豕”，尚有人指出他的错误，并且有人专为此事到图书馆里查去，可见那时人对于考证辨伪的精神，并不下于今人，怎么能把古史制造那么多，“放演”那么大呢？

这还罢了！春秋时晋有《乘》，鲁有《春秋》，是列国都已有史籍，周室更有像如老聃等终身做着的史官，可见那时不惟已有历史观念，而且史官、史书对于记载历史的组织，实在也是极完备，何以上古史还在传说放大中呢？假定在那时的史书上所记着的中国上古史，只到了契、稷而止，契、稷以前已再没有，所以契、稷以前的只好伪造，顾先生当然可以这样说了。但是这个道理，就无论谁都不能理解，为什么他们要增补这一篇上古史？嫌只到契、稷太短？不多不少增到天皇、地皇、人皇，才算够长？而且他们的增也过于特别，不预先从极远极远的邃古提起，只是增了一层又一层，“层累地”增上去，这种制造历史的方法，也就再奇怪没有了。据顾先生考查，西周以前的古史，到契、稷以前已是“敷下土方”，上帝派下来平治水土的开天辟地之神了，极可奇怪的春秋、战国间人，对于开天辟地的禹以前，尚以为“别有天地”，无端又弄出两个人来，那末我们的天地是禹开辟的，尧、舜的天地又是谁开辟的呢？奇怪的春秋、战国间人，对于这层却不说，直等到汉代才又补了一个盘古氏。即使再如顾君所说禹本来是神，西周中叶已变为人，所以很容易补上去，不觉着

"别有天地"。如果这是真的事实,我很庆幸自汉代以后中国人的古怪脾气变了,不至再如西周中叶的人一样,把开天辟地的神再变为一个人,如是"别有天地"。"别有天地","层累地"制造上去,到现在也未停止,那才麻烦呢!

这也罢了!最不帮忙顾君的,是"时代愈后","愈放愈大",谁知春秋、战国间传说的古史,却并非"愈放愈大"。本来历史人物由传说变的神奇了,这是常有的事,但是春秋、战国间所保存的古史,却并非如此。禹的传说,如果真如顾君解释,最初是神,后来变为人,这岂不是反倒缩小了么!尧、舜的故事,在《尚书》中所记的,尚不如《论语》《孟子》中所包含的意义多,这也不算放大,而且对于尧、舜,除过孔、孟一班人所举的几点美德外,并没有传出其他异迹。其他伏羲、神农更没有过什么传说放大,黄帝的故事较多且神奇了,而且多出于汉人的小说,但是我们绝没理由断定汉代或战国是黄帝故事放大的时期,如果照《水浒》故事一例推的话,他应当在很远以前,到周、秦间凝结固定了倒是有的。而且我们把春秋、战国间顾君所谓"层累地"造成的古史,全体一看,较近的事迹尚多,愈古事迹愈少,顾君所谓"时代愈后","愈放愈大",或者就是指这一点讲么?

(三)顾君的第三件发见,我们在上面已经连带批评过了。我们看了他这一条,很可以明白顾君完全没有整理上古史的方法,他所凭藉的,只是一种极危险的"捉摸"和"臆测"。顾君谓:"在这上虽不能知道某一件事的真确的状况,但可以知道某一件事在传说中的最早的状况。"可见顾君显然是为"捉摸"这个"最早状况",才费偌大的气力。为什么说是"捉摸"?按顾君的做法,绝不能知道传说的真的最早状况,已如上述了,然而他的真意,却实在是要知道这样的最早状况,既没有别的方法,只好从他那种做法上"捉摸"了。试看他在方法上只是把古书整理清楚,而在结论上却妄想决定古史的真伪就可知。殊不知他更有一个根本误点,他忘记了古代的书都不是历史书,只是些诗文集和语录,谁能保定一件传说先出的书上记了后一段,后出的书上记了前一段?又谁能保定两种书上不是记着同一最早或同一演变的状况呢?比方,《楚辞》(在后)上记着的禹是神,《论语》(在前)记着的禹是人,而《诗经》(更前)上所记的禹也是神,究竟那个是最早的状况呢?《诗经》和《国语》,都载着些商周初的事迹,究竟那个上边是最早的状况呢?《礼记》是秦汉间的一部书,而《礼运》说"昔者先王未有宫室,冬则居营窟,夏则居橧巢,未有火化,食草木之实",这是不是最早的状况呢?假若顾君能把书本抛开,不管出书时代的先后,而也能有方法分别出传说的最早或后段,那才是真的整理上古史的方法。或以为顾君的分别排比,并不是以出书的时代先后为标准,我且请他读《古史辨》第一册去!

其实,我们看顾君最大的错误,就在他这种做法上。他迷信了真书、伪书的分别,就把真史、伪史和真书、伪书发生了连带关系,这不惟要失败,而且是极谬误的!须知研究历史,是绝不能应用汉学家考据古书的方法的,这一点我们在上面已讲过。顾君因为这种错误,所以他竟执著以为"一件史事,应当看他最先是怎样的,以后逐步逐步的变迁是怎样的"。无论怎样,这决不是研究历史的方法。在顾先生眼中所谓"史事",我们很不容易理解究竟是怎么一回事。史事应当是人的经历,在某种环境下必会有的事实,这里边是有法则、定律可寻的,那要得着从什么最先最后来捉摸?我已说过,顾先生大概因为研究歌谣太多了,把历史都当成歌谣或民间故事看。歌谣自然没有什么依据,只好从他演变痕迹上以捉摸真象,但历史那里是这种样子?古史固然多传说,但对于人类必有经历的传说,那能和受时代反映出来的歌谣、故事等量齐观?无怪乎顾君要以上古史是可以由人随便"层累地"造的了,原来只是造一个故事,即跳的、飞的怎么不可以呢?

现在我们且勿再研究顾君的根本观念,且看他所认定"层累地制造的中国上古史"是怎样的造法。顾先生的设想极其有趣而古怪,我愿意就着他所举的理由,一段一段指出来。不过千万要注意,我的批评也许完全不对,甚至堕入一个更大的荒谬中也说不定。因为要在百余万言的两册书中,整理出一个完全相反的见地,已是很难,而且顾先生的见地,已经过多少学者考查,差不多已成定论,要我来一下就能反出正确的反案,我认为这是未必能办到的。所以我不预备顾先生经我的批评堕入荒谬,我却老老实实预备往荒谬里掉。好在我若掉进去,顾先生自会拉我起来的!

二

顾先生所谓"层累地造成的中国上古史",他已把他的系统完全立好,他说:

> 周代人心目中最古的人是禹,到孔子时有尧、舜,到战国时有黄帝、神农,到秦有三皇,到汉以后有盘古。

顾先生研究中国上古史后,要有这样的一个发见,本来未尝不可。我们读了《诗经》,很神气的说"周代人心目中最古的人是禹",下这样一个判断,有什么不可以?但是若有人问周代人心目中最古的人,除禹以外,还有没有别的人或别的神呢?那我们的《诗经》就要不着了,最没危险是只好说"不知道"。不料我们的顾先生却不然,他的答案不是"不知道",简直就说"再没有了"!于是引起麻烦,那个问的人就又很怀疑似的问:"那末,向来说的尧、舜一班人是怎么一回事呢?"假若是个没有多读书,只念过一本《诗经》的人,就不敢再说话。不料我们的顾先生读的书多,肚里早有主意,更大声的说:"尧、舜是孔子一班人制造出来的!"这一答,一发使那个问的人糊涂甚且生气，就揪着顾先生的胡子定要问个底细，逼的顾先生没有法子，只好解开书袋，掉出数十万言还没有完。但是我们记清，这段公案，只是起于“周代人心目中最古的人是禹，但除禹以外究竟还有没有其他的人或神”这一个小小的问题。顾先生掉起书袋应该把这个问题解决才是，不料顾先生说了几十万言，对于这个问题却毫不管，只是证明他的主张，商周人怎样制造禹，孔子以后怎样制造尧、舜等等。读者诸君，我们现在对于顾先生们那段公案，也不必管他，只要看看顾先生所谓“层累地造成的上古史”是怎样造法。在这里，我们最要认清顾先生的真意，在每一层上当未被制造出以前，是再没有的，要有了，都是后来制造加上去的，如不是，这样顾先生的发见就失掉意义，所以顾先生书中常称那些制造者是伪造，是伪史，正是这个缘故。比方商周人最初只有契、稷，并没有契、稷以上的古史，到西周中叶才伪造出个禹来加上去，俱如此类。

我们现在就先看商周人愿意不愿意和能不能制造这个禹。

（一）按古代原始民族普通的心理，商民族可说他的始祖是“天命玄鸟，降而生商”，周民族可说他的始祖是“厥初生民，时惟姜嫄”，是商周民族，已各知他们的祖先了。如是照普通情形，第一，商周民族绝不会再弄一个不相干的人，无端加在他们祖宗的头上做人王；第二，商周各为一民族，更绝不会共同承认一个毫无来历的东西，做他们共同的人王。因为原始民族，最重氏族系统，原始民族往往因为氏族不同，一个氏族常把另一个氏族尽行屠杀，毫不余留，稍后虽较好点，也要没为奴隶。如果禹若真无来历，何以商民族竟不顾他的祖先的尊严，而要在祖先的头上另加个拘束者，这已可奇怪了！尤其可怪的是周民族对于商民族征服后那样毁谤，而却单单要把商民族所戴为君主的，也要加在他们祖宗的头上呢？

即使如顾君所说，禹或者是一个平水土的天神，为商周民族所共戴。但是即使就是天神,也绝不会共戴。原始民族因为环境不同、生活不同,常是各有自己独立的宗教信仰,以表示其为独立的民族,即不论距离过远,虽同在一个地带,而氏族不同,宗教信仰也必不同。如是我们若同样用推想,以为商周民族有共同的天神,绝不如推想他们没有这样共同的天神为可靠,这是照人类学上很容易断定的。但不料顾君却竟说:"神话的普遍,惟有天神才能如此!"照这样说来,不惟希腊人和希腊人凭有共同的天神,即希腊人和埃及人和巴比伦人和波斯人都应有普遍的天神了!然而事实上却正相反,即连希腊人自己中,因氏族不同,雅典和斯巴达所崇祀的神,尚完全不同,我们又那里可以断定不同氏族的商周,竟会有共同的天神呢?

(二)以上的事实已经是不合原始民族的心理,已似乎不可能了,不料据顾君的考查,那个问题中的禹,尚且不只是商周的物事,而乃更是远从商周时交通尚极少、种族观念极歧视的长江流域来的。据顾君云,"《楚辞·天问》对于鲧禹有很丰富的神话","越国自认为禹后,奉宗禹祀","传说中有禹会涂山的故事……涂山在今安徽",因此可知禹不惟是商周两个不同的民族会认为共同的神,即连远至长江中部、长江下游的各民族,都会认为是共同的神。这样已使禹的特别幸运,突破古代各处天神的纪录了!而且更可怪的是,长江流域各民族虽到春秋,尚被认为是蛮夷,极其轻视,偏偏早在商周初却会把一个生在蛮夷地方的东西,拿来当作自己民族的天神,甚至为自己祖宗、为君主!又何况这个远来的东西还有本是一条虫的危险呢!这种不近情理的推想,似乎不必再举其他证明。顾君也明明说,"古代开化的民族,只有中原一处,因此中原人很藐视四方半开化和未开化的民族"。既是藐视,何肯把未开化地方的神当作自己的神呢?中原人既开化,便自己连个神话也造不出来,必要从未开化地方去学,有是理么?即使退一步讲,就如顾君所说,因为禹是平水土的神，各处都有平水土的需要，遂把平水土的神愈传愈广。那末，创造世界，更是各处都需要的，埃及、希腊、波斯人早应共戴犹太的耶和华了！照普通情形，如果各处都有平水土的需要，那就应使各民族各创一个平水土的神才是，绝不会有普遍的天神。

（三）以上几点，还可说和顾君同样落了推测的窠臼，且莫管他！今再退一步，即如顾君所说，禹是南方神话的中心，渐渐传至中原，但是这个流传的神速，也很可惊异，至少要比现代中国吸收欧美文化快多了！据顾君说，“商周间……越人奉禹为祖先”，到西周中叶宋人作《长发》，已经认为是“洪水茫茫，禹敷下土方……帝立子生商”。西周统共二百五十三年，中叶以一半计，距商周间，也不过百八十年光景，越人的祖先竟会跑的这样快，已到中原，变成商周的神，岂那时中原人和越人的来往，较现在中国人和欧洲人的来往还要密切复杂么？即使再退一步讲，如顾君在另一处讲，《长发》作于春秋时，“中原民族自周昭王以后，因封建交战而渐渐与南方民族交通。故穆王以来，始有禹名见于诗书，又特设后土之祀，得与周人的祖先后稷立于对等的地位”。如果这是真的，那商周人的虚怀若谷，没有原始民族偏狭的民族观念，真应佩服！一二百年中，从向认为蛮夷的地方传进一条虫来，至使商人赶快把自己的祖先降低，说自己的商国，乃是上帝叫那条虫下来布土而成的，周人以赫赫天王的贵族，也赶快把自己祖宗撇开，说后稷原来是“缵虫之绪”的。不惟商周的虚怀若谷可佩服，即商周民族健忘的程度，亦很可惊异。越人奉禹为祀是在商周间，可见那时商周民族不惟早已存在，而且早有国家，不料没有过了二百年，居然就把自己的祖宗、自己的神话忘记，只好再敬奉不远千里而来的一条虫！这种奇离现象，不知顾君竟怎样想的出来！

（四）所以我们看了顾君的意见，与其相信顾君所假定的系统，实不如相信旧史上原有的系统,倒还似乎近事实。我们并不是对这个有什么成见,禹的出在西周间和出在商周以前,都无不可,只是要不违背历史的普通现象才是。若照旧日的系统讲,禹并不是到西周中叶才产生,实在已早在商周民族未发达以前,就已早在中原存在,而且已是传说成很伟大的人,所以不论商民族或周民族,比较的开化在后,都要以他们的祖先来攀附,这是极可能的。因为中原人对于禹已经过夏、商、周三代的传说,后来因战争把中原文化传到南方未开化的地方了,遂更产出许多新的资料,这也是很合理的,至少也比硬把禹认为是未开化地方的信仰,突然在二百年以内输入开化地方,竟为久已开化的民族也一致信仰,为合理的多,这种假定至少是违反历史现象公例的。至于禹的是人,是神,是虫,那是另一问题,本篇不加讨论。

三

商周以前没有禹的传说,直到西周中叶,才从蛮夷地方学来个禹,就冒然认为是他们共同的君主,这种心理已经就不可思议了,不料奇怪的春秋、战国的历史家,戴了一个帽子还不算,还要“层累地”往上造,契、稷以上添了个禹,禹以上又添出两个祖宗来,并且说这两个祖宗是向以讲话谨慎著名,“不语怪力乱神”的孔子造出来的。据顾君说:

> 东周初年,只有禹,东周末年更有尧舜……于是禹之前有更古的尧舜了!

尧、舜的来历,据顾君说是出自《论语》,“作《论语》时”,因为某种必要就又相尊“两个道德最高功绩最大的古王”,自从《论语》上造了这个谣言,“在《论语》之后,尧舜的事迹伪造的完备了,于是有《尧典》、《皋陶谟》、《禹贡》等篇出现”。

我们看了这种论调，若不是了解顾君是在误解了康有为的“孔子托古改制说”，就绝不会明白顾君何以会产生这样奇怪的见地。“托古改制说”应用的限度且不谈他，只是由他的流弊，竟会产出顾君这样见地时，那就连“托古改制说”也有改正的必要。

（一）顾君这种见解的不会成立，首先就有几个极浅近的道理，不晓得顾君和顾君的朋友就都能忽过。第一，和孔子同时的历史家很多，若早没有尧、舜的传说，一般人没有尧、舜事迹的观念，那就以孔子的学说看，绝不会造一手遮尽天下目的谣言。第二，孔子在当时，甚至到孟子、荀子时，儒家学说并未占有绝对势力，如后世一样可以说什么是什么，当时的人既对孔子学说不相信，岂能单单相信他所造的尧、舜？第三，和孔子差不多同时的墨子，对儒家学说一切都持异说，而墨子的称道尧、舜，虽和儒家取舍不同，而自谓“真尧舜”却是相同，这是早被韩非子说过的，何以孔子造偶像，墨子就崇拜这个偶像呢？第四，自从《论语》上轻轻淡淡说了尧、舜三言五语，孔子死后马上就能有长篇大作的《尧典》《皋陶谟》，以至于《孟子》《左传》等上各家的种种记载出来。古人这种盲从的心理，已可骇异，而通同作弊的能力，也就十分可钦佩了！

（二）这些道理且不要讲，只是尧、舜的事迹，既大部分是孔子和孔子的信徒造出来的，那末至少尧、舜事迹的主要部分，应当是儒家的理想，才有造谣的必要。顾君自然也看到这一点，所以说：“我意先有了禅让的学说，而后有《尧典》《皋陶谟》出来，当作禅让的实证，禅让之说，是儒家本了尊贤的主义鼓吹出来的！”这段话我们很不相信是极其好学深思的顾君说出来的。儒家贵贵亲亲，重宗法，重礼制，严尊卑，别上下，种种主要学说，倒不要“托古”来鼓吹，而只为一个“尊贤”，反倒费偌大气力去鼓吹？况且儒家所谓“尊贤”，尚远不如墨家的“尚贤”彻底，连墨家的“尚贤”，也只是“尊尚贤而任使能，不党父兄,不偏富贵,贤者举而上之,富而贵之,以为官长”罢了,这正是要破除儒家“贵贵亲亲”的贵族政治。儒家的“尊贤”,也只是“尊贤而容众,嘉善而矜不能”,至多是举贤才罢了,远没有墨子“不党父兄,不偏富贵”的精神,焉能以禅让做“尊贤”的注脚?实在说起来,禅让应当是和儒家的学说冲突,儒家“父作之子述之”的思想,和禅让的思想绝不同,何以儒家竟要拿尧、舜来做反宣传?顾君却说“先有禅让的学说而后有《尧典》《皋陶谟》”,请问除《尧典》以外,儒家禅让的学说还在那里?儒家既没有禅让的思想,也没有主张禅让的必要,甚至和他们“贵贵亲亲”的主张尚相反,请问孔子他们造这个大谎干什么呢?

(三)我们且把这些搁过,试再看顾君的假定。假使尧、舜是孔子一班人造出来的,但商民族已谓契是他们的祖先,周民族已谓稷是他们的祖先,除契、稷以外,再往上数,至多已是禹,如顾君解释是“敷下土”的神了。如果这是真的,孔子便连几句《诗经》都看不懂,竟不知道“敷下土”是什么意思,居然在开天辟地的神上边,又添出两个人王来?这种作伪的胆量,也就很可惊异了!不过,顾君又说,禹在《长发》上是神,到《閟宫》时就变为人了。我不知《长发》距《閟宫》有多少年,大约不至有几千百年(即据顾君自己说,“今按《诗》《书》中说及禹的九篇,《閟宫》《长发》作于春秋时已无疑义”),何以同一观念,竟会变化到如此不同的地步?假使禹的观念,真是由神变人,而且是春秋时代变的,就不信孔子便连这一件小小事情也不知道,硬要使神来做两个人的臣子。假使古代人的思想特别,同样在春秋时代作《长发》的人尚认禹是神,到《閟宫》即刻就变为人,于是给禹头上加两个人自然可能,那末顾君天然应当有如下的推论:

> 但治水原是禹的大功,口碑载道,尧舜夺不得的,没有法子,只得请尧做了一时朦胧,由他任鲧治水,等到九年,绩用弗成,

尧没有办法，就做了尧舜交替的关键，并为舜举禹的地步！

看了这样巧妙的解释，使我们不禁起一种感想，孔子一班人，竟不是儒家的圣贤，直是谣言家的圣贤，当刘歆做《七略》时候，也很应当说"小说家者流，出于孔子之官"了！

四

禹本来是神，头上还可任意添人，尧、舜是人，头上更可任意添人或神了。所以顾君"层累地"观念告我们说：

> 从战国到西汉，伪史充分的创造，在尧舜之前，更加上了多少古皇帝！自从秦灵公于咸阳作上畤祭黄帝……经过了方士的鼓吹，于是黄帝立在尧舜之前了！
>
> 自从许行一班人指出了神农，于是神农又立在黄帝之前了！
>
> 自从《易·系辞》指出了庖牺氏，于是庖牺氏又立在神农之前了！
>
> 自从李斯一辈人有天皇有地皇有泰皇，泰皇最贵，于是有天皇、地皇、人皇更立在庖牺氏之前了！

这样一直到汉代，"交通了苗族，把苗族的始祖传了过来，于是盘古成了开天辟地的人，更在天皇之前了"。伪史的创造，从春秋起直到汉代，自汉代以后，制造伪史的工作，才算停止，盘古氏上边没有再加出更古的帝王或天神来，于是中国的古史才算完成。

顾君这几层历史造法，不如上两层有趣，我们也可省事点。

（一）秦灵公作上畤祭黄帝，固然是事实，但方士们为何要把这秦国的黄帝抬在尧、舜之前，就绝不可解。按文化传播普通的情形，若是文化相等的两个民族，常是被征服者承受征服者的文化（如秦统一六国后以秦人的文字、刑法等变成中国的文化）；若文化不相等时，多是较低的服从较高的。春秋、战国间，秦人文化不惟不高于中原，而且常被视为戎狄，自秦灵公祀黄帝，也是再经一百多年才征服了六国，在这中间，秦人的黄帝怎么跑到六国，变成中原人祖宗的祖宗呢？且拿《左传》来说，《左传》上记着的黄帝并不是很幼稚的，如说黄帝氏“以云纪官，故为云师而云名”，“遇黄帝战于阪泉之兆”，都是内容很丰富的话。《左传》著作的年代固然有问题，但是究竟和秦灵公的关系怎样？如果在前，那更不用说了。如果在后，后多少？即使后到秦始皇时，秦国的文化有没有在这期间普遍出来的可能，何况《国语》《国策》几部显然是战国间的书，都记着黄帝，那里像是在几十年中由方士从秦国搬来又卖到这些学者们的货物呢？但是退一步说，即使这些可能，而黄帝在秦国所祀的神里边，地位并不高。秦国主要的神是白帝，秦哀公自以为主少皞之神作西畤祠白帝，后来秦文公梦见黄蛇，“问于史敦，敦曰此上帝之徵，君其祠之”，而秦文公因此也是祠白帝，到秦献公时，因天雨食，也祀白帝，由此可知秦人向只祠白帝，认为最尊，除白帝外，只秦宣公祠青帝，秦灵公祠黄帝、炎帝（当系赤帝），当时的方士，何以不鼓吹秦国主要的神白帝，而偏看上黄帝呢？万一秦国的主神不愿出口，何以青帝也落选呢？这种原委虽不必推考，但是若秦国的黄帝没有传布各地的必要理由时，那当时《左传》《国语》《国策》上边说的那样确实的黄帝，不见得一定就是秦国的黄帝！

（二）上古史“层累地”造到第四层，到了神农氏，原来只是因为许行曾经抬出做教主，遂能立在黄帝之前。这个可能的程度恐怕更少。禹和黄帝还勉强可说是一大民族的神话，能传布各地，尧、舜的成立也可说是一大学派的宣传，相当时期以后引起人的相信。至于许行，人既不为当时所重，学说不久亦消灭，再无继续，何以秦汉间的人偏偏会想起他所伪造的教主，为之立在黄帝之前呢？若照这样，庄子的寓言最多，何以庄子所造的人物就都那样不幸，都未入选也登极了呢？况且《孟子》上明明载着“有为神农之言者许行”，是许行为神农之言呢，还是神农为许行所造呢？假若历来真无神农传说，只是由于许行创造，奉为教主，孟子一班人就会毫不犹疑地相信真有神农，这也未免太容易上当了！

（三）《易·系辞传》的庖牺氏，李斯一班人的天皇、地皇、泰皇，可惜顾君没有指出他是怎样来的。若只以为是做《系辞传》的人和李斯各自创造的，正如主张尧、舜是孔子创造的，神农是许行创造的一样，我真不明白顾君的勇气竟这样异于常态！其实我们对于古代的历史尽管可以百二十分的怀疑，但是怎么可以那样怀疑古代的见解，而又这样相信自己的见解？因为我们翻遍两册《古史辨》，并找不到顾君一点方法或证明，使我们了然于《系辞传》以前的确没有庖牺氏的传说，李斯以前也没有过天皇、地皇、泰皇的传说。假使我们就原谅顾君一点，替顾君改正辞句上的错误，不可说创造，只是起于那一时期的传说，但即使这样，我们也没有方法明白为什么不多不少，每在后一期的传说，必是前一层的历史。《系辞传》时期就不该创造一个黄帝到尧、舜间的帝王，偏要在神农氏以上？好好的历史不研究，却来“捉摸”这些无聊事，怪不得顾君“生活过忙”！

至于盘古氏的来历，是到汉代交通了苗族，剽窃上苗人的槃瓠化来的。这话不创自顾君，说的人很多，也颇可相信。但是我们应注意，在这里应相信的至多只是汉人盘古和苗人槃瓠的或有关系罢了。至于怎样发生的关系，那还得另考查，绝不应断定就是到汉代才从苗族学来的。别的不说，就如秦汉间和巴蜀的关系，较和苗族的关系更密切，为什么巴蜀蚕丛杜鹃的神话，就不被学着呢？假使盘古的名称——要注意，只是名称——真是从苗族化来，其关系也绝不能如顾君所说的那样简单，下一个“传”字就可解决。

五

总而言之,顾君"层累地造成的中国古史"这种观念,既不是用正确的方法发见,也没有证明的确当理由,在我看完全是一种"臆测",是一种"捉摸"! 以好学深思的顾君,所以竟弄成这样,或是为"疑古"的成见所蔽,或是"歌谣史观"的结果。但是不论怎样,即使顾君的做法万一有不对,但我亦以为中国上古史被顾君这一颗煞星,给他这一番无妄之灾,虽然是极其冤枉,但也许从此自振,比较清明起来,也说不定。然而顾君若真要替中国上古史帮帮忙,在我浅陋的意见,以为那种"层累地造成中国古史"的观念,似乎,或者,也许应当,非去掉不可! 我反正预备往荒谬里掉,对于这个观念,爽性再总述一些意见,也许无妨。

第一,无论什么地方或时代的民族,叙述他们的历史,必是先叙其渊源所自,绝没有先说一段,再"层累地"往上加的。如果春秋、战国间人不作历史则已,如已稍有历史观念,他们应当早已有了邃古史,绝要不着层层往上补,这既不必要,而且也不可能。假若说中国古代民族复杂,各家的历史传说不同,是民族混合以后,兼采各家之长加上去的,但是如果这样,也照样不可能。

第二,一种古代民族,商也好,周也好,若已各有历史,各已创出其祖先所有的神话(自然是应如此),那就绝不会再把别人的祖先拉来放在自己祖先的头上,作祖先的祖先。这种拉住别人叫亲爹的脾气,如今人不肯做,古代人尤不肯做。古代注重民族系统,注重宗法的社会,绝对没有这回事。若说不是他们自己加,是别人替他加的,但如《商颂》《周颂》《大雅》等,又都是他们自己做的。

第三,万一说一种民族的神话没有推到邃古,没有做到家,见了别的民族更古的传说就搬来加上去,这或者可能。但如顾君所说,连古代认为蛮夷戎狄的越人、秦人、苗族、巴蜀，都有开天辟地的祖先或神话，以文明人自居的中原人，他们没有完全的历史记载还可以，若说连历史的传说也没有，必须抄袭人的，这就未必是事实了！

第四，万一再说是黄河流域古代的传说虽有，因各民族竞争，把更古的民族消灭而失传了，只好借用人的，这也容或有之。但是黄河流域更古的民族虽可不说，即以夏商论，其遗族制度到春秋时尚有存者，何以他们的神话就会完全消灭呢？即不论夏商，只以周说，自陕西入主中国几乎已有千年，何以便连传说都没有，而要借用，或全凭新的创造呢？况且传说的保存，并不是非赖文字记载不可，如苗、越、秦、蜀，他们的记载更幼稚，何以他们的传说就记着，而夏、商、周的就忘掉呢？

第五，万一再说商周的传说虽有，而却不是现代所看到的完整系统，现在的古史系统是后来替他们编造的，这也有之，尤其顾君的真意就在这点。但是我们看，禹、稷、契的系统，即如顾君所说，明明在西周已成立，尧、舜在东周，伏羲、神农、黄帝在战国，可见这个系统，至少有一大半是成立于他们子孙传说的时代，那里能说是后来？我以为与其武断他们本来没传说，必须借用，必须创造才成，远不如武断他们和一切原始民族一样，不惟是有，而且已早有的近真一点。

第六，假使顾君的武断颇有理由还可以，但是按照顾君证明他的主张的方法，正有一比，正好比军阀们战争时强行拉夫的一样，不要被顾君发见了一个和古史上帝王相同的名字，若一发见了，无论怎样也要拉过来，做他的主张。只可怜了那些偶然以文字记载古代传说的人，无端竟被顾君加了一条“伪造文书”的大罪！

其实，古代的历史，多一半是聪明人制造，是伪的，这何用说？若有方法，尽管可以指出那时所记的历史，不尽合乎那时的事实，完全是虚构的，是伪的，这都可以。但却绝不应只因为他所说的某时历史，不见于某时记载，就都认为是他的假造，是骗人，这个“辨伪的方法”，就离开历史的研究十万八千里了！可怜古代文字幼稚，所有的经历，都赖传说保存，等到后世有文字以后，由听到那些传说的人记载下来，以保存到后世，这样传演，自然难免以讹传讹，有伪的成分在内，但也并非古人原意。后世研究历史的，不能在这些传说中替古人整理出他们的真正经历来罢了，反要说那些记载都是记载者自己假造的，骗人吃饭。古代人早消灭了，固然和顾君打不起官司，起不了诉，但是这样诬陷以后，那古代人真正的经历又是什么呢？又怎样去知道呢？弄的没法，有几位先生主张只有掘古人的墓子去。这可弄大了！顾君这颗煞星，连古人的尸骨也要使遭殃，那可真保不定要有古人的子孙来和顾君打官司呢！

一九三〇. 十. 十五

【附注】就《古史辨》这样复杂的两册书，要捉住他的方法来批评，我自知道是很危险的，以上的批评，也许还有未捉住的很多，那末我的批评，也许会根本错误。不过我若有错误，自是应该受的，惟对于《古史辨》原作者顾先生，若有遗漏了的方法时，我应预先表示歉意。

自从《古史辨》辩论一场，有些人觉着上古史太没办法，最后主张只有等待考古学的发掘。考古学方法本来是无疑的好方法，但是若在这时（古书上的古史堕入没方法整理时）要这样主张，那考古学的方法，也应另商。其实整理古史本有极好的方法，方法若对，那古书上所有的记载，大半会变成极好的史料。我不敢单单批评顾先生，以后要把这些方法提出来，也供大家讨论。

原载《东方杂志》1930 年第 27 卷第 23、24 期

清俞正燮的史学*

中国的古史，到了现在，差不多已无法攻究，因为伪书的观念甚盛，研究历史的人，对于古书上的记载，大都在敢信不敢信之间。现在一般青年所看到的几本历史书，几乎全呈两极端的意见：一方面如王桐龄的《中国史》、柳诒徵的《中国文化史》、缪凤林的《中国通史》等，对于古书全然信赖；一方面又如顾颉刚的《古史辨》等，对于古书几乎全部推翻。另外有一些书，如吕思勉的《白话本国史》、郭沫若的《中国古代社会研究》等，对于古书又有的与以信任，有的则否。在这种纷歧的意见之下，一般愿意了解古代状况的人，究竟该信赖那一种呢？不论初学历史的青年，即一般研究历史的人，他所知道的古代状况，究竟是什么样子呢？恐怕也是将信将疑，模糊不清的。

这实在是当前学术界一个大问题。这个问题的症结，全在伪书的问题。古书究竟伪不伪呢？我以为这个问题，实有重行考查的必要。伪书的问题，不是三言两语所能解决的，不过有几点可以先指出来。比方伪书的伪，平常都是根据从前经学家和汉学家的观念，经学家和汉学家的所谓伪，实在说起来并不能当作历史学上的伪，他们所看的伪，在历史上看起来也许实在是真的。比方《山海经》这一类的书，向来无不认为是荒谬怪诞的，谁敢把他当成史料看？但

* 俞正燮著《癸巳类稿》十五卷，清道光十三年求日益斋刊本；《癸巳存稿》十五卷，清光绪十年姚清祺刊本。

是近来王国维先生曾用《山海经》上的帝夋，解释甲骨文中的“先王夋”，法国的一些“中国学”者，也拿《山海经》中所载的神话考证古代东方的国度，虽他们的持论，也许有的可议，但是谁能说他们这种研究方法是荒谬无道理呢？但是要在儒家的经学家或清代的汉学家看来，这种办法就是荒谬的了。这是一点。

此外更有一点重要的，是后世的人实在并未能把古书上的记载真正懂了，不惟不懂，而且往往给与误会的解释，因为误会了，遂把古代的真象弄不清爽，无端给与“不可信”“伪造的”“托古改制”等等武断的批评，说一句国粹话，“这实在是罪过”。比方古代传说“尧舜禅让”的这回事，原先孔、孟一班人，已经远在千余年后，没有弄清楚，以为是“天下为公”“选贤与能”的“至德”所致，到了近来，如顾颉刚先生就更顺水推舟，说当然不会有这样圣德的人，那是由孔子假造的。这不是既误今人，又诬古人么？这种漫不加察、信口批评的态度，那里又能说是求历史的真呢？这种不了解、误会的结果，实在是后世所以把古书都当成伪书的主要原因。俞正燮《癸巳类稿》卷三论“乡兴贤能”一条，谓《周书》所载的选举，和后世的选举绝不一样，因此他说：

> 说者引唐事以况宋，已为不达，况引周事以绳明选举，经义益荒，援据失谊矣！

这种态度，实在是中国历史家中所极少见的。中国的历史家向来都是引古以况今的，不惟那些极端推崇古代，以为古代文物制度已经怎样完备，远非后世所能比拟的人，是以古况今，即怀疑古书，以古书所载都是伪造的人，亦多半犯了这种毛病。正因为疑古的人，把古书上所载的事项，也看成和后世的那些事情一样，而同时又设想古代绝不会有，遂不免说那些书都是伪的。比方古书上所载的官制，不论信古或疑古的人，同样都把他看成和后世的官制也一样，于是在前一派人，就推崇古代文物的完备，而在后一派人，都不相信他。也正如俞正燮所论的选举一样，一般人总把古书上所载的选举，看成和汉唐以来的选举一样，遂不免有信古与疑古之分，其实都是犯了俞正燮所谓“不达”的毛病。

中国的古书，有大部分都冤枉的被看成是伪，实在是历来“不达”的历史家，应负大部分的责任。惟其一般历史家，都是拿现在的事实解释古代，遂以为古书的记载都不可靠。假若我们能按俞正燮的方法，勿以古况今，每一时代的事实，都给与特殊的了解，那古书上的记载，有待于我们爬梳整理以研究的，实在是很多很多，而却绝不是伪。俞正燮的这种态度，实是我们现在所最需要的。他的《癸巳类稿》和《存稿》，有大部分都能拿这种态度来解释历史上的事情，所以我特地把他重新介绍一下。这两部书本是极普通的，不过在他这种极谨严的方法和态度上，我们实有重新认识的必要，尤其在现在古史已到了无法攻究的时候。前几年胡适之先生曾替我们特别介绍出一部崔述的《考信录》来，我们大家已经很受了《考信录》的一番洗礼。但是《考信录》实在没有多大的价值，他不惟没有好的历史方法示给我们，而且他也并没有一点发见，他的长处只是一副谨严的经学家和汉学家的面孔，但是这副面孔，实在是要不得的。虽“谨严”两字可训，但是研究历史的人，若不谨严，已经根本不是历史的，何况崔述的谨严，又根本只是对经学的谨严，而并不是对历史的谨严。在我个人，以为他远没有俞正燮的方法好，成绩好。即以态度和修养上说，俞正燮实较崔东壁更是历史学家的。

因为俞正燮具有更正确的历史家态度，所以他对于古史上的研究，往往有奇妙的发见。所谓“奇妙”，是说虽在现在也是极不易研究出来的，而俞在百余年前（俞生于1775年，卒于1840年），对于古代生活已能有极正确的了解和解释，这实在是因为他有极正确的方法所致。兹试择举数条于后,以见一斑。

(一)古代的选举

《周礼》《王制》等书,都载有古代一种选举制度,《王制》说:

> 命乡论秀士,升之司徒,曰选士;司徒论选士之秀者而升之学,曰俊士;升于司徒者不征于乡,升于学者不征于司徒,曰造士……大乐正论造士之秀者,以告于王,而升诸司马,曰进士。司马辨论官才,论进士之贤者以告于王,而定其论。论定,然后官之;任官,然后爵之;位定,然后禄之。

看了这种记载,若不加深察,仿佛以为是行一种民主制度,以为所有的官吏都是由"乡"选举得来。近柳诒徵所著《中国文化史》中说:"周代乡遂之组织,法同而名异,其官多由民选举,而受天子之命,其职等于王官,而为地方自治之领袖!"(柳著《中国文化史》,一七一)官由民举,又是地方自治,这种政治真是比欧美的国家还要进步了!所以柳先生常慨叹的说,"岂后世所能比哉","亦非后世所及"!但是若在和柳先生观念不同的人看来,就觉着这样性质的制度,在那时绝不会有,如果真如柳先生所说,选士、论士就可以当官由民举,那就难怪顾颉刚先生等说这些书都是托古改制伪造的了。但是百余年前的俞正燮,却已有较为正确的解释,他说:

> 周时,乡大夫三年比于乡,考其德行道艺,而兴贤者,出使长之,用为伍长也,兴能者,入使治之,用为乡吏也,其用之止此!王制推而广之,升诸司马曰进士焉,止矣!诸侯贡士于王,以为士焉,止矣!太古至春秋,君所任者与共开国之人及其子孙也,虑其不能贤,不足共治,则选国子教之,上士、中士、下士、府史、胥徒,取诸乡兴贤能,大夫以上皆世族,不在选举也。(《类稿》卷二《乡兴贤能论》)

我们看了他这个解释,就比较明白的多了。第一,他确定古代的官,绝不选举，“大夫以上皆世族”，“不在选举”；第二，他说那些选举出来的人，也不过是用为“伍长”“乡吏”、“府史胥徒”而已。这个解释，完全是否，且不必论，只是即照这样解释，已明明白白是封建社会的制度，而不是什么民主制度了。俞氏又说：

周则王族辅王，公族治国，余皆功臣也；分殷民大族以与诸侯，所谓兴之为“伍长”“乡吏”者，于其中兴之，而无美仕大权，此则周之制也。（同上）

照这个话看，所谓“乡兴贤能”，也不过是如工人里边的工头，兵队里边伍长、什长，由被统治的人中拔选出来，为管理上便当罢了。他与秦汉以后的选举制度，与现在的所谓民主制度，都相差不止天壤，无怪乎俞氏要说“引周事以绳明选举，经义益荒，援据失谊矣”了。

不惟如此，俞氏又说乡兴贤能的制度，不惟在古代没有，即在秦汉以后，表面上虽已有选举或科举制度，然而实际上能掌大权的，也不是这些选举的人（自然有例外），只是世家豪族。他说：

自汉至唐，科目多矣，大权美仕，俱在豪族，任豪族而以功臣子弟间之，议选举者，徒毛举细故，而无敢昌言夺世家豪族之权者！……

汉立国久，豪族多，后汉不用功臣，亦不能革豪族，魏之立九品中正也，上品无寒门，下品无世族，法如是，非弊也！（同上）

这种豪族政治，是汉、晋间的事实上显然可以看出来的。赵翼《廿二史札记》亦有论汉代“贤良方正多举现任官”一条，他说：

汉时贤良方正等人，大抵从布衣举者甚少。

俞正燮谓魏晋间的九品官人法，本是以门户为品第的，并非流弊，尤为极深切的观察俞氏谓“夺世家豪族之权”，真能以考试选任官吏的，只始于宋：

宋初无豪族，则不必用功臣间之，又鉴于曹魏至陈，宇文周

> 至郭周之递篡也，则并不用功臣，合天下之人，一切考试而登用之。

这种精密的研究，实是我们所应当取法的。一般人只看见“选举”两字，即以为远自商周以来已有了选举制度，无论主张其为真为伪，都是不正确的。

(二)古代所谓“学”

我们现在看了《周礼》《王制》《尚书大传》《大小戴记》等书，极易疑惑他所说的古代教育制度，怎么能那样完备。在这种疑惑之下，有的人自然要说，古代文化已经很高，大圣人的治理下，当然要比后世高明的多，所以柳诒徵的《中国文化史》中说：

> 古代……盖无一事不合有教育之性质，不专恃学校教育也。然以乡官所有学校推之，其学校之数之多，亦非后世所及！(《中国文化史》，一七四)

但是以“疑古”为“求真”的人，就绝不能同意。如果那些书上所说的教育，就是后世所谓教育，那就尽可直说那些书是假造的。但是我们若能把那些记载，再细细考察一下，就可知道他所说的教育，绝不是我们所谓教育。古书上所谓教育，只不过是贵族阶级管理下层民众的一种方法罢了。他的实在性质，只是政治的、法律的，而不是教育的。如果了解了这点，就会觉着那些事项，不惟是很平常，而且是那种时代当然会有的。古书的伪不伪是另一问题，就是伪，也不应拿这些记载的可疑做证据。为什么说古代的教育不是教育？这说起来话长，且不必论，只是有一点拿来，便可以证明，如古代所谓“学”，和后世“学”的意义绝不相同。学是和教育对举，凡教育什么，受教的人即应当学什么，如果古代“无一事不含教育性质”，而且“学校之数之多”，已“非后世所及”，那就所学的事项一定很多，但是实际上并不然。古代所谓“学”，真正能当“学”字讲的，只有“乐”。俞正燮说：

> 通检三代以上，书乐之外，无所谓学。（《存稿》卷二《君子小入学道是弦歌义》）

俞氏这话，是举了许多证据来的，读者自可检其原书，惟俞所谓“书”，实指“乐书”，所以说：

> 古者背文为诵，冬读书为春诵夏弦地，亦读乐书。

俞又举出来说：

> 虞命教胄子，止属典乐，周成均之教，大司成、小司成、乐胥，皆主乐，周官大司乐、乐师、大胥、小胥，皆主学。

是可知所学的只是乐罢了。而且学这种乐的权利，恐怕也只有所谓“国子”，即王公、卿大夫的贵族子弟才有，一般的庶民恐也不能够罢。《周官》说：

> 大司乐以乐德教国子。……以乐语教国子。……以乐舞教国子。……乐师教国子小舞。……

实在在当时，教乐教舞，才是真正所谓“教”、所谓“学”，其余一切教育事项，实只是一种管理的制度。《王制》有司徒教民之法，谓：

> 上贤以崇德，简不肖以绌恶。命乡，简不帅教者以告。耆老皆朝于庠，元日习射上功，习乡上齿，大司徒率国之俊士与执事焉。不变，命国之右乡，简不帅教者移之左；命国之左乡，简不帅教者移之右，如初礼。不变，移之郊，如初礼。不变，移之遂，如初礼。不变，屏之远方，终身不齿！

对于“不帅教”的，都要处以极严峻的刑法，仿佛舜流四凶的一样，可知所谓“教”，是管理的、约束的方法了。

当时的被治理者，除受管理外，并不学什么，章太炎先生亦曾论之，《诸子学略》说云：

> 世卿用事之时，百姓当家则务农商畜牧，无所谓学问也。

此可与俞正燮说互相发明。当时被治理者，既无所谓学，而且在上边的国子所学的，又只是乐，这样古代又那能有了不起的教育制度呢？

（三）“君子”的解释

儒家的书中，称道君子的地方甚多，以其意看来，君子是一种理想上人格极圆满的人，如《论语》说：

> 司马牛问君子，子曰：“君子不忧不惧。”
>
> 子路问君子。子曰：“修己以敬……修己以安人……修己以安百姓。”

但其实古代所谓“君子”的这一种人，乃是指贵族，实是特权阶级的一种通称。胡适之先生《中国哲学史大纲》中即说：

> “君子”本义为“君之子”，乃是阶级社会中贵族一部分的通称。古代“君子”与“小人”对称，君子指士以上的上等社会，小人指士以下的小百姓。（页一一四）

胡先生这个解释，是不是根据俞正燮或刘师培所说，且不必论，只是胡先生能有这样解释，是很当然的，因为我们现在对于古代的阶级制度，已很明白，自易得出这样的结论。但是在百余年前的俞正燮，他亦已有同样的解释和结论，那我们就不能不佩服俞氏研究方法的精密了！《癸巳类稿》有“君子子解”一条，引《丧服传》云，“君子子者，贵人之子也”，俞因谓：

> 传以君子子，为贵人之子，言君子贵人也……传以君子为贵人者，周人语也。《左传》哀七年云，“曹人或梦众君子立于社宫，贵人状也。”《国语》“阳人不服晋”，晋侯围之，仓葛呼曰：“此谁非王之姻亲，其俘之也？”晋侯闻之曰：“是君子之言也。”乃出其民。以王之姻亲，终不能为晋民，故出之，亦以君子为贵人也。（《类稿》卷三）

以“君子”作“贵人”解，这是俞氏以前人所未看出来的。他能比照《丧服传》和《左传》《国语》，得出“君子”的真意，而不为后来演变的意义所蔽，能给我们了解古代阶级政治较多的一种证明，这种方法和结论，都是十分可贵的。

到了清末，欧洲民主思想传入中国以后，刘师培对于这种称谓上的意蕴，才有更透彻的发挥。刘《读书随笔》云：

> 上古之时，在位者皆富人，而贫者则居下位，故贵、贱二字，偏旁从贝。贵者，物不贱也，引伸之为尊贵之贵。贱者，贾少也，引伸之为卑贱之贱。是古代之民，以贫富区贵贱，贫者必贱，富者必贵。《洪范》之言五福也，言富不言贵，所以明富者之必贵也，则贵即该于富之中；《洪范》之言六极也，言贫不言贱，所以明贫者之必贱也，则贱即该于贫之中。《洪范》又云，凡厥正人，既富方谷。谷者，受禄于朝之谓也。是当此之时，惟富人乃居上位。又即《说文》贝部观之，贤者，多财也，引伸之而为圣贤之贤，是古代以富人为贤也。财者，人所宝也，财从才声，字与才通，而才又为才能之才，是古代以富人力其才也。（《国粹学报》）

从这样看来，富贵贤才，贫贱愚鲁，实都是一义互生的，也就是阶级的区别，所以所谓“君子”“小人”的分别，并不是真正人格上或才能上的分别，实只是阶级的不同、地位的不同。

若能拿上这种解释看孔子的书，才能对孔子的背景有更深切的了解。

（四）女后

俞氏书中，有一个极奇特的发见，而却极关重要的，即谓周时的君主，实系王与后并治，女后亦能施命诰四方，颇与西方民族同俗。俞氏引《易·象传》以证之：

案《泰传》,“后以财成天地之道,辅相天地之宜,以左右民”。《复传》,“先王以至日闭关,商旅不行,后不省方”。《姤传》,“后以施命诰四方”。

此所谓“后”,《正义》云“其称后者,兼诸侯也”,又《说文》云“后继体君也”,然以上三传所谓“后”,显然不是指诸侯,也不能全作“继体君”讲,究竟作什么解释呢?俞氏谓:

此三言后,则实为周之王后也!(《类稿》卷一《大象传后义》)

俞氏意,周时王后实专理财事,王立朝而后立市。俞引:

《周官·内宰职》云:“凡建国佐后立市,设其次,置其序,正其肆,陈其货贿,出其度量,淳制祭之以阴礼。”注云:“建国者,面朝后市,王立朝而后立市,阴阳相成之义。”郑司农云:“始立市,后立之也,祭之以阴礼者,市中之社,先后所立,阴礼妇人之祭礼,盖前皆此制。”

俞氏又引:

《春官》“世妇”云:“凡内事有达于外官者,世妇掌之。”“内外宰掌宾客之飨食,王后有事则从哭,诸侯卿大夫之丧吊临”。《天官》,“内宰致后之宾客之礼,内小臣掌王后之命,后有好事于四方,有好令于卿大夫,则使往,世妇女御吊临于卿大夫之丧”。

凡这些都似乎可以看出,当时女后实在也能干预外事,因此俞氏论云:

《汉书》安息钱文为王面,幕为夫人面,大月氏钱同,亦夫人与市事,是“后以财成天地之道,辅相天地之宜”之事也。《观传》,先王以省方,省男阳教,朝事也。《复传》,后不省方,谓省阴礼,市事也。《复传》言,闭关商旅不行,故后不省市事。注云，“方犹事”，是也，即商旅之事。

俞氏谓此种制度到秦以后全废：

其礼秦后不复行，而外国仍之，使其国，见其小君，其君出朝会，亦夫妇偕行，是后以施命诰四方之义也，是周制也。

俞氏所指出的这种制度，如果是真的，那就不啻对于我们现在所极欲了解的古代民族关系上，给与一大说明，我们从这种指示，至少也应当对于隐藏于古书以内的古代风俗制度，格外与以细密的考查了。

（五）其他

俞氏书中，对于古代事实的解释，除以上所举数点外，其他足供我们参考的尚甚多。如他解《春秋》“作邱甲”一事，谓古代兵器皆在民间（《类稿》卷二），此与封建社会的制度实至有关系。又解“猃狁”“昆夷”，谓实即西戎（《存稿》卷一）。近王国维先生《鬼方昆夷猃狁考》一文，不知是否为俞说所提撕，然俞实已早有此说。其他零碎片段有关于文化史的材料尚极多，兹不悉举。总之，俞正燮实是一个极有特殊眼光而又极精严的历史学者，他批评别人“引唐事以况宋”为“不达”，在他实是真能不以古况今或以今释古的，无论在他的方法上、态度上或精神上，都是我们应当取法的，尤其在现在上古史已到了无法攻究的时代，更应当拿他的方法，对古书上的记载重新仔细研究考察一番才是。这是我特地重新介绍他这两部书的微意。虽然他这两部书早已是流行很广，不过我以为现在应当拿上新的眼光来读他。他的书中，自然也有缺点，他本是个古文家，或正因此，他往往有“奇妙”的发见，然而往往也因此流于“奇谬”，这些地方，也是要注意的。

一九三三. 二. 一一

原载《人文月刊》1933年第4卷第3期

伪书讼冤导言

一　伪书和考古学

我们现在研究古代的一切问题，有一个绝大困难，即根据问题。因为古代或记载古代的书籍，流传到现在的固然不少，但是这些书有大部分历来都认为系伪的，古书既伪，那要根据他上边的记载，以研究古代的事情，自然也是无用的。到了最近，这种伪书的范围愈扩愈大，几乎凡是秦汉以前的古书，或是记载秦汉以前事迹的书，都成了伪的，或说是假托假造的。古书既全部都伪，那古代的一切事情，还有什么方法去研究呢？

因为这样，近几年来，颇流行一种新见解，以为古书既伪，古代事迹既都不可靠，那末要了解真确的古代事项，只有利用考古学，考古学上的发现，自是不容置疑的，假若能从地底下，把古代的遗迹充分发掘出来，自不难造成一部真确的古代史。这种见解，近年已经成了毫无疑问的定论，凡涉及古代问题的讨论，若只引用书本上的材料，一般人总是将信将疑，不敢论定，除非应用考古学上的材料做说明，古代的问题是不会有结果的。考古学在中国近年已经成了最时髦的学问。

但是考古学材料的真实，固是无疑问的，研究古代史，应尽量利用考古学方法，固然也是十分对的，可是在现在全部古书都成了伪的状况之下，要用考古学来代替全部古书，重新制造一部新的古史出来，我敢说这是绝对会失望的。现在的问题，是因为古书上的记载，多有疑问，不可靠，我们希望一部真确可靠的古代史。但是若把这种希望放在期待考古学上，我敢断定，即使考古学十分发达了，他所有的成绩，也不会比现在古书上的记载使我们满意了多少。

因为考古学本身，只是研究历史的方法之一，他的价值绝不能和文字记载相提并论。我们能用考古学上的发现，订正文字记载的纰缪疏漏，或者补充文字史料的不足，但是若要用他来代替全部文字史料，那是显然不够。比方古史上传说的尧舜时代，那时是否已至铜器或尚在新石器时代，这个可用公元前二千年前是否有铜器发现以证明之。但是古书上又传说尧舜时代行一种禅让制度，这种制度真象如何，或是否有过，若要用发现的古代器物来研究，就决不能够。除非也是文字，若不是文字，只凭一些器物来观察，这种问题是永久不会解决的。又如周初官制，载于《周礼》《周官》《王制》等书，惟是否当时实况，这是有疑问的，但若取证于古物，除非也是文字，若不是文字，那这些制度的名称、组织、官吏的执掌等等，器物上如何能表现出来呢？又如人类学者谓在原始时代，曾行共产制，其民族组织亦极复杂，此都系由现存的原始民族中找出材料，但世界上发现的古物甚多，又那有能供给此项考查的器物呢？因为古器物所代表的，只是生活的物质方面、具体方面，若社会的组织制度及一切意识形态，本来只是由文字表现的，若不是文字，抽象方面的事项，就无从表现出来。我们看了一个石斧或一个陶碗，只能由他的精粗美恶，推测他的生活状况，而却不能用此直接说明他的宗教为多神为一神，他们的组织为母系为父系，他们的酋长是一个或两个，因为这些事只有用文字才能记载下来，这是人类所以必需创造文字的地方。文字上的记载，或有不完全的，比方有的时代本全用石器，和我们大异,但是若那时要有记载,却不见其把他们所用的石器全记载下来告给我们,这就有待于考古学,考古学只能这样补充文字史料的不足,但若说考古学竟能把全部文字记载都代替了,那在原始的人又何必创造文字呢?

所以考古学的方法固极可靠,但是他的价值,也只限于其本身,他并不能代替了文字。我们现在因为古书都不可靠,他上边的记载不能使我们满意,就要乞灵于考古学,那末古代生活中最重要的组织、制度、意识等等,势必无从考查起,这样即使中国的考古学十分发达了,他所供给我们的新古代史,自然是尤其残缺不完的,那他的结果,还会比现在保存的古书好了多少么?

因此我觉着就使考古学十分发达了,他的用处也不过只能订正、补充现在古书上的记载,而因为他的订正,古书的价值必将愈增,正好比发现了甲骨文(虽然甲骨文尚是文字),增高了司马迁《殷本纪》价值的一样,并不是说有了考古学就不要古书,或者说古书都是假的,尽可全行废掉,只待考古学的发掘好了,这种见解是错误的。现在所有的古书,实仍需要我们来读,需要我们来整理研究,恐怕考古学愈发达,古书的研究必愈需要,那里能说他是伪书就废掉呢?

这样古书是不可废,但古书又是伪的呢?古书既伪,又那有整理研究的价值呢?这就需要我们重新研究。其实古书的被人视为伪,实在是冤枉。我觉着原先有人指摘古书中某书某书的记载不可靠,有后人掺杂的材料进去,这种批评,原不失为诚意研究的结果,可是到了后来,尤其至最近,把古书全部都估定为伪,这种诬妄,简直不只是荒谬!按这些人的意见,以为全部古书,都是秦汉间人假托、虚构、捏造、杂凑成功的,听其言好像确确有据,追究其实,则除庄周所谓“皆以其有,为不可加矣”的态度外,直毫无所有，其结果只使一般人对古代的经历爽性不闻不问，只坐待千百年后考古学的成功。使考古学真能把古代的经历全部告给我们，倒也罢了，只恐把地壳下的火都掘得直冒出来，也未必能知道古代的中国究竟在那里！

所以我觉着古书上的记载，是不是全属虚构、捏造，实有重新考查的必要。某书是不是伪的，自须向书的本身探讨，惟首先历来对于伪书的估定，在其观念上或方法上，先有几种错误。我觉着某书的为真为伪，尚系第二问题，而先存一种错误的观念，以观察古书，那就本来不是伪书的，也会被看成伪。这种观念，实有纠正的必要，本篇先就这一方面略说一点。

二　儒家所谓伪

首先我们看伪书的估定，有大部分是儒家观念的结果。什么是儒家观念呢？即是以雅驯为正，以神奇怪诞为伪；以经传为正，以诸子及所谓“小说家言”为伪。这于开始整理古代史料的司马迁，即能看出。他于《五帝本纪》中说：

> 百家言黄帝，其文不雅驯，荐绅先生难言之。……择其言尤雅者，故著为本纪书首。

司马迁即系以雅驯做标准，为选取史料的方法，而尤其以儒者之言最雅驯，故结果只有以儒者之言为史，所以他的古史皆一本儒者所记。如在《殷本纪》说：

> 余以《颂》次契之事，自成汤以来，采于《书》《诗》……

又如《三代世表》说：

> 孔子因史文次《春秋》，纪元年，正时日月，盖其详哉。至于序《尚书》，则略无年月。……余读谍记，黄帝以来皆有年数，稽其历谱谍终始五德之传，古文咸不同，乖异。夫子之弗论次其年

> 月，岂虚哉！于是以《五帝系谍》《尚书》集世纪黄帝以来讫共和，为《世表》。

此都可见司马迁以经传为正而不采百家的态度。此种观念成为后世史家的定律，历来史家相似的言论，我们不必悉举。到了清代，有一最能代表此种观念的，即崔东壁，他的《考信录》，实际上是“儒家史说录”。《考信录提要释例》中说：

> 圣人之道，在六经而已矣，二帝三王之事，备载于《诗》《书》，孔子之言行具于《论语》，文在是即道在是……顾自秦火以后，传闻异辞，不归于一；兼以战国之世，处士横议，说客托言，杂然并传于后……以故难于稽核考正，以别其是非真伪……二帝三王孔门之事，于是大失其真！

又说：

> 周道既衰，异端并起，杨、墨、名、法、纵横、阴阳诸家，莫不造言设事，以诬圣贤！

又说：

> 孟子曰：“尽信书不如无书，吾于《武城》取二三策而已。”圣人之读经，犹且致慎如此，况于传注，又况于诸子百家乎！

崔东壁连司马迁也不满意，所以说：

> 若……《史记》……之属，率皆旁采卮言，真伪相淆。

于是他对于古史，即只严格的限于几部经传，此外悉斥为伪说，屏弃不采。

另外更说的明白的，还有一个魏源，他的《书古微》中说：

> 古书皆在竹帛，不得家置一编，惟凭口授，故每述一事，人各一词，要惟以《经》文为断耳！

这话就更说到了家！因为历来皆本这种观念，以经传为正，以诸子为伪，所以历来对于古书的观念，除过《诗》《书》《易》《春秋》等几部书外，其他同时期的书，皆成了伪书，如《墨子》《管子》《庄子》《韩非子》《吕氏春秋》《淮南子》等书上，所说的古史很多，而莫敢采用，至于《逸周书》所载《史记解》《王会解》《职方解》及《竹书纪年》所载《穆天子传》《山海经》等类，更是小说家言，无人过问。美国有一个历史家高文（Gowen），他曾编了一部中国史和亚洲史，关于黄帝、尧、舜、夏、商、周的中国史，他直称为"儒家观的历史"（Confucian History），这种爽利的评断，在中国人书中，尚没有见过。

儒家这种以雅驯为正、以经传为真的历史观，是不是对呢？他们所估定的真书或伪书，是不是可信呢？我们不用细说，也可知道这种态度是不对的，他们所认为真的古史，不见其即真，他们所视为伪书所载的古史，不见其即伪。因为历史事实是绝不能以雅驯或神奇怪诞判别的。各时代的生活不同、观念不同，往往此时代本为正的，而在他时代视之，即为神奇怪诞，这是常有的，我们又如何决定其真伪呢？比方《山海经》上载有黑齿国、小人国、白民国等等，从来莫不以小说家言视之，认为无稽，但是到了现在，关于这些怪诞记载，不惟可以确实指出其国度，即在上海就都可以看到。这些记载究竟是真的呢？伪的呢？反过来，如儒家所传的雅驯之言，谓后稷、契、尧皆为帝喾的儿子，是弟兄辈，但是我们看契以后之商，与弃以后之周，生活制度完全不同，又何能说是一个人的子孙呢？那末儒家的雅驯之言，究竟是真呢？伪呢？这种极浅显的事理，在从前儒家权威的时代，自然辨别不来，到了我们现在，是早已明白的了。可是我们对于伪书的估定，仍然有很多是承袭儒家的旧说。比方我们固然不相信《诗》《书》所载为真实的古史，但是又有谁肯去诸子书中找寻真实的古史呢？现在的人对于伪书的观念，也不过是比从前扩大了一下。从前儒家说诸子书是伪的，现在的人不过更进一步说，诸子书固伪，经传也是伪的，而其实并没有对儒家所说的伪，同样与以否定，也来考查一下。所以我以为必须把儒家向来对于真伪书鉴别的观念，根本推翻了，才配谈古书的真伪。

三　汉学家所谓伪

伪书里边有最大部分是由汉学家的方法构成的。所谓“汉学”，简单说就是一种考订、训诂之学。应用考订的方法，发见某书中有时代不合或前后矛盾的地方，就说他是伪书。历来疑书的人，自刘知几、司马贞以次，皆系用此种方法。其最著的如柳宗元的疑《论语》，欧阳修的疑《易》，郑樵的疑《诗》，及元明以来吴澄、梅鷟诸人疑《书》等，至清代而大盛，清代疑书的成绩，略详于《古今伪书考》一书，可见其范围。至近人完全推翻一切古书，仍系用此种方法。

这种考订的方法怎样呢？比方《商君书》，他们认为系伪的，如《四库书目》说：

> 今本《史记》，秦孝公卒，太子立，公子虔之徒，告鞅欲反，惠王乃车裂鞅以殉。则孝公卒后，鞅即逃死不暇，安从著书？如为平日所著，则必在孝公之世，又安得开卷第一篇即称孝公之谥？

又如阎若璩考证《古文尚书》之伪，多至一百二十八条，以为《古文书》皆系东晋梅赜所伪造，如其中有一条谓：

> 《左氏传》庄八年夏，师及齐师围郕，郕降于齐师，仲庆父请伐齐师。公曰，不可，我实不德，齐师何罪？罪我之由，《夏书》曰，“皋陶迈种德，德乃降”，姑务修德，以待时乎？

阎氏谓此所引《夏书》语，据杜注，谓前一句为《夏书》原文，后一句为鲁庄公解释书文之语，但今本《书经·大禹谟》引此，却误二句都是原文，阎氏因谓：

> 伪作古文者，一时不察，并窜入《大禹谟》中，分明显露破绽！

像如此种考证方法，固然甚为精确，很少容有疑问，但是我们要注意，汉学家研究学问，有汉学家的问题，而他的问题，绝不能是历史学上的问题。比方某书的真伪，在汉学家看来是决定了的，而在历史学上看来，他所载的史事，为真为伪，还应成问题。即如《论语》《孟子》切是真书了，但他上边所载的古史，就是真史么？这话自成问题。反过来，汉学家所谓伪书，上边所载的史事，也未见其即伪。比方《管子》《商君书》等，在汉学家看来，显然是伪的，但他上边竟毫没有管子及商鞅时代的经历么？这也决不尽然。我们要知道，汉学家对于书的考订，只能决定其否定的方面——某人某事非某时代的，而却决不能知道肯定的方面——某事必为某时代的，所以他们考定的伪，也只是形式上的伪，而不是实质上的，但我们所要知道的却是实质上的。为什么这样说呢？比方《管子》一书，汉学家普通都以其记有管仲以后事，如称齐桓公云云，又如记有西施，记有五霸，又杂有儒、法、道、墨各家学说甚多，皆为管仲以后事，若为管仲所作，俱不当有此。此固甚确。但我们要反过来问，究竟什么事才应当是管子时代有的呢？按汉学家的方法就说不出来。但是若仅据《管子》书中载有管仲以后事，就认为伪，那就不见其可通。因为古书类多非自作，如《论语》《孟子》皆非孔、孟作，然皆不害其为研究孔、孟之真书，今于《管子》何异？若单以其载有管仲以后事，则如《史记》，不惟杂有司马迁以后事甚多，如据其自序中"于是卒递陶唐以来至于麟止"二语看，则前后都有溢出，吾人根据《汉书》，固知《史记》原有十篇之亡，且知补述诸人甚多，非然者则单以此二语校其全书，显有不合，是《史记》亦将全认为伪书乎？吾人所以不认《史记》为伪书，系因《汉书》述《史记》构成之成分甚详，但若《管子》《商君书》等既无人述及其构成经过，今欲考知其详自难，则其书中究有何者为管子时代事，何者为非，又岂能仅据其书中载有管仲以后事或管仲以后思想，而断定其书为全伪乎？但汉学家绝无方法考定其中究有何者为管子时代事也。

又如汉学家往往有因某书系杂采古书而成者，即认为系伪。比方《古文尚书》中之《泰誓》一篇，阎若璩极诋为伪书，认为系梅赜所伪造。因为什么呢？阎之《古文尚书疏证》中有一条专说此，彼谓最初行世之《泰誓》，马融时已疑之，马融谓"吾见伪传多矣，所引《泰誓》而不在《泰誓》者甚多"，但"梅赜所上《泰誓》三篇，凡马融所疑不在者悉在焉"，因此阎谓，"人乌得不信以为真，而不知其伪之愈不可掩也"。此系谓马融所见之《泰誓》既有遗文，而今本《泰誓》反有之，可见其必伪。但使诚如是说，则这种方法只可证明现所存之《泰誓》，乃为梅赜所辑逸而成，倘其所辑之书上所引之《泰誓》语非伪，则梅赜之《泰誓》亦不应伪才是。梅赜本为辑佚而不说是辑，直说为原本《泰誓》，这一点伪只是形式上的伪，倘无方法证明其所辑之根据亦非《泰誓》语，更精确言之，并非《泰誓》时代语，则今本《泰誓》，虽可视为产自梅赜，然亦绝无理由斥之为伪也。但汉学家并不考究其是否为《泰誓》时代之言论，而只从形式上看，且亦只有从形式上看，此实为汉学家方法上之缺点。

又如汉学家证明伪书的方法，为每举某书中一二事实非真或自相矛盾，即斥其全伪。比方《尚书·尧典》载有"日中星鸟以殷仲春"等四语，近来中国及日本天文学者，皆考定其为战国间现象，也就是说乃公元前四五世纪间现象，而决非公元前二千三百年间现象，因此遂断定《尧典》为战国间作品。但是我们看《尧典》上载有其他事实现象还多，如四岳九牧等制，禅让制，九族、百姓、黎民等制，并非战国间现象，即如"黎民"一称，周、秦间书上绝无作是称的，至于禅让，更非战国间现象，使非古代事实，则战国间又何能突有此等记载呢？"日中星鸟"等固可定为战国间现象，然仅据此一二点，即抹煞其他一切，在方法上似不可通。但就考据方法论，此已属最大之能事。

俱如此类，我们细察汉学家所考定的，只为某书并非某人自作，或某书并非某时代作品，或某书有许多非真实事实，汉学家所证明的，多不外此三点。但即就此三点，决无理由断定某书必伪。第一，某书非某人自作，我们已说过，古代著述观念不发达，绝非如后世一样，定署己名，大都皆由后人集其说而成，原辑者既非存心作伪，且其所辑如非必要，则不必成书，既有必要，则必有一部分真象。第二，非某时代作品，亦不足奇。古代书写不便，必有许多事迹口传流存，至后始记下来，其中夹有许多近事，自不能免，然绝不能断定其全伪。第三，某书所载有的非真实事实，或谬误，或矛盾，或错简，更不应以此断定其伪，因古代传说之记载，正如魏源所说，"古书皆在竹简，不得家置一编，故每述一事，人各一词"也。吾人为之考订而釐正之则可，若以为伪，则大谬矣！

四　今古文家所谓伪

伪书的来源，另外有一个很重要的原因，即原于今古文家之争。今古文问题之发生，本原于汉代。汉初立五经博士，皆为今文家，及后有所谓古文经书，今文家因与其师说不合，悉斥为伪。及东汉间，古文说大盛，经贾、马、许、郑诸人以后，几全为古文经说，后世皆宗之。到了清代咸、同间，又翻旧案，今文说复大盛，于是古文经之伪，重复大倡，如刘逢禄之《左氏春秋考》，魏源之《诗古微》《书古微》，邵懿辰之《礼经通论》，悉斥诸古文书为伪。及康有为出，更斥诸书为刘歆所伪造，其后更继以崔适之《春秋复始》《史记探源》等，刘歆造经之说，几已成定案。而康有为更创"孔子改制说"，将一切经书，皆视为孔子自作，更无历史价值。

今文家对于伪书的断定，其方法大都同于汉学家，惟其观念上却更不正确，彼等大都各本师承，徒为意气之争。其说法我们不必多举，即如他们对于《左传》，以为是割裂《国语》而成的，至《周礼》乃刘歆为迎合王莽而造成，且不止造《周礼》，更捏造种种事迹，窜入《史记》等书内，以掩饰其作伪痕迹（参看《新学伪经考》《史记探源》等书）。此等议论，在不是今文家的同道看来，直同匪夷所思。古书或不免有伪的，但其作伪至如此程度，历史上实未再见。后世如宋代实录，固多有不真确成分，然亦原于新旧党争诸人立场不同，各抒己意，亦未见凭空作伪，有如刘歆者。今文家所论，是否事实，固应从本书一一加以覆按，若简略说来，即如《左传》和《国语》，无论在其内容上、形式上或分量上，皆大不同，居然能视为一书而割裂者，实为不可思议之事。《周礼》之为伪，历来论者甚多，早成定说，但若视为刘歆所造，则恐势有不能。如其中之官制，同于秦汉间的固多，然亦有绝不同的。如司盟、司约等执掌，谓凡"大约剂书字尊彝，小约剂书于丹青"等，吾人看周器中如"鬲攸从鼎"等所载，正与"约剂书于尊彝"之语合，《左传》所载春秋各国盟书甚多，亦与"小约剂书于丹青"语合。此种制度，不惟在秦汉间无有，即战国间是否如此，亦应成问题，又何能视为刘歆伪造呢？但今文家不只谓刘歆造经，且谓孔子为伪造古制之祖，于是凡非孔子所能想见及与其学说本相违背之诸古制，乃皆出于其一手创出，此等意见，实不可思议！但吾人对于伪书的认识，实有大部分系根据今文家之主张。

历来所谓伪书，大半皆由以上三种观念造成。伪书是否真伪，系另一问题。然以上三种观念既不正确，方法上亦不正确，由此而断定各书为伪，实甚冤枉！吾人至少应重新加以考查，再定是非才是。

原载《大夏》1934 年第 1 卷第 2 号

商人自契至汤八迁重考与商民族兴于东土驳议

近年古史上的研究，有一种极重要的发见，即王国维先生的商民族兴于东土说。王先生的此种发见，有两点关系极其重要：第一，可以使我们了解，古书上传说的古史，若能用正确的方法，极细心的探讨时，不是不可以在许多凌乱复杂的传说中，得出较有价值、较有影响的结论；第二，只就商民族兴于东土一点上，亦可以解说古史的其他方面。所以近来中央研究院历史语言研究所诸先生，多用王先生说以研究殷周间的文化。但是我以为王先生的此种发见，其真正价值，尚不在后者，而实在前者。他的结论固可贵，而尤其是他能在历来无法究诘的古书中，得出这样可贵的结论，才是真正可贵的地方。我尝窃取上王先生这种态度，以研究古史的其他方面，亦颇有所发见，而对于王先生的商人兴于东土说，亦发见有颇可怀疑的地方。因为王先生此说，已为一般研究古史的人应用，所以我先把他写出来，和有同好者作为商榷。

王先生的证明商人兴于东土，其说甚多，而最明白、最具体的，莫过于《说自契至于成汤八迁》及《说商》《说亳》《说殷》诸文，因为既明白商人的原始居地率在东土，那商人的兴于东土，自是无疑问的了。但王先生的《自契至汤八迁考》，实有挂漏，若加以厘订，则商人实非兴于东土，而乃兴于西土，正和周人一样。其所以必如此的原故，因为古代黄河流域民族，几乎都是由西北方迁入，再沿黄河向东发展，至少在有传说的历史以来，绝无例外。商民族也是由西迁来的民族之一，渐渐发展的结果，始扩张到东土，而其原始居地都不在东土。王先生的全部历史论著中，颇有一种民族东来说的观念，甚且以为在中亚"深目高鼻""碧睛多须髯"的塞种或大宛、康居之属，亦系由东而西（《西胡考》），商民族的兴于东土说，自与此种观念有一致关系，但此说实误，不容不有所辩证。

王先生的《说自契至于成汤八迁》一文，兹录于下，为我们考查的根据：

> 《尚书》序自契至于成汤八迁，《正义》仅举其三，今考之古籍，则《世本居篇》云，契居蕃，契本帝喾之子，实本居亳，今居于蕃，是一迁也。《世本》又云，昭明居砥石，由蕃迁于砥石，是二迁也。《荀子·成相篇》云，契玄王生昭明，居于砥石，迁于商，是昭明又由砥石迁商，是三迁也。《左氏·襄九年传》云，陶唐氏之火正阏伯居商丘，祀大火而火纪时焉，相土因之，故商主大火，是以商丘为昭明子相土所迁。又《定九年传》，祝鮀论周封康叔曰：取于相土之东都，以会王之东蒐，则相土之时，曾有二都。康叔取其东都，以会王之东蒐，则当在东岳之下，盖如泰山之祊为郑有者，此为东都，则商丘乃其西都矣，疑昭明迁商□，相土又东徙泰山下，后复归商丘，是四迁五迁也。今本《竹书纪年》云，帝芬三十三年商侯迁于殷，是六迁也。又孔甲九年，殷侯复归于商丘，是七迁也。至汤始居亳，从先王居，则为八迁。

按商人自契至汤八迁踪迹，除《史记正义》所举三地外，其余也有人指出过，如《通鉴外纪》胡克家补注，即指实八地以当之，其说亦根据《世本》《荀子》及《左传》，与王先生同，惟无蕃及相土二都，只较王先生多分商与商丘为二及汤居亳之亳为二(南亳、西亳)。胡说分商与商丘为二，实较王说为胜，而其分亳为二却误。王先生考中所指各地，皆明指出其地望，而实有未妥，今就王先生说，略陈鄙意如下。

王先生所指地望，其最可商者，莫过于商丘及相土之东都，次为混商与商丘为一，再次为强释《水经注》所引契居蕃之蕃，乃为鲁国之蕃县等。按蕃，《水经注·渭水下》本谓："渭水东经峦都城北，故蕃邑，殷契之所居，《世本》曰契居蕃，阚骃曰蕃在郑西，然则今峦城是矣。"是依《水经注》，蕃本在渭水南岸，阚骃所谓蕃在郑西，郑即周宣王初封郑伯友地，当今陕西华县西北，蕃在其西，是在陕西无疑。王先生亦据《水经注》，而原文下注云："疑即《汉志》鲁国之蕃县，观相土之都在东岳下可知。"是必因误于"相土之东都"在东岳下，遂不惜强改《水经注》原指地望，实觉未妥。王先生所以强改蕃之地望，是因误于相土之东都在东岳下，而其误相土之东都在东岳下，实原于未明商丘之所在及合商与商丘为一，今请先释商丘。

一　商丘地望

按商丘，汉以后人解释，皆谓即今河南商丘县，即旧归德府治地，如《括地志》云，"宋州城古阏伯之虚，即商丘也"。王先生亦依其说，"谓古之宋国，实名商丘"(《说商》)；又依杜预《春秋释地》，谓"宋、商、商丘，三名一地"。但其实，按汉以前人解释，"阏伯居之""相土因之"之商丘，既非古宋国或今河南商丘县，而宋与商与商丘三名，决不能为一地，杜预之说实误。

第一，阏伯居商丘之商丘，贾逵云在漳南，即漳水之南，此与汉以来人所释独异，而实至确。何以知其至确呢?《太平御览》百五十五引《世本》云："相徙商丘，本颛顼之虚。""颛顼之虚"即春秋时之卫地，《左传·昭十七年》云："卫颛顼之虚也。"可知商丘实在卫地，而卫即在漳南。《世本》所谓"相徙商丘"之相，自非商之相土（因甲骨文及其他书中，相土有的简称为土，而无简称为相），当然为夏之帝相，故今本《竹书纪年》亦云，帝仲康"七年陟，世子相出居商丘"，可知商丘实为夏代帝相之都城。帝相之都城必在周之卫地，尚有一旁证，《左传·僖三十一年》云："冬狄围卫，卫迁于帝丘，卜曰三百年，卫成公梦康叔曰，相夺予享。公命祀相，宁武子不可，曰鬼神非其族类，不歆其祀，杞鄫何事？相之不享，于此久矣，非卫之罪也。"是因帝丘为夏后相故都，卫成公徙都之，故有欲祀相拟议。帝丘即颛顼之虚，《左传·昭十七年》："卫颛顼之虚也，故为帝丘。"可知帝丘、颛顼之虚，与商丘实为一地，曾为卫成公以后之都城，其地即在今河北省濮阳县西南，所谓颛顼城是。贾逵只泛云漳南，或以据他书云然也。

第二，古之商丘，既在今河北濮阳县附近，其非春秋时宋国所都今河南商丘县可知。但商丘是不是即商？按《荀子·成相篇》昭明迁于商，《左传·襄九年》又谓阏伯居商丘，相土因之，可知相土因之之商丘，绝非昭明迁于商之商明甚，否则相土为昭明子，昭明既迁于商，商与商丘既为一地，左氏书何以独载相土因之，而不谓昭明因之呢？是本谓相土始居于商丘，明非昭明所迁之商，相土实乃由商而迁于商丘也。按商乃商人始祖契初封地，故因以为号，其地自郑玄以下各家，皆谓在上洛商县（即今陕西商县），独宋忠、杜预及司马贞以梁国睢阳当之，即今河南商丘县，谓商与商丘为一名。今且勿问商究应在何地，只就契原始封地言，即决不能在今河南东南之商丘县，因契初封于虞夏之间，而其时由今河南郑县东南行，至江苏北部，此区域内皆为祝融之后八姓所居（详见下），八姓之后势力甚强，如《郑语》所谓“昆吾为夏伯，大彭豕韦为商伯”，商人根据地决不能到此区域。况《商颂》称“有娀方将，帝立子生商”，有娀地望，乃在今山西西南（《夏本纪》云“桀败于有娀之虚”，可知有娀氏必与夏都近，张守节云当在蒲州）。有娀氏既与商民族通婚，则商民族居地，决不能相距过远，如是则以上洛商县为近似。且上洛商县古有商名，而梁国睢阳却只名宋未名商。上洛商县春秋时为楚邑，《左传·文十年》楚使子西为商公，即其地，后入于秦，秦孝公二十二年封卫鞅为商君，亦其地，是其地向称为商，而梁国睢阳却从无商名。《史记·宋世家》谓周公承成王命，命微子开代殷后，奉其先祀，国于宋，是也。

第三，梁国睢阳本只名宋未名商，而历来多有误以宋地为商的原故，实以春秋时往往称宋为商，尤以杜预宋、商、商丘三名一地之说主张为最。王国维先生宗之，并为《说商》一文以证之，但王先生所举证据，却无一足以证明春秋时之宋即为商。春秋时的宋亦谓之商，固是，但宋的所以亦称商，乃因其为商之后，而非因其地名为商。如王先生所列《左传》“孝惠娶于商”（哀二十四年），“天之弃商也久矣”（僖二十二年），“利以伐姜不利子商”（哀九年），“商人阅其祸败之尤”（襄九年）等语，皆因宋为商后而言，并非因宋为商地而言。其他如昭八年称宋卫为商卫，《吴语》称宋鲁之间为商鲁之间，其意亦同。当时以商为胜朝，宋为其后，且为中原大国，故直以商呼之，此又焉能证明宋即商呢？

但王先生所举证明中，有一极有理致的，为宋为“大辰之虚”一端。然此点实有误解，极须辩明。据《左传·昭元年》谓：“迁阏伯于商丘，主辰，商人是因，故辰为商星。”又襄九年谓：“陶唐氏之火正阏伯居商丘祀大火而火纪时焉，相土因之，故商主大火。”又昭十七年谓：“宋大辰之虚也。”读左氏此数段，很容易联想到，辰既为商星，而宋为大辰之虚，自然宋即为阏伯居之相土因之之商丘了，故王先生谓："大火谓之大辰，则宋之国都，确为昭明相土故地。"然不知"主辰"之辰与"大辰之虚"并不同。主辰谓祀辰，系以辰星为其部落神。中国古代所认为辰星的甚多，《公羊传·昭十七年》云："大火为大辰，伐为大辰，北极亦为大辰。"商人所祀之辰为大火，故云"商主大火"，大火与伐（参）与北极，皆不外用以为测定节气的标准星。依昭元年子产所述，以大火为标准星，似起于夏代以前，及夏代中叶，商人亦因之，故有"商人是因云云"。昭元年及襄九年传，皆不过说此一事，明大火为商人所祀之部落神或测定节气之标准星也。至于昭十七年传所谓"宋大辰之虚"一语，全然为另一事。以宋为"大辰之虚"，乃系以二十八宿分配于十二州的结果，即《史记·天官书》所谓"宋郑之强，候在岁星，占于房心"者是，二十八宿中之氐、房、心三宿，即当十二宫之大火，为宋之分野，此全为占验家之事，吾人绝不应以大火为宋之分野（其实大火亦为陈、郑分野），即断定初祀大火之阏伯相土所居之商丘即在宋，盖"主大火"为一事，而"大火之虚"又为一事也。

总之，春秋之宋都即今河南商丘县，在古代既不名商，亦不名商丘，春秋时往往称宋为商，实只因其为商人后裔，除此以外，更无其他证据可以证明宋都必为契之原始封地及为相土因之之地。而上洛之商，古有商名，从楚之商公、秦之商君皆可证明。而颛顼之虚为古之商丘，从《世本》及《竹书纪年》所载，为夏帝相都城，更无可疑。是宋、商、商丘，三名三地，杜预之说实非也。

二　相土之东都

商与商丘二地既定，则所谓"相土之东都"，自迎刃而解。因据《荀子·成相篇》，昭明为契子，由砥石迁于商，而相土为昭明子，依

《左传·襄九年》，乃居于商丘，是必由商而迁于商丘无疑。商丘在商之东，同为相土所都，故商丘有东都之号，正如后来周人初都于镐，后营成周，遂为东都，而以镐为西都，此实极平常事。王先生因未明商丘所在，且以之与商及宋都睢阳混而为一，遂不得不凿空谓“当在东岳下”，实为遗憾。

且《左传·定九年》原文，乃系以“相土之东都”封于卫者，卫之领域跨今卫河南北，所谓颛顼之虚或商丘，适在其境内，故祝鮀述周初封康叔之辞，有“取于相土之东都，以会王之东蒐”语。若知商丘即颛顼之虚，适在卫地，且商丘即相土之东都，此二语自极明显，无待解释。若如王先生所说，相土之东都乃在东岳下，又何能为卫所有呢？王先生欲避此困难，乃举泰山之祊能为郑有做例，不知泰山之祊，乃祀泰山之祭田，故《左传·隐八年》云：“郑伯请释泰山之祀而祀周公，以泰山之枋为许田……不祀泰山也。”泰山本为鲁地，诸侯因祀泰山而略有祭田则可，若谓相土之东都亦在泰山下，且为东蒐之区，明非祭田可比，而不为鲁所有，乃隔境封与卫，恐无是理。其实，相土原无泰山下之都城，相土之东都只在卫地，故于封康叔时云然。若明商丘所在及商丘与商为二，此极易解，惟王先生强析相土之东都与商丘为二，且无端致于东岳下，遂觉不可通耳。

三　汤居亳之亳

商丘与相土之东都既明，另有一要点，即“汤始居亳，从先王居”之亳。关于亳之地望，历来说者甚多，王国维先生从臣瓒说，断为汉志山阳郡之薄县，薄县已早废，其地约当今河南商丘县北，山东曹县南。王先生举出三证，说俱甚确。但其中实有一大疑点，为王先生所未注意及的，即在夏商之间，祝融之后八姓甚强，其分布地，都在山东西部、河南东南及与江苏、安徽交界地，汤在未灭韦顾、昆吾之前，是否能居于此以为根据，实为疑问。按祝融之后八姓，为己、董、彭、秃、妘、曹、斟、芈。据《郑语》所述，己姓“昆吾为夏伯”，彭姓“大彭豕韦为商伯”，可知势皆甚强。昆吾所居，初在颛顼之虚，即今河北濮阳县，后实迁于许，即今河南许昌县，《左传·昭十二年》楚子曰：“昔我皇祖伯父昆吾，旧许是宅。”当汤伐昆吾时，昆吾实已迁许，王先生亦未注意及之。大彭所居，韦昭谓在彭城，即今江苏铜山县。豕韦依《汉志注》及杜预说，皆谓在白马县东南，即今河南滑县东南。除此以外，八姓尚可考者，如己姓尚有苏、顾、温、董，彭姓尚有诸稽，秃姓舟人，妘姓邬、郐、路、逼阳，曹姓邹、莒，董姓融夷、豢龙，及芈姓，惟斟姓无后。此数族居地，除董姓在山西南部，在孔甲前已为夏灭，芈姓即周时之楚，夏商间当居于河南南部荆山附近（为古荆国地），其余几全在今鲁、豫、苏、皖四省交界处，如郐在今河南新郑，邬本作鄢，即今河南鄢陵，逼阳在山东峄县，邹、莒易知，舟人依《郑语》前文，亦当在邬、郐附近，其他苏、顾、温、董、诸稽及路等虽不详，当亦不出此区域。王国维先生疑顾当在昆吾与豕韦间，自属近似。是当夏商间，八姓之属既如此甚众，且昆吾、豕韦、大彭等相继为伯。古之所谓伯，实即王，如“共工氏之伯九有也”等，实系一国，并非五等爵下侯伯之伯。《郑语》谓“昆吾为夏伯”，余疑当夏代时，商汤未兴以前，今河南东南与鲁、苏、皖三省毗连各地，当全为以昆吾氏为首领，由祝融之后八姓各属所结成的国家，未必为夏有。此虽为假想，未敢断定，然八姓之属占势力于此区域内，殆无疑问。若“汤始居亳”之亳，既如臣瓒所说，在山阳薄县，是汤岂非以异族之地为根据乎？恐势有所不许也。

况且即不论此，即如王先生依臣瓒之说，亳在山阳薄县，其地距今商丘不过四十里，依王先生说，商人自昭明以来几全居于此商丘，而至汤时始北徒四十里都于亳，王先生谓为“经略北方”，不知此四十里之差对于当时经略上有何重要关系！况汤之都亳，明言“从先王居”，此“先王居”乃近在商丘附近，而商人历来皆不居之，乃居于无所谓之商丘，此于情于事，亦似欠合。古人心理，吾人不能皆揣者因甚多，然迁徙大事，要必有重要意义，绝不应只差四十里即郑而重之，谓“汤始居亳，从先王居”也！

但王先生所举证据中，有一点极不易反驳的，即引《孟子》“汤居亳，与葛为邻”，而历来释者，又皆谓葛在宁陵，与山阳薄县甚近，恰与“葛为邻”一语相合，是亳在薄县必无疑。但若“葛伯不祀”之葛，其在宁陵确切无疑，则此说固亦无疑，然葛在宁陵，亦不过汉人因宁陵有葛乡，遂指为古之葛国，而是否真属如此，实无其他证据也。按葛为嬴姓，嬴姓之族多分布于陕西，其根据地在汧泷之间，此节在王国维先生已有考证（《秦都邑考》）。《郑语》有云：“姜、嬴、荆芈，实与诸姬代相干也。”周人兴于陕西，明与姜、嬴、荆芈三族接近，商周之间嬴姓始渐兴，在商以前，远在河南东南，是否有嬴姓国，实为疑问。此事似不能遽作确切证据也。

如上二说——河南东南为祝融八姓势力与葛伯国未必在宁陵——若颇有是处，则“汤居亳”之亳，绝不能在山阳薄县。吾意“汤居亳”，明言谓“从先王居”，是亳地必与商人之先公、先王有关。其先王普通都谓指帝喾，皇甫谧谓帝喾名夋，王国维先生在卜辞中亦发见有“夋”字，是帝喾为商人祖先，当无可疑。帝喾居地，虽无其他佐证，不能确知，而《皇览》以为帝喾冢在濮阳顿丘城南亳阴野中。《括地志》以洛阳偃师县西即亳邑故城，为帝喾之墟。此二地皆有亳名，皆属可能，惟若以“与葛为邻”一点论，当以偃师之亳更为近似。因以嬴姓居地断，至远亦当在陕豫间也。故吾以为“汤居亳”之亳，仍以从偃师旧为是。

此外王先生《说亳》一文中，所举汤都必在山阳薄县另一理由，以为恰与《商颂》所载"韦、顾既伐，昆吾夏桀"之经略程序相合，谓从商丘北徙于亳，正所以北向经略韦、顾与昆吾。其实当汤之时，昆吾在许，韦、顾等在河南东部，皆在商丘（濮阳）与殷虚（从王先生说，即今安阳）之南，商丘与殷虚，自相土以来历为商人根据地，至汤时必系为韦、顾等所迫，乃不得不西迁于偃师之亳，以从其故居，然后再东向征伐韦、顾、昆吾等也。此点证以汤居亳后，首即与韦、顾、昆吾相争，当属近似。

四　七迁与九迁

以上所举各地望，与静安先生相左处，或有当有不当，然王先生文中，实尚有一大缺点，即在一方面实不足八迁，只得七迁，而另一方面乃成九迁，不止八迁。其一，因王先生强析"相土之东都"与"相土因之"之商丘为二，以足八迁之数，而东都之是否在东岳下，与商丘之是否为二，王先生并无证据可举，此点实有未妥。万一相土之东都即是商丘，则王先生所指之八迁，实只得七迁也。其二，契封于商，商人因以为号，此不惟见于《史记·殷本纪》，《商颂》所言亦如此，独裴骃据《左传》"阏伯居商丘，相土因之"语，谓在相土时始封于商，使果如此，《商颂》又何不祖相土而必祖契呢？古代称祖之例，几全系以其初封地或初居地言，如夏之于大夏、周之于周原、秦之于秦亭等皆是，绝无例外，商人绝不能弃其初封于商之相土而尊契，今乃尊契，是必自契时已有商名无疑。静安先生遽依裴骃之说，略去契封于商一段，而直谓"契本帝喾之子，实本居亳，今居于蕃，是一迁也"，其实非是。若以商加入，使为"契本帝喾之子，实本居亳，后封于商，是一迁；由商迁居于蕃，是二迁"，如此合王先生所谓泰山下之相土东都，岂非适成九迁乎？此两点实应改正，则自契至汤八迁踪迹，更不容不变更矣！

五　商人东迁之时期

综上诸说，则商人迁徙自西徂东之迹甚明，而非由东向西也。商初契及昭明两代，皆居于今陕西东南，不外商、蕃及砥石数地。砥石地望虽不明，然或当不出《禹贡》所谓砥柱、析城区域。及昭明于相土时好徙，至今河北濮阳县之商丘，此商丘附近实为古代名胜之区，传说颛顼居之，故号为颛顼之虚，亦号帝丘，颛顼以后帝喾、帝尧之间，又传说为火正阏伯所居之地，而祝融后八姓昆吾氏亦曾居之，且又为夏代帝相之都城，是其地实为古代重镇。以如此重要之区，商初相土时，方在夏代，究因何故即能由陕西东南之商县，突然远徙至河北濮阳县历为帝王所都之重镇呢？此实亟应研究者。

关于此点，据《竹书纪年》，略可得其梗概。原来当商人相土时，即当夏之帝相，夏在帝相以前太康、仲康两代，皆居斟寻，帝相时出居商丘，当时商丘为夏同姓诸侯斟灌所居，其时有穷后羿已作乱，恃其善射，因夏人以代夏政（《左传·襄四年》），帝相的出居商丘，实为依斟灌、斟鄩（一本《纪年》作如此）。及帝相八年寒浞杀羿，益为乱，斟灌、斟鄩亦迁山东（臣瓒曰“斟鄩在河南，后迁北海也”），故《纪年》穷帝相九年，“居于斟灌”。自此寒浞与斟灌、斟鄩大战于今山东境内，斟灌、斟鄩皆为所灭，不久帝相亦被杀（皆见《纪年》），而商人相土，即乘此混乱时期，入居于商丘。《竹书纪年》载帝相九年“居于斟灌，十五年商侯相土作乘马，遂迁于商丘”，是相土的迁入商丘，必在帝相及斟灌等迁入山东以后。夏人迁入山东是否为征伐寒浞（《郡国志》谓寒国在北海平寿县），或直系由商人东向发展所迫，虽不敢定，然要亦不出此二原因。总之，在此时期，夏民族大部分已入山东，商人相土亦于此时发展至商丘，居斟灌及帝相之故居，殆无疑问。

夏自帝相被杀，夏统中断几四十年，及帝相子少康长成后，始藉其母舅家有仍氏力量及其同姓各族，共灭寒浞，夏始再建。此事两见于《左传》(襄四年及哀元年)，羿名亦见于《论语》，当非虚妄。此事非虚，则商人相土于此时迁入商丘，自无可疑。因相土开始为此发展，故《商颂》颂其功，谓“相土烈烈，海外有截”。当时之山东，在陕西人视之，固应为海外也。

自相土迁于商丘，六十年后，夏少康始中兴。少康时已为商人之王冥，似因河患而死(《纪年》谓帝杼“十三年商侯冥死于河”，即此一端，亦可证商丘在濮阳县，若在梁国睢阳，又焉能死于河呢)，因河患，故其子王亥于帝芒三十三年迁于殷(《竹书纪年》)，因居于殷，故王冥尚称商侯，而王亥以次都称殷王(《竹书纪年》《山海经》亦同)。殷之地望，即今安阳县，王先生说甚详，今不具论。

由上考查，我们更可看出一种情形，即夏代经帝相时之扰乱，以后黄河流域局势，似显有三个范围：其一，自商丘沿黄河迤逦而西，至河南西部以及陕西，当为商民族范围；其二，商丘以南豫鲁交界一带，下至安徽北部，及《郑语》史伯所谓“河颍之间”地，实为祝融八姓昆吾、韦、顾等势力；其三，在商丘以北沿黄河及济水东行，直至山东东部，始为夏代势力，如有鬲、有过、有仍、斟灌、斟寻等皆在此区域。惟自少康中兴后，夏人势力仍强，实较商人及昆吾等为大，黄河北岸之地，包括河南北部及山西南部，都仍属于夏，故祝融八姓中之在山西南部者如董姓豢龙等，孔甲前为夏所灭，以后夏代仍有数王都于山西南部，直至于桀。

此种局势，证以各书所载，当属近似。

六　自契至汤八迁重订

综上诸说，则商人迁徙地望，与其发展及与夏代关系，当已较明，故特将自契至汤八迁踪迹，妄为重订如下：

商人始祖契，初封于商（今陕西商县），因以商为号（《殷本纪》），惟契本帝喾子，其原始居地实在亳（今河南偃师县），其封于商，乃迁于商，是为商人之最初迁居。契迁商后，又迁于渭水南岸之蕃地（《世本》），是为二迁。契子昭明时，复由蕃迁居砥石（《世本》），又由砥石归于商（《荀子》），是为三迁、四迁。昭明子相土时，趁夏代国乱，力向东发展，遂得占据商丘而居之（今河北濮阳县），然实以旧商为根据地，故商丘号为"相土之东都"（《左传》襄九年及定九年），是为五迁。相土以后数代至王冥时，因河水为患，王冥治之未成而死，其子王亥因由商丘迁居于殷（《竹书纪年》），是为六迁。此后商人居于殷甚久，至夏孔甲时，始复由殷归于商丘（《竹书纪年》，其时或当在主壬时），是为七迁。至汤时，似因其以南祝融之后各族强盛，商人被迫，乃由商丘西归至帝喾故居亳，是为八迁。自亳以西，本为商民族根据地，汤归亳后，乃整饬其族，东向以灭韦、顾、昆吾，以至灭夏。

七　由西向东的发展

由上所见商民族之迁徙发展，其为自西向东，自不待论。此种现象，实为中国民族从西北迁入的绝好说明。平常因为古代史料缺乏或欠整理的关系，我们对于此种事实所知者只有周民族及秦民族，周以前实已无法证明。惟自王国维先生《殷周制度论》诸文出后，上古帝王兴于东土说大盛，始有一新观念。王先生谓"自上古以来，帝王之都皆在东方"，"夏自太康以后以迄后桀，其都邑及他地名之见于经典者，率在东土，与商人错处河济间盖数百岁。商有天下，不常厥邑，而前后五迁，不出邦畿千里之内。故自五帝以来，政治文化所自出之都邑，皆在东方，惟周独崛起西土……"使此说果是，使起于西土者只有周，则于中国民族来源上，实为一至有兴味之问题。然此说实未易成立也！古代太皞之虚、大庭之虚、少皞与颛顼之虚，虽皆在东土，然其是否初兴于东土，实应注意，惟此点且暂不必论。至于夏商两代，却显然系由西向东而发展，初非兴于东土，商代的迁徙已述如前，而夏代的东迁事实亦至明显。比方夏初都邑都在西土，如见于《周语》的"有崇伯鲧"的"有崇"，崇即河南嵩山（《御览》地四引韦注）；见于《孟子》"禹避舜之子于阳城"的阳城（今河南登封县）；又见于《周语》"赐姓曰姒，氏曰有夏"的夏，夏即大夏，服虔云"在汾浍之间"，故周初封唐叔于唐，而曰"命以《唐诰》，而封于夏虚"。又如夏后启即位，"有扈氏不服"的有扈氏，其地更僻在陕西。此都可证夏初居地实在西土，其后乃经由河南北部及河北南部而入山东，已述如前。其由西向东迁徙，各书上且有明白载及的，如前所举之斟灌、斟𬙋，贾逵谓皆夏同姓，臣瓒谓其初居河南，后迁北海。又如宁武子所谓"杞郐何事"的杞，初本在河南今杞县，后至春秋时杞成公迁缘陵，即今山东昌乐县东南，文公迁淳于，即今山东安丘县，是其东迁之习，至周尤然。历观夏商两代，此种由西向东迁徙踪迹，皆历历可指，似不容吾人谓其兴于东土也！

后 记

本文草就后，因读《癸巳类稿》"汤从先王居义"篇，见有数事可举。特引之如下，以备参考：

（一）关于"汤始居亳"之"亳"，俞正燮亦力阐在今商丘及曹县（即薄）诸说。俞谓："郑樵《通志·都邑略》云：'太史公言，禹兴于西羌，汤起于亳，在今长安南，及汤有天下，始居宋地。'汉后说亳者，惟此最通！"俞氏引数事以证之：其一，《诗·商颂》，《正义》引《雒予命》云，"天乙在亳，东观于洛"，《曲礼》下《正义》引《雒予命》云，"汤东观于洛，曰寡人慎机"，是"汤自亳东观洛，亳在洛西，明矣"。

其二,《史记·六国表》序云,“禹兴于西戎,汤起于亳,周以丰镐,秦用雍州,汉自蜀汉,皆在西方”,“谓汤始居之亳在西”。其三,“莘商世姻,《周颂》言莘在洽渭涘,亦陕西地也。”综俞氏书,谓亳实在陕西,并偃师一说亦驳议,可参考。

(二)关于“汤居亳,与葛为邻”之“葛”,俞亦极反对在宁陵之说。俞云:“寻此事惑乱经义,俱申于谧……《水经·汳水注》,《书正义》,俱引谧云:‘葛在宁陵,则亳理不得远。’不悟盘庚明云,‘先王有服,不常厥邑’,岂得责汤始终皆绕葛居?又今山西垣曲县西北有亳城,即后周亳城县;西南有葛城,即《史记》赵成王十七年与魏惠王过葛孽者,亳、葛岂得必近宁陵?”此山西垣曲县西南之葛城,极可参考。因汉人以为葛在宁陵,亦不过因汉时宁陵有葛乡,用以比附之,亦殊无积极证据,实尚不如垣曲西南之葛城为较古。葛若果在垣曲西南,则亳在偃师以西,实更近似。

(三)关于“汤居亳从先王居”之“先王”,俞氏谓实应指契,而非帝喾。俞云:“《书序正义》引郑云,契本封商,国在太华之阳,郑意契封太华之阳,为始封国,不得承帝喾统,不得云迁,后乃自迁蕃,至汤居亳,复在太华之阳,则所谓先王者,契也。”又云:“《商颂》云,天命玄鸟,降而生商,又云帝立子生商,又云元王桓拨,是商止祖契,称元王,无缘以帝喾为先王!”俞氏此说,自因未见甲文,其实商人所祀实有较契更在前之先王。

一九三三.一.二一

原载《东方杂志》1933年第30卷第19号

汉代中国民族之南迁

中国的历史文化,都是由黄河流域发展出来的,现在所谓南方,在古代并不占重要地位,这是我们所熟知的。古代南方都是被蛮族占据,当时蛮族的文化状况如何,并不是不可考查。前几年朱希祖先生曾有一种新的议论,谓中国的古文化实发源于南方,黄河流域民族实是受其影响,徒以南方为北方所征服,并其历史而亦毁灭之,“于是南方之《三坟》《五典》《八索》《九丘》及《楚梼杌》等,皆付之一炬,文化无开,而仅聆北方‘蠢尔蛮荆’之詈矣”云云(见朱著《中国古代铁制兵器先行于南方考》一文)。朱先生此说就近来历在北方所发现的古物看,固已证明其非,而即就古代的记载看,南方的情形,亦与朱先生所想像的相差甚远。古代南方全是一片荒芜区域,只有少数蛮族——多是新石器时代遗族和交趾支那半岛的原始民族——散布着,其荒芜状况,在公元前后数世纪中仍然存在。《史记·货殖列传》谓:

> 总之,楚越之地,地广人稀,饭稻羹鱼,或火耕而水耨,果隋蠃蛤,不待贾而足,地势饶食,无饥馑之患,以故呰窳偷生,无积聚而多贫。是故江淮以南,无冻饿之人,亦无千金之家。

所谓“地广人稀”,所谓“偷生,无积聚”,都足以说明当时南方尚在蒙昧时代。后来虽到了公元后三世纪间,南方许多地方,尚是如此。《三国志·吴志·诸葛恪传》载:

> 恪以丹阳山险，民多果劲，虽前发兵，徒得外县平民而已，其余深远，莫能禽尽，屡自求乞，为官出之，三年可得甲士四万。众咸议以丹阳地势险阻，与吴郡、会稽、新都、鄱阳四郡邻接，周旋数千里，山谷万重，其幽邃民人，未尝入城邑，对长吏，皆仗兵野逸，白首于林莽，逋亡宿恶，咸共逃窜……

吴时的丹阳郡，治建业，即今江苏江宁县附近，正在其都城郊外，尚是这种未开辟状况，其他地方自可推知。长江流域在公元后三世纪间尚是如此，虽不能即以此断定在原始时代，亦绝无较北方为高的文化，但自北方文化发展以来，虽经过极长的期间，南方尚停滞在半开化的时期中，固已是无疑问的事实了。

因为南方的未开化，南方的地广人稀，所以南方历来是北方民族和文化的移殖地，直经过全部中国历史的长期间，到了最近数世纪以来，南方由长江流域以至珠江流域，才全部开辟了。惟其因为南方全系受北方的开辟，所以现在南方的民族，几乎全数都是原先黄河流域的土著，这种事实原是不待证明的。

不过在历史上，北方民族向南方迁徙的实在状况，究竟如何，向来尚缺系统的考查。我们知道在古代曾有几种传说，颇足以代表北方民族南迁的倾向，如太伯仲雍逃之荆蛮的传说和楚人谓其祖先“旧许是宅”等类，都是说明北方民族迁到南方建立国家的。后来在历史上有显然可以看出来的，如两晋南北朝时和南北宋时，黄河流域因受异族的侵扰，北部民族大都迁居南方，其迁徙情形极为显明，此两时期实是中国历史上两次最大的民族迁徙时期。但是除这两时期以外，其他各代怎样呢？有没有南迁的现象呢？假如我们细细考查一下，就可看出其他各代也同样的有南迁情形。中国北部民族的南迁，实是历史上经常的现象，并不限于两晋、南北宋时代。现在先就汉代，略一考查。

汉代的人口状况，详载于前后汉书《地理志》中，皇甫谧的《帝王世纪》亦有大略的记载。《地理志》中所载各郡人口数目，虽不尽可靠，但我们要注意，古代的赋税制度都是以丁口为标准的，惟其要以丁口为准，政府对于各地户口人丁的调查，自必有相当的准确性，绝非任意捏造。今试以前后汉书《地理志》所载各郡人口数目，互相比较，即可显然看出，在东汉时代和西汉时代的人口分配状况大异。在西汉时，黄河流域诸郡人口，都较长江流域各郡为多，但到东汉时，在同一郡中，黄河流域各郡人口都大减，而长江流域各郡却大增。这种一增一减，绝不是因为由西汉到东汉，长江流域人口因生殖率高而增加了，黄河流域却都死亡了，而显然乃是因为由西汉到东汉间，黄河流域人口多南迁于长江流域的原故。今试择要举数郡比较如下(见下表)：

1. 黄河流域

郡名		西汉	东汉	东汉减少数
河南郡	东汉改尹。西汉领二十二县，东汉省故市县，为二十一县，余俱同。	1,740,279	1,010,827	729,452
河内郡	西汉领十八县，东汉同。	1,067,097	801,558	265,539
河东郡	西汉领二十四县，东汉省为二十县。	962,912	570,830	392,082
弘农郡	西汉领县十一，东汉省二县，余同。	475,954	199,113	296,841
京兆尹	西汉领县十二，东汉省县二，余同。	682,468	285,574	396,894
左冯翊	西汉领县二十四，东汉省九，余同。	917,822	145,195	772,627
右扶风	西汉领县二十一，东汉省六，余同。	836,070	93,091	742,979
太原郡	西汉领县二十一，东汉省五，余同。	680,488	200,124	480,384

郡名		西汉	东汉	东汉减少数
上党郡	西汉领县十四,东汉省一,余同。	337,766	127,403	120,363
涿郡	西汉领县二十九,东汉并为七区。	782,764	633,724	149,040
赵国	西汉领县四,东汉领县五。	349,952	188,381	161,571
巨鹿郡	西汉领县二十,东汉省五。	827,177	602,096	225,081
魏郡	西汉领县十八,东汉省三。	909,655	695,606	214,049
颍川郡	西汉领县二十,东汉省三。	2,210,973	1,456,513	774,460
汝南郡	西汉领县三十七,东汉同。	2,596,148	2,100,788	495,360
陈留郡	西汉领县十七,东汉同。	1,509,050	869,433	639,617
东郡	西汉领县二十二,东汉省七。	1,659,028	603,393	1,055,635
山阳郡	西汉领县二十三,东汉并省为十。	801,288	606,091	195,187
济阴郡	西汉领县九,东汉增置为十一。	1,386,278	657,554	728,724
东海郡	西汉领县三十八,东汉并省为十三。	1,559,357	706,416	852,941
鲁国	西汉领县六,东汉同。	607,381	411,590	195,791
琅琊国	西汉旧郡领县五十一,东汉改国,又省城阳国,以其县属,领十三城。	1,079,100 琅琊 205,784 城阳	570,967	713,917
北海国	西汉为郡,东汉改国,并省菑川、高密、胶东三国,以其县属。	593,159 北海 327,031 菑川 323,331 胶东 192,536 高密	853,604	482,453
泰山郡	西汉领县二十四,东汉省十四,又省东海郡,二县属之,共十二。	726,640	437,317	289,323

以上共举二十四郡，属于司隶者七（河南、河内、河东、弘农、京兆、冯翊、扶风），冀州三（魏郡、巨鹿、赵国），并州二（太原、上党），幽州一（涿郡），豫州三（颍川、汝南、鲁国），兖州五（陈留、东郡、山阳、济阴、泰山），青州一（北海），徐州二（东海、琅琊），皆在今陕西、山西、河北三省中南部，河南中部、东部，山东中部、西部，及江苏北部之一小部分。其人口在东汉间与西汉时相较，皆锐减。西汉人口系平帝元始二年（公元后二年）调查，东汉系顺帝永和五年（公元后一四〇年）调查，其间相差只一百四十年，而各郡人口平均都减少三分之一强。其间减少最多的为今陕西各郡，如京兆、冯翊、扶风及毗连河南西北之弘农四郡。右扶风在西汉时有八十三万余人，到东汉时只剩九万余人。左冯翊在西汉时有九十一万余人，到东汉时只剩十四万余人。陕西郡县人口减少如此之多，当然可以证明《帝王世纪》所记“及王莽篡位，续以更始赤眉之乱，至光武中兴，百姓虚耗，十有二存”不是臆度之辞了。其次，在今山西的太原、上党、河东三郡，亦减少甚多，在三分之二以上。河北、山东毗连处的东郡和山东的琅琊郡，亦减少三分之二。河南中部的颍川，东部的陈留，减少亦在三分之二以上。黄河附近人口的这样减少，或不单只因为西汉末年更始赤眉的扰乱，王莽始建国三年（公元后十一年）黄河的南徙，亦必至有关系。

但是黄河流域各郡的人口减少了，而在长江流域以至珠江流域各郡，人口却大增，今亦列举如下（见下表）：

2. 长江及珠江流域

郡名		西汉	东汉	东汉增加数
南阳郡	西汉领县三十六，东汉增一，共三十七。	1,942,051	2,439,618	516,567
南郡	西汉领县十八，东汉省一。	718,540	747,604	29,064
江夏郡	西汉领县十四，东汉同。	129,218	265,464	46,246

郡　名		西　汉	东　汉	东汉增加数
零陵郡	西汉领县十，东汉增三，共十三。	139,378	1,001,578	862,200
桂阳郡	西汉领县十一，东汉同。	156,488	501,430	444,542
武陵郡	西汉领县十三，东汉省一。	185,758	250,913	65,155
长沙郡	西汉为国，领县十三，东汉改郡，领县同。	235,825	1,059,372	823,547
丹阳郡	西汉领县十七，东汉省一。	405,170	630,545	225,374
会稽郡 吴　郡	西汉为一郡，领县二十六，东汉顺帝时分为二郡，会稽领县十四，吴郡领十三。	1,032,640	481,196 700,782	149,333
豫章郡	西汉领县十八，东汉增三，共二十一。	351,965	1,668,906	1,316,941
南海郡	西汉领县六，东汉增一。	94,253	250,283	156,029
苍梧郡	西汉领县十，东汉增一。	146,160	466,975	320,815
益州郡 永昌郡	西汉为一郡，领县二十四，东汉明帝时分二。	580,463	110,802 1,897,344	1,427,683
巴　郡	西汉领县十一，东汉增三。	708,148	1,086,049	377,901
蜀　郡	西汉领县十五，东汉省四。	1,245,929	1,350,476	134,417

以上共举十七郡，属于荆州者七（南阳、南郡、江夏、零陵、桂阳、武陵、长沙），属于扬州者四（丹阳、会稽、吴郡、豫章），属于交州者二（南海、苍梧），属于益州者四（益州、永昌、巴、蜀），包括今湖北、湖南、江苏、浙江、江西、福建、广东、广西及四川、云南、贵州各省。这十七郡中增加的数量，甚不平均，长沙郡（当今湖南中部）东汉较西汉时增多四倍半，零陵郡（今湖南南部及广西北部）增多七倍强，豫章郡（今江西中部）增多四倍弱，桂阳郡（今湖南东南）增多三倍弱。

而当今湖北的南阳、南郡及江夏诸郡，虽亦有增加，而比数却甚小。当今江浙两省的增加数额亦不很大。另外，在今广东、广西亦增加甚多，苍梧郡增多三倍强，南海郡增二倍半强。四川、云南两省增加数额亦甚多，不过四川、云南两省的人口增加，另外有一种原故，即氐人的迁入，其详载于《后汉书·西羌传》中。东汉在四川、云南增置的"属国都尉"，亦较西汉时为多，即是因为氐人迁入的原故。所以真正能当作民族南迁现象的，即为湖南、江西、广西、广东各郡人口的增多，由其增多的数额上看，显然不止是由生殖率高繁殖出来的，而必是外来的原因。至于沿长江两岸的湖北、江苏以至于浙江，其人口虽未大量的增加，但也绝未减少，与黄河沿岸的情形大异，这种现象当然是因为长江沿岸的人，也有向长江以南至珠江流域间迁徙的，所以不是如长江以南的绝对增加。

由以上看来，汉代黄河流域民族向长江流域以至长江以南迁徙的现象，已甚显然。但是《汉志》所载的现象，也许可以有别的解释，即如西汉末年王莽时的扰乱，新市、平林及赤眉等兵起时，都在长江以北，黄河流域受了战争的骚扰，所以到东汉时人口锐减，而长江流域却久未发生战事，所以人口增加起来。这种解释固然也是事实，但是我们若再考查前后《汉书》各列传中所记长江以南的人士，有很多都载明其先世是从黄河流域南迁的，就可见《汉志》所记现象，必以南迁的理由为多了。今亦择举数条于下，且可以见当时南迁原因之一斑。

各传中有载南迁不始于汉代的，如《后汉书·冯鲂传》云。

> 南阳湖阳人也。其先魏之支别，食菜冯城，因以氏焉。秦灭魏，迁于湖阳，为郡族姓。

湖阳在今河南南部泚阳县附近，是冯鲂先世本黄河以北人，于秦灭后迁于南阳的。又《前汉书·扬雄传》云：

蜀郡成都人也。其先出自有周伯侨者，以支庶初食采于晋之扬，因氏焉……扬在河汾之间，周衰而扬氏或称侯，号曰扬侯……扬侯逃于楚巫山，因家焉。

是扬雄先世乃由山西南部而迁于四川的。又《周勃传》云：

沛人，其先卷人也，徙沛。

卷，汉县，在今河南原武县；沛在今江苏沛县东。周勃先世亦由黄河以北而迁于江淮间。他如汉高祖刘邦，其先世亦系由陕西迁于沛。春秋、战国间这种迁徙一定还很多，只是不能全考了。到了后汉时却显然可见有许多人是在西汉间迁居到南方的。《郑弘传》云：

会稽山阴人也。从祖吉，宣帝时为西域都护。

《注》引谢承《书》曰："其曾祖父本齐国临淄人，官至蜀郡属国都尉，武帝时徙强宗大姓，不得族居，将三子移居山阴，因遂家焉。"

这是山东著姓，因武帝徙豪族而迁于长江以南（山阴即今浙江绍兴县）。汉武帝时所徙的豪族甚多，各列传中所记杜陵人、茂陵人，几乎都是由他处被逼迁去的，惟以不在长江以南，今不具述。而由谢承书语看来，可见当时迁徙豪族不必都迁居长安附近，有的是被析居而迁往他处的，这也必为西汉间民族多南徙的一有力原因。又《杨琁传》云：

会稽乌伤人也。高祖父茂，本河东人，从光武征伐，为威寇将军，封乌伤新阳乡侯，建武中就国，传封三世，有罪国除，因而家焉。

又《张酺传》云：

汝南细阳人，赵王张敖之后也，敖子寿封细阳之池阳乡，后废，因家焉。

这都是因封地而就迁的。乌伤即今浙江义乌县，细阳今安徽太和县。这一种南迁的原因，当属甚少。又《王充传》云：

会稽上虞人也，其先自魏郡元城徙焉。

上虞，汉县，在今浙江上虞县；元城在今河北大名县。又《刘焉传》云：

江夏竟陵人也，鲁恭王后也，肃宗时徙竟陵。

竟陵，汉县，当今湖北天门县。鲁恭王，景帝子，封于鲁，后国除，其子孙于后汉明帝时徙竟陵。又《王常传》云：

颍川舞阳人也。

《东观记》曰："其先鄠人，常父博，成哀间转客颍川舞阳，因家焉。"

舞阳当今河南舞阳县；鄠，今陕西鄠县。以上三条，或当时因转客他乡，因而家焉。又《梁统传》云：

安定乌氏人。

至其弟乐竦，因坐兄松事，俱徙九真。安定乌氏，在今甘肃平凉县境，九真即九真郡，在今安南境内，当时梁氏因避罪而远徙至安南。又《三国志·吴志》载有很重要的两条，《士燮传》云：

苍梧广信人也，其先本鲁国汶阳人，至王莽之乱，避地交州。

广信，汉县，当今广西苍梧县；汶阳，当今山东宁阳县。又《步骘传》云：

临淮淮阴人也，世乱避难江东。

此所举数条，或因避乱，或因避罪，或因转客他乡，必为两汉间民族南迁的最大原因。

以上所举，只限于见《汉书》列传的，其他未经记载出来的，当然尚多，如东汉间益州、交州等处，多有文人儒生，与西汉间尚全为蛮族区域者全异，其必为来自北方无疑。就这些事实看，东汉间黄河流域的人口较西汉时大减，而长江以南却大增，其为可以说明汉代民族南迁的现象，也就是历代中国人口流动的通常现象，当可确定了。

其次，再就两汉书所记各郡人口状况看，还可以看出另外一种事实，即沿北边和西北边地各郡，其人口在东汉时较西汉时减少更甚。这可以证明东汉间北边匈奴、乌桓、鲜卑和西北羌人的骚扰，实甚烈。而这种骚扰的结果，边郡的人口都迁徙到内地，边郡遂现空虚的现象，到东汉末年以至三国间，遂全为匈奴、鲜卑、氐、羌等所占据，成为西晋初年五胡扰乱的远因。所以我们乘此机会把东汉间北边的空虚状况说明，也是有用的。兹亦择举数郡比较于后：

郡　　名		西　　汉	东　　汉	东汉减少数
右北平郡	西汉领县十六，东汉省十二。	320,780	53,475	267,305
上谷郡	西汉领县十五，东汉省七。	117,762	51,204	66,558
代　郡	西汉领县十八，东汉省七。	278,754	126,188	152,566
云中郡	西汉领县十一，东汉同。	173,270	26,430	146,480
定襄郡	西汉领县十二，东汉省七。	163,144	13,571	149,573
雁门郡	西汉领县十四，东汉同。	293,454	249,000	44,454
五原郡	西汉领县十六，东汉省六。	231,328	22,957	208,371
朔方郡	西汉领县十，东汉省四。	136,628	7,823	129,805
上　郡	西汉领县二十三，东汉省十三。	606,658	28,599	578,059
北地郡	西汉领县十九，东汉省十三。	210,688	18,637	192,051
陇西郡	西汉领县十一，东汉同。	236,824	29,637	207,187

以上十一郡都当今河北、山西、陕西三省边外，陇西郡属甘肃，

当时甘肃尚有天水、金城、武威、张掖、酒泉、敦煌各郡，其人口无不锐减，今不悉举。可见愈往北边，生活愈不安定，必向内地迁徙无疑，这在其他各代，也都是很平常的现象。

但是北边诸郡虽减少了，而在河北、山东，比较沿海的几个州郡，其人口却有增加，即使不增多，而亦能保持相当的数目，绝不似北边或黄河沿岸减少之甚。今亦举其比较如下：

郡　　名		西　　汉	东　　汉	东汉增加数
渤海郡	西汉领县二十六，东汉领县八。	905,119	1,106,500	201,381
平原郡	西汉领县十九，东汉省十。	664,543	1,002,658	338,115
东莱郡	西汉领县十七，东汉省四。	502,693	484,393	(18,300)东汉减
乐安国	西汉为千乘郡，领县十五，东汉改国，省县六。	490,720	424,075	(66,645)东汉减

以上四郡，皆沿河北及山东海岸，后二郡虽有减少，然为数亦甚少。又如北海郡（沿今山东莱州湾一带），东汉时亦为八十余万人之大郡，虽较西汉时为减，而非绝对荒芜。从这种情形，更可看出，黄河流域的人口，除向长江流域迁徙外，同时黄河下游沿海各地，亦为其迁徙地，这种现象亦甚重要，即可说明中国民族多是由西向东沿黄河而发展的，此与研究古代民族史上实大有关系。

总括以上考查，关于两汉时代人口分布状况，可得结论如下：

（一）西汉时黄河南北各郡，人口最为稠密，而尤以今河南省及山东西部、安徽北部为最盛。

（二）西汉时长江流域人口，不逮黄河流域远甚，愈往南人口愈稀。

（三）由西汉到东汉间，黄河流域人口逐渐南迁，到公元一四〇年间，长江以南人口大增，尤以今湖南及江西两省增加为最多，广西、广东增加亦多。

(四)由西汉到东汉,北边及西北边郡,人口减少最甚,亦由数十万人降为数万人。

(五)东汉间黄河下游今河北、山东沿海各郡,人口亦有增加,或保持均等数目,这可见黄河流域民族有由西向东发展倾向。

原载《大夏年刊》1933 年

中国民族之特点

一　文化观念代替了民族观念

中国民族，是世界上存在最长久的一种民族，在公元之前三十世纪至四十世纪间，其他民族所建的古文明国家，到了现在，公元后二十世纪，已举不出一个来了，只有中国，尚巍然独存。古代的国家，如苏末尔人的帝国，如埃及帝国，他们的纪元时代，或许比中国要早，但是他们早已灭亡了；以后如巴比伦帝国，如印度帝国，如波斯，如希腊，再次如罗马帝国，他们的纪元都比中国在后，但是也都早灭亡了。历史上的国家，只有埃及，从公元前四千年数起，至公元前五百年间为波斯人完全覆灭时止，历三千五百余年，算是最长。其他如希腊民族的活动，极早也不过在公元前二千年，到公元前二世纪间全为意大利人所覆灭时，也只得一千九百余年。波斯阿却党（Achaemenian）帝国的传说，最早也不过始于公元前一千年，到公元前四世纪中为亚力山大所灭时，才得七百余年。印度人初到七河流域的时代，也早不过公元前二千年，但是到公元后七世纪戒日王以后，已再没有印度人的国家了。罗马帝国也算是寿命较长的，从公元前八世纪中初建罗马城起，至公元后一四五三年东罗马帝国最后灭亡时，也只得两千二百余年。至于除这些以外，其他国家更是等而下之，像如能有四千年至五千年长久历史的中国，在世界上实是无可比拟的。

中国民族是有这样长久的历史，无论怎样讲，至少也有他的特点在，中国的国家并不是没有灭亡过，但是中国民族的历史，却从未间断过。在历史上，中国被异族的侵略，已不知有多少次，有的已是完全被异族统治了，但是中国的历史文化，还是照样的进展，从未停止，无论任何异族，都是在接受中国的文化之下治理中国，其结果，在历史上显现出来的，还是中国，而非异族，所以在实际上中国实等于并未灭亡，他的灭亡，只不过等于他的朝代更易罢了，这实在是中国历史能长期存在的根原。但是中国民族为什么能有这样特殊的历史情形呢？

首先，我们能看出来的，是中国人几乎绝没有民族观念，而在其思想上最固执的，乃是其文化。人类中民族观念最薄弱的莫过于中国人。在其他许多民族中，大都是为保持自己种族的存在，任意把其他民族设法消灭。古代氏族部落时代对待其他氏族的残忍，且不必讲，即如近世，自号为文明国家的民族，亦莫不以屠杀、消灭其他民族为其自己种族存在的唯一方法。西班牙人到了美洲，把屠杀土人的行为看成是合法的。英国人占据了塔斯马尼亚岛，要把土人一齐杀掉，一个都不留。其他在非洲、印度、澳洲，被民族观念下屠杀的人更不可数计。虽到了现在，朝鲜的民族，尚在大和民族的观念下，继续被屠杀中。以这些文明国家的人看来，世界上只应有他们这些民族存在，其他民族是无生存权利的。

现在且不必管这些自号为文明国家的人所持的观念是与否，只是像如这种残酷的民族观念，在中国人中历来是没有过的。中国人向来也把他的四周的异族看成蛮夷戎狄，不与中国同，但是中国这种蛮夷戎狄的区别，却并不是民族上的区别，而只是文化上的区别。假如被视为蛮夷戎狄的民族，也能具有中国人所视为标准的文化时，中国人的待遇就绝不会有差别。比方，在中国北方的戎狄胡人，最初都曾视为异族，与以轻蔑，但是这些异族常常不断的徙入中国，等到其承受中国的文化以后，那就无论在政治上、社会上，皆一律平等待遇，绝无差别。北方游牧民族的徙入中国，其数之多已不可胜计，但是我们能在历史上找出任何证据，证明中国人曾对这些异族有差别的待遇么？

中国人不惟对于徙入中国的异族无差别待遇，即对于被中国所征服的其他民族，亦从无欲与以消灭的企图。朝鲜、安南、中亚细亚都曾被中国征服过，但是只要在不扰乱的范围以内，中国绝没有因民族的不同而与以屠杀。而且在被中国所征服的地方，只要在有独立的需要时，中国随时都可与以自理，并不固执帝国们的统治权。一切这些都是历史上极显明的事实，无待列举。

中国人无民族观念，是显然的事实。现在的许多国家，非在其本国以内，尚有极多的民族区别。立国已有千余年的英国，在其三岛上的民族问题，迄今尚缠绕不清。俄国内部民族的差别多至五十余，都能极清楚的举出来。从前的奥地利帝国，已经也是数百年的老国家了，但是终因于民族问题而分裂。灭亡已有二千余年的犹太人，永久流离奔波于列国间，终不能受平等待遇，伟大如马克思、恩格斯，尚不免因犹太的血统而受歧视。但犹太人有没有来过中国居住的？唐宋间的所谓波斯胡，元代的色目人中，都有很多是犹太人，但和中国人早已没有分别了。中国人也往往自己推考他们血统的祖先，说是“炎黄贵胄”，但这只是做文章时用的典故，实际上他们是把金日磾、长孙无忌同样也是看成“炎黄贵胄”的。

因为中国人的民族观念极其淡薄，所以在中国的国家中，绝找不出民族冲突的事实，只有在蒙古人和满洲人统治中国以后，因为他们对于汉人过分的歧视，所以不免曾引起民族上的反感，但是这种反应也是极短的，不久即消灭。但是中国人虽没有民族观念，然而文化观念，却是极其固执。中国人所以往往把其他种人视为蛮夷戎狄，完全是以文化的观点为基础。在中国历史上，差不多可以得出如下的公例，即：能承受中国文化的，即都可视为同胞，否则即是异族、邪教。中国人曾因其他族人不祀祖先，而与以征伐，曾因不知君臣父子之道，而与以排斥，但却绝未有以民族的不同而歧视的。所以不论是鲜卑拓跋，不论是契丹、女真，或不论蒙古、满洲，只要是能承受中国文化的，即可同样拥戴，这也是显然的事实，不须多说。

但是中国人对于文化，也并不是单以中国文化为最终的目的，中国人对于其他外来的文化，如果对于人类的生活需要不相违背时，同样的都可以接受。佛教、回教、基督教，都早已在中国公开传布，占有极大的势力，虽不免因为宗教思想和中国的伦理思想常相违背，致生出纷扰，但是如果在认识了各宗教自有的优点以后，即立刻都与以承受。在其他民族间，往往因为宗教的不同，亦为常常发生冲突的根原。基督教和回教，至因宗教的不同，发生战争至数世纪之久。而在基督教和回教自身，亦尚常以派别的不同，数数引起仇视的行为。但是这些宗教来到中国以后怎样呢？不惟是中国固有的信仰不和他们冲突，而且这些宗教在中国也没有宗教冲突的一回事，这也是很显明的事实。

所以在中国民族的观点上，真找不出一种永久的偶像，他们没有部落神，也没有安琪儿，他们只是以人类生活上的需要为衡量一切的标准，如果对于人类生活是有益的，那就不论什么外来的元素，都可承受，否则虽在他们自己中间，也常常是要大义灭亲的。中国人虽怎样百不如人，但是这种观念实在是最合理的！

二　家族生活评价

中国民族的生活，虽到了现代，尚以家族生活为基础，和其他后起的一切民族都不同，这也是中国民族的特点之一。在近数世纪以来，中国民族常常受到其他民族的讥笑，以为中国民族没有国家观念。中国民族没有国家观念，固然，但是同时中国人也没有个人主义的观念。在人类的生活中，究竟是以个人主义的生活为合理呢，还是以国家组织的生活为合理呢，还是以家族生活为合理呢？这三种生活方式，其实都是落后的，都不是真正合理的生活。但是以中国人的家族生活说起来，确有他的特点，绝不是可以污蔑的。

家族的组织，是原始氏族社会脱退后的一种残余形式，以历史的观点看来是极落后的。但是原始氏族社会的生活，和现代资本主义社会下的生活比较起来，有许多特点，早已为人所注意，实为现代生活形式所绝不及的。在原始时代，人和人间绝不知有阶级的差别，他们的全体同样过着劳苦的生活，他们采集食物所得，全按各人的需要分配，绝没有自私的行为，而且一个人的独自享受，是他们中间所绝对禁止的。据发见大洋洲各群岛的探险家库克（Cook）说，当他在玻里尼西亚各岛间，常常要遇到饥饿，而岛上的土人虽同样饥饿，也要把他们的食物共同分食。达尔文也说过，如果给火地岛的人一块布，他就要把那块布撕碎开来，平均分给他的同伴，绝不独用。这种极合理的共同生产、共同享受的生活，反出现于被视为野蛮人的中间，而为现在许多文明种族所欲极力追求而尚办不到的。

在中国的历史传说中，仍然保有这种可钦敬的风俗。已故的一个历史家刘师培先生，曾证明尧舜时代尚过着无阶级的生活，那时的贵族，如舜，如禹，虽然都以族长的地位，而也是同样的操作，亲身参加他们的生产工作。这种生活，虽然和其他民族一样，在中国也不久就失掉了，但是中国却永久保存着他的遗体，即家族。

中国的家族生活，即完全是纯粹共产的生活，在家庭中虽也有特殊的家长权力，但是一般的家庭中，家长工作上的分配，也并不下于其子弟，而子弟生产所得，无论其家庭的组织如何庞大，如果是一家时，必完全是共同享受，至少在法律上绝无差别。普遍中国各地，到处过着这样的家庭生活，成为中国社会极坚固的基础。中国民族中的一切伦理思想、法律、政治等组织，无不是建筑在这种生活上。

因为中国民族的生活都是以共产的家族生活为基础，所以中国人向来极鄙弃一切个人主义的利己行为。在资本主义社会的生活下，对于孟得威耳(Mandeville)一类人的利己主义，都视为极正确的生活理论，甚至以“个人的罪恶即是公共利益”(语出孟得威耳)。像这样的矛盾理论，是中国人所绝不解的。中国人把“个人是社会的基础”的真理，认的极清，所以必须要先修身，而后养家、治国。因为负着共同生活的责任，所以中国人对于自身行为，在理论上是绝不敢忽略。严格的说来，中国人眼中的“个人”，自初生以来，即认为群众生活中(家族)的一员，绝没有个人的自私的意识。

因为中国人把家族生活看的极重，所以也不免有种种流弊，比如，看不见更大的集体生活，缺乏国家观念，即是一例。但是与其说中国人的国家观念缺乏，尚不如说在中国的家族生活之下，实际上并不需要国家的组织，而国家的组织，在中国人眼中，不过是一个纯粹剥削的机关。中国人向来有句俗语，说“哪个皇帝手里不纳粮”，这是中国人对于国家的了解。但是国家的真正价值是什么呢？近数世纪以来，被学者指明，国家不过是统治阶级维护其权力的一种机关罢了。国家组织的是不是应当存在，早已不成问题，将来更进一步的人类生活，将必无国家组织，殆可断言，而这种真理，确实是中国人所早已了解了的。

所以中国人的没有国家观念,并不是中国人的缺点。国家组织的这种生活,实际上并不是合理的。国家的机关,如不是用来扩张一种狭隘的民族观念,以侵略其他民族,即是用来压迫国内的被统治阶级,以贯彻其残酷的剥削。除这两种效用外,再找不出国家组织的其他根据。而这两种,都是中国民族所极鄙视的。中国人没有狭隘的民族观念,他不必要国家的组织为其侵略的工具,他们各自都过着共同生产、共同享受的合理生活,更不需要国家的组织来施行剥削,所以中国人眼中的国家只是一个收税的机关罢了,于他们又有何用呢?这不是中国人缺乏国家观念,实在是国家组织的根本不必要!

所以我们若严格的分析起来,资本主义社会所推崇的个人主义,只是一种自私的主义,非"社会动物的人类"合理的生活。人是一种社会动物,他自始以来即是过着群众生活,以与独行原野的兽类不同。假使以个人愈自私愈能对社会有利为真理,那就只是残酷的资本主义社会独有的理论了。同时近世所推崇的国家主义,更只是一种残酷的机关,他除侵略与剥削外,几别无所事事。这两种极不合理的生活方式,都是中国民族所极漠视的。而中国人所保存的家族组织,确实倒是一种共同生活的团体,在家族中,没有个人的自私,没有剥削,每个家族都能以自己的需要,尊重其他家族的存在,更没有侵略。这种极合理的生活组织,我们能以他是氏族社会的残余而加以鄙弃呢?

家族生活固然是落后的,因为我们觉着这种共同劳动、共同享受的生活方法,应当扩充到全社会,而不应单限于家族。但是以这种希望说起来,个人主义和国家主义的生活,尤其是落后的,他的距离我们希望之远,更甚于家族。如果中国民族能把他们家族生活下的精神扩而充之，以适应于全社会，那就要比久在个人主义下或国家主义下生活的民族，容易的多，这是中国人所应认清而自勉的。

三　注重实际的精神

假若我们再从思想上说起来，中国民族中没有宗教，也没有玄学（Metaphysics）。在固执的宗教家看来，宗教是人类生活中绝不能缺少的成分，虽怎样经过理性的考查，断定宗教的信仰是荒谬的，但人总不肯把他自己所造以欺骗他自己的天堂放弃，这种颇近于荒谬的行为，在中国人中是没有的。

在中国人的原始时代，也和其他原始人一样，具有极浓厚的宗教观念。据现在发见的古物所见，在公元前一千余年间，中国人无论举行什么事情，都不是由他们的推理决定，而是用占卜决定，而且认定他们的行为，都直接是受天的支配，天有极大的权力，可以分别按人的善恶与以赏罚，所以那时的人对于天极其敬谨寅畏。但是这种思想，不久即被公元前六世纪间的哲人校正过来了。公元前六世纪间的哲人，有的已确实指明宇宙和生物自然演进的道理，而不承认有神，有的更明白指出圣人是以神道设教，而非真正信仰有神。以后的一般思想家，都能承受这种较进步的了解，以建立人类行为真正的基础，而不需要任何莫明其所以然的信仰。所以在中国的固有文化中，直是没有宗教的，他们后来的宗教思想，大部分是接受印度佛教的巧妙理论而来的，但是佛教信徒仍不能推翻中国固有的见地。世界上无论什么地方的宗教，来到中国，大都要失掉其宗教的不容忍性。这个原故，正是因为中国人对于那些宗教的理解，不是信仰上的理解，而是取其对于生活上有裨益的一段，所以佛家的慈悲，基督教的博爱，中国人认定是正和孔子的教训相合的，才与以相当承受，而却并不是有爱于他们所独有的宗教真理。因此各种宗教在中国，往往有一种奇异的结果，即“宗教的合一说”，认为无论任何宗教，都有混合的可能。这种奇异的宗教见解，是宗教家所决不能的，而正可以说明中国宗教思想的薄弱。为什么中国人没有宗教思想呢？因为中国人在两千年前已对自然界有合理的了解，而同时已把各种事实现象与以真正的解说，自不需要任何不可究诘的信仰的。

同时中国人也没有玄学。玄学也正和科学一样，是人对于自然界的一种说明，不过这种说明方法，往往是离开实际的，其结果也不是一般生活中所能享用，它只是人类理性最高的推求，是为理性上的满足罢了。但是不管怎样，中国人的生活中，不需要这种学问。在中国的古代，有许多哲学家也从事于玄学的推考，比方有的说宇宙是由阴阳两种气质构成的，有的说宇宙是一个矛盾的结构，由是非、善恶、有无相因而成的，有的也推考宇宙的广漠不可究诘，有的也说明宇宙基点之微，一切这些都已显现玄学上最大的效用。但是在大多数的中国人，所致力的问题，却是在身心上的享用。历来正统的思想家，都是在考求一种法则，使人能有合理的生活。最能满足中国人理性的，即是这种法则。中国的思想家，常进求“安身立命”的所在，“安身立命”即是于人于已都无碍，最适合于群众生活的理想标准，而一切空洞的解说，不是事实上所能致用的学说，都是中国人所反对的。

因此，中国一切的思想学问，都成了他们生活上最需要、最切实用的知识，这一点是各派儒家共有的特点。

四　过度的和平心理

因为中国民族特殊的生活和数千年的历史教训，形成中国民族几种善良的、合理的意识，这几种意识，实有使中国民族在将来伟大发展的可能。但是同时也形成中国民族一个绝大的弱点，即过度的爱好和平，而缺乏斗争的性质。因为这种弱点，使中国民族常常要遇到极度的苦恼。我们已经说过，在历史上，中国民族是不断的要受到异族的侵略，按中国人的眼光解释起来，这种侵略，几乎是不值得注意的，因为侵略的行为，中国人很明白绝不是人类生活上合理的行为，既不是合理的行为，那末，无论任何侵略别人的民族，最后他必要遇到不可收拾的覆灭，因此中国人对于这些侵略他、残害他的异族，他逻辑似的断定他的不能持久，于是往往即以不抵抗的主义应付之，于是亦在一个相当的期间，中国民族必遇到最大的异族骚扰。在公元后四五世纪间，他们眼看的许多异族，尽量的屠杀中国民族，然而只保持着逻辑上的胜利理论，除过期待他们自己走到必然的结论上以外，真正能全体结合起来反抗的极少。以后到了八世纪以后，历受契丹、女真和蒙古的骚扰，以及最近前一代所受到满洲人的屠杀，他们都以同样的态度出之。不差，在结论上固然永是中国人的理论胜利的，但是中国民族在这种被侵略的中间，所受到物质上、精神上的损失，实不可数计，这种态度确实是错误的。

在我们以为，一种真理，如果是真理，那就值得用全力来拥护。以侵略其他民族为自己民族存在的手段，这种观念确实是极不合理的，中国人了解其不合理，最后必遇到不可收拾的覆灭。这种推论，无论在理论上、在经验上，都可以证明是十分对的，也就是说，这种推论是真理，但是中国人既有真理的认识，即应当拥护此种真理，不惟是断定他的覆灭，而且应当起来用全力抵抗、扑灭此种违反人类生活的民族或其观念，以为全人类的生活上指示出真正的新途径。在相信阿耳拉（Allah）的萨拉森人，他们都能以极坚强的态度，拥护其阿耳拉的信仰，以与反对阿耳拉的一切人抵抗，这种精神，正是中国人所缺乏的。中国人有很好的人类观念，二千年前即创有人类的

"大同主义",同时有极正确的生活组织,不允许一切剥削的、压迫的阶级存在,但是他们虽然有这种正确的观念、合理的生活,然而却并不把他为扩充的企图,为引诱全人类都归于正确的企图,他们只是守着逻辑上的胜利而已,这是中国民族中意识上极大的缺欠。

比方中国的良善农民,大都理解国家组织的无用,但是中国人民从来不打算推翻这种无用的组织,而只是希望有不要压迫太厉害的仁君出现罢了。其实仁君不是也照样的对农民压迫么?但是中国人民在能忍受的程度下,准是服从的。

又如异族的侵略,中国民族每每是不十分抵抗的,其不抵抗也并不即就是降顺,实际是了解那些异族的侵略不会长久的,然而在一个期间终是降顺的,而且在一种民族已被中国民族的精神征服了,而不久又来一个,于是中国民族本是有着正确的观念,而却不免永久要受到异族的压迫。

所以中国民族的不抵抗心理,只期待理论上胜利的心理,若永久存在,即中国民族不惟不能把他的极正确观念和生活引渡于全人类,而且即在他自己,也是常不能安定的。

所以我们很希望中国民族采取萨拉森人拥护阿耳拉的精神,不惟是自己服膺这种真理,而且应当以斗争的精神,把他们的真理扩充于全世界、全人类,以克服其他一切戕害人类生活的民族或文化才是。

五　目前中国民族两条路

以上所论的,是中国民族在历史上所表现的情形,到了现在,中国民族已显然遇到了更大的敌人,现在的敌人比他在历史上所遇到的,尤其严重,而与他的民族性及文化意识观念,都尤其违背,这种敌人,一即现在属有帝国主义性质的各民族,一即早已伸张全世界的资本主义。

帝国主义的侵略，较中国民族在历史上所遇到游牧民族的侵略，其严重性相差不止天壤。历史上的一切游牧民族，无论怎样强悍，而其文化总较中国所有的为低，所以真能被中国民族期待着逻辑的胜利。但是现在的帝国主义者，他们不惟具有较中国民族更进步的文化，而且他们为其自己的民族存在起见，对于异己民族的残酷屠杀，实远甚于古代游牧民族之上，他们是有计划的、长期的以专门扑灭他种人为事！这种事实久已鲜明，不须多举，所以假使中国民族现在遇到帝国主义国家的侵略，而仍欲以逻辑上的理论，期待胜利，以不抵抗主义出之，那末必屈伏于帝国主义者之下，将永无复兴的机会，而且已有五千年长久历史的中国民族，实有和非洲人、印度人、朝鲜人同被扑灭不留遗种的危险！这是现在的中国民族极宜分别认清的！

其次，资本主义的剥削，我们也要认清，他和历史上向来所有封建阶级的剥削，亦完全不同而更烈。在从前，封建阶级为维持他自己的权力及地位起见，虽然是剥削的，但不能不表示相当的仁慈，以冀得到一般社会的拥护，为他的顺民，可以长期的宰割，于是往往也有爱民如子的贤君，一般人虽受他的剥削，虽然贫穷，尚不至于不能生存。但是现在久已盛行的资本主义者，他们的压榨、剥削，是不顾你能否忍受的，一个矿坑里边，成千成万的工人在几年以后残废了，他们尽管可以再雇一批人来代替。如果遇到了资本主义的剥削，不惟是更穷困，而且唯一的生存权，也必将被剥夺净尽！在素来过惯家族组织共同生活的中国人和素来已认清一切剥削阶级的中国人，应不应受现在更剧烈的剥削呢？但是现在的中国人，早已领受这种剥削了。如果中国人仍拿着过去的态度，在黑暗的矿坑中，希望有真龙天子出来援救，在现在的制度之下，这种希望，显然是妄想的！

所以到了现在,中国民族已遭受到历史上所从未遇到的危机,假使中国民族不能认清当前的敌人,而速决定其方向,那中国民族实有不忍言的危机!目前的中国民族,显然只有两条路:一条是仍然接着过去历史上传统的态度,静待理论上的胜利,那就只有绝望,必至于灭亡;一条是采取萨拉森人拥护其阿耳拉的精神,把中国民族所认为真理的和最合理的生活组织,极力扩大,不惟要扩充于自己的社会,而且要克服了其他一切没有正确观念、没有合理生活组织的一切其他民族,使全体人类,都归于合理的路途,以实现我们两千年前早已想到的“大同主义”的理想社会,那才不愧为世界上最古、最老、最长久的文明民族!我说到这里,不禁要喊一句:

起来罢,中国民族!

一九三三. 三. 一七

原载《前途》1933 年第 1 卷第 4 期

中国民族之名称

中国民族的名称历来见于记载约有五种。

一 华 夏

最早的一种名称为“华”或“夏”，或合称“华夏”，在秦、汉以前，中国人自称，或外族称呼中国人，多用此名。如《左传·襄公十四年》戎子驹支云：“我诸戎饮食衣服不与华同。”又《左传·昭十九年》记楚人云：“晋之伯迩于诸夏，而楚僻陋。”又《国语·吴语》记蛮夷之吴讥楚人云：“逾诸夏而图东国。”春秋间，蛮、夷、戎、狄各族，因习称黄河流域各国为“华”或“夏”，而黄河流域各国亦以“华”或“夏”自称。如《左传·定公十年》记孔子责齐人云：“夷不乱华，裔不谋夏。”闵元年记齐人云：“诸夏亲昵，不可弃也。”襄四年晋人云：“……是弃陈也，诸华必叛，戎禽兽也，获戎失华，毋乃不可乎？”此华或夏又可称为华夏，如《左传·襄二十六年》云：“楚失华夏，则析公之为也。”此外见于他书的尚甚多，不悉举。

古代黄河流域民族，为什么称为华或夏呢？据《说文》云：“夏，中国人也，象形。”其意以为蛮、夷、戎、狄皆以其为虫种或犬种而得名，独中国为人，故取象人形之“夏”为名。至于“华”，有人以为系从“昆仑”之意为“花土”而来，因近人见古代传说多与昆仑山一带有关，意黄河流域民族当系从昆仑迁来，故取其意，称为华（华与花通)。此种解释,为是为非,当另论之。

二 汉或唐

后世另通行的一种名称,系称中国人为汉人或唐人,此二名皆系由汉代及唐代的势力沿袭而来。后世中国朝代更易既频,每一朝代无论对内对外,本皆各以其朝代名称见称,如晋则称晋人,宋则称宋人,清则称清人,但无论对内对外的事业上,实皆以汉、唐两代最为炫赫,凡汉、唐势力所及之区域,自习以汉或唐为中国人之代表名称。如汉代在西域势力极盛,西域人只知中国为汉,故以后虽在其他各代,仍以汉称中国。如《北史·波斯传》记,后魏孝明帝神龟中,其国遣使上书贡物云:"大国天子,天之所生,愿日出处,常为汉中天子。波斯国王居福多,千万致拜。"又《旧唐书·大食传》,开元间大食遣使来献:"寻又遣使朝献,自云,在本国惟拜天神,虽见王亦无致拜之法。所司屡诘责之,其使遂请依汉法致拜。"又明黄衷《海语》记"占城蛇异"条,谓有中国船得异蛇,贱价售与岛夷,"舶主谓岛夷曰:若何急此为也?岛夷笑曰:汉儿不认宝耳,是乃龙也!"是魏晋以后,西域各国仍习以汉称中国。《海语》所记占城人称中国人为"汉儿",或当系文人藻饰,非必原语,但以其出于明人口中,略示此语流传之久,遂能及于现代。

至唐以后,"唐人"之称,实以南洋群岛为最通行,他处远不如"汉人"之普遍。宋明以来所记"唐人"一名,只见于南洋各国,如明严从简所辑之《殊域周咨录》记真腊云:"人死无棺……抛尸僻远,有鹰犬食尽,则谓父母福报,若不食则为有罪,今亦渐有焚者,皆唐人之遗种也。"又记满剌加云:"男女椎髻,身肤黑漆,间有白者,唐人种也。"又记爪哇云:"国人大抵三种,西蕃商胡居久者,服食皆雅洁;中国流寓者尚回回教,持斋受戒,曰唐人……"按唐代海上贸易极盛,中国人因而流寓于南洋各岛者甚多,故以唐人为称。此名迄今仍沿用,甚且行于美洲,人为唐人,中国乃称“唐山”,凡广东泉漳间人至南洋的,问所从来,必云“从唐山来”云。

三　支　那

中国或中国民族的名称,最通行于现在世界各地的为“支那”(China),此名早在唐宋间已由印度文译出。唐玄奘《大唐西域记》云:“时王在羯末盟祇逻国,召师赴会。见曰:‘王劳苦已。’问曰:‘自何国来?’对曰:‘从大唐国来,请求佛法。’王曰:‘大唐在何方?去斯远近?’对曰:‘当此东土数万余里,即印度所谓摩诃至那国是也。’王曰:‘尝闻摩诃至那国有秦王,少而灵鉴,长而神武,昔先代丧乱,率土分崩,秦王平定海内,风教遐被,殊方异域,慕法称臣,有《秦王破阵乐》,闻之久矣,夫唐国者,岂此是耶?’对曰:‘然。至那者前王之国号,大唐者我君之国号……’”又释慧立之《大慈恩寺三藏法师传》记玄奘初入迦湿弥罗国,至一寺宿,寺僧皆梦神人告曰:“此客僧从摩诃脂那国来,欲学经印度,观礼圣迹……”又《宋史·天竺传》:“太平兴国七年,益州僧光远,至自天竺,以其王没徙曩表来上,上令天竺僧施护译云:‘近闻支那国内,有大明王,至圣至明,威力自在,各惭薄幸,朝谒无由,遥望支那起居圣躬万福……伏愿支那皇帝福慧圆满,寿命延长……’”是唐宋间人已知印度人称中国为支那(至那、脂那同,“摩诃”为印度文 Maha 字,意谓大)。但印度人之称中国为支那,实已甚早,印度婆罗门教徒之古法典《摩奴》(Manu)及古史诗《摩诃巴拉他》(Mahabharata)中,已有 Cina 一名,即 China 之原字。又印度古籍《考铁利亚》(Kautiliya)为孔雀王朝(Mauryan)第一代君主旃陀逻麴多(Chandragupta)时人所纂辑,其书亦称及Cina,谓丝织物即由其地输入印度。旃陀罗麴多在位时当公元前三百二十年至三百十五年间,是早在公元前四世纪间,印度人已称中国为支那了。

印度人何以称中国为支那呢?关于此问题的解释,意见甚多。十七世纪间有意大利人马梯尼(Martini),曾谓支那为中国秦代之译名(Chin 为秦之音译,a 谓土地),但近两世纪以来许多人皆不承认此说。如十九世纪中叶德人李希多汾(Von Richthofen)以为支那应为汉代海上交通最大口岸日南郡之对音,日南郡在安南,为汉武帝征服安南后所置,海洋诸国至中国贸易,必先至日南郡,故即以日南为中国之称。此说后为法人拉克帕里(Tevrien de Lacoupenie)所反对,拉克帕里以为中国古音读日南应为 Nit – Nam,与 China 一名不能对译,彼以为 China 应为滇国之译音。滇国为战国间楚庄王后裔庄蹻所建,为今云南之古国,地近缅甸,与印度早有交通,如汉武帝时张骞出使大月氏,在大夏见有蜀布及邛竹杖,问之知系由身毒来,是四川货物早已能由云南输入印度,故当时汉武帝即欲通西南夷以至印度而至大月氏。是印度必早知滇国,而滇之古音为 Tsen,与 China 音极近。故 China 应为印度人呼滇国之名,以后流传并称中国。但此说许多人亦不赞同,因滇国究不过为中国西南夷之一部,并非甚大,即使古代对印度或海上交通,必经过滇国,然以甚小之滇,代表中国,究属勉强。反对者尤以法国的伯希和(Paul Pelliot)为最。

近世除法国人亨利玉耳(Henry Yule)及沙畹(E. Chavannes)等,仍赞同李希多汾日南郡之说外,其他如鲍梯耳(M. Pauthier)及伯希和等,又主张最初马梯尼之旧说,以为支那实为秦代之译名,但亦有多人仍行反对,如德人雅各比(Herman Jacobi)以为秦代之统一中国,不过为公元前二四七年至二〇七年间事,但如印度早在公元前四世纪间之《苦谛利耶》一书,已称中国为支那,是支那一名显起于秦代以前,又焉能为秦代之译音?是支那一名究如何起源一问题,尚未能为定论。

最近吾国人对此问题之意见，亦颇有可述。光绪间洪钧使俄时，缀译其《元史译文证补》一书，似已承认支那为秦代译音之说，其《太祖本纪译证下》云："印度语称乞解曰秦，又曰摩诃秦，犹云大秦，西域商人往彼或仅称秦，或称摩秦，实应称摩诃秦。"此下自注云："按此皆拉施特增注之语，可以考订佛书支那之称，别有考。"此所谓秦或摩诃秦之原文，当作 Chin 或 Cain，洪钧直译为秦，是显已承认支那为秦之译音。又夏曾佑之《中国历史教科书》中，更有一新说，此说不知何据。又丁谦之《西域记考证》有《支那非中国通称辨》，谓："支那专指隋朝，非通称中国也。"因据《西域记》玄奘原语谓"至那者前王之国号，大唐者我君之国称"云云。故可知"至那为大唐以前国号，是专指隋朝，而非中国通称明甚"。但丁氏未知早在隋唐以前，自秦汉初印度人已称中国为支那，其非指隋朝甚明。最近张星烺君之《中西交通史料汇编》附录《支那名号考》，始亦赞同支那为秦之译音说。

按支那为秦代之译名，实应为毫无疑问之事实，其语似尚非起源于印度，当公元以前数世纪，中亚细亚各民族及中国北方之匈奴，本以与秦之关系，称中国为秦，已甚普遍，其语并未因秦之灭亡而消灭，至汉代犹存，此可由汉代匈奴及西域各国对中国人之称呼见之。《史记·大宛列传》载，汉武帝太初二年（前 103）贰师将军李广利等，围攻大宛城，大宛贵人已杀其王毋寡请降，贰师等计议欲受其降，谓："闻宛城中新得秦人知穿井……"此所谓"秦人"即中国人，因大宛人不知穿井（本传云："宛王城中无井，皆汲城外流水"），故得中国人后始能之。又《汉书·匈奴传》载，当昭帝始元四年（前 83），匈奴壶衍提单于初立，国内乖离，常恐汉兵袭之，"于是卫律为单于谋，穿井筑城，治楼以藏谷，与秦人守之，汉兵至无如我何……或曰：胡人不能守城，是遗汉粮也。"是亦以胡人不能守城，故与中国人守之。

惟此两传所言之“秦人”或系单指秦代逃亡之人，故汉人不以汉称之，似未可遽定为中国人之通称。但《后汉书·西域传》更有明显之记载，谓罗马之称大秦，因“其人民皆长大，有类中国，故谓之大秦”。又魏收之《魏书》，与《后汉书》所言虽相同，而更确实，谓大秦：“其人端正长大，衣服车旗拟仪中国，故外域谓之大秦。”“有类中国”何以谓之大秦呢？是必尝称中国为大秦可知。如此所言，则自秦以后，西域人仍称中国为秦，已绝无疑问。《史记·大宛传》与《前汉书·匈奴传》所记之秦人，若与此对照，亦可了然其为中国人通称，非必秦之亡人了。

按《后汉书》之作者范晔，虽为公元五世纪间人，但其所作之《西域传》，乃本于公元二世纪初年之班勇所记，大秦一名显系班勇从西域文字译来，其字自必作 Chin 或 Thin，故在事实上东汉时人已明谓支那之字为秦了。又法人伯希和曾在《大方便佛扳恩经》发现有“秦地”一名，《扳恩经》译者失名，其书出于《后汉录》，伯希和亦举为东汉时人已译支那为秦之证。今按《扳恩经》卷六《优婆离品》云：“优婆离复白佛言，五戒优婆塞得贩卖不？答曰，得听贩卖，但不得作五业……五者不得作五大色染业，以多虫故，洛沙等外国染法，多杀诸虫，是故不听治。秦地染青法，亦多杀虫，堕五大染数。”总之，两汉间人必明知西域各地称中国为秦，而其由西域语复行传入之秦字，在原文必为支那字，俱当无疑。西域人之此种称呼在魏晋南北朝间亦仍了解，故《魏略》《后汉书》及《魏书》之作者，皆能明言之。至唐人始将秦字改译为至那或脂那，此或因玄奘等注重直译之结果，然玄奘必知其意为秦，应无疑问，如云“至那者前王之国号”，所谓“前王”，自当指秦，恐未必如丁谦所言指隋。但自将此字音译为至那后，西域人称中国为秦之意，遂逐渐泯灭了。

如此所述，支那一名，并非限于印度人应用，凡西域各国，实皆称中国为支那，故支那之字亦随各民族而异，其字张星烺君之《支那名号考》中搜集甚详。如汉时之康居国，其字作 Cynstan，即秦斯坦，斯坦（stan）意亦为土地。波斯文亦作 China。亚美尼亚文作 Jenasdan、Jena，为 China 之音变。叙利亚文作 Zhinastan，此字刊于唐代之《大秦景教流行中国碑》，Zhin 音尤与秦字相近。亚拉伯文作 Cyn，或 Sin，或 Thin。此字传入欧洲，约在公元后一世纪间，希腊与罗马古著作家，本称中国为细利加（Serica）或塞里斯（Seres），意皆谓"丝国"，后始渐与秦字通用，如公元二世纪间之希腊地理家托洛美（Ptolemy），书中有秦尼国（Sinae），他书亦有作 Thin 或 Tzintza 或 Tzinista。至在印度文中，其字亦至不一致，有 Cinadeca、Cinasthana、Chinas 等形式。又《旧唐书》载，贞观十五年，印度王尸罗逸多（Siladitga）自称摩伽陀王（Magadha），遣使朝贡，太宗降玺书慰问，尸罗逸多大惊，问诸国人曰"自古曾有摩诃震旦使人至吾国乎"，皆曰"未之有也"云云。此"摩诃震旦"一辞，张星烺君谓其原文为 Mahachinasthana，"震旦"即 Chinasthana 之译音，意仍为大秦国。

惟印度与中亚各国，其以秦称中国，究谁为在先，已难确知，今即就印度论，如前所述，已早见于公元前四世纪间之印度书中，但因此颇引起若干人之疑问，如前所举之德人雅各比，即以为秦代不过为公元前三世纪间之国家，但印度何以能在其前一世纪即用以称中国？惟此种疑难，在外国人间虽似成问题，但以中国人看，却极易了解。此点张星烺君已释之，张君谓："秦之建国，始于周平王时代，在耶稣生前七百余年，至秦穆公时，秦已强大。穆公即位于西历前六百五十九年，在位三十九年，掌西北之霸权……西方诸国，记载支那之名，以印度《考铁利亚》（Kautiliya）言为最早，然已后于秦穆公约三百五十年矣。《左传》载秦穆公霸西戎，西戎边界，虽无记载，秦穆公之势力圈，或竟达于今喀什噶尔、帕米尔高原，亦未可知也。苟如是,则秦之名,传于印度,又何难哉?”又谓:“《史记·秦本记》载惠文王九年,司马错伐蜀灭之。十四年丹犁臣蜀,拍壮杀蜀侯来降。惠文王即位于西历纪元前三百三十八年,崩于西历前三百零六年,皆在印度《考铁利亚》书著成年代之前也。”此释已甚明,无烦再论。秦自穆公以后,累世仍经略西戎,至秦始皇时,其与西戎之关系,实已历四百余年,此时期之长度,实较两汉之经略西域尚长。汉自武帝起初交通西域,至东汉末,前后亦不过三百余年,以三百余年之经略西域,可使汉代之名远被各方,流传千古,则以四百余年之经营,即使其势力不如汉代之盛,而以最初代表中国向西方发展之机缘,其盛名流传之宏远,亦当同样。吾人今日除非另发见有早在公元前七世纪或八世纪以前称中国为支那之事,否则支那为秦代之称,即为颠扑不破之事实。

四　乞　解

除支那一名外,对中国尚有一名,迄今仍通行于世界数处地方的,即乞觧(Cathay)。此名系由公元九一六年至一一二五年间在中国北方甚占势力之契丹人即辽代而来,无他问题。当契丹立国时,其直辖领土,除今蒙古及外蒙之大部分,东三省之全部,及河北、山西二省之北部,即所谓燕云十六州等外,其他属国尚甚多。据《辽史·兵卫志》谓:“辽属国可纪者五十有九,朝贡无常,有事则遣使征兵,或下诏专征,不从者讨之;助军众寡,各从其便,无常额。”像这样的属国,如外蒙古与西伯利亚间的室韦、蒙古等部族,与天山南北路的高昌、于阗及诸回鹘部族,固皆不论,其他如西土耳其斯坦之诸回鹘部,辖戈斯部,中亚之诸突厥部及波斯大食等,亦皆认为其属国。契丹与此等西方各国交往且甚繁,如大食国(即阿拔斯期 Abbasid,当时势力已甚小,只领有幼发拉底河下游),既常来朝贡,且一度与契丹通婚，如《辽史·圣宗纪》："太平元年三月，大食国王复遣使请婚，封王子班郎君胡思里女可老为公主，嫁之。"远如大食，关系尚如此密切，所以当时中亚之回教徒著作家，皆以契丹为中国北方或北部之代表名称。流传至于欧洲，至蒙古人时代，凡基督教徒及旅行家之东来者，亦皆以契丹称中国，如马可波罗（Marco Polo）、加比尼（Plano Capini）、卢伯鲁克（Rubrouck）等，其游记中皆称中国为契丹。虽马可波罗在中国停留多年，而对中国除契丹外，别无他称。试阅其书中涉及中国之记载，如谓："汗八里城（Kambalek）建于契丹（Kathag）省内大河之旁，自古称为雄都……"汗八里城即今北京，亦即元之大都。又如谓："契丹产桑树，其叶用以饲蚕，其嫩皮可制为纸……"

考契丹一名所以应用如是普遍，另一种原因，实由于蒙古人。因蒙古各族原在契丹之北，当其未兴前久属契丹，及辽、金相代之间，蒙古人已兴起，故因其习惯之结果，对其以南各地包括中国在内，皆称为契丹，虽契丹已为金所灭，而对金仍称以契丹，如《元秘史》中，凡对金之国言虽呼为金国，而对人民却概称为契丹。及后蒙古势力扩充至中亚，远及欧洲境内，属其领下之区域，自亦习以契丹称中国，以故契丹一名愈行普遍。自十三世纪以来，曾受蒙古统治之各地，更以契丹称中国之全部，以迄于今，如苏联称中国为桃花石，为隋、唐以来至宋、元、明间中亚细亚至东部欧洲对中国之称呼，其原因另详。

原载《大夏》1934年第1卷第8期。此次出版，依梁园东先生生前修改稿有所增删。

古姓考原

中国姓氏，如何原起，备载于《通志·氏族略》。《氏族略》分为三十二类，极为详尽，惟自清末以来，中国人受西洋社会各科影响，多有主张古姓从母而得之说，为郑樵所未知。按古姓字多从女，如姬、姜、嬴、姒、妫等，此事早为隋唐间谱牒家所注意，郑樵亦已采之。姓字何以多从女？近人自刘师培、梁任公诸先生以次，皆谓即系母系制度遗迹，因姓从母得，故字多从女，由此似可仿佛想见历史初期社会状况。

虽然此说似可信，而实有可疑。姓从母得之说，刘师培曾举六证，其一云："神农、黄帝同为少典之后裔，而神农姓姜，黄帝姓姬，则以母姓不同之故耳。"其三云："《国语》，黄帝二十五子，其同姓者仅二人，则以黄帝妃后甚多，子之生也各随其母姓。"此证本根据《国语》，然极可怪者，乃并与《国语》不同。《国语·晋语》原文谓："昔少典娶于有蟜氏，生黄帝、炎帝。"是黄帝、炎帝乃同为有蟜氏之子，并非异母，不知刘氏何以谓其"母姓不同"。又《晋语》谓："黄帝之子二十五人，其同姓者二人而已，唯青阳与夷鼓皆为己姓（当作姬），青阳方雷氏之甥也，夷鼓彤鱼氏之甥也。其同生而异姓者，四母之子，别为十二姓。"是青阳之母为方雷氏，夷鼓为彤鱼氏，而皆姓己，是异母而同姓，并非"各随其母姓"可知。且"四母之子，别为十二姓"，其非从母姓，尤为显然，不知刘氏何故云然。又刘所举之第四证云,“《大戴记》言,陆终氏有子六人,安为曹姓,曹姓者邾氏也,季连为芈姓,季连者楚氏也,足证同父异母,得姓即殊”。按此证亦极可怪,《大戴记·帝系姓》原文云:“陆终氏娶于鬼方氏,鬼方氏之妹谓之女隤氏,产六子,孕而不粥,三年发其左胁,六人出焉……其五曰安,是为曹姓,其六曰季连,是为芈姓。”是《大戴记》原文本谓曹姓与芈姓,与其他四人,皆产自女隤氏左胁,实为同母,并非异母,亦不知何故,意者刘氏举证时,或只凭记忆所及,未及复核原文,致有此误。据刘氏所指出之此三事,实为异母同姓,或同母异姓,适皆反证古姓非从母而得。至刘氏之第二证,谓“伏羲之姓为风,女娲之姓亦为风,则以女娲先妣与伏羲之母同出一源”,此说或出臆测,实并无根据。刘氏之证据,只第五、第六较可信。其五云:“《史记·秦本纪》述伯益得姓之始,举女修而不举少皞。”其六云:“两汉皇子多系母姓(如武帝立子据为太子,以母卫氏,故称卫太子),仍沿古代得姓之风。”虽然此两条看似可信,而亦不足为据。《秦本纪》举女修吞卵生大业云云,原为著其出生之神话,一如《殷本纪》之举简狄,《周本纪》之举姜嫄,此固为知有母而不知有父之证,然绝不能谓秦之嬴姓,即由女修而得。《史记》或他书既未明言女修之族即为嬴姓,而嬴姓之为嬴,乃由舜之赐伯益,与女修无涉。若以其举女修即谓为得姓之原,则商人之姓当为狄,周人之姓当为姜,刘氏盖误将“知有母不知有父”与“从母得姓”为一,其实商人、周人、秦人固皆可视为以母为祖,然其姓却并非由母而得。至于两汉皇子多系母姓,如卫太子、史皇孙之类,固可视为古代从母得姓遗制,然在古代未找出证据时,此亦不免为想当然之辞,因其从母姓称,自亦可有别种解释,不必定为古代遗制。

按古代必有一时期行母系制度,固无疑问,但以现在所知之古姓,却并无从母而得者。姓氏之起源,《左传》举有五类,郑樵扩充为三十二类，皆一一有证，而今独难得从母得姓之证。况且即使为母姓，此母姓又从何而得，仍为未决之问题。余意母系制度时代，本无个人观念，未必即有个人所冠之姓，姓氏之应用，必在氏族社会发达、男性势力已发展之时。古代传说黄帝以来各史，已盛行争夺、兼并，私产及阶级制度已俱萌芽，其必已至男性时代无疑，无缘再从母姓。是古姓氏之真正起源，必有其他制度在。

古姓氏既难证明必从母而得，则古姓字之从女，当更与母系制度无涉。按古姓字多数并不从女，如己、酉、祁、滕、箴、任、筍、僖、儇、依等是。其有从女者，亦有今从女而古并不从女。例如姜姓之姜，周秦间书中多从女，而在甲骨文及早期金文中皆作"羗"，并不从女。又如姞姓之姞，《左传》《国语》等书皆从女，然《左传·宣四年》载："石癸曰，吾闻姬姞偶，其子孙必蕃，姞吉人也。"丘光庭云："石癸所言，是论佶之字义，当从人从吉，后代改之从女，安得吉人之语乎?"是"姞"原作"佶"，并不从女。他如妫姓之妫，姒姓之姒，甲骨文中只有"为"或"以"，并无从女之妫或姒。春秋时所存之二十二古姓，其从女者只七姓，除姜、姞，妫、姒外，只有姬、嬴、妘三姓从女，其是否为商以后所加且不论，即使其原从女，要亦为例外，并不能认为有若何意义。

但姜本为羗，姞本为佶，妫本为为，姒本为以，初不从女而后来改从女，究何故呢？余意此必周制而改。周人之俗，男子称氏，女子称姓，必系因姓为女子所称，故从女。此点郑樵亦已言及，郑云："女生为姓，故姓之子多从女……所以为妇人之称，如伯姬、季姬、孟姜、叔姜之类。"此解似较谓"姓从母得故从女"为确。

姓字从女既别有原因，则姓从母得之说，更不足信。如是则古姓氏之起原，究何在乎？余意原始姓字，必当为古代部落之图腾(Totem)。图腾所以表示一部落之产生神话，或为其部落所祀之

“守护神”(Guardian Spirits),其物多为动植诸物,今于北美印第安各部落或澳大利亚各部落,尚可完全见其形式。中国原始各姓字,尚有多数可考见其为动物象形字。此图腾本为该部落之表帜,易词言之,即为该部落共同之“姓”,部落中之各人,即以此为姓,自属当然。若一部落,分化为若干个之其他部落,则必各自又有其图腾,即各又有其姓,如《国语》所谓“黄帝二十五子,别为十二姓”者,显然为部落之分化,因分化,遂各有其图腾,各有其姓。现所知春秋以前之古姓,可确定其为图腾的,尚有数字,如姜姓之姜,本作羌,《说文》云,“羌,西戎羊种也”,甲骨文作,罗振玉亦释为羊,惟郭沫若释为犬形,是必为以羊或犬为图腾的部落之人。又如虞姓之妫,本作为,《说文》云,“母猴也”,惟甲骨文作,罗振玉释为“象手牵象”,是为姓本指一种服象之民族,其必为以象为图腾无疑。又如己姓之己,《说文》作,本象蛇形,甲骨文作,亦蛇形,今两广、云、贵之蜑人,仍祀蛇神,自以为蛇种(见清陆次云之《峒溪纤志》)。他如任姓之任,甲骨文无从人之任字,只有壬,作,郭沫若释为镵之本字,为一种农具。又如姒姓之姒,甲骨文只有以字,作,徐中舒释为古耒耜之耜。此二姓似必为最初从事农业之民族,故以农业工具为图腾。

此外如《论衡》及《帝王世纪》释古姓,谓“夏吞薏苡而生则姓姒氏,商吞燕子而生则姓子氏,周履大人迹则姓姬氏”,此释正为指示部落所自出之神话,是姒当以薏苡为图腾,子当系以燕子为图腾,姬当为以大人迹为图腾,说亦可通。

《礼》云“王者禘其祖之所自出”,恐周以前所禘者,未必尽为“昊天”,必当为各族以为所自出之神话也。

原载《大夏周报》1933年第10卷第5期

《韩非子》中之专制主义

秦代为施行专制政体之第一个时代,此一政体支配中国历史两千余年,遂使短促的秦代历史,不能不特别重视。但此一政体虽初行于秦,然并非创于秦人,其实际乃东周以来封建社会崩溃之当然结果。此中因端不必细论。春秋、战国间列国君主已都或多或少实行集权,惟其间有的因公族过多,世卿过重,政出多门,终不能通行集权,以致衰弱,或为他国所并,或为臣下所代,而有的君主能断然集权的,却都强威一时。秦国的君主早已是最能集权的一个,和同时期的列国较,实在是最进步的。其能统一六国,得力于这种最进步的政体,当然是一大原因。

在这种专制政体的演进中,当时的思想家——诸子百家——有的固然把握不住,而有的却能把握住这种新趋势,盛唱"专制主义"。这并不是说思想家迎合君主,实在是思想上应有的反映。能把这种反映表达出来的,是乃进步的思想家。春秋、战国间这种进步的思想家,断断续续也很多,而最有系统、最透澈的要算韩非子,韩非子实在是两千年专制政体的大功臣!

《韩非子》一书中几乎每篇都是在发挥浓厚的专制主义,我们平常只说韩非是最成功的法家,但是法家这个名称,我以为并不能表见韩非的真正精神。韩非主张的法治,只不过是他所主张的专制主义下的一个论点,法的观念固然也很重要,但并不是他的学说全部。

《史记》列传中说，秦始皇见了他的书，就极慕其为人，谓："嗟乎！寡人得见此人与迹，死不恨矣！"秦始皇所以这样爱慕韩非，正是因为韩非所讲的专制主义，合了秦始皇的需要，并不是喜欢他的法理学，这是应当说破的。

以专制主义看，《韩非子》书中以爱臣、主道、有度、二柄、扬权、八奸、亡征、出守、备内、诡使、六反、八说、五蠹、忠孝、人主等论最为重要，其他内外诸说系杂举事实，证明其说，亦重要，至其他各篇，虽非专发挥此义，然亦隐含其意。大体上此书系统实系一贯的。

韩非的专制理论是怎样的呢？

首先，他很明了封建制度下，贵族、大臣权力过大，君主卑弱，实为乱亡根本。这是个和儒家完全相反的观点，而也和其他各家不同。以现在看来，他的观点当然是正确的。《爱臣篇》说："昔者纣之亡，周之卑，皆从诸侯之博大也；晋之分也，齐之夺也，皆以群臣之太富也；夫燕、宋之所以弑其君者，皆此类也。"战国间秦之强，六国之弱，原因也是在此。《饰邪篇》说："彼法明，则忠臣劝；罚必，则邪臣止。忠劝邪止而地广主尊者，秦是也；群臣朋党比周，以隐正道，行私曲，而地削主卑者，山东是也。"为什么"诸侯博大""群臣太富"了，国家就要扰乱或灭亡呢？《有度篇》说："当今之时，能去私曲就公法者，民安而国治；能去私行行公法者，则兵强而敌弱……"如果不能"去私行""行公法"，那末就是："此亡之本也！若是则群臣废法而行私重，轻公法矣！数至能人之门，不一至主之廷；百虑私家之便，不一图主之国。属数虽多，非所以尊君也；百官虽具，非所以任国也。然则主有人主之名，而实托于群臣之家也。故臣曰：'亡国之廷无人焉'！"这是韩非主张君主专制的根本理论。其意以为君主是代表国家的，是公共的，若群臣不尊君，即是不为公共的国家谋利益，而各顾私利，那就"百官虽具"，都不"任国"，国家的事没人管理，自然非灭亡不可。他提出这个“公法”“私行”的分别，在中国政治思想史上看来，非常重要。因为古代像儒家的学说，把“国”和“家”看成一样的，国、家不分，且以为“齐家”即是“治国”，遂使公共事务和私家事务分不清，把家政既当成国政，国政也当成家政，虽非明白主张以公营私，但以公营私必成当然的结果。儒家的学说完全系保存封建社会的旧有意识，在封建社会，国、家固然不分，但到了国家社会组织都已相当发达的战国时代，实已不能应用。韩非子提出这一点，使人认清了国和家、公共和私人的分别，实在是一大进步。但可惜后来儒家学说复兴，韩非子被人唾骂，遂使中国人对公私的界限永远认不清，讲道理只知道私德，全不知有公德，对国家的财政经济，也当成个人私利一样看，务以清高为尚，不肯讲求，直误尽苍生。韩非子以君主来代表公共的国家，这种见地自不无欠缺，但在当时提出了这个观念，无论如何，是极有价值、极重要的。韩非子既以君主代表公共的国家，要人奉公，故须尊君，结果自然成立了君主专制的理论。《爱臣篇》说：“臣闻千乘之君无备，必有百乘之臣在其侧，以徙其民而倾其国；万乘之君无备，必有千乘之家在其侧，以徙其威而倾其国。是以奸臣蕃息，主道衰亡。是故诸侯之博大，天子之害也；群臣之太富，君主之败也。将相之营主而隆家（原作“管主而隆国家”，依孙诒让校改，营谓营惑），此君人者所外也。万物莫如身之至贵也，位之至尊也，主威之重，主势之隆也。”这是教君主务必保其尊贵的身位，隆重其威胁，勿使大权旁落。又《主道篇》说：“是故人主有五壅：臣闭其主曰壅，臣制财利曰壅，臣擅行令曰壅，臣得行义曰壅，臣得树人曰壅。臣闭其主则主失位，臣制财利则主失德，臣擅行令则主失制，臣得行义则主失名，臣得树人则主失党。此人主之所以独擅也，非人臣之所以得操也。”这是教君主务须独揽大权。但是君主怎样才能永远保持威柄，独揽大权呢？韩非子举出来的“法术”很多，即是教君主专制的方法。其方法大要以明察为主，勿为其臣下所蔽。臣下蒙蔽人主的方法很多，人主必须精密防备，如《八奸》《亡征》《备内》《饰邪》等篇所说的，多是这些防备方法。《八奸篇》说“凡人臣之所道成奸者有八术”，一曰“同床”，谓人臣利用君主所宠爱的女人为奸；二曰“在旁”，谓“优笑侏儒”等因缘为奸，即是后世的宦官之祸；三曰“父兄”，谓君主的宗室、外戚，如后世的外戚之祸；四曰“养殃”，谓君主喜欢宫室狗马，人臣因以为奸；五曰“民萌”，谓人臣用小惠私结民心，以渐离叛；六曰“流行”；七曰“威强”，指战国间的养食客，如孟尝君等结交游士，以自成其势，而不知有君主；八曰“四方”，谓人臣结交邻国，自养势力。如是种种，都是奸术，人主须严为防备。《备内篇》更说，人主对任何人皆不可相信，亲如父子、夫妻都不可过信，因为如果过于相信，人臣即得以乘之而行其私。又如严防朋党，尤为韩非所力言的，大概韩非在韩，即是吃朋党的亏，所以《孤愤篇》都是讲臣下结为朋党，蒙蔽人主，使才智之士不能通达的害处。他防备朋党的方法也很多，主要的如选贤用人时，不要单因臣下的举荐即来录用，因为“若以誉进能，则臣难上而下比周；若以党举官，则民务交而不求于法”（《有度篇》）。这些都是消极的防备方法。至于积极的专制办法，主要的是持“二柄”。《二柄篇》说：“明主之所尊制其臣者，二柄而已矣。二柄者，刑德也。何谓刑德？曰杀戮之谓刑，庆赏之谓德。为人臣者畏诛罚而利庆赏，故人主有用其刑德，则群臣畏其威而归其利矣。故世之奸臣则不然，所恶则能得之其主而罪之，所爱则能得之其主而赏之，今人主非使赏罚之威利出于己也，听其臣而行其赏罚，则一国之人皆畏其臣而易其君，归其臣而去其君矣，此人主失刑德之患也。”其次是守法。《爱臣篇》说：“是故明君之蓄其臣也，尽之以法，质之以备，故不赦死，不宥刑，赦死宥刑，是谓威淫，社稷将危，国家偏威……”韩非对于法的效用，看的极重，这是我们所熟知的，不必细举。《用人篇》说："释法术而任心治，尧不能正一国……使中主守法术，拙匠执规矩尺寸，则万不失矣。君人者则去贤巧之所不能，守中拙之所万不失，则人力尽而功名立……"《有度篇》说："故以法治国，举措而已矣。法不阿贵，绳不挠曲，法之所加，智者弗能辞，勇者弗敢争，刑过不避大臣，赏善不遗匹夫。故矫上之失，诘下之邪，治乱决缪，绌羡齐非，一民之轨，莫如法。"韩非所以把法看的这样重，正是他的专制主义当然的结果，因为法实在是君主的威柄之柄，如果把这柄去掉，君主就无法施其威，也就不能专制。所以要达到专制主义的目的，那就非重法不可了。

如上所述，韩非子显然是两千年来专制政体的理论建设者，无怪乎秦始皇要喜欢他。但是我们更须注意，韩非子所建设的专制主义，却并不是后世秦汉以来所行的专制主义。韩非子虽然主张尊君，要君主大权独揽，但韩非子的专制主义，却又不是君主独裁，绝对的君主专制。他的本意，乃是把君主看成政治上公共的代表者，所谓君主，乃是国家，而不是君主个人。所以他所谓专制，真正说来，乃是国家专制，而不是君主个人专制。因此他的理论，实际上又和后世的君主专制，绝不相同。

为什么这样讲呢？因为韩非子所谓专制，乃是君主根据一种法，来统治臣下，统治人民。根据法来专制，君主事实上等于无为，即是并不是要君主自己来专制，而实是用法来专制罢了。所以韩非子所谓大权独揽的君主，实际上是个完全"无为"的君主，这正是他所以长于解老、喻老的地方。《主道篇》说："道者万物之始，是非之纪也。是以明君守始以知万物之源，治纪以知善败之端，故虚静以待令，令名自命也，令事自定也。虚则知实之情，静则知动者正。有言者自为名，有事者自为形，形名参同，君乃无事……"又说："人主之道，静退以为宝,不自操事而知拙与巧,不自计虑而知福与咎,是以不言而善应,不约而善增。言已应则执其契,事已增则操其符。符契之所合,赏罚之所生也。故群臣陈其言,君以其言授其事,事以责其功。功当其事,事当其言,则赏;功不当其事,事不当其言,则诛。明君之道,臣不得陈言而不当。是故明君之行赏也,暖乎如时雨,百姓利其泽;其行罚也,畏乎如雷霆,神圣不能解也。故明君无偷赏,无赦罚……""明君无偷赏,无赦罚",即是君主不能以私意行赏罚,而必当于法,事事当于法,"君乃无事",自然是无为而治了。另外《有度篇》说:"故明主使法择人,不自举也,使法量功,不自度也……故有口不以私言,有目不以私视……"这就是说,不惟臣下不能有私,即君主,亦不能有私。这可见韩非所谓行专制的君主,是什么样的性质了。另外如《扬权》一篇,语微言隐,其实乃全讲君主无为而任法专制的理论,在其书中极为重要,如说:"圣人之道,去智与巧。智巧不去,难以为常。民人用之,其身多殃;主上用之,其国危亡……""去智与巧"也是要君主去私意而一任法治的意思。

所以我们看韩非的专制主义,乃是把国家完全看成公共的主体,立好公共的法来治理。代表这个主体和执行这个法的虽是君主,然而君主也并不应以私意改易公共的法。这样看来,君主不过是虚位,真正治国的完全是法,那末所谓专制,实是以法来专制,而不是君主专制。这种理论,直近于近世所谓君主立宪政体,而不是绝对的君主专制了。韩非子学说所以不为后世专制君主所喜,而且终不免被秦始皇所杀的,恐怕就在这一点,但是韩非子学说的伟大,也正在这一点了!

原载《大夏周报》1936 年第 1 卷第 1 期

景亳考兼论《商颂》年代

商人兴于东土之说，初发于王静安先生，近年殆已成定论。然细加推考，商人是否东土民族，其所涉及之问题尚多，殊难认为悉已解决。所谓"兴于东土"，亦不过谓商自成汤以来，或远推至契以来，其政治、文物所自出之都邑，皆在东方而已。然其兴起之都邑虽在东方，而在其兴起以前，其民族之原始居地，究在东土，抑在西土，殊难遽定。换言之，即商人究为西方民族，抑为东方民族，尚为未决之问题也——此点今姑不论。

即以商人兴起以来之都邑而言，自契至汤之八迁，汤以后之五迁，大体已经静安先生考定，谓皆在河济之间。惟古地理甚难确实，故对静安先生之说，近人加以改订者甚多。八九年前，余亦略有所陈述（《商人自契至汤八迁重考及商民族与于东土驳议》，载《东方杂志》第三十卷第十九号）。该文虽无当处，然对"商丘"地望，余从《世本》及贾逵说，定为今之濮阳，颇不以静安先生所据之杜预说为然（杜预以宋、商、商丘三名一地，谓即今商丘县）。濮阳为颛顼故都，故名"帝丘"，丁山先生疑《世本》"相徙商丘，本颛顼之虚"之商丘，为帝丘之误（见《由三代都邑论其民族文化》，载《历史语言研究所集刊》第五本第一卷）。虽有可能，然并贾逵说"商丘在漳南"观之，其是否误字，仍难遽定，故此点迄今仍未敢放弃。

惟"汤居亳"之亳，在《自契至汤八迁重考》一文中，余亦疑静安先生所据臣瓒山阳薄县之说。然自清以来各家，除江慎修、俞正燮、朱右曾等外，其他悉主山阳之薄或谷熟之亳（皆在今商丘县附近），惟金鹗调和其间，谓“汤未灭桀之先始居谷熟，及灭桀之后乃迁居偃师”（《求古斋礼说·汤都考》），余疑而未定，因暂从偃师之说，然以无新证，终疑未安。此问题郁结有年，近偶读《路史》，因有所悟，急加推考，始知商汤始基之亳，仍在安阳殷虚与濮阳商丘之间，其前后迁徙，实皆不出禹河“东过洛汭”以后，“至于大伾”之左右数百里内，故《诗·商颂》谓“景员维河，殷受命咸宜”，明殷受命之地大河环之。偃师之亳固为后起，而山阳之薄与谷熟之亳，距河过远，尤不足以当之。因特为此文，以补前说之不足，兼供同好商榷。自抗战以来，吾辈不能执干戈以卫社稷，而并笔亦不执，则将无以自解，故于此烽火连天之日，为此毫无一用之文，亦聊以自解耳！

按古地以亳名者甚多，而汤都之亳，自汉以来亦有四说：谓亳在京兆杜陵之亳亭者（今陕西长安县南），《史记集解》引徐广说，乃引伸太史公《六国表序》而为说者也；谓亳在偃师者，始于《汉书·地理志》，而郑玄又主之者也；谓亳在谷熟者（今河南商丘县东南），皇甫谧说所谓南亳也；谓亳在山阳郡之薄县者（今商丘县北与山东曹县南），《汉书·地理志》臣瓒注也。而皇甫谧又有三亳之说：蒙为北亳（蒙晋之蒙县，即汉山阳郡薄县），谷熟为南亳，偃师为西亳（《书正义》引），故《括地志》调和之，谓三处之亳，汤皆曾居之（《史记·殷本纪》《正义》引）。自唐以来说汤都者，皆不外周旋于此四亳之间。

“汤居亳”之亳，究在何处？在纷纭莫决之千载下，自非另有极充足之佐证，不能取定，绝不能单以汉晋间任何一人之说为可信而定之也。考四家立说之初，原甚简略，并未举出其理由。太史公谓收功实者常于西北，汤起于亳亦其一，然未说明其事实；《汉志》于偃师下直云汤都；臣瓒于薄县下直注云汤都，亦皆无他说；惟杜预、皇甫谧及《汉志》偃师下臣瓒注，始各以汤亭、汤冢等实其说，然古帝王遗迹处处有之，殊难为证，且正如颜师古驳论："刘向云，殷汤无葬处，安得汤冢乎？"故此等论据，皆难取信。虽汉人去古未远，立说皆当有所凭藉，然吾人不知，若无其他事实证据，自不应单以人言为信也。

故吾人今日欲知汤都之所在，必须搜集更古之事实，而不能单以汉晋间任何一人之言为依归。就事实论，则吾人首先可以断言者，即汤必曾居于景亳，且其地必为成汤始基之所，当无可疑也。

按《左传·昭公四年》，椒举谓楚灵王曰："夏启有钧台之享，商汤有景亳之命。"《汲冢古文》亦云："帝癸二十八年，昆吾氏伐商，商曾诸侯于景亳，遂征韦，商师取韦，遂征顾。"此正合于《商颂》所谓"韦颖既伐，昆吾夏桀"之次序。是成汤实初兴于景亳，然后用兵四方。此景亳之地，即使非汤永远之都城，而其初兴时必都于此，要无可疑。此景亳之地何在？倘能指实，则汤都之所在自可迎刃而解。

景亳之地何在？历来说者亦不一。皇甫谧以为即其所谓北亳，云："蒙为北亳，即景亳，汤所受命。"《水经注》亦云："汳水又迳大蒙城北，疑即蒙薄也。所谓景薄，为北薄矣，椒举曰成汤有景亳之命者也。"《括地志》因之，曰："宋州，北五十里大蒙城为景亳，汤所盟地，因景山为名。"此一说也。曹植《洛神赋》"迳通谷，陵景山"，李善注《引河南郡图经》曰："景山在缑氏县南七里。"《隋书·地理志》亦云河南郡缑氏有景山。缑氏即今河南偃师县，故江慎修《春秋地理考实》曰："今河南府偃师县南二十里有景山，《商颂》陟彼景山即此。《史记正义》曰，汤即位徙西亳，即偃师，景亳当在偃师为是。"陈奂诗《毛氏传疏》亦曰："考今河南偃师县有缑氏城，县南二十里有景山，即此诗之景山也。昭四年《左传》云，商汤有景亳之命，盖亳汤都名，而亳有景山，亦称景亳。"此又一说也。

按景亳之称，释者皆谓因景山而得名，即《诗·商颂》所谓"陟彼景山"之景山。此名称之起源，是否如此简单，当于下文详论，然景山与景亳，要必有其关系，自无可疑。《商颂》之"景山"，《毛传》《郑笺》皆不以为山名，而训景为大，仅泛指大山。罗泌《路史》非之曰："疏云，景山大山，误矣。商有景亳之命，而卫诗亦言景山，商之山也。"其说是矣。《毛传》之作者，对地理本甚疏阔，训"鬼方"为"远方"，释"艽野"为"荒野"，于韦、顾、昆吾等国，仅云"有韦国者，有顾国者，有昆吾国者"，皆不能指其地望，其以景山为大山，正如以鬼方为远方，同一不经，俱不足为据。近世只陈启源之《毛诗稽古编》推崇《毛传》，谓其释景山为大山，"良有见也"，且以后世所言之景山，皆属附会。虽然他处之景山，或可云附会，若《鄘风·定之方中》云："升彼虚矣，以望楚矣，望楚兴堂，景山与京。""楚"即楚丘，是楚丘附近，明有景山，固不可云附会也。

故吾人欲定景亳地望，宜先定景山所在，欲知景山所在，则《鄘风》固已明言之，不须他求。《鄘风·定之方中》之诗，序谓"美卫文公也"，"卫为狄所灭，东徙渡河，野处漕邑，齐桓公攘戎狄而封之，文公徙居楚丘，始建城市而营宫室"。《诗序》说诗本事，本多不可靠，然就此诗之内容观之，其为卫人卜居楚丘之诗，当无可疑。按春秋有两楚丘，《左氏·隐七年传》"戎伐凡伯于楚丘以归"，此楚丘在今山东曹县东南五十里，本春秋时戎州己氏之邑，汉为己氏县，隋以来改为楚丘县，此与《定之方中》所望之楚丘无关。其次，《僖二年传》"诸侯城楚丘而封卫焉"，此楚丘为春秋时卫邑（杜预注两楚丘皆卫邑，实误，详江永《春秋地理考实》）。朱子《诗集注》云"楚丘在滑州"，其地当今河南滑县东六十里。当时卫为狄所灭，卫戴公初庐于漕，漕在今滑县南二十里，及文公立，诸侯为之城楚丘而徙都之。《定之方中》之作者，即在漕升虚以东望楚丘，相隔只数十里，故能望见楚丘之景山，因云然也（《水经注》：黄沟枝流北迳景山东，卫诗所谓景山与京者也，又北迳楚丘城西。《寰宇记》：景山在澶州卫南县东南三里。卫南县即《水经注》之楚丘城，其景山皆指鄘诗之景山）。

景山既在滑县东六十里之楚丘，则《商颂》"松柏丸丸"之景山，自亦为此山，绝无可疑。因卫之封土，本为"河淇间故商虚"（《史记·卫世家》），卫与商既属一地，则卫人所称道之景山，与商人所称道之景山，自应为一非二。如是，《商颂》殷武所陟之景山，自亦在今滑县东六十里也。

《商颂》所言之景山既明，则景亳者，不论其是否因景山而得名，但同为商人之名胜故迹，且一山一地同以"景"名，自必有其相当关系可知，故景亳所在，亦应于今滑县附近求之，当无大误。惟古地以亳名者多矣，然从未有人指今滑县附近有地名亳者，此则非加以较详之考查不可。

按今滑县附近，应有亳地，称为"景亳"，为成汤初兴时之都邑，即椒举所谓"汤有景亳之命"之地，兹有数证，分述如下：

第一，《吕氏春秋·审应览》曰："汤尝约于郼薄矣。"所谓"约于郼薄"，与武王穷于毕裎、伊尹居于庖厨、太公隐钓鱼并举，明郼薄为汤潜龙之地，为其兴起以前所居。薄即亳，不待详论（高诱注曰薄或作亳）。此郼薄在何处？按吕氏《慎大览》又曰："汤立为天子，夏民大说，如得慈亲，朝不易位，农不去畴，商不变肆，亲郼如夏。"此"亲郼如夏"，高诱注曰："郼读如衣，今兖州人谓殷氏皆曰衣，言桀民亲殷如夏氏也。"毕沅校注更举《书·武成》"殪戎殷"，《中庸》作"壹戎衣"为证，明殷、衣、郼皆一声之转，同为商人之称。殷商之称郼称衣，宋罗泌（《路史》）、明杨慎（《全集》卷六十三）已俱发之。是郼薄者，即殷亳也。此郼薄即殷亳果何在乎？要当不出两地，而皆可谓在今滑县附近。就殷论，则今安阳县附近本"殷虚"，即《汉书·项羽传》之"洹水南殷虚",为今龟甲、兽骨出土地,实盘庚徙殷之殷,近人论者已多,不烦再论。就郼论,则今滑县东南五十里有韦津,《后汉书·郡国志》作"韦乡",即《国语》所谓"豕韦诸稽则商灭之矣"之"豕韦国",《通典》云"滑州韦城县古豕韦国"者也(《明一统志》:废韦城县在滑县东南五十里)。是郼薄或殷亳之所在,就其所冠之地名而言,北不出今滑县以北百余里之安阳一带,南不出今滑县东南五十里之韦乡也。

按殷与郼既为一声之转,"亲殷如夏",可作"亲郼如夏",则"殷虚"应亦可作"郼虚","韦乡"当亦可作"殷乡",而"豕韦"亦可作"豕殷"。由此推之,则殷、郼之称,应非一特定都邑之名,意者,北起洹水,南迄韦乡,在今滑县周围数百里内,包括所谓"河淇之间"在内,当悉名为"殷"。此区域内,有一都邑,名"亳",为商汤未兴以前之居地,故《吕氏春秋》称之为郼薄,亦即殷亳。而商人亦恒称为殷人者,因其人向居于此土以内,即《商颂·玄鸟》所谓"宅殷土茫茫"者也。如此,则殷土有亳,即今滑县附近有亳,可无疑也(《逸周书·作雒解》:俾康叔宇于殷,明康叔封地即殷土)。

第二,《书序》称,"自契至汤八迁,汤始居亳,从先王居",是汤所居之亳,为其先王故居也。此"先王"从来说者(除俞正燮外)皆谓指帝喾,证以甲骨文殷人所祀先王有帝喾,当无疑问。然帝喾居地何在?说者皆未能确指。其主汤都在偃师者,即谓帝喾居偃师,主汤都在谷熟者,亦谓帝喾居谷熟,而皆无其他佐证。今按《史记集解》引《皇览》曰:"帝喾冢在东郡濮阳顿丘城南,亳阴野中。"《水经·淇水注》亦曰:"淇水又东北迳雍榆城南(胡渭曰:雍榆故城在今浚县西南),又东北迳同山东,又北迳其城东,东北迳帝喾冢西。"《元和郡县志》亦曰:"帝喾陵在澶州顿丘北三十里。"(又顿丘附近有秋山,《山海经》曰:帝喾所葬)按古帝王冢墓,各书所记往往不一,几于到赴皆有，独帝喾冢自《皇览》以下，皆谓在顿丘，无异辞。顿丘为春秋卫邑，在今浚县城西（杨守敬图，在浚县城西北，古大河东岸。此与后魏以来顿丘县不同，后魏及隋顿丘县在今清丰县西南）。帝喾冢墓既在此，则其生时居地，自不能离此甚远，自不能西在偃师，南在谷熟，而死后反葬于远在数百里外之顿丘也。且据《皇览》所记，帝喾葬处附近之地正名“亳”（今本《史记集解》，亳误作台）。是作为成汤先王之帝喾故居，与成汤所从居之亳，在古之顿丘南，即今滑县以北之浚县地，又可知也。

当汤从其先王故居，始居于亳之时，自在其兴起以前，是则《吕氏春秋》所称“汤尝约于郼薄”之亳，必为顿丘城南之亳，亦可知矣。

第三，《商颂·玄鸟》曰：“景员维河，殷受命咸宜，百禄是何。”明殷人受命初兴之时，其所居为“景员维河”之地。《商颂》之作者，指示殷人兴起之地原甚明晰，不料此“景员维河”一语，乃为后世注疏家所误，直成一不可了解之语句。据《毛传》训“景”为“大”，训“员”为“均”，意谓来朝于殷之诸侯皆云“殷王之政甚大均矣，维如河之润物然”（孔疏文）。此释已甚勉强，乃郑笺更训“员”为“云”，改“河”作“何”，意谓“诸侯大至，所云维言何乎”（孔疏文），直成一文理不通之语。孔疏亦知费解，故下文又释之曰：“所云维言何乎？将故述其美殷之言，故开其问端也。”综其所释，将郑笺意译作语体文，乃谓“诸侯们来朝的很多（释上文‘四海来假，来假祁祁’二语），都大声的在讲话，讲些什么呢”，如此而已。然细察诗意，绝无来朝诸侯大声讲话之意，诗不过铺张其先世功德，述其盛况，得意之余，乃赞美其所居“景员维河”之地，能造福于殷，使“殷受命咸宜，百禄是何”也（何通荷）。清人治诗者，多宗《毛传》，大抵不脱“景大员均”之训（马瑞辰《毛诗传笺通释》，以景为东西为广之广，员为南北为运之运，河从王肃说指河水，意谓商家所居，四面皆河，说较长），独宋人如朱子《诗集注》、王应麟《诗地理考》与宋学者王船山《诗经稗疏》,始谓"景"即"景山"。朱子曰:"景,山名,商所都也,《春秋传》曰商汤有景亳之命;员与幅陨意同,盖言周也;维河,大河也,言景山四周皆大河也。"至王船山,除以景为景山外,更以员亦为地名,谓"员盖春秋曾卫宋于郧之郧",郧地从杜预说,谓在广陵之发阳,景山从李善《文选注》,谓在缑氏县南,因谓"自缑氏抵发阳方千里,商之邦畿千里于此见矣"。按朱、王以景为景山,是也,然不在偃师,应在滑县东,已见前;王以员为地名,或有可能,然绝非郧,郧离河过远,不得言"维河"也。

余意"景员维河"之"景",释作景山固是,然或应读作《考工记》"匠人为规识日出之景与日入之景"之"景"(同影),与殷、衣、郼等亦为同声字。员,应如朱注,"与幅陨意同"。故"景员维河",实即"殷城维河"也,明茫茫殷土,正以大河为中心,故殷人屡次迁都,皆不离大河左右也。且景山,亦应即"殷山",殷土无其他名山,或即以此山为望。若如是,则景亳,亦即"殷亳",亦即"郼薄"矣。凡景员、景山、景亳,皆不外因其地在殷土而名之也。如"景员维河",必如朱注所言,谓"景山四周皆大河",则无论景山在偃师或滑县东,皆一面临河而绝不能四周皆河也;若谓在蒙县,更无论矣!

如上所论不误,则景亳所在,除《吕氏春秋》所称之郼薄与顿丘城南之亳外,绝无他处可指。盖山阳之薄与谷熟之亳,皆距河甚远,不足以当"景员维河"之区。而偃师之亳,虽有汤亭,有景山,且有河,然从无殷名,其称为殷者,不过因"盘庚迁殷"之文,说者误于《史记》盘庚"遂涉河南治亳"一语,遂强以殷名冠之,然其他书传中从未称偃师附近为殷也。

第四,《书序》又称,"盘庚五迁,将治亳殷"。此"亳殷"一名,若如吾人所论,自甚易解。不意后世说经者,既未明于黎阳大伾之古河左右本名殷土，更未详察殷土区域，原有亳邑，乃以亳殷之称，书不经见，遂加曲解。《尚书正义》载束晰之言曰“孔子壁中《尚书》作将始宅殷”，与古文不同。案束晰此言，本极离奇，而王静安先生乃信之，谓“束广微当晋初，未经永嘉之乱，或孔壁原文尚存秘府，所说殆不虚。且亳殷二字，未见古籍”云云。按孔疏驳束晰之文，固不尽是，而静安先生为束晰辩护，亦未见妥。盖孔壁古文，至晋尚存秘府，束晰既能见之，则东汉以来，马、郑即使未见，而其他治古文书者，何以竟无一人见之，乃使今文、古文同承其谬？且《盘庚》三篇，固真今文书也，而“心腹肾肠”之字，古文、今文并有异文，同行流传（夏侯等书作优肾阳，魏晋间人引作优贤扬，乃郑康成原读），使“治亳殷”有“始宅殷”之异，何待束晰始能知之？余谓束晰盖亦以“亳殷二字，未见古籍”，不得其解，乃以意改之而托之壁书耳！

亳殷者，《史记集解》引郑玄曰：“治于亳之殷地，商家自此徙而改号曰殷亳。”按亳为邑名，殷为地名，殷亳者，殷地之亳，而亳殷者，乃指亳邑附近之殷地言。成汤本都殷亳，即景亳或鄗薄，及仲丁始去亳而迁于嚣（《史记》作隞）。仲丁迁嚣，河亶甲居相，祖乙迁耿（《史记》作邢），耿圮又迁庇（见《纪年》），南庚迁奄（见《纪年》），愈迁而离其故居殷土愈远。及盘庚立，似始决意复归其祖先故都，即亳邑附近之殷土区域，故称“亳殷”。郑玄所谓“治于亳之殷地”，明其所重在殷地而非必亳邑，故其结果乃在洹水南岸择得新邑。此新邑所在之殷土，乃其先人故土，为成汤建都之地，故《史记》谓盘庚“复居成汤之故居”，而《书·盘庚》下篇亦有“复我高祖”之言，金鹗曰“高祖谓成汤，是成汤曾居殷也”（《求古斋礼说·汤都考》）。夫“成汤曾居殷”，就本文所论，固已不成问题，殷即“殷土茫茫”之殷，非必蕞尔一邑之安阳小屯村也。近人论殷虚者多矣，自静安先生以来，人已尽知盘庚所迁之殷，即洹水南之殷虚，然静安先生又必谓汤都之亳，乃山阳之薄。若如是，则亳南而殷北，相隔千里而遥，盘庚何以能谓"复居成汤之故居"乎？

第五，盘庚徙殷以后，《汲郡古文》谓："至纣之灭，二百七十三年，更不徙都。"但《国语·楚语》曰："昔武丁能耸其德，至于神明，以入于河，自河徂亳。"就此观察，则不仅武丁复归于亳，且"以入于河"一语，明系自他处入居河内，若仍在盘庚故居，自不得谓先入河而后自河徂亳也。《伪古文·说命下篇》记武语云："既乃遁于荒野，入宅于河，自河徂亳。"《说命》固未必可信，然武丁先"入宅于河"，而后徂亳，适可与《楚语》相印证。意者武丁以前，盘庚以后，小辛、小乙之世，或曾离盘庚之殷而迁于河外，及武丁初年，始再入宅于河欤？按《史记》称，"帝盘庚崩，弟小辛立，殷复衰，百姓思盘庚，乃作《盘庚》三篇"。小辛之世，殷民思盘庚固可，盘庚应不乏其他善政可思，而所作《盘庚》三篇，乃全述其迁徙之事，则或因小辛又行迁徙，殷民不愿，而小辛不能如盘庚之委婉劝告，故致民思盘庚而述其事，此事未必无可能也。总之，武丁必自河外复居河内，后又自河徂亳，其所都之亳，亦必为汤都之景亳、郼薄，故至其子祖庚时立庙祀之，得"陟彼景山"而取其材也。

武丁徙亳后，《史记》称，"帝武乙立，殷复去亳，徙河北"。又王应麟《诗地理考》，引《帝王世纪》曰："帝乙徙朝歌。"是武乙、帝乙两代，复往来迁徙于大河以内，帝乙都朝歌后，至纣而亡。于此有一大事，即《周语》云"河竭而商亡"。夫"景员维河"，河为殷土主川，商人极重之，故河之竭可为商亡征象。河之竭，非真竭也，乃东徙也。古大河出宿胥口（今浚县西南）北上，经大伾山西，然后"北过降水，至于大陆"。及后东徙，始不出宿胥口，而经今滑县、浚县间东出。此东徙时期，清胡渭据《汉书·沟洫志》所记王横言，谓在周定王五年，所谓禹河第一次徙流也。今若据《周语》"河竭而商亡"观察，则或者禹河在商末已徙，并不待周定王时欤？

第六，《左传·昭九年》，周景王谓晋人曰："及武王克商，肃慎燕亳，吾北土也。"此国初之北土，肃慎所在，或犹可解，而燕亳之亳，究指何地，绝无说者。盖亳地虽多，而在大河以北，包括今河南北部及河北、山西二省境内，竟无一亳。今若明椒举所称之景亳，与《吕氏春秋》所谓之郼薄，意即景土、郼土或殷土之亳，亦即《皇览》所称顿丘城南之亳，则周初北土所有肃慎燕亳之亳，自可了然确有其地，盖武王克商后，殷土区域皆已属其范围，景亳之地，自为其北土也。

至于燕亳之"燕"，释者向以为即姞姓之"南燕"。按释南燕固是，然余意燕之与殷与景，若衣与郼，亦属一声之转。南燕在今河南汲县、延津间，而清丰附近又有东燕，是殷土附近多有以燕名国者，则燕亦殷也。按殷人相传以燕子而生，《商颂·玄鸟》："天命玄鸟，降而生商。"释文曰："玄鸟，燕也。"是燕为殷人神话上之祖先，燕地之得名，即由燕子，《路史·国名纪》曰："燕之分，以燕而名"，则殷者燕也。燕之与殷，孰为本名，虽不可知，或因崇奉神话上之燕，转而为"殷"以称地，别为"景"与"郼"以称邑称山，而兖州之人又呼其人为"衣"欤？

又按卫康叔之封地，本即殷土，而卫之名甚古，《逸周书·作雒解》："武王克殷，乃立王子禄父，俾守商祀。建管叔于东。"注云："东为卫，盖管叔监于朝歌城东，古卫国之地。"《世俘解》亦曰："甲申百弇以虎贲誓命，伐卫，告以馘俘。"按卫即韦，朝歌城东今滑县东南即古韦国地，韦即殷，则卫亦殷矣。

第七，综上所论，则商人初兴时之根据地及成汤之都邑，皆已明了，兹再以汤之用兵方略证之。按《诗·商颂》："韦顾既伐，昆吾夏桀。"《汲郡古文》云："帝癸二十八年，商师取韦，二十九年取顾，三十年征昆吾，三十一年商自陑征夏邑，克昆吾，大雷雨，战于鸣条，夏师败绩。”韦国在今滑县东南五十里，顾国在今山东范县东南五十里。夏桀二十八年，昆吾氏连合韦、顾等国伐商，汤乃会诸侯于景亳（皆见《纪年》），所谓“商汤有景亳之命”者也。在此以前，成汤或时受韦、顾、昆吾等国之侵扰，故《吕氏春秋》有“汤尝约于郼薄”之语。及景亳之命既立，乃南下灭韦，次年东向灭顾。昆吾氏本居今濮阳一带，是时已迁于今之许昌（从金鹗说）。夏桀三十年，汤乃益南下征昆吾，昆吾与夏桀连兵，共拒于今河南陈留县附近（《诗》郑笺云，汤先伐韦、顾，昆吾、夏桀则同时诛也。故知昆吾与夏桀连兵）。三十一年大战于鸣条（在今陈留县西北九十里，金鹗说），夏师大败，昆吾氏依桀，东逃抵三朡国（今山东定陶县），汤“遂伐三朡，俘厥宝玉”。

似此，汤以古顿丘城南之景亳为根据，南下用兵，经略诸国，事甚明白。金鹗为《桀都安邑辨》，述汤与昆吾、夏桀战事形势甚悉，然亦误于皇甫谧说，谓当时汤之都城在谷熟，与王静安先生从臣瓒说，主在山阳薄县者，只北亳、南亳之差，相距不过数十里。然不思桀与昆吾败后，同奔三朡，三朡在今定陶，南距曹县极近，使商汤之根据地果在北亳或南亳，则夏桀与昆吾岂非自投罗网，投入商人之根据地乎？绝无是理也。若如本文所论，汤都之景亳，本在今浚县，其时汤之大敌昆吾、夏桀，皆在西南，对东南之定陶一带，未遑顾及，而昆吾氏之同族，彭姓、曹姓、妘姓诸国，大都分布于其附近，故昆吾、夏桀兵败后，不南之荆蛮而东逃，宜矣。

第八，景亳之地既明，然仍有须申言者。其一，历来所以必从皇甫谧说，主汤都世其所谓北亳或南亳者，有一重要原因：《孟子》称“汤居亳，与葛为邻”，《书·仲虺之诰》亦有“葛伯仇饷”之说。此葛伯所在，皇甫谧谓在今商丘附近之宁陵县，《尚书正义》详引其说，谓亳若在偃师，何得与葛为邻云云。历来说者皆为此说所迷，诚如俞正燮言：“寻此事惑乱经义，俱由于谧！”盖事实也。按皇甫谧指葛在梁国宁陵，不过因其地有葛乡，何尝有其他事实佐证？若以古地有葛名，即可指为葛国，则古地以葛名者亦多，若河北安新县之葛乡城，肥乡县西南之葛蘖城，山西垣曲县西南之葛城，皆见于战国，何尝不可悉以当古之葛国？倘使汤都之亳，必随葛国之决定为转移，则俞正燮固谓亳在垣曲也。不思汤之初兴尚为一七十里之小国，葛更不如，倘使商不建国，殷商之称固不能有，即所谓亳者，亦必早湮没无闻矣！以一荒唐小国之葛，因汤而传其名已幸矣，乃欲更求其地而实之，过矣！若如是其琐屑，则泰山七十二代之君，东土五十被灭之国，皆不应无闻矣（《路史》不从皇甫谧说，云河南修武有葛伯城、葛伯墓，引《九域志》云，汤始征者）。

其二，王静安先生证汤都之亳在薄县，另一重要理由，举《左氏·哀十四年传》："桓魋请以鞍易薄，景公曰不可，薄宗邑也。"此薄即山阳之薄，宋景公谓为"宗邑"，"尤足证其为汤所都"。此说诚可信，虽然孤证也。按卫康叔之封，《史记》谓其"居于河淇间故商虚"，卫地诚商虚也。而微子之封于宋，《史记》只曰"使奉其先祀，国于宋"，不言其为商虚也。夫使如静安先生之说，契之始封于商，即今商丘，"相土因之"之商丘，亦今商丘，而汤先都谷熟，后徙北亳，亦今商丘，是今之商丘与商人之关系如此其密，微子之宋，亦今商丘也，而《史记》竟略不及之？且契封于商，其名古已著矣，《史记》不以"商虚"锡此，而乃加于仅为商末两代亡国之君所都之朝歌，亦不可解也。究其实，微子立国之宋，只名宋，从无商名，契封之商非在此，阏伯居之与"相土因之"之商丘，亦非此，而汤初之都尤不在此。静安先生盖误于杜预宋、商、商丘三名一地之说，而不悟其突兀也。

虽然，微子之宋固无商名，而其附近地有薄名，则春秋以来已如是，非始于皇甫谧及臣瓒，且蒙亳有宗邑之称，尤应与宋人祖先有关，不似杜预之突兀，此何故欤？曰，古地以亳以薄名者极多，不得谓汤一一皆都之，山阳之薄虽有宋宗邑之称，然宗邑何以必其为汤都乎？使宋人之宗庙在此，亦宗邑也，使宋景公之祖先陵墓在此，亦宗邑也，使微子初建都于此，后立宋都，则亦宗邑也，何以必为汤都？若谓必须汤都始得称宗邑，请举其说。

其三，《史记》载汤既胜夏，还亳，作《汤诰》，有曰："东为江，北为济，西为河，南为淮，四渎已修，万氏乃有居。"据此则汤都之四境，至为明显，而此四境非山阳之薄，莫能当之，又何故欤？曰《史记》此段所引《汤诰》，极为可疑。按伏生所传二十八篇之《书》，无《汤诰》，郑康成注《书》，有其目而无其文，即在马融所谓"逸十六篇"中也；东晋晚出之今本《尚书》有《汤诰》，而与《史记》所引全不同，则《史记》所引《汤诰》何自来乎？《汉书·儒林传》称，马迁尝从孔安国问故，是由安国处得见真古文，容或可能。然马迁从安国问故之说，近安崔觯甫已极疑之(《史记探源》)，即使实有其事，然兒宽传欧阳氏之学，宽又受业孔安国，则马迁所闻于安国之《汤诰》，兒宽究何以未闻之？东汉欧阳之学极行，使其闻之，何以竟无传者？且安国之书，尝授都尉朝，朝授胶东庸生，又传于其家，其子孙更应有闻者，乃其孙孔霸，曾事大夏侯胜，亦皆无传《汤诰》者。则《史记》所引《汤诰》，非史公误引，亦必由类于张霸之人窜入，绝不能引以为据也。王静安先生信为大家，《说亳》三证，而并不引此习见之文以为四也。近人宗静安先生者，反喜引此文以证静安先生之说，岂以静安先生未读《史记》乎？

景亳之地既明，而于此乃另引起一问题，吾人不能不附带提及之。

按时《商颂》五篇，究作于何时，今古文家争论莫决。就古文说，则谓"微子至于戴公，其间礼坏乐废，有正考父者，得《商颂》十二篇于周之太师"，是谓《商颂》作于商代，惟至正考父时(宋戴公时人)，始得于周太师而传于宋。此《毛诗序》之说，宗之者更引《国语》为证，《鲁语》记闵马父之言曰："昔正考父校商之名《颂》十二篇于周太史。"说者谓"校"为"考校"，宋本有其《颂》而残缺不全，乃考校于周太师（马瑞辰说），此皆谓《颂》作于商代也。

就今文说，则《史记·宋世家》云："宋襄公之时，修仁行义，欲为盟主，其大夫正考父美之，故追道契、汤、高宗殷所以兴，作《商颂》。"此谓《商颂》作于宋襄公时，乃美襄公之作。《史记》此文有小误，据《左传》，正考父乃戴公时人，不及事襄公，乃追美襄公也。《史记》引《诗》多《鲁诗》说，则今文家谓《颂》作于正考父，非商诗也。又《后汉书·曹褒传》注引《韩诗薛君章句》曰："正考父孔子之先也，作《商颂》十二篇。"是今文家之《韩诗》亦同鲁说。又《礼记·乐记》："肆直而慈爱者宜歌商。"郑康成注云："商宋诗也。"郑君注礼多用《韩诗》说，故亦谓《商颂》为宋诗。此书谓《颂》作于宋而非商代也。

及宋人说诗，力反毛公，今文家之说因以盛行，至清代今古文之争复起，《商颂》之时代问题，复争论不已。其代表今文家而反对古文说者，莫详于魏源之《诗古微》，魏氏曾举十三证，以反驳《商颂》作于商代之说。最近王静安先生亦有《说商颂》上下两篇，以考其作成之时代。王先生固不参加今古文之争，于今古文说皆不作左右袒，纯以现代眼光观察，谓《商颂》既非商代作品，然亦非正考父之作，乃"宗周中叶宋人所作，以祀其先王，正考父献之于周太史"（《说商颂》下），盖王先生释《国语》"正考父校商之名颂"之"校"为"献"，故谓献于周太史也。

此《商颂》之时代问题，本与本文无关，然就本文观察所及，则《商颂·殷武》"陟彼景山"之景山，与《玄鸟》"景员维河"之"景"及其所表示之区域，皆应在今安阳以南与滑县以北之区域以内。"景员维河"所指示之地域范围，固不得在离河甚远之今商丘县也。使此说小误，则《商颂》之作者，明在“景员维河”之地，“陟彼”滑县以东之景山，取材以造宗庙，其为商代之商人，而非春秋时之宋人，甚显然也。

按《晋语》记公孙固对宋襄公引《商颂》，《左氏·隐三年传》美宋宣公亦引《商颂》，皆在正考父以前甚远，今文家之说显非事实，静安先生所以主《商颂》作于西周中叶者，或以此故，而又举甲骨文以证《商颂》之不作于商代，则疑问殊多，当于他日论之。

于蓝田怡养园

（民国）三一. 三. 一五

原载《国师季刊》1942 年第 14 期

古交趾考

一　安南非交趾

中国与南洋交通史上，有一极混淆之问题，即古代所称“交趾”之区域。按自汉武帝征服安南，置交趾郡以后（据《史记索隐》所引《广州记》，交趾郡或当为越陀所置），历来皆以安南即为古之交趾，但《史记·五帝本纪》载，颛顼之时，“北至于幽陵，南至于交趾”，又舜“南抚交趾”。《史记》此记，当本于《五帝德》。纵其所述未必尽可靠，然交趾之名，见于秦汉以前他书者尚多，其名必甚古，要无疑问。若其所指，已为今安南，则古代中国向南方发展痕迹，将不可了解。因为自楚人兴起，长江流域始行开辟，及秦代始略取陆梁地，遣戍五岭。若在楚人尚未兴起以前，黄河流域势力已及安南，岂非一不可通之事？古书中类此可疑传说甚多，往往为人斥为伪书之证，但传说之伪与否，是一问题，而传说中实有大部分，乃为后人与以错误解释，致成不可了解之事。若仔细加以探讨，实可觉传说中自有传说之情形，绝不与后世解释相合。古代之交趾，正系如此。盖传说中所称之交趾，并非今安南也。

按今安南，古不名交趾，宋范成大已为是说，马端临《文献通考》宗之，故直云：

> 安南都护府，古骆越之地。

安南之为骆越，吾人参以各书所载，可知其至确。《史记·南越尉陀

传》,陀上文帝书云:

> 且南方卑湿,蛮夷中间,其东闽越千人众号称王,其西瓯骆裸国亦称王。

此“西瓯骆”三字,既可作“西方瓯骆”解,亦可作“西瓯、骆”解,《汉书·南粤王传》引此即云:

> ……西有西瓯,其众半羸,南面称王……

颜师古注云:“西瓯即骆越也,言西者以别东瓯也。”又《史记》谓南越灭后,苍梧王赵光,“谕瓯骆属汉”,《汉书》作“谕告瓯骆四十余万口降”。是西瓯、瓯骆、骆越三名,共指一地。此西瓯或骆越之地,即为今安南,于《广州记》载蜀王子讨骆侯一事可证。《广州记》云:

> 后蜀王子将兵讨骆侯,自称为安阳王,治封溪县,后南越王尉陀攻破安阳王,令二使典主交趾九真二郡,即瓯骆也。

关于此事,具载于安南史书,传说安南最初有鸿厖氏(亦作骆鸿氏或骆雄氏),建国号文郎,传十八世,至周赧王五十七年(公元前二五八年),为安阳王所灭。此安阳王:

> 姓蜀名泮,巴蜀人也,灭鸿厖氏雄王之国,而建瓯骆国,定都螺城,周赧王五十八年,即安阳王甲辰一岁。

此安阳王在位五十年,复为赵陀所灭:

> 癸巳(秦二世元年,即公元前二〇八年),南海府赵陀,复来侵越地,败越军,安阳王溺死,蜀亡。

安阳王建国于安南,以瓯骆为号,可见《史记》《汉书》所记西瓯、瓯骆、骆越,实指安南,亦即安南之本名也。

惟吾人再细考之,又可见安南之地,实只名骆,而瓯与越,乃皆种族名,其族不仅在安南,北上直及长江流域。安南所以称骆,据《广州记》云:

> 交趾有骆田,仰潮水上下,人食其田,名为骆侯,诸县自名为

骆将，铜印青绶，即今之令。

又《交州外域记》云：

交州未有郡县之时，土地有雒田，其田从潮水之上下，民垦食其田，因名为骆民，设雒王雒侯，主诸郡县，县多为雒将，雒将铜印，青绶……

又欧阳忞之《舆地广记》云：

其地有雒田，随海潮上下，民垦食其田，因名为雒民，君长为雒王，臣佐为雒侯，设诸雒将……

骆或雒字，亦有作"雄"的，《南越志》云：

交趾厥土为黑境，厥气维雄，田曰雄田，民曰雄民，君曰雄王，佐曰雄侯，分其地为雄将……

此与各书所载不同，疑雄字或当由雒而误。是安南之名骆地，实因骆田得名。至于瓯，宋祁曰：

瓯，集韵于口反，骆越种也。

可知瓯为安南人种之称，其族东向亦分布于中国沿海一带，故有东瓯、西瓯之分。越与瓯当为同音异字，而越人之称尤泛。

二　交趾非安南

古安南既为骆地，在汉武帝或赵陀以前，实未有以交趾专指安南者。交趾一名，见于秦汉以前各书者，虽多属片断，然综合观之，似亦可略知其所指，未必能过长江流域，且亦绝非今安南人也。按交趾之名，两见于《史记・五帝纪》所本之《五帝德》，其他如《三朝记》亦谓：

虞舜以天德嗣尧，布功散德制礼，朔方幽都来服，南抚交趾……

《韩非子・十过篇》亦载：

尧有天下，其地南至交趾，北至幽都。

《水经注·淹水》下引《尚书大传》亦云：

尧南抚交趾。

按古书称及交趾者，原不甚多，而可怪者乃凡称及交趾，大都皆与尧、舜有关，是交趾之传说，当为一共同来源。又《尚书·尧典》云：

申命羲叔，宅南交。

南交，据孔安国云，“夏与秋交，此治南方之官也”。《史记索隐》司马贞非之云：

孔注未是，然则冬与秋交，何故下无其文。且东嵎夷、西昧谷、北幽都，三方皆言地，而夏独不言地，乃云与春交，斯不例之甚也。然南方地有名交趾者，或古文略举一字名地，南交则是交趾不疑也。

据《尚书》之文，则司马贞之说当甚是，原文明言“宅南交”（《史记》引作居南交），则其为地名无疑。如是尧抚南交，正与《五帝德》《三朝记》《韩非子》等书所载吻合。是依此等传说论，交趾当为尧舜时代之南界。尧舜时代之疆宇如何，吾人虽不能遽依《荀子·强国篇》所谓“古者百王之一天下臣诸侯也，未有过封内千里者也”以断定尧舜之疆宇，绝不能过长江流域，然就交趾之名称观之，显亦非指长江流域以南之人。按《礼记·王制》谓：

南方曰蛮，雕题交趾，有不火食者矣。

古书所称之交趾，多太简短，直无法参订。《王制》此数语，乃有两点极可注意：其一，谓蛮为交趾；其二，交趾与雕题同言。此种特点，明与长江以南之越人不同。《王制》又谓：

东方曰夷，断发文身……

“断发文身”，据各书所记，显为越人之特点，而与“雕题交趾”之人分言，是其所指必为两种民族，自不待言。而古代之越人，几分布于长江以南之全部，如长江下游为吴越，五岭南北为杨越，今安南为骆越，或为秦汉间所称为南越，是越人分布甚广，占有长江以南之全部，亦即“断发文身”之民族，占有长江以南之全部也。《王制》述之为“东方曰夷”，其所指必为吴越，因古代在长江以北，普通都称之为蛮，《王制》之作者似尚不知蛮人以南，亦为越人，故只以吴越之地望，而称之为东夷。则其所指“雕题交趾”之人，必为长江以北现象，无待再论。是就此点论，本为骆越之安南，绝不能适用交趾名称，可断言矣。

如是则“雕题交趾”之人，究何指乎？就余所见，当为汉代之西南夷，而在古代曾分布于江汉间之群蛮也。

三　蛮人之雕题者

《王制》与交趾并言之雕题，即所谓“刻画其额”者，初看似为文身之俗，然与文身并不同。古书中有多处言及雕题者，皆与文身分言。如《王制》即以文身为东方之人，而以雕题为南方之人。又《王会解》附录之《汤四方献令》，亦以“越沤鬋发文身”在正东，而以“贯胸雕题漆齿”等在正西，又《山海经》亦分别有文身国及雕题国，是雕题并不能以文身解释。按“雕题”之真正情状，乃为：

> 雕刻镂也，题额也，刻其肌以丹青涅之。

是其刻画只限于面部，与越人之“刻其身象龙文”者绝不同。此种文面民族，汉以来之西南夷，唐以来之南诏，宋以来之猺獠等族中，皆有之，如樊绰《蛮书》云：

> 绣脚蛮绣面蛮，并在永昌、开南……绣面蛮初生后出月，以针刺面上，以青黛傅之。

范成大之《桂海虞衡志》云：

> 獠有飞头、凿齿、鼻饮、白衫、花面、赤裈之属。

陆次云之《峒溪纤志》云：

猺……有飞头、凿齿、鼻饮、花面、白衫、赤裈之类……妇人黥面成花。

此种绣面蛮及花面獠猺等族，自可视为"雕题"之属，而更可注意者为濮人，《通典》载有：

文面濮，其俗劓面，而以青画之。

按西南夷或獠族等，汉以来虽僻在云贵间，然在古代必分布及长江以北，如猺即古之苗民，而苗民古在江淮荆州，固无疑问。且即不论苗民，即濮族之居地，在古代尤其显然，乃在今四川、湖北间，如《尚书》称"微庐彭濮"人，《孔传》云：

濮在江汉之南。

又《左传・文十六年》："百濮聚于选，将伐楚。"杜预云：

建宁郡南有濮夷。

晋之建宁郡包括今湖北石首县一带。又张本子《蜀都赋》云：

于东则左县巴中，百濮亦充……

《注》云："今巴中七姓有濮。"可见魏晋间四川、湖北之间仍百濮人聚居，而在古代依《孔传》且及江汉间也。

濮族之居地，既在四川、湖北间，而古代有数时期，皆以此区域为其南界，如《汤四方献令》即云：

正南……百濮。

又《左传・昭九年》：

及武王克商，巴濮楚邓，吾南土也。

此种地理观念，极可注意，当周初尚未取商奄以前，本只以陕西及河南西部为其中原，故其"南土"，只及"巴濮楚邓"，即四川、湖北间，此其南方观念，与后世绝不同。后世之南方，乃泛指长江流域，而周初之南方，却只及长江上游之四川、湖北间，如是则《王制》所谓"南方曰蛮”，亦应指此区域无疑，而此区域，正为群蛮居地，如此则所谓“南方曰蛮雕题”云云，其为指群蛮中之文面者而言，殆无疑问矣。

与交趾并言之蛮及雕题两事实，既可确定其为四川、湖北间蛮人之现象，则交趾一事实，亦自当于此区域中找寻之，决不能远及安南或五岭一带，自属明甚。

四　交趾音义

古代江汉间之蛮人中，虽可找出有“雕题”现象，似从来各书中，皆未尝有言此区域之蛮人有交趾者，此何故欤？余意此乃后世对于交趾意义不明了之结果，若知交趾真意，对此问题，必无困难。所谓“交趾”，究何指乎？首作解释者，为《后汉书·南蛮传》，云：

> 《礼记》称南方曰蛮，雕题交阯，其俗男女同川而浴，故曰交阯。

又《交州外域记》云：

> 交趾之人，出南定县，足骨无节，身有毛，卧者更扶之始得起。

又《山海经》载有交胫国，郭璞云：

> 脚胫曲戾而相交，故谓之交趾。

又杜佑《通典》云：

> 今南方夷人，其足大趾开广，若并足而立，其趾则交，故名交阯。

除此四种解释外，乃又有一极奇异之解释，因为各书中于“交趾”之“趾”有作“阯”的。如《五帝德》于颛顼下作“趾”，舜下作“阯”，《史记》又于颛顼作“阯”，舜作“趾”，《尚书大传》交趾凡两见，皆作“阯”，且在《汉书》中，《地理志》作“趾”，而《南粤王传》作“阯”，《后汉书·南蛮传》皆作“阯”，历来释者，似皆按“趾”字解释，独清李仙根之《安南杂记》就“交阯”而释之曰：

> 交阯之地，即安南，即交州，即日南，西北自交冈来，故曰交阯。

但除“趾”或“阯”外，尚有作“止”的。如《汉书·地理志》注，宋祁曰：

> 趾，景本作止。

其实“趾”“阯”本为后起字，本应作止，“交止”者，就字面解释，正应如郭璞所云，“脚胫曲戾而相交”也。惟郭璞与杜佑之解释，似不免为望文生义，并未能道出其真正情状，宋范成大已非之，《桂海虞衡志》云：

> 交趾今安南地，乃汉唐郡县，其人百骸与华无异……何尝有交胫等说。

若只如“脚胫曲戾而相交”，或“并足而立，其趾则交”，则诚如范成大所云，事实上殆未必有。至如《后汉书》及《交州记》之解释，又与“交趾”二字之字面意义了无关涉。原来命名之意，恐不能如是昏暗，必有其显然之事实现象在，当不待言。

余意“交趾”之意，与《山海经》之“交胫”同，必系指印度民族之趺坐，即盘膝而坐言。因为中国古代之所谓坐，实即跪，两足并不相交，只以足承臀为之，与两足相交而以臀着地之坐全不同。古代中国人因见此种盘膝而坐之人，因即以“交趾”名之，或如《山海经》称为“交胫”，此在古代以跪为坐时代，自甚显然，及后中国亦受此种影响，使坐与跪全不同，于是“交趾”之名，始无法解释。但就“交”字之字形观之，仍可窥知原来造字之意，固甚明显。《说文》“交”字下云：

> 交胫也，从大，象交形。

所谓“交形”，其字作，惟小篆之交胫形，尚不如古文之明显。《说文古籀补》引“交从彝”之“交”作。又《金文编》有“交普”，亦作

，其形明为两胫相交。两胫相交若此之形状，如不指盘足而坐言，则事实上必不会有其他现象以起造字者之意。小篆之字形，颇似立而相交，此为事理所必无，绝无一种人以两足相交而行者。而金文之交，显有坐意。中国之盘膝而坐，确始于何时，余尚不能决定，意者作小篆时趺坐与跪坐当已并用成习惯，已不识交字之原意，故作为纯立形，或至少在许叔重时，已不能与以明确解释，而只云“交胫也”（友人卫聚贤先生云，汉武梁祠石刻画像仍作跪坐状）。

假使以上解释为不谬，则“交趾”之意，自当指盘足而坐者言。而盘足以坐，乃印度民族之习俗，古婆罗门之画像中，已皆作如是形，必远在中国以前，殆无疑问。而中国汉以来所称之西南夷中，与印度之交通本甚早，如张骞通西域时，已在大夏见有由四川输入印度，再由印度输入大夏之邛竹杖、蜀布等，可知西南夷与印度之交通必甚早，则西南夷中应有印度民族之文化成分，自亦意中事。惟吾人是否可将此种交通关系，置于更早之公元前一千年以至二千年前之时间，自成问题。但若“交趾”二字之解释为确，则亦可助成吾人之想像，即此种甚早之交通关系，事实上亦非不可能也。

五　结　语

根据以上考查，余颇以为古代对于“交趾”一名，使用之方法应如下：

（一）“交趾”之意，应指盘膝而坐之情状言，此种情状，由印度分布于中国西南之蛮夷中，或竟为一个民族之结果。

（二）古代西南之蛮夷，实曾分布于长江以北，今四川、湖北间，其中有“雕题”者，自亦当有“交趾”者，或两种并有者。惟后世并不以趺坐为异，故各书中未提及之。

（三）此四川、湖北间之地，对古代西土（即河南西部，山西南部，陕西南部等处）之统治者视之，正属南方，故有“南抚交趾”及“巴濮楚邓，吾南土也”等语，此所谓“南”，自不能如后世观念，适用于全部长江流域，以此“雕题交趾”等观念，亦必非指全部长江流域民族之现象，当属甚明。

（四）至于古代之安南，本称瓯骆或骆越，并无交趾之名，交趾名称之用于安南，或非不应当（因古安南人中或亦当有受印度影响趺坐者），但其应用实只始于赵陀或汉武帝以后，即远自春秋、战国起，将南方观念扩大以后也。

一九三三. 一二. 二〇夜

原载《新亚细亚》1934 年第 7 卷第 1 期

门阀观念不始于魏晋考

中国当南北朝时，门阀观念极重，无论在政治上、社会上，士庶之区别极严。《南史·王球传》说：

士庶区别，国之章也。

当时视此种阶级制为当然之事，由此一语可以想见。其后历隋唐而至五代，其风始全熄。此种观念，在中国社会史上极关重要，无待赘言。惟此种观念之发生，历来多谓原于魏晋，且谓原于魏晋间九品官人法流弊之结果。使诚如此说，则中国社会史将成为一不可解之谜。《宋书·恩幸传》谓：

周汉之世，以智役愚，台隶参差，用成等级。魏晋以来，以贵役贱，士庶之科，较然有别。

若果如是，则周汉之社会，显较魏晋以来尚为进化。因“以智役愚”，并非固定的阶级，其等级的流通性极大。若“以贵役贱”，却显有一种特权阶级存在，特权阶级以某种特殊的权力与身分维持其地位，与另一阶级有永久的对立性，若非社会起根本变化，其等级决不允许流通，此种社会显然较只“以智役愚”的为落后。即“以智役愚”较近于现代，而“以贵役贱”实更近于古代。《宋书》之作者，显未了然于周代的社会正为“以贵役贱”，周代“公族世官”，“世卿用事”之时，乃谓为“以智役愚”，岂不大谬？吾人今日已悉明了周代为封建社会，封建贵族与农民的阶级对立甚明，其为“以贵役贱”，固无可疑,但今日一般观念,又知周代的封建制度,经春秋、战国已行崩溃,秦汉间已行较为进步的中央集权制度,在秦汉之国家组织下,如公孙弘辈可由布衣一跃而至卿相,固无显明的特权阶级存在。今两汉已无此种特权阶级,既无公族世官,又无士庶之别,而乃至魏晋六朝间,突又产生显明的特权阶级,使士庶之科,较然有别,以行“以贵役贱”的阶级政治,假若历史确为进化的,那末此种离奇的演变,岂非一不可解之谜乎? 此一事也。

更有甚者,历来又谓六朝门阀乃魏晋间九品官人法流弊的结果。此种流弊之指出,最早者为晋时之刘毅。刘毅于两晋之初即论九品之制有八损,其最为后世称道的,即谓在九品制下,必至“上品无寒门,下品无势族”。其后《宋书·恩幸传》更推阐之,谓:

> 汉末丧乱,魏武始基,军国仓卒,权立九品,盖以论人才优劣,非以为世族高卑。因此相沿,遂为成法,自魏迄晋,莫之能改。州都郡正,以才品人,而举世人才,升降盖寡,徒以凭藉世资,用相凌驾……凡厥衣冠,莫非二品,自此以还,遂成卑庶!

此谓魏武始创九品制时,本欲以人才定优劣,非以世族为高卑,及后相沿之结果,乃成为人才甚少升降,徒以世资为用,即成为分别“世族”与“寒素”的阶级政治。此种议论,后世无任何历史家,皆无不遵之。赵翼《廿二史劄记》云:

> 魏因丧乱之后,人士流移,考详无地,故立此法,粗具一时选用。其始乡邑清议,不拘爵位,褒贬所加,足为劝励,犹有乡论余风,其后遂计资定品,惟以庶位为重。是可见法立弊生,而九品之升降,尤易混淆也。

又谓:

> 此九品之流弊,见于章疏者,其所谓上品无寒门,下品无世族,高门华阀有世及之荣,庶姓寒人无寸进之路,选举之弊,至

此而极！

此种议论，以旧日历史家眼光看来，固不觉其非是，但以吾人现在看，都立可断定其绝不能如是简单。一种制度，行之既久，固然可以养成某种风气，但此种制度之存在，亦必有其原因。如果一种制度非为社会所需要，或非与社会上某种势力相适应，那就其制度本身，亦绝不能存在。九品之制，由曹魏到隋，存在有四百余年之久，按吾人所知一般历史学上的原则，假使东汉末年之社会无产生九品官人法之必要，其制绝不会产生，而由曹魏到隋，若社会上无相应之势力存在，其制亦绝不能维持如是之久。是依吾人今日之见地，九品官人法之制度，其产生与存在，必为当日社会需要之结果。当日社会上种种现象，必有维持此种制度者，而绝不能谓当时之社会现象，乃由此种制度产生者。六朝士庶之阶级制度，为当时最显然之现象，此种现象，依吾人所得，实应为九品官人法产生与存在之原因，而非其结果。假使如通常所论，为其结果，那就对汉晋以来社会之真正构造，既不能明了，且于历史之因果关系，显致颠倒，此理甚易明。今试问此种制度能否产于现代呢？即使能产生，能不能更由其流弊之结果，使六朝士庶之科，复现于今日呢？此显然可断定其不能。因今日之社会，与魏晋以来已绝不同，自不能适用魏晋间之制度。魏晋间之制度既不能适用于今日，则其必存在于魏晋间，自有其社会原因，而绝不能自为原因。今不推求其发生与存在之原因，而且以当时之社会现象为其产出之结果，其为颠倒因果，自无可说！

历来论六朝之士族制度者甚多，而大都陷于上述之谬误。非其认定士庶之阶级系产自九品官人法之流弊，而九品官人法乃建自曹魏，遂以六朝之门阀观念乃源于魏晋，而致汉代于全无阶级之时代中，使由周到秦汉，由秦汉至隋唐之演进状况，全行混淆，此实为今日研究中国社会史者所急宜辩明之点。近日研究中国社会史者，由于历来史学家之谬误分析，对于汉晋间之社会，遂致无法理解。因魏晋六朝之显明的阶级色彩，而在其以前之两汉时代，反较为淡泊，不足对比，遂致疑于中国封建社会实当在魏晋六朝以后，两汉当为奴隶社会，而东西周间乃为更前之氏族社会。更有甚者，至有谓魏晋间五胡之侵入，亦确可当于欧洲封建时代以前日耳曼人之迁移，故致中国封建时代于魏晋之民族迁徙后，尤有历史之必然性。种种附会之论，不一而足。六朝门阀观念下，有极浓厚之封建色彩，固不待论，但东西周时，显明之等级制度，诸侯王使用极典型的封建剥削权力，农奴与贵族的显然对立，皆一概抹杀，而乃谓为阶级形态较为晦暗之氏族社会，其谬实可骇异！两汉时代有甚多之奴隶固是，但以资本形式极发展，奴隶之买卖率极高之社会，乃与封建以前，资本制度毫未发达以前之奴隶社会相当，岂非同样大谬？考其所以误，实乃蔽于历来见解，以为封建色彩浓厚之门阀阶级，乃产生于魏晋以后，而不能发见同样之阶级形态于魏晋以前，故乃以民族迁徙等等事实比附之，而致封建社会于魏晋以后。若如此所论，不惟魏晋六朝之社会，将不能明了，两汉之社会状况，将更不能明了，而周、秦、汉、魏以至隋、唐间之社会阶段，将由此而全盘混淆，此实为中国社会史上极宜注意之问题。

虽然，原来史学家中，对于汉晋社会真象，并非绝无明了者，清俞正燮即有极精辟之论，云：

> 汉立国久，豪族多，后汉不用功臣，亦不能华豪族，魏之立九品中正也，上品无寒门，下品无世族，法如是非弊也！……九品所定，沿至于唐，自汉至唐，科目多矣，俱在豪族，任豪族而以功臣子弟间之，议选举者徒毛举细故，而无敢昌言夺世家豪族之权者！

俞正燮实可谓独能了解秦汉以后政治之一人。依俞氏意，在魏晋以后固为世族政治，然在两汉即已如此，九品中正实为世族政治产生之结果，并非流弊。此等卓识，实为两千年来史学家中所仅见，必如此，而后周、秦以后社会演变之迹，始可明了。原来周代本行典型的封建制度，及春秋、战国间，此种制度已由极盛而趋于破坏，至秦汉已完全改易。但社会之进化，非突变的，周代之封建关系，其残存于秦汉后者仍甚多，举要言之，如地主对于农民之超经济的剥削方式，秦汉后几仍完全保存，在此种关系下，其由具有特权之地主阶级的存在，因而产出具有一般权力的特殊阶级，实为当然之结果。两汉之统治权力，即由此种特权阶级所把持。及魏晋而六朝，此种特权阶级之形态，实已发达至顶点。而推其源，实在两汉，并非在魏晋。其造成亦在封建后之残存势力，并非九品中正之制所能为力，而且实际上九品中正之制，乃为此种关系下所产生之制度，即俞正燮所谓"法如是"也。六朝时世族之特权阶级发达至顶点，其弊已为人所共见，于是指摘之者乃纷至，降及隋唐始逐渐崩溃。所以由汉到隋唐之政治，乃为具有封建时代大部分之基础，渐则发展之社会下，所产生之豪族政治。魏晋六朝之士族，在汉代实早已具有，且已完成，并非产生自魏晋也。

以上所论，吾人试检之两《汉书》中，即可全行证实。

六朝之世族，在两汉时称为"豪族"，或"著姓"，或"良家子"。两汉虽推行选举，立四科取士，然所取者大都为豪族、著姓，其由平民进者极少；而两汉之公卿，尤多由世家子弟继承，其由选举新进任者亦少。豪族者，如《后汉书·王龚传》云："世为豪族，初举孝廉，稍迁青州刺史。"著姓者，如《张衡传》云："世为著姓，祖父堪蜀郡太守。"良家子者，如《前汉书·李广传》云："其先曰李信，秦时为将，遂得燕太子丹者也。广世世受射，孝文十四年匈奴大入肃关，而广以良家子，从军击胡……"又《甘延寿传》云："以良家子善骑射，为羽林……"

此种豪族、著姓或良家子，大都有选任官吏之优先权。两《汉书》各列传中明指出其为豪族或著姓者固极少，但吾人有他种材料，可以证明其为豪族、著姓。

第一，如西汉自中叶以后，所有重要官吏，十九皆为杜陵人、茂陵人等。杜陵、茂陵皆非其原籍，乃因其为豪族或著姓，由他处迁于长安附近守陵者。西汉在高祖及武帝时，迁徙最多。高帝五年初平项羽，即徙诸侯于关中；九年徙齐楚大族昭氏、屈氏、学氏、怀氏、田氏五姓于关中。武帝文朔二年，徙郡国豪杰及赀三百万以上于茂陵，太始六年又徙吏民、豪杰于茂陵、云陵。宣帝时徙吏民赀百万以上者于平陵，以后皆历有移徙。以武帝时论，所迁者皆为三百万以上之富室，其为豪族、著姓可知。今试检《前汉书》，如魏相、冯奉世、肃望之、王商、史丹等中叶后卿相，大都为茂陵、杜陵、平陵人，皆注明为迁自他处者。

第二，各传中有未明言其豪族、著姓，而实为世家者，如汲黯："其先有宠于古卫君也（即春秋之卫），至黯十世，世为卿大夫。"又如贾山："祖父祛，故魏王时博士弟子也（魏即六国之魏）。"又如武帝时之相车千秋："本姓田氏，其先齐诸田，徙长陵，千秋为高寝郎。"他如司马迁，本世为太史令，迁仍继其父职。凡此皆如李广、甘延寿等，所谓良家子或著姓是。

第三，前汉官吏，多有为出赀捐的，其为豪富大族，亦不言可知。如文帝时著名之廷尉张释之，即为"以赀为郎"者。他如以穷著名于后世之司马相如，其初实亦以赀得官。至如卜式之以赀得侯，更不待论。

综计《前汉书》七十列传中，除《儒林传》以次杂传外，其可认为正式官吏者，约一百五十余人，其中除萧何、曹参等三十余初兴功臣及窦婴、田蚡、刘辅等十余外戚或宗室外，其余大都可确定其豪族或世家的身分。他如晁错、董仲舒等被举的贤良方正，表面看好像能由选举来的，应无阶级区别，但其实，汉代所举贤良方正及孝廉等，大抵皆由官吏中选出，其由平民中选的极少。此种贤良方正，其原先如何得官，虽不得而知，但于此都可见汉代的选举制，并非如一般所想的那样平等，其实乃为已做官的人包办。这就是说，他的选举，只可视为一种考察官吏升迁的方法，与我们现在的选举观念绝不同。这一点，赵翼的《廿二史劄记》中已说及，其“贤良方正茂才直言多举现任官”一条云：

> 汉时贤良方正等人，大抵从布衣举者甚少，今见于各列传者，贤良惟公孙弘由布衣起，晁错则已为太子家令，董仲舒已为博士，冯唐已为骑都尉……王吉已为云阳令……贡禹已为凉州刺史……杜钦举方正时已为武库令，朱云举方正时已为槐里令，孔光已为议郎……

此种选举方法，虽不能绝对视为官吏的考核方法，但其所选，既多为现任官吏，则其选举时，必系于已有相当门第资望的阶级中求之，自属甚明。这种原故亦易知，因为所谓“贤良方正茂才直言”及孝廉等，皆非经过事实上的表现，无由看出，若纯粹农夫、工人或引车卖浆之流，其对于是否贤良方正的表现，当然要减色的多，其结果自非求于现任官吏中不可，惟其如此，所以就只有豪族、著姓或良家子，始有贤良方正了。

西汉的官吏，无论其经过选举与否，既都是豪族、著姓，而其公卿大臣，尤多世位相承，即系由豪族中之豪族垄断，其例如张汤、杜周、韦贤、郭躬、秦彭及东汉末年之杨氏、袁氏，尤为著名者。张汤之父，原为长安丞，其父死，张汤即继为长安吏，后转至廷尉，其子安世又以父任为郎，后转至丞相，其子延寿复为九卿，以后虽至东汉，其家仍世公卿。杜周初事义纵，屡转至御史大夫，其子延军继之，孙钦又继之，子弟等服官二千石者甚多，至东汉光武时始绝。韦贤之五世祖韦孟，于汉初已为楚相，五世至贤于宣帝时为丞相，其子玄成亦为丞相，子孙继爵，亦至东汉初始绝。郭躬家世衣冠，数世皆习法律，自其父弘时即著名，郭躬于汉明帝时为廷尉，《后汉书》谓其"子孙至公者一人，廷尉七人，信者三人，刺史二千石侍中郎将者二十余人，侍御史正监平者甚众"。至于秦彭，传亦谓其"自汉兴之后，世位相承"。他若"杨公四世清德"及"袁公路四世三公"，皆见重于东汉末年的更不待论。两《汉书》各传说及各人家世的，比比皆是，以上只其著名的。由此等事实，显然可见两汉政治，实为豪族、著姓所支配之政治，此所以俞正燮说"汉立国久，豪族多"。其实豪族之多，并非只在"立国久"，在地主阶级支柱之社会下，自会产生世世相承的豪族。豪族既多，政权悉为豪族所垄断，在此种政治与社会下，其所产生之观念是什么呢？当然只有门阀观念了！

因为西汉时代是豪族世家把持的政治，所以到了西汉末年和东汉初年时，门阀观念已经很盛，汉章帝时已有人提出抗议，《后汉书·韦彪传》说，当汉章帝时：

> 陈事者多言，郡国贡举，率非功次，故守职益懈，而吏事寖疏，咎在州郡。有诏下公卿朝臣议，彪上议曰："……士宜以才行为先，不可纯以阀阅……"

又章帝建初元年亦诏谓：

> 又选举乖实，俗吏伤人……夫乡举里选，必累功劳，今刺史守相，不明其伪，茂才孝廉，岁已百数，既非能显而当，授之政事，甚无谓也！另寻前世举人贡士，或起畎亩，不系阀阅……文质彬彬，朕甚嘉之。

由此两事，已可显见东汉初年，早已以"阀阅"为选举标准，故韦彪及诏中云然。且按“郡国选举，率非功次”及“乡举里选，必累功劳”二语看，是汉代选举实以功次及功劳为重，重功次、重功劳之选举，其非为重视门第，又属何事？东汉初年选举制度之实况已如此，而后世必谓门阀观念乃起于九品中正制度以后，实属不解。

惟其因为选举的实际标准繋于阀阅，所以在两汉时已有许多寒素之士极难被选，如西汉时有陈汤，其传谓：

> 少好学，博达善属文，家贫…贷无节，不为乡里所称。

东汉时有度尚，传谓：

> 家贫不修学行，不为乡里所推举，积穷困，乃为宦者同郡侯览视曰……

这两个因穷而被冷淡的人，万不料竟会列于传中，为我们留一点材料下来，使我们略知汉代乡举里选的真象。传中虽说这两个人好像“无行”，但实际恐并不然。比方度尚，《续汉书》谓其“少丧父，事母至孝，通《京氏易》《古文尚书》，为吏清洁，有文武才略”，这样的人，那里是“不修学行”？可见他的不为乡里所推举，只是因贫，因非大族著姓罢了，何尝是他的人真个不好！陈汤为元帝时人，可见西汉末年，注重家世阀阅的观念已经很重了。

此外，东汉末年，尤有吾人熟知之一事：建安元年，曹操以故收太尉杨彪下狱，将作大匠孔融闻之，不及朝服往见操曰：“杨公四世清德，海内所瞻……”是杨氏徒以四世为太尉，遂为海内瞻仰，至可以折服曹操之气，东汉末年门阀之为人所重已如此。建安元年下距魏文帝黄初元年初行九品中正制，尚有二十余年，而人乃必谓门阀观念乃为九品中正制流弊的结果，这不是极可怪的事么！

原载《史地丛刊》1933 年第 1 辑

关于《诗经·噫嘻篇》的解释问题

——周代史料解释问题之一

1956 年 7 月 22 日《光明日报》载憩之先生《关于〈周颂·噫嘻篇〉的解释》一文，对《周颂·噫嘻篇》的解释，提出了新的问题。此问题确实重要，古代史料不多，某一关键性的史料，如何解释，自然影响很大。目前古代史的分期问题，正在热烈讨论中，据 7 月 24 日的《人民日报》说，最近大多数历史家似乎都同意“采用战国是奴隶制到封建制的过渡这一说法”。固然大多数历史家都同意这一说法，自然有一定的道理，不过这一说法，实在未必妥当。别的不说，即对一些关键性的史料的解释，就都成问题，而且很成问题，《周颂·噫嘻篇》的解释，就是问题之一。憩之先生捉住“昭假”二字的意义，给这诗以肯定而有力的解释。郭沫若先生马上表示同意，说“憩之先生的解释是完全正确的”（见 8 月 12 日《光明日报》）。如果这篇诗的解释就这样确定了，那对周代史的分期问题，至少也可决定一大半。假使因此把周代史的分期问题解决了，那自然是很好的。但正因为“这首诗是很重要的”，如何解释，影响很大，那我们就有求全责备的必要，有要求更精确的必要。如果允许我怀疑的话，我觉着现在的解释还是极成问题，还不能像憩之先生和郭沫若先生说的那样肯定。

首先，憩之先生断定“昭假”“这个敬语是被用在生人对神或死人的在天之灵说话的时候，是人对神昭假，而不是神对人昭假”。憩之先生这个断定，就《诗经》来说，并不能成立。憩之先生对“昭假”的举例，有一个例子，他偏偏不举：

天监有周，昭假于下，保兹天子，生仲山甫。（《大雅·烝民》）

这里首二句“天监有周，昭假于下”，郑笺说是“天视周王之政教，其光明乃至于下，谓及众民也”。这是说周王的光明下及于民，这样就和神完全无关。郑康成的解释不见得对，吾人也可采取马瑞辰、戴震的解释“精诚表见曰昭，贯通所至曰假”，但无论如何，也只能说是天的精诚下达于周，而不能说是周的精诚上达于天。而且也无论如何，这里的“昭假”，并不是“生人对神或死人在天之灵说话的时候”说的，而且也不是人对神“昭假”，恰恰相反，是神对人“昭假”，或人对人“昭假”（照郑玄的说法）。这样，憩之先生一再断定，“这词，是生人对于上帝或死者在天之灵所用的敬辞，而生人对生人是不能用的”，这个结论就根本不能成立了。

而且不要说《大雅·烝民》这两句话，因憩之先生本未举出，姑且不说，但即在憩之先生自己举的例子中，也并不能完全符合他的结论。如他所举的《商颂·长发》“昭假迟迟”，其上下文是：

汤降不迟，圣敬日跻，昭假迟迟，上帝是只，帝命式于九围。

这几句话的意思是说，成汤下士尊贤甚疾（汤降不迟），其德业日进（圣敬日跻），而其光明表见却迟迟不急（昭假迟迟），上帝甚为爱敬，故命式于九围（上帝是只，帝命式于九围）。这里边“昭假迟迟”一语，旧注颇不明了（郑笺谓“其德聪明宽假天下之人迟迟然，言急于己而缓于人”，这个解释极勉强，而且和他处“昭假”一词的意义也不合，似非），需要改正。我觉着此处“昭假迟迟”一语，和《大雅·烝民》“昭假于下”的用意一样，是说成汤德业日进，其声光也应下及于民，但“昭假迟迟”，即是光明表见却迟迟然，意即实至而名未归，因此为上帝所爱敬。这样也没有“生人对神或死人的在天之灵说话”和“人对神昭假”的意思，它只是说成汤的明德未著，为人所知甚迟，这样也是人对人的事了（憩之先生对“昭假迟迟”和“上帝是只”二语的解释，似乎仍想作精诚上达于上帝解。如果这样，那就不可通。精诚既然上达，为什么反以迟迟为美，而上帝也喜欢迟达于他呢？可见“迟迟”的意思，只能用在成汤本身，不能是对上帝）。

此外，郭沫若先生本是同意憩之先生的解释，说憩之先生的解释正确就说了两次，但他的解释却正好推翻了憩之先生的结论。郭先生根据金文，特别是秦公簋“以邵皇祖，其严归各”二语，了解到“邵各”或“昭假”二字的原来意义，那就是招请先公、先王的灵魂或其他神祇到来。因为郭先生不同意憩之先生所根据的戴震、马瑞辰“精诚上达”的那种说法，认为是“望文生训”，“昭假”只是“招请到来”的意思。这样和憩之先生的解释不同了。

不过，郭沫若先生这个解释，无论照金文或《诗经》看，似乎也都不妥当。因为照宗周钟的原文，“用邵各不显祖考先王”下边说：“其严在上，熊熊数数，降余多福。”意思是说，祖考先王的神灵在上，光明照耀，降余多福。所谓“在上”，自然是在天上的意思。这样原文并没有要把他们的祖考先王“招请到来”的意思，“其严”仍“在上”。事实上，按照宗周钟的原文，本来是说，作此宝钟，使精诚上达于祖考先王，祖考先王的神灵在上，降余多福。这里的“邵各”一词，用马瑞辰的解释实最确，也就是憩之先生所谓“人对神昭假”的意思。宗周钟的“邵各”已经不是“招请到来”的意思了，若秦公钟，就更不能作这样解释。因为秦公钟明说是“以邵各孝享”，这句话和“用邵各不显考先王”的文法一样，招来祖考先王还可，若“孝享”，如何招来？秦公钟的意思也只是说，把“孝享”的精诚上达于祖考，因而受“屯复多厘，眉寿无疆"，绝不能解作"招来孝享"的。"招请到来"的解释，只有用在秦公簋"以邵皇祖，其严归各"两句话上似乎还可以，因为"其严归各"确是神灵归来的意思。但"以邵皇祖"的"邵"仍不能作"招请"解。因为金文和《诗》《书经》中，和"以邵皇祖"同类的词句很多，都不能作"招请"解释。如毛公鼎"用印邵皇天"，《诗·大雅》文王"于昭于天"，《书经·益稷》"以昭受上帝"，意思都一样，都是明德上见于天的意思，并不能解作把皇天"招请"来。秦公簋的意思，是精诚明见于皇祖，皇祖的神灵因而归来，即是"来假来享"的意思。

"招请到来"的解释，用在金文上通不过去，用在《诗经》上也通不过去。比方《大雅·烝民》的"昭假于下"，《云汉》的"昭假无赢"，《商颂·长发》的"昭假迟迟"，甚至《鲁颂》的"昭假烈祖"，都没有一个能作"招请到来"解的。只有《噫嘻》的"既昭假尔"，是可以作"招请到来"解的。但一个时期的习惯语，应有一定的意义，绝不能这里是这样意思，那里又是那样意思。如果他处的"昭假"都不能作"招请到来"解，那《噫嘻》的"昭假"，还是仍然照当时习惯语一般的意思解释为好。如果在几千年下给与另外一种解释，那恐怕是自己的意思，而不是当时的意思了。

其实"昭假"一词，或两字分开用，或两字合用，在《诗》《书经》及金文中，都极普通，并没有什么神秘。究其意义，戴震、马瑞辰的解释——"精诚显达曰昭假"，或"精诚表见曰昭"，"贯通所至曰假"——本来正确（另外，《逸周书·谥法解》，"圣闻周达曰昭"，蔡邕《独断》，"声闻宣远曰昭"，解昭字亦极好）。如果以现在的话说，只是说某一方面的精神诚意达于另一方面，即是"昭假"。这个"昭假"，"人对神昭假"也可以，"神对人昭假"也可以，"人对人昭假"还可以，《诗》《书经》中都有这样的例子，原没有限制，即戴震、马瑞辰的解释,也绝没有限制的意思。只是憩之先生一解释,才把它限制住,只许“人对神昭假”,不许“神对人昭假”,“生人对生人”也“是不能用的”。这一条法则,我们要弄明白,这是憩之先生自己定的,在当时的用语上,却没有这条法则。因此我要大胆提出,我们对《噫嘻》诗的解释,不能受憩之先生这条法则的限制。

其次,憩之先生指出对《噫嘻》的解释,再一个问题是在“尔”字上起了纠纷。其实,这个纠纷也是人为的,本来可以没有。现在对以前的纠纷且不说,只说憩之先生和郭沫若先生中间的纠纷。憩之先生以为“尔”是指成王,郭先生说“憩之先生把《噫嘻》的尔字解为成王,这和古人用字的惯例不合,一个成王不能称为尔”。郭先生以为“尔”字只能作多数用,所以把《噫嘻》的“尔”字,总是释为“你们”。但其实郭先生这个断定也是自己负责的,并不符合当时的事实。在《诗经》中,“尔”字用作单数的例子很多,如《大雅·崧高》是尹吉甫作周宣王封申伯的诗,其中四个“尔”字,都是指申伯个人。如说“锡尔介圭,以作尔宝”,“因是谢人,以作尔庸”,“我图尔居,莫如南土”。这都是对申伯个人说,绝不是多数。《大雅·江汉诗序》说是尹吉甫美宣王的诗,其中有宣王和召虎的对话。如说:“无曰予小子,召公是似,肇敏戎公,用锡尔祉。”又说:“厘尔圭瓒,秬鬯一卣,告于文人。”这都是周宣王对召虎说的话,其中“尔”字是指召虎,也不是多数。这都是最明显的。其他如《小雅·节南山》“赫赫师尹,民具尔瞻”,这个“尔”字指“师尹”,“师尹”当然只是一个,不能是多数。《小雅·巧言》:“既微且尰,尔勇伊何!”这是骂一个患有恶疮且肿了足的人,说尔有何能!因为这个人曾造谣言害过这位诗人,“尔”字是指“既微且尰”的人,这个人是单数,不能是多数。俱如此类,像这样我们在《诗经》中可以举出许多来,“尔”字在古文,何尝是都“用作多数”呢?不过这一点关系不大,我们只是要把它弄明白罢了。

关系重大的是《噫嘻》中的“尔”字，究竟是代表什么人的问题。憩之先生以为“尔”是指成王，沫若先生以为是指周室的先王先公。在这里，表面上憩之先生和沫若先生好像不一致，其实大大不然。我们要晓得，对这一篇诗的解释，沫若先生和憩之先生对两个主要问题——“昭假”和“尔”字——的解释本来不一致，但沫若先生却称道憩之先生的解释是“完全正确”的，其原因就是因为他们两位对《噫嘻》诗中所泄露出来的土地所有制，看法却是一致的，都看成是奴隶主所有制，是公社所有制，这样，周代的社会就只能是奴隶社会，而不能是封建社会。为什么这样说呢？因为不管“尔”字是代表周成王也好，代表周室的先王先公也好，他们都是周室的国王，根据《噫嘻》诗，只要能证明土地是国王所有，其他人没有私有土地，那周代就是奴隶社会而不能是封建社会了。郭沫若先生说，《噫嘻》“这首诗是很重要的”，原因就在于此。但“尔”字究竟是不是指周成王或周室的先王先公呢？我觉着还不能认为是已经解决了的。

首先，“尔”字在《诗》《书经》中一般的用法，多是上级对下级，或平等相称，如上文所引“锡尔介圭”“用锡尔祉”和最习见的“宜尔室家”“乐尔妻孥”之类，甚或为骂詈之词，如“蠢尔荆蛮”之类。当然有时也有对上级称“尔”的，如“尔公尔侯”之类。但要在祭祀其祖先时，对其祖先也如“蠢尔荆蛮”一样，直斥为“尔”，似乎没有这样例子。憩之先生知道这点，所以译《噫嘻》时，把“尔”字都译成“你老人家”。“尔”字是不是有这样高贵，很值得怀疑。沫若先生也知道这点，所以他把“尔”字译成“你们”以后，赶快加括弧注明是“各位先王先公”。可见“尔”字是表现不出尊贵的意思来的，必须“你老人家”一下或注一下始可。这样又何必呢？何不照它本来的意思译出，为什么要强迫它服从我们个人的意思呢？

这还罢了，要强迫“尔”字代表周室的国王，最不同意的是“亦服尔耕”这句话。这句话本来很明白，是“从事你们的耕作”，“你们”当然是指从事耕作的农夫。但如今一定要让“尔”字代表周室的国王，那就得绕一个大弯子，说“也都是为着耕种你老人家的田地服务啊”，或说“也从事你们所需要的耕作”。请看这里“都是为着”和“田地”的意思从那里来？郭先生加“所需要的”从那里来？如果这样任意加油加醋，那就不是去正确了解原来的意思，而是要原来的诗服从我们的意思了。

最后，解释这首诗，还有一个字必须弄明白，即“率时农夫”的“率”字。“率”字自郑康成以来，都解作“统率”的意思，如笺说：“又能率是主田之吏农夫，使民耕田。”憩之先生也说“率领这些农夫”，沫若先生也说“他率领这些农夫”。以“率领”解释“率”字，原甚普通，固无不可，不过这里有一个问题，就是把“率”字下的“时”字给置之不理了。一句诗满共四个字，无端省去一字不理，恐不妥当。要知“增字解经”固不可以，“减字解经”亦不可以，因为都是有失原意的。“时”当然是指时间，这里的意思是指“农时”，那末和“率”字怎样配合呢？原来《诗经》上的“率”字，一般并不作“率领”解，这要郑康成负责，是他自己弄错的。《诗经》上的“率”字，多作“遵循”解，如《小雅·吉日》“悉率左右，以旧天子”，《小雅·北山》“率土之滨，莫非王臣”，《大雅·绵》“率西水浒，至于岐下”，《大雅·假乐》“不愆不忘，率由旧章”，《周颂·思文》“贻我来牟，帝命率育”，这许多“率”字，《毛传》和郑笺都作“遵循”解，只有《噫嘻》的“率时农夫”，郑笺独训为“率领”，而又省掉“时”字不释，这是不妥当的。其实，若仍按“遵循”的意思解“率”字，那就毫无困难。“率时农夫”按字面直译，就是“遵循农时的农夫”，但这是倒装句，应读作“率时，农夫”，其意为“农夫们，依时……播种百谷罢”（播厥百谷）。这样，“率”字的解释既合了《诗经》中的一般用法，也不至把“时”字无端省掉，这样的解释似乎是符合当时原意的。

根据以上意见，我对《噫嘻》诗的解释如下：

1. 噫嘻成王——“噫嘻”两字，李亚农先生译为“伟大的”，我认为是对的。郑笺释“噫嘻”云：“噫嘻，有所多大之声也。”《正义》为之疏云：“谓作者有所裒多美大而为声以叹之。”这样说来，译为伟大是恰当的。

成王，根据王国维和郭沫若的发现，周代国王生前即以谥为称号，而非死谥，这是一个重要而有意义的发现。《噫嘻》诗的成王，是活着的周成王，而非死后被祭。以《噫嘻》的全篇文意来看，这样解释较合实际。

2. 既昭假尔——“昭假”的意思只是某种精神、诚意表达到对方的意思，无论人对神，或神对人，或人对人，都可“昭假”，这在《诗经》上都有。其例在这里“噫嘻成王”以下，紧接着“既昭假尔”，照字面释，就是成王的某种意思明白（昭）宣达（假）于“尔”，以后世的话说，就是“明谕尔等”的意思。

“尔”字指农夫，《噫嘻》的三个“尔”字，皆指农夫，不能指周成王或周室的先公先王，已见前。

3. 率时农夫——即是命农夫们按时耕种的意思，此应系周成王明谕之词，也就是所“昭假”的内容。我疑惑《噫嘻》这首诗当系周成王举行“藉田”典礼对农民们讲的话，由诗人把它编为此诗。《国语·周语》记虢文公讲述藉礼时说：“稷则遍诫百姓，记农协历。”可见当时是要“遍诫百姓”的。此诗正系引述周成王的讲话，以“遍诫百姓”之词。虢文公又说，藉礼举行后，“民用莫不震动，恪恭于农，修其疆畔，日服其镈，不解于时”，又说“三时务农，而一时讲武”，可见农时是顶要紧的，所以这里首先说“率时”。

4. 播厥百谷——此句应与上一句相连,皆周成王明谕之词,即"农夫们,依时播种百谷罢"!

5. 骏发尔私——"骏"不能释为大,《尔雅·释诂》云:"骏,速也。"岑仲勉先生译为"快些",那是对的。"发"亦不能释为"开发",郑笺云:"发,伐也。"《正义》引"冬官匠人"云:"伐发地,故云发伐也。"是"发"的意思,当为用来把土掘起来,如山西农民所谓"翻地"的意思,这是耕作的第一步。

"骏发尔私"的"私",《毛传》云"民田也",这是正确的解释。经传中的公、私字,公皆指君,引伸之,凡君之事皆称公(但要注意,君不一定指天子,郑玄《仪礼丧服注》云"天子、诸侯及卿大夫有地者皆曰君"),其非君而为其臣下所有之事,皆称私(古代君臣是相对称呼,任何下一级对其上一级都是臣),引伸之,凡属个人之事皆为私。如《诗·周颂·臣工》"敬尔在公",笺"公,君也"。《鲁颂·有驳》"夙夜在公,在公明明",笺"言时臣爱念君事"。《大雅·瞻卬》"妇无公事,休其蚕识",笺"公,朝廷之事"。大率在战国以前,公皆指君,并非"公共"之意。《诗·大田》"雨我公田,遂及我私","公田"亦指"君田",而非公共的田地,因在"大田"时代并无"公共"观念。最近很多人把"公田"释为"公社的公有田地",那是极可商量的。公皆指君,而凡不属君只属臣下的事,皆称私。如《大雅·崧高》"王命傅御,迁其私人",《毛传》"私人,家臣也",指申伯的家臣,因其为申伯所有,故称"私人"。《公羊·昭五年传》"不以私邑累公邑",注"公邑,君邑也;私邑,臣邑也",是君邑为公,臣邑为私。《礼记·曾子问篇》"自卿大夫之家曰私馆,公馆与公所命曰公馆",其意为凡卿大夫家的馆舍,皆为私馆,凡君的馆舍和凡君所命停舍之处,皆为公馆。似此,属于君的为公,属于臣的为私。为什么发生这种称呼上的差别呢?我们可以想见必是因财产的所有权而来。因所有权的不同,属于君的为君所有,属于臣下的为臣下所有,故用“公”(君)和“私”的称呼区别开采。如果不是所有权上有这种分别,如果周代还是公社的公共所有制,那就绝不能产生这两种称呼。

了解了这种区别,就可以确定《诗经》上“私田”的意思。“公田”是君主的田地,那“私田”就不是君主的田地,照《大田》和《噫嘻》的诗意看来,那是指农民的份地。农民的份地固然不是农民所有,但份地的收获物却完全是农民自己的,因此在《大田》中农民有权说“遂及我私”,在《噫嘻》中官吏也可以命令农民“骏发尔私”。这样,君主有自己的“公田”(君田),农民有自己的“私田”(份田),君田是地主经济的基础,份地是农民经济的基础,这就是周代已属封建社会的明征。

6. 终三十里——郑康成以为下文“十千惟耦”,是一万人对耦而耕。一万人的份地应为三十三里又半里,此言终三十里,系举成数言。是此“三十里”皆为农民的份地,故云“尔私”。

7. 亦服尔耕——郑康成据《尔雅·释诂》训“亦”为“大”,此句照字面直译,为“大力从事你们的耕作”,但此亦倒装句,应译为“你们尽力从事耕作”。

8. 十千惟耦——此句近来皆作两万人耦耕解,惟按文义,“十千惟耦”应当是十千人配成耦,即是五千对,郑康成以为正是受三十里田的农民数,当是。

根据以上的解释,《噫嘻》诗的今文应如下:

噫嘻成王——伟大的成王,
既昭假尔——既已明谕尔等,
率时农夫——农夫们,依时
播厥百谷——播种百谷罢!
骏发尔私——赶快掘翻你们的田地,

终三十里——一直掘完三十里，
亦服尔耕——你们尽力从事耕作，
十千维耦——一万人都编成耦。

原载《山西师范学院学报》1957 年第 1 期

山西文华·著述编　梁园东史学论著四种

梁园东史学论集

第二册

梁园东◎著

《山西文华》编纂委员会　编

山西出版传媒集团
三晋出版社

山西文华

《中华二千年史》(上册)

近几年以来,无论在学校中或一般社会上,无不感觉没有一部中国通史的困难。我们所以急切需要一部中国通史,一方面固因中国史籍过于浩繁,欲了解中国史,在浩如烟海的书籍中,真不知从何看起;而更重要的一方面,是因为中国史籍虽多,但都是些史料的记载,并不能将中国历史演变递禅的痕迹系统的表现出来,就是花了若干精力,把几部重要史籍读了,除过知道许许多多事迹外,对于中国历史的真象,实仍茫然。所以我们急切需要一部有系统、有组织、能把过去中国整个的重复表现出来的中国通史。

最近两三年以来,经几位著作家的努力,已经有好几部中国通史出版,于一般的需要,已可相当的解决,实极可欣慰。这部《中华二千年史》,尤其是新近出版的一种,因为书中的特点,极愿先介绍于读者之前。

本书是著者在北平各大学多年应用的教本,据《叙录》所述,著者经营是书,已历十六七年,前后修改不下六七次。以如是辛勤用力,成此巨著,自属当然。至此书成就如何及体例诸端,作者拟另为文与原著者商榷,此处不暇细述。惟有一点,愿先指出者,即此书实为"史钞"一类,而为最适宜于现在应用的史钞。评此书为"史钞",不知原著者是否承认,然即以"史钞"论,如此书所钞,已自有其价值,已是可供应一般需要,自未稍含他意在内。

此书所钞,全部为"二十四史"材料,涉及他书者仅为极少数。

其所以如此，著者在《叙录》中已行声明，"取材首重正史"，以次始及他书。此意是否，且不必深究，惟著者将"二十四史"材料，凡为我们现在所应知者，都行钞录下来，且按现代眼光加以分类，使我们对于各代政治、社会、文物诸端，可以一目了然，这一点钞录之功，已不愧为袁枢后的一人了！

今试举一例，以见本书钞录之功和我们利用此书的方法。

比方西汉的学校、选举等制度，《史记》《汉书》中并无专传记述，其详乃杂见于各本纪、各列传，我们欲考查当时的教育和选举情形，事实上自非遍检《史》《汉》书中各纪、各传不可，这在没有如此余闲的人，自然感觉困难，但有此书照此目标钞集，凡各纪、各传有关学校、选举制度的记载，都钞集在（编者按：缺了至少26字）……问题的钞录，计包含《汉书》各纪传四十三条，《史记》一条，《后汉书》一条，《通考》六条，《通典》一条，《三辅黄图》一条，共五十三条。这样关于此问题的材料，大都聚集在一起，自可省却翻检的无数麻烦了。又如两汉、三国的货币制度，这在翻检起来更烦难，此本又为我们钞集的《汉书》十一条，《后汉书》三条，《三国志》五条，《通考》二条，《通典》三条，另外又增《日知录》三条，《廿二史劄记》一条，共二十八条，于是亦可一目了然了。

此书既已如是详尽钞录，而另外著者对于研究部门的分类，亦最为详晰，每一代大率都为如下的分析：一世系，二初兴经过，三疆域，四制度，五对外关系，六一般政治，七社会状况。于此分类考查下，每一类下复有过细的分类，如于《两汉三国之社会》章下，第三为风俗，其子目为：一西汉游侠与东汉气节，二奢侈之风，三嫁娶，四丧祭，五服饰，六饮食，七家族，八奴婢。每代政治社会状况，都如此详晰的分类，然后按类钞集其事实，使读者对各方面都可一览靡遗，这于一般读者实在再便利没有了！

所以仅就此"按现代眼光分类钞集二十四史材料"一点而论，其成就实已甚大。读者若无暇多看书，而欲悉知正史上所载材料的，读此书最为相宜。钞书善者，荀悦《汉纪》而后，袁枢《通鉴纪事本末》最为名家，吾敢请以此书足之而三，虽然此书目的固不在钞书，但其他成就，当在别论。

原载《出版周刊》1934年新102号

中国古代经济研究

中国古代的经济，究竟是一种什么样的构造或关系呢？

近来颇有人把秦汉以后的经济状况，分成数个形式，比方从两汉到魏晋，魏晋到唐，唐到宋元，以至于明清，都显然各为时期，认为有根本的区别。这种划分，就是说中国古代自秦汉以来的经济情形，是曾经过许多变革的。这种变革是不是有过？要研究中国古代的经济，似非先把这一个简单的问题弄明白了不可。

这一个问题，我认为极简单，我们只要提出极普通的几点，即可明白。比方，从秦汉以后到明清间，中国的农业是不是有长期的特殊衰落时期？在另一方面是不是再有长期的封建割据时期？中国的商业是不是从某一期间已继续发展增高？或者在某一期间尚是极幼稚、极初期的状况？中国的工业是不是随着发达时期的商业而同样发展起来？同时以政治形态来说，自秦汉以后是不是有一长时期，永久脱离专制君主的统治而仍保有封建式的骚乱？抑或已经为社会的真正组织代替？

像这样的举下去，还可以举出许多，即就这几点说，我们已很可以断然说，无论任何时期，都没有以上一个情形独立存在的期间，而乃完全是交互存在的。比方历代的农业形态，永久没有脱离了地主的兼并，《汉书·食货志》所载的是如此，《宋史》《明史》所载的也是如此，而且虽到了民国二十三年的今日，若到内地考查去，也还是如此。农业有时候是被商业资本的侵蚀衰落了，汉代也有，唐代也有，宋代也有……但是永久没有把农业的基础构造改变了形式。历代都有封建，都有封建式的割据，但是历代也都有专制权力极高涨的时期。任何人不应把两晋六朝看成封建，因为两晋以前那样强有力的封建诸侯，西汉初也存在过，而且到了元代明初，虽到了最近，也仍然存在。但是在另一方面，虽在封建割据时期，也都有权力极高的专制君主，唐太宗的专制并不下于宋太祖、明太祖，而汉高帝、汉武帝的专制，也不下于晋武帝、唐太宗，你能说哪一个才是真正专制君主，而另一个是名义上的封建领主呢？宋元时代的商业固然很发达了，但是我们看《史记》所载秦汉间商业资本的势力，他在社会上的作用，不惟不下于宋元时代，即和现在的状况又差多少呢？你能说宋元时候才有商业资本的作用，而秦汉间就没有么？秦汉间固然没有钱币，但是钱币的需要是极通行的，宋元时代有钱币了，然而“所在郡县，皆以物货相贸易，公私所积之钱，遂俱不行”（《元史·食货志》），你能说宋元时代就已是商业资本主义的社会么？假使宋元时代已经是商业资本主义社会，那末又经过了一千年的今日，就不应尚是封建性质极浓厚的时代。至于工业，那更是显然易见了，工业技术，工业组织，永久没有脱离了家庭手工业的形式。

中国人的历史观，以为历史是循环的，这是很老实的话，因为中国的历史确是循环的，从秦汉到明清，没有绝无封建割据的时期，也没有君主不极力专制时期，没有毫无商业资本的作用时期，也没有商业完全支配农业时期。中国历史的公式乃是：农业生活安定，地主势力稳固，专制君主的权力亦必巩固，在地主安定的生活下，促进了商业的发达，由商业资本的侵蚀作用，腐坏了农业的生活，促成社会的破裂，演成州牧藩镇的割据。这种地主、商业资本家、君主、割据军阀，是中国历史上时时有的元素，其势力互为消长，绝没例外。

假若不顾前后代的历史现象,也不顾其间相互的因果关系,而贸然根据一个期间的变态现象,把他当成经常的事实,那就表面难以为过细的分析,分成许多变革时期,其实是一种误解。

那末,中国的经济究竟是一种什么构造,为什么永久是这一种交互出现的循环现象呢?

中国古代的经济是一种半封建的构造,是一种以农业为基础的商业社会,惟其以农业为基础,所以绝对不是一个纯粹的商业社会,他包含有极浓厚的封建势力,惟其因为有商业,所以绝不能仍旧保存农业的纯粹封建形式,假使取消了任何一方面,不会成为中国特殊的秦汉以来社会。

秦汉以后商业的发展,是谁都不能否认的事实。远在秦汉间,他已有极多的在社会上极占势力的商业资本家,到处都有商人聚集着小规模的城市,农村间时时流露被商人压榨的呼声,商业的组织,商人的活动,商业的税收,历代都是在增加扩大,以至于到唐宋间居然有“飞钱”的通汇组织出来。

但是商业虽然是早已发展了的,然而却有一件极重要的事实,即商业活动的基础,却完全建筑在农民身上。商人的商品,完全是由农民供给,米谷、丝麻、布帛、蔬菜、果实、牛羊鸡鸭,以至于竹木、油酒,都是直接或间接由农产物制造出来的。同时商业的市场,尤其以广大的农村为主,走贩、赶集、叫卖、村镇店铺,都是随著农民的分布而活动。而且商店的资本,往往都是地主的积蓄;商业的经营者,亦往往都是地主的子弟;商业上的赢余,又往往是流通到农村间,或投资土地,或放高利贷。一切这些都能说明商业是依赖农业而存在的。

因为这种原因,所以中国从无伟大的工业发展。在社会上流通的商品中,虽然也有许多工业品,如各种工具、纺织品、奢侈的工艺品等，但是除过后一种外，前两种几亦全是出在农村。各样工具的制造或布帛的织造，几全是农民的副业，虽就是出产绮罗绫锦等最盛的地方，在从前亦无不倚赖农业家庭的工作，专门开工厂织造的，除过皇室中偶有一二外，在社会上绝不普通。只有奢侈的工艺品，如装饰玩具等，有专门制造的，其为数之少自可想见，因为其销场只是少数的贵族阶级，绝不是普通所需要的。此外再有一种"坑冶"工业，在唐宋间已颇发达，但因为并不是为制造机器的原故，其需要之少，在小规模的开采下，已极足用。大生产的工业制度在古代中国绝没有例可举，原是很昭然的。

工业的不发展，正是因为商品的供给全赖农村的原故。商品的供给既全赖农村，其市场又全赖农村，这种现象下的商业，就是以农业为基础的商业。

因为商业的基础在农业，所以历来社会上占支配地位的，是地主而不是资本家，在农村而不在城市。因为掌握支配权的是农村的地主，所以中国的社会永久还保存着极浓厚的封建势力，所有的思想家，亦都服膺于古代的封建意识，而不能脱其羁绊，因此，"重农轻商""民以食为天""劝课农桑"，"重租税以困辱商人"，是历代唯一的经济政策，文武周公，孔子孟子，是中国万代不易的圣人，一切这些也都是显然的。

在这种受地主支配的商业社会，以农业为基础的商业社会，而同时也是已有商业资本势力的农业社会，需要商业流通交换的农业社会，即是我所谓"半封建"的构造，或者有人高兴时，把他视为"半资本主义"的构造固亦不妨，但是若认清其真正占支配地位的是农村间的地主说来，那末视为"半封建"当更合理矣！

原载《大夏青年》1934 年创刊号

中国经济史研究方法之诸问题

第一信

希圣先生：

多年未通消息，东在沪宛如过沙漠生活，除上课时间能碰到面孔外，其余大都寂寂一天，而心烦事烦，想读的书总无暇来读，如《食货》早已看到，直至现在始能趁春假将八期一并读完，极为快慰！执笔诸先生搜讨之勤，排比之精，尤所心折！惟弟颇有一疑问，即经济史迹，是否能单看经济史料而得其实？自《读书杂志》论战以来，弟深觉无良好通史之失，而感通史研究之重要。即如两汉魏晋之社会，有人抄上两汉奴隶发达现象，即以为系奴隶社会，另一人抄上商业发达现象，又以为系商业社会，似此各不相谋，正如瞎子摸象，人人自谓得真象，殊不知只一腹一足！又如魏晋间现象，吾人只注意其“部曲”“质任”及“堡垒”等事实，即以为系封建社会，而不注意这些事实之在汉代的情形，和其他文化部门相关连的情形，亦何尝是真象？弟以为吾人虽无良好通史，然研究时急应为通史的观察，因有许多情形固非由经济状况了解不可，而经济状况亦非由其他文化制度对比观察不能了解之，因此弟对《食货》颇有一点意见。《食货》系专攻经济史刊物，最好对历代经济史实纯为客观的整理叙述，不必急为论断。近见《中华二千年史》有叙述汉代封建制度一节——其标题为“恢复封建”——极可为模范，该书尤其是中册，疏略残缺，直不免幼稚，然整理汉代封建一段实甚好。假使专攻经济史的友人，都能照样将各代经济状况纯为客观的叙述，使其特点及演变明白表现出来，其为用实比各执一端为无谓的争论、辩驳为好，不知先生以为如何？

多年未晤，因读《食货》快感之下，书此聊代声问，顺颂著祺！

弟梁园东顿首　四月一日

希圣注：我回信的大要是说：经济史的研究不能全仗经济史料，但也不能全离经济史料。又通史的研究，经济史是其基本工作。

第二信

希圣先生：

复　教奉悉，东前函所言，实一方法问题，非谓先生之部分工夫有何可疑，倘不从部分入手，又焉有他法进行通史？况吾人现在感想，实觉经济史之了解，尤较通史为要，为应在先，特微意所在，以为在专攻经济史时，似必须同时具有通史之眼光与方法，然后始能对经济史迹为正确了解。比方两汉之奴隶，若不注意相关连之其他事项，自必认为奴隶社会，同理，若只注意其他方面，而不注意其时之奴隶制，又必释为他种社会，但若用通史眼光，并合各种文化形态观察时，则对其奴隶，对其商业资本，等等，必又可有他种结论，弟以为必此种结论始似乎近真也。然吾人目标仍在了解其时之经济方面，是专攻虽在部分，而方法与眼光，须赖通史，此微意也。弟之为此言，实因自身有数疑点而发，谨愿质之高明：

（一）最近论者因对魏晋以降之庄园制、僧侣阶级、农奴制、特权阶级等，多有发现，遂以为魏晋以降为封建社会，但何以处周末以来之社会？论者以周为氏族时代、两汉为奴隶时代解说之，但周代固有无数氏族团体，然其间之关系，岂氏族时代应有之现象？况周代有贵族身分之诸侯，贵族且为层层之等级，臣民与领主间之仪式及契约（如委质或质人所掌之质）等等，又将何以处之乎？岂此种现象亦为氏族时代应有之现象？倘此种现象无以名之，则吾人又何能以魏晋间之同样现象为封建社会呢？

（二）两汉奴隶之发达固是，但奴隶社会构成之条件应为何？奴隶社会应有之其他生活形态又为何？若必须如两汉时代之一切，始为奴隶社会之典型乎？若然，其他且不论，吾人今所见甲骨文中包含之庞大奴隶组织，又将何以处之？

（三）魏晋以降之封建关系，固逐处可以找到，但封建时代是应有广大的"俸给"生活者？亦应有颇严密的集权组织？而且不应有受封建的诸侯王？汉代已有工钱劳动，当然有典型的资本主义剥削形式，他的军队已有一部分出于招募，我们如以魏晋以后才渡到封建社会，又将何以处这些事实？

（四）但假若不是——周非氏族，汉非奴隶，魏晋以降非封建——那末又将何名处置他的奴隶，他的农奴、武士？

此诸疑点，聊就一时想起者拉杂写呈。弟近年为知识上必要，力求为他方面之补充，于若干新论文，少所研读，所有疑难，实恐都为不成问题之问题，幸先生有以教之。《食货》在大夏为最风行之读物，大夏出有《历史社会论文索引》，对《食货》论文几无篇不索，可见同学等之爱好。以后倘能将性质相近文字，汇本单行，实最善也。匆匆拜复。

顺颂　著祺！

弟梁园东顿首　四月二十三日

原载《食货半月刊》1935 年第 2 期

家长制家族下的自然哲学

中国古代夏、商、周间的历史，正是一种慢慢发展、逐渐完成的封建社会历史。在这种时代，以政治形态说，是有许多大大小小的封建邦，由封建制度隶属于一个最大的封主天子之下；以血统关系说，是那许许多多子子孙孙，由宗法制度隶属于一个最高的家长或族长之下。总而言之，这种时代，无论政治上或社会上，总是层层的等级，互相隶属，而最后必统于一个共主——天子或家长——的。

这种构造，在传说的夏、商、周间各种史迹上，随便都可以看出来，而尤其是由这种构造反映出来的意识，无论哲学的、道德的思想，都表现的很明白，现代即以哲学来说。

从古以来流传的一部古书——《周易》，人常以极神秘的眼光视之，其实说穿了，毫不神秘，他不过是把商周以来那种社会状况，同样来解释天地万物，以人的构造，说明宇宙的构造罢了。按学术观点说，《易经》的确是代表古代哲学思想的一部好书，假若把后世一切离离奇奇的解释，都撇开勿顾，这部书确是可以重视的。

《易经》上以说明的宇宙构造是怎样呢？他有三个根本观念，可以代表《易经》哲学的主体。

第一，他认定宇宙万物都统于一，即“太极”，如说：

易有太极。

第二，认定宇宙万物皆由太极而生，由少生多，由简至繁，生生不已，这种“生生不已”，即是“易”，如说：

太极生两仪，两仪生四象，四象生八卦。

第三，一切万事万物，都是取法天地这种变易，取法其现象而产生，如说：

易也者象也。

所谓“易也者象也”，即是说取象天地这种生生不已的变易，而产生人类社会的种种事物，也就是易。所以《易经》的易，包含两层道理，一层是生生不已的易，一层是取其象而加以变化的易。《易经》里边这个“象”字，并不能和“观念论”者（Idealism）所指的“观念”（Idea）一样讲。胡适之先生即尝作这样解释，他以为《易经》的“象”，即当于柏拉图（Plato）的所谓“法象”，柏拉图的意思即以为宇宙间先有一种法象，然后由此种法象产生种种物体（matter）。胡先生以为《易经》的“象”，也是这个意思。但以我们看应全然不同，柏拉图的法象（即Idea），是宇宙间只有一个，是永久不变的，法象就是宇宙的本体，宇宙万物是由这个法象即本体中产生出来的，好像热力和光力由太阳中产生出来的一般。但《易经》中的“象”却并不是这个意思，《易经》的“象”并不是认定有一个固定的法象本体，并且宇宙也并不是为一个本体的，他只是时时变易，时时在产生，他的产生虽是“一生二，二生三，三生万物”，但是此所谓“一”，并不是指一永久不变固定的事物，如柏拉图的Idea一般，而只是代表原来最简最易的本原说罢了。宇宙既是一生二，二生三，产生出万事万物，然后由人“取象”，这种产生变化，也同样产生人类社会的事物。所以这个“象”，只是“取法”的意思，应作动词解，而并不是如柏拉图把Idea认成宇宙永久不变的本体解。柏拉图是一种以Idea和matter代表宇宙两面的“二元论”（Dualism），而《易经》中却并没有这种二元的见解。所以《易经》中的“象”的观念，只是教人效法天地的变易现象而也变易罢了，他是着重在“效法”，而不是着重本体论的。

以上这三种根本观念：（1）天地万物是统于一的；（2）天地万物是由一逐渐逐渐产生的；（3）人应当来效法这种变，效法天地间的现象以产生人的现象。这三种观念实是《易经》哲学的基础。

《易经》的这三种观念，对宇宙现象这样的解释，是怎样来的呢？我们只要稍为一加思索，即可知其全系由他们那时实际的社会构造反映出来的。

第一，因为他们那时看见，无论在政治关系或家族关系上，都有一个最高的共主，或最原始的始祖，他们自己都是由这个共主或始祖产生出来的，所以就以为天地万物必也是有这样一个共主或始祖统驭一切。这个天地万物的共主，或称以“上帝”，或单称以“天”，而《易经》上却不加任何宗教色彩，只给以一抽象的名称为“太极”，这是《易经》思想有价值的地方。

第二，他们又看见，他们自己、他们历代的祖父和他们全族的人，都是由他们的始祖传演下来的，而且其传演，当然是先少后多，一生二，二生三，子孙们慢慢繁殖起来的，于是反映到宇宙的构造上，也以为天地万物是这样来的，所以就有了“太极生两仪，两仪生四象……生生不已”的观念。

第三，他们又看见，他们自己和其全族的人，都是受他们的共主或始祖统驭支配，他们一切的生活，都是由其共主规定好的，他们应当服从长上，应当“上行下效”，于是自然就产生了“易也者象也”的“象效”观念。

我们这样地对照一观，就显然可以看见《易经》的哲学，明明白白是家长制家族时代成逐渐完成的封建社会下，自然反映出来的意识了。

原载《大夏青年》1934 年第 1 期

中国古代的教育观念

一

历史上的事情，一时代有一时代的特点，绝不能相同，尤其在数千年以前的古代和数千年以后的现在，无论在任何方面，都更不相同。研究某时代的历史，必须设身处地，了解了某时代的生活真象，才可以了解某时代的历史，否则以今释古，或以古论今，必生出多少错误而不自觉。

中国的古史，到现在仍是一篇糊涂账，其所以永是糊涂的原故，固然很多，但研究历史的人，并不能真正懂了古代的生活，实是其绝大原因。他且不论，即如古书上所载的古代教育，有的人认他是一部分人的理想，非古代真有过的制度，也有的人认定是实有过的，从而说明古代文物制度的完备，实不下于今。这两种说法，看似不同，其实是同样的错误，同样是以现在的教育观念解释古代所谓教育，于是在前一派人，以为古代知识简陋，那能有如《王制》《周礼》等书上所载的极完密的教育法呢？而在后一派人，却以为古书的记载，未必全是向壁虚造，那末自可证明古代的知识程度已经很高，所以教育的组织能有那样完备！但其实古代所谓教育，却并不应拿现在的教育观念解释，其所谓教育，和现在学校制度之下的教育观念绝不一样。

二

首先，古代的教育，绝不是传授知识的，因为我们现在所谓知识，在古代固然不是没有，但他却绝不传授。所谓不传授，是说他绝不如现在一样，设立教育机关，专门来传授那时所有的知识。古代的知识，都是为特殊的一个氏族或一阶级所专有的，绝不外传，在他那个氏族或阶级以内，固然要传授，但也绝没有什么教育机关来传授。关于这一点，汉时刘歆的“诸子出于王官论”，即颇是了解这种情形的说法。近来胡适之先生对刘歆此说，极为反对，其实是胡先生没有了解了刘歆所以不得不为此说的原因。古代的知识是为一氏族或一阶级所专有，这一点很明白。古代社会最有权威的巫医，或说僧侣阶级，都是这种专有知识的氏族或阶级。埃及的祭司、印度的婆罗门、犹太的士师和欧洲中世纪时的教会，都是这种人。他们所有的知识，以现在看起来，都是宗教事项，但并那些宗教事项，却正是古代唯一的知识，比方对于天地的解释、神的教义、每个氏族的神话或医病的方法、吉凶的推断等等，那是古代生活中必要的知识，这些知识，都是为世为巫医的人专有，不惟一般做奴隶的人没有资格来学，即如印度的刹帝利，他们也只有政治上的权威，若关于这些知识上的指导事项，也只有请教巫医。有的社会里，有知识权威的巫医，同时也是政治上的领袖，如壹斯基摩人（Eskimo）即是如此，犹太的初期也是如此，由士师兼做最高领袖。他们除用命令的方式令一般被支配的人怎样怎样做外，绝不把所以然的道理告给人，这是一切原始社会都同的。

在中国古代正是如此。如羲和世为历象之官（传说黄帝时已有羲和，尧舜时也有，夏代也有），“重黎氏世序天地”（《史记·自序》），而最明白的莫过于司马迁叙述历史知识的专有，《史记·自序》说：

> 昔在颛顼，命南正重以司天，北正黎以司地。唐虞之际，绍重黎之后，使复典之。至于夏商，故重黎氏世序天地。其在周，程伯休甫其后也。当周宣王时，失其守，而为司马氏。司马氏世典周史。惠襄之间，司马氏去国适晋……自司马去周适晋，分散，或在卫，或在赵，或在秦。

历史的知识是这样的世守，其他的知识正都类是。其实，在古代并不单只知识是世守，其他的技术无不是世守，如长于工事的共工氏，长于农业技术的后稷，都是世其业，正如《管子》所载："士之子恒为士，农之子恒为农，工之子恒为工，商之子恒为商。"这种世业，正和世禄、世官、世卿等一样，是古代很平常的现象。知识上的事项，在古代也可说是种"业"，也可说是种技术，所以同样也是世守的。

知识既是世守，所以刘歆说诸子学说皆出于王官，因为世守的，大都是王室官吏，正如《左传·剡子》所谓"为民师而命以民事"，后来经过种种丧乱，尤其在春秋、战国间，社会的阶级层起了很大的变化，那些有世守的贵族、世卿，或说王官，都夷为平民，其专守各种知识的巫医，遂流布到普通社会上，变为诸子。我们试看诸子的所以称"子"，正含有这种意义。"子"的名称本是对于贵族子弟的尊称，如王子晋、公子小白、公子重耳等类，他如各国的卿大夫，亦本为贵族子弟，故亦称子，如季文子、孟敬子、韩宣子、魏献子之类。那些诸子百家的"诸子"，其先人本是贵族，现在特权都已消灭，而一般人因为他们都是有来历的，一时尚不敢以平等自处，故仍以"子"尊称之，以后遂成了一般学者的通称。如果不了解这种原委，那就以训"子弟"的"子"，而为有学问的人尊称，岂不是很奇怪的么？所以刘歆说诸子之学皆出于王官，本是极了解古代生活的话。不过这只是一种演变的原委，却不能当为传授的系统，刘歆虽明白这种演变，然而却拿汉代经生的“家法”观念解释他，以为由“士官”到“诸子”，也如汉代的经生一样，是一脉传授下来的，遂说“阴阳家者流出于羲和之官，名家者流出于礼官，墨家者流出于清庙之守”云云，这却是错误的。而最近胡适之先生又拿后世学术史的眼光解释，以为根本没有诸子出于王官的这回事，其实也是错误的。要了解古代所谓教育，必须先明白古代知识专有的事实，才不至有以后世观念解释古代的错误。

三

古代的各种知识学问，既系专有，既不外传，那又何以有所谓教育呢？他所谓教育是教育些什么事情呢？其实那时的教育，并不是教育，实在只是些政治的、法律的事项。古代社会简单，并没有如后世较繁的政治事务或法律条文，其政治、法律事项，都包含于所谓教育中。所谓教育，即是政治的实施或法律的执行。《周官·大司徒》施十有二教，其十二教乃是：

> 一曰以祀礼教敬，则民不苟；二曰以阳礼教让，则民不争；三曰以阴礼教亲，则民不怨；四曰以乐礼教和，则民不乖；五曰以仪辨等，则民不越；六曰以俗教安，则民不偷；七曰以刑教中，则民不虣；八曰以誓教恤，则民不怠；九曰以度教节，则民知足；十曰以世事教能，则民不失职；十有一曰以贤制爵，则民慎德；十有二曰以庸制禄，则民兴功。

这十二教，以后世眼光看来，都是政治事务，而却说是“教”，比方“辨等”“制爵”“制禄”“刑教”“誓教”，都只是纯粹的行政事项，一如后世的定官阶、设品位、施刑罚等事，与教育直毫无关系，而古代却以这些政治事项的施行就是教育。又如“以俗教安”“以世事教能”，所谓“俗”，所谓“世事”，是各地的风俗习惯、职业技能，政府令人民各安其俗，各守其职，是政治上当然的结果，而也说是教育。又如“祀礼”“乐礼”，大部分是宗教事项，按后世教育观念说来，应当是教人如何祭祀、如何奏乐，才是属于教的范围，而祭祀与乐舞的本身，不包含教育意义，但古代却以“祀礼”的举行、“乐礼”的举行，其本身即是教育，其所谓“教”，并不是指教人以祭祀或乐舞的方法言。从这几点看，就可知道古代所谓教育，至少是和我们现在所有的观念完全不同。“十有二教”的所谓“教”，以正确观念释来，只是管理的意思。所谓“以祀礼教敬”，不啻是说以“祀礼”治理人民，则人不苟；“以刑教中”，不啻是说以刑罚约束人民，则人不敢犯法。必须作这样解释，才可以了解古代为什么把行政或宗教事项也当成教育的原故。

惟其因为古代所谓教育，只是政治、法律事项，只是管理、约束的方法，所以对于“不受教”的，就有极严重的处罚。《王制》载“司徒修六礼以节民性，明七教以兴民德……简不肖以绌恶。命乡简不率教者以告”：

> 耆老皆朝于庠，元日习射上功，习乡上齿，大司徒帅国之俊士与执事焉。不变，命国之右乡简不帅教者移之左，命国之左乡简不帅教者移之右，如初礼；不变，移之郊，如初礼；不变，移之遂，如初礼；不变，屏之远方，终身不齿。

这种“屏之远方，终身不齿”，是古代最严重的刑罚。比方尧时的“四凶”，最后的处置，也是流于远方。因为愈在古代，个人的单独生活愈不允许，若被逐出于其族类以外，自必感受极大的痛苦，所以流徙的罪，愈在古代实愈严重。今以一个“不率教”的人，按后代的教育观念说来，绝不应受这样严重的处罚，但是确有这种定制。其所以必如此，实乃因所谓“不率教”，并不仅仅是一个“不聪慧”或“不苦修”之谓，实乃是不受约束、不服王化，所以要屏除于这个社会以外。正好比现在学校的学生,违犯校章,要受学校的开除,那时国家也是执行这种权力。但是现在一个触犯校章的学生,若非并犯国家的法律,就绝不会受国家的裁判,但在古代“不率教”的,却是受国家最高的处罚。这就是说明所谓“不率教”,并不仅仅是不受教育,实是不服从国家的统治,所以就须“屏之远方,终身不齿”,可见所谓“教”,实是现在的政治、法律,那时的教育,实是带有极浓厚的法律性的。

此外更有极易看出的一点,即是当时虽处处说教,而却没有特设的教师,若必欲指出其教师,却只有官吏,而且几乎所有的官吏,都可当作教师看,从这一点说,就更可知道古代所谓教育,不是教育。

殷周间的官制,虽不必悉如《王制》《周礼》所载,惟合各书所述,似必有三公、九卿等名目,《王制》谓:“天子三公、九卿、二十七大夫、八十一元士。”其三公的名称,今古文家说法不同,《韩诗外传》谓指司空、司马、司徒,《周官》谓指太师、太傅、太保。九卿亦无明文,《周官》举有六卿,为冢宰、司徒、宗伯、司马、司寇、司空。三公是统率百官的,冀所职掌,各有分别,《太平御览》引《尚书大传》云:

> 百姓不亲,五品不训,则责之司徒;蛮夷猾夏,寇贼奸宄,则责之司马;沟渎壅,遏则水为民害,田广不垦,责之司空。

但其所职掌,虽有分别,而实都包含在“十二教”以内,即其性质上都是教职,《王制》谓:

> 司空执度度地,居民……修其教不异其俗,齐其政不易其宜……民咸安其居,乐事劝功,尊居亲上,然后兴学。司徒修六礼以节民性,明七教以兴民德,齐八政以防淫,一道德以同俗……司马辨论官材,论进士之贤者以告于王而定其论。论定,然后官之;任官,然后爵之;位定,然后禄之……

这些事务都包含在所谓"十二教"以内,以明其所职掌的都是教。这个不惟可以说明那时所谓教育,正只是官吏所执行的职务,而且可以明白,在当时的教育观念下,并没有专为施行教育设置的师资,所有的官吏,实都就是教师。官吏的职掌既是教职,其本身又是教师,要"作教化民",从而可知那时所谓教育,实在就是政治了。

本来教育的意义,虽就是在现在,若严格说来,也应当是统治阶级的一种工具,不过,在古代尤其显著罢了。至于《王制》、《周礼》、《周官》、《尚书大传》、大小《戴记》各书所载,师氏、保氏、司乐、大胥、小胥、诸子等职掌,庠、序、校、学、辟雍、瞽宗等名称,以及大学、小学的分别等,都只是施行管理方法上的不同罢了。昔俞正燮论《王制》《周礼》所载"乡兴贤能之法"有云:"说者引唐事以况宋,已为不达,况引周事以绳明'选举',经义益荒,援据失谊矣!"选举本是汉以后制度,若以周制有选士法,遂以之当后世的选举制度,在说经即为"经义益荒",在论事即为"援据失谊",吾人于古书所载"教育",亦应同此看。

原载上海《教育研究》1933 年

唐代的学校

我们常怪学校中的青年都以做官为目的，学校不啻是求官的门径，因此慨叹中国的教育，只是官僚化的教育。这种批评，固然深中现在学校教育的缺点，但其实，现在的学校教育，应当已好多了，若从中国历史上看，则历代的学校制度，几乎没有不是为专门培养官僚而设的，从国粹的教育精神、教育宗旨说，培养官僚，正是中国教育的特色，又那里能怪学生的只以做官为求学的目的呢？

按中国历代学校制度，都大同小异，最高的有"国子学"或"太学"，好比现在的中央大学，各地方郡县乡里，亦都有郡县乡里学，也都是由中央政府命令各地方办理的，好比现在各省县的公立学校。若说学校制度发生之早和教育的普遍，在世界史中，中国是可以坐第一把交椅的。但唯一问题是中国这些学校，是不是真正能尽教育的责任呢？教育的责任是什么？这在我们现在是时时可以成问题。但在中国历代，学校数量虽尽管多，教育虽尽管普遍，但为什么要有教育，这是不成问题的。因为中国的教育哲学家，早给教育定了一个放诸百世而皆准的定律：教育就是为"作教化民"或"作育人才"。"作教化民"的结果，是"教化大行""刑措不用"，否则是"不率教"，"不属王化"，即应"投之远方"。这种定律明白说来，即是说教育是一种管理方法，欲管理，必教以某种规则，人人能合了上边所教的规则，即"化"。因此旧日对于"学"字，亦有特殊训释，"学者效也，效法上之所为也”。以学训效，我们现在绝对不会了解，但在古代的教育意义，确是如此，教的目的就是要人效法，若不效法，就根本失了教育的意义。所以古代的教育虽极普通，历代政府都用全力推广提倡，而他们的用意都一样，都是要人来学习他们所定的规则，受他们的管束。

中国教育的第二个意义，是“作育人才”。汉高祖说：“贤人已与我共平之矣，而不与吾共安利之可乎？”历来的“选贤与能”，“开科征士”，无不是为这个目的。汉唐以来都各视所需，明定科目，令人选习，再加以考核，以备录用。历来学者所致力的学问，全都是政府要的什么，就学什么。《儒林外史》马二先生所说“举业”一段话，直丝毫不差。其有能脱出政府所要以外的，只有魏晋间的清谈家、唐宋间丛林中所学及清代的汉学家等少数人士。所以中国的古训，是“学而优则仕”，要不也是“学以致用”。所谓“致用”，也只是“应国家作育人才之至意”，以“平治天下”为目的，至于“雕虫小技”，也在所不屑为。所以在中国传统教育制度下的学生，除做官，做政治活动外，不会有其他出路。

中国的这种传统教育思想，原不待证明。不过研究历史的人，通常往往堕于俞正燮所谓“以今释古”的毛病，一见所谓“教育”“学校”，即自炫于中国文化的发达。其实中国历史上的教育，直等于无用，所谓学校，究其实不过是一种政治机关罢了。中国古代学术的所以能保存至今，未至全行湮没无闻，实赖历来的私家教授，非然者，照汉武帝的做法，百家早罢黜了，我们又何能知道春秋、战国间那种灿烂的思想呢？其他无不称是，即如明代以来的做法，学校皆以讲究制举为业，那唐宋间极灿烂的诗词文章，也应当早绝了。幸而不至如此，中国数千年来学术上的造作，其不为历代学校教育所全行排除的，实赖有历来不甚彰明的私家教授在。然而即使如此，中国的工艺发明人才，亦历代多有，而终至余绪全断，继起无人，实仍属学校教育扑灭之结果。马端临说："考《东汉书·方术传》所载，则终身肥遁，不求闻达者甚多，有不应辟举者，有变姓名不知所终者，真贤士也。"这种贤士，究竟太少了！

本文现只略述唐代学校制度，以见其为政治机关之一斑。

学校

唐代为中国史上最繁荣时期之一，其"作育人才"的学校机关，亦至发达，唐代亦和其他各代一样，在中央有中央学，各地方有地方学。在中央的学校，通常有六种，号称"六学"：一国子学，二太学，三四门学，四律学，五书学，六算学，六学皆隶于国子监。后在玄宗天宝间，又增设广文馆，亦隶国子监，故亦称"七学"（广文馆据《旧唐书》云，至德后废，但《文献通考》载，宪宗时更置学馆员额，仍有广文馆，或系废后复设）。六学初只设于西京，高宗时于东都亦设国子监，分统六学，故此种学校，共有十二所或十四所。除六学外，尚有馆二：一崇文馆，隶东宫；一弘文馆，隶门下省，只设于西京。此都可视为普通的学校。另外直辖于中央各衙署，而也有教授及生徒，可视为专科性质的学校尚甚多。如大乐署亦设有博士、助教，专教音乐、跳舞；太医署教种种医药技术；崇玄署特设有崇玄馆（崇玄学始于开元二十五年，崇玄馆始于天宝二载），后又改为通道学，教道家法术；太卜署亦有博士、助教，教占卜；司天台亦教生徒学历书。此外又设有小学，隶秘书省。

以上这些学校，除专科学校外，其他六学二馆（六学亦称馆）的分别，皆因阶级而设，连律、书、算等学，本好像是专科性质，然亦有阶级用意在内。其中最高的要算崇文、弘文二馆，所收生徒，皆系皇帝缌麻以上的亲属，或皇太后、皇后大功以上的亲属，或宰相及散官一品功臣身食实封者的儿子，或京官职事从三品、中书黄门侍郎的儿子等。

国子学生系专收文武三品以上子孙，或从二品以上曾孙，及勋官二品、县官京官四品带三品勋封之子等。

太学生系收五品以上子孙，职事官五品期亲，或三品曾孙，及勋官三品以上有封之子等。

四门学生收勋官三品以上无封、四品有封及文武七品以上之子等，另外庶人之俊异者，得入此学。

律、书、算等学生，系收八品以下之子及庶人之通其学者。

至于小学，全由皇族子孙及功臣子弟入之，他人不得参与。

所以唐代在中央设立的这些学校，实都是贵族学校，本只为教授皇帝族戚及官僚子弟，近人颇多有以唐代国子学等，当现在的大学，实属误解。大学生是由下级学校升来的，若国子学、太学等学生，并非由下级学校考取，只直由大官僚的子孙参加，又那里能说是大学呢？其比较近于现在大学的，应当是四门学，因为其中有一部分学生，是选取所谓“庶人之俊异者”而来的，这种“俊异者”仿佛是高中毕了业，故能加入。唐代的外国留学生最多，如从新罗、百济、吐蕃、日本等处来的学生等，也都是入四门学，可汗、蕃王子孙，则入国子学，这种学校好像是大学。但他的学科和其他二学并无分别，而且其学生也限于七品以上的资格，较高的固不入，低的除“俊异”外也不能入，可见仍然是特设的一级学校罢了，究竟还不是大学。

除中央外，其在各地方的学校，按地方制度的区划，都督府有府学，州有州学，县有县学。府州学中，有经学校，有医学校，开元后亦设有崇玄学。县学中只有经学，无医。其他乡里中亦有最低级的学校，所谓“州县乡皆置学焉”。

学　科

各学校中所学的科目，除专科外，不论中央各校及地方各级学校，实都全同，从这一点就可知道那些学校名称，只是一种阶级区别，并不是学校系统上的等级。当时所学的，主要的为经，经分有大经、中经、小经，大经是《礼记》和《左传》，中经是《诗经》《周礼》《仪礼》，小经是《易经》《尚书》《春秋》《公羊》《谷梁》，另外还有《孝经》《论语》，也包括在此类。学的程度分三等：一、“通二经”者，任选大经、小经各一部，或中经二部，通之均可；二、“通三经”者，须大经、中经、小经各通一部；三、“通五经”者，大经须全通，余经各一，兼通《孝经》《论语》。另外有专通一经的，称“学究一经”，有单通“三礼”或“三传”的。经是所谓“正业”，即各级学校的共同必修科。

次时务策，有似于今日学校中的国文，以练习作时务策为课，此二皆必修。

次《国语》《说文》《字林》《三苍》《尔雅》，读各级经者皆间读之，即系选修。

另外各生日须写字一幅，亦必修科，普通多学隶书。

其次为史书，大概《史记》、前后《汉书》、《三国志》及《晋书》、《南北史》等，在各级学校皆选修之。岁举时特有史科，开元间规定：“州县举生……通一经及未通经而聪悟有文辞史学者，入四门学为俊士。”可知史学在各级学校并不通授，惟通者亦取之。

次为《老子》，系高宗上元二年增设，试贡士时加试《老子》策。又开元五年因新注老子《道德经》成，诏天下家藏其书，贡举人减《尚书》《论语》策，而加试《老子》，称为“道举”，是《老子》亦属必修科。

再次为律令。唐初除律学馆外，其他各学当亦修律令。德宗贞元二年，规定“明经习律，以代《尔雅》”，又定《开元礼》可当一经，通

《开元礼》者即等于通一经，是法令一类，亦为普通学校科目，惟系选修以代经。

以上为普通学校如国子学、太学、四门学及府州县等学所习科目，府州县学虽与国子学等有中央与地方之别，但其学科及程度上实并无分别，因为在取士时中央与地方学生同科考试，并无差别。唐制，士人出于学馆者曰生徒，出于州县者曰乡贡。所谓“学馆”，乃并指中央及地方各级学校而言。而出于州县的乡贡，乃指与学馆有同等学力，为州县所举的贡士，并非指出于州县学的学生。我们试看玄宗天宝十二载，“罢乡贡，举人不由国子及郡县学者勿举选”，可见郡县学生不在乡贡之列。如此郡县学与中央学固同为学馆，其学生亦同为生徒，受试时亦同等受试，非有差别，是其学科亦必一律，绝不能认国子学等为大学，郡县学为中小学，和现在的学校制度比拟，因为郡县学生，固无必须经过国学、太学、四门等学始得受明经、进士等试的制度，彰彰明甚。

至专科学校所学科目，书学为《石经》三体、《说文》、《字林》三门。

算学：《孙子》《五曹》《九章》《海岛》《张丘建》《夏侯阳书》《周髀》《五经算》《缀术》《缉古》《记遗》《三等数》等。此诸科亦非全体皆习，由《孙子》《五曹》至《周髀》《五经算》等八门为一类，《缀术》《缉古》为一类，《记遗》《三等数》为一类，皆由学生选修，最后两门，附带学之，非专业。

律学：以学律令为专业，格式、法例兼习之。

崇玄学：学《老子》《庄子》《文子》《列子》。

乐学：教音律、舞蹈等事。

医学：总教医疗等事，凡分四门：一、“医”，教《本草》《甲乙脉经》；二、“针”，教经脉孔穴等针治法；三、“按摩”，教导引之法；四、

“咒禁”，教咒禁祓除为厉者。

占卜：一曰龟，二曰五兆，三曰易，四曰式，其他太史、司天所教如其职。

至于小学所习科目，亦以经书为主。唐制有童子科，凡十岁以下能通一经及《孝经》《论语》每卷诵文十通者予官。可见小学所诵读的，亦与国子学等一样，不过程度上有分别罢了。

教　师

唐代各级学校教师，普通分博士、助教两级，惟国子监所统各学（即中央学），其教师较繁。国子监设祭酒一人、司业二人，总掌儒学训导之政，好像现在的教育部长及副部长。其下设丞一人，好像现在的考试委员长，专管考试事；主簿一人，像训育主任，掌印司督监事，学生有不率教者，举而免之。此外又有录事一人、府七人、史十二人、亭长六人、掌固八人。这些都是学校的行政人员，无关于教学事。

其教师，国子学博士二人，为正式教授，下有助教五人、直讲四人（教师及名额，新旧《唐书》所载互异，《旧唐书》似略，今从《新唐书》），助教佐博士，直讲佐博士及助教，讲授经术。又有五经博士各二人（共十人），皆以其经学教学生。另外又有典学四人，掌钞录；庙干二人，掌洒扫；及掌固四人，皆为校中职员或茶房。

太学有博士六人、助教六人。

广文馆博士四人、助教二人。

四门馆博士六人、助教六人、直讲四人。

律学博士三人、助教一人。

书学博士二人、助教一人。

算学博士二人、助教一人。

以上各学亦皆有典学、庙干等职员。

弘文、崇文二馆教师，皆为学士(二馆人员，以《旧唐书》所载为详)。学士无定额，又有直学士，亦无定额。学士掌教授生徒，凡朝廷有制度沿革、礼仪轻重等事，亦得参议。下各有校书郎二人，掌校理典籍、刊正错谬及考试学生等事，其职好像是图书馆长兼考试委员。此外又有令史、楷书手、典书、拓书手、笔匠、熟纸装潢匠、亭长、掌固等大小职员。

崇玄馆，开元间初置时，设有博士、助教各一人，天宝二载又改博士为学士，助教为直学士，后又一度改博士为道德博士，旋废。

太乐署官吏甚多，其教初学的亦为博士。

太医署掌教学的，医部博士一人、助教一人，针部博士一人、助教一人、针师十人，按摩部博士一人、按摩师四人，咒禁部博士一人。

太卜署掌教学的，有博士二人、卜助教二人，司天台教历的有司历二人，教天文的有灵台郎二人。

至于府州县学，唐制，府分大、中、下三级，州县皆分上、中、下三级。大、中府学皆设经学博士一人、助教二人，医学博士一人、助教一人；下府设经学博士一人、助教一人，医学博士一人、助教一人。上州经学博士一人、助教二人，医学博士一人、助教一人；中州博士、助教皆一人；下州无医学助教，其余皆一人。县学上中下皆设博士一人、助教一人，无医学。

我们前边说，唐代各学校除专科和童子学外，其余各学校的学科及程度，实未尝视有差别，因为在取士时，中央与地方生徒系一列待遇，地方生徒除四门学一部分外，既不能入中央各学，而其所取的明经、进士等，大都来自州县，亦非专限于中央各学，是中央学与地方学原视为平等的，无可置疑。但程度上虽视为平等，而教师的高下，却大有差别。即如教师的官职即大不同，官职的高下，虽不能视为学问的高下，但在选择的谨严上亦自有关系。各学中教师地位最高的，要算弘文、崇文二馆及国子学，其博士或学士皆在正五品以上，太学博士从六品上（各助教不备举），四门学博士从七品上，即这三级已自有差别了。尤其弘文、崇文二馆的学士及直学士，皆无定额，而所教学生才三十人或二十人，以较学生尚多的教授来教少数学生，那学生当然要容易长进多了。其所以如此，因为二馆的学生都是皇帝的子孙或亲戚的原故。至于府州县学的经学博士，大府从八品上，中下府皆从八品下；上州从八品下，中州正九品上，下州从九品上；诸县学博士更低，皆在流外。专科校中以律学博士较高，从八品下，书、算二举皆从九品下。

学　生

各级学校的学生，似皆有定额，弘文馆三十人，崇文馆二十人，国子学生三百人，太学生五百人，四门学生千三百人——其中五百人系勋官三品、四品及文武七品以上的儿子为之，其余八百人系庶人之俊异者为之——律学生五十人，书学生三十人，算学生三十人。其余崇玄馆生百人。太医署医部生四十人，针生二十人，按摩生十五人，咒禁生十人。司天台有学生三十六人，天文生百五十人。此种数目皆系定额，但实际未必能满额，尤其唐玄宗以后缺额更多，到德宗时更定，数量已大减。另外东都国子监所领各学，其学生亦较京都为少。

至府州县学生，亦有定额，京兆、河南、太原三府经学生八十人，医学生二十人。其余大府经学生六十人，医学生十五人，中小府经学生六十或五十人，医学生十五或十二人。上中下州经学生六十、五十或四十人，医学生十五、十二或十人。县学中，京县（指长安、万年、河南、洛阳、太原、晋阳六县）五十人，其余或二十五人、二十人不等。

总计唐代各校学生，据杜佑所记（其所记当为天宝二年至九年间现象），弘文、崇文二馆共五十员，六学共二千六百一十员，州县学生六万七千一百十员，两京崇玄馆学生二百员，在诸州者不计，太史历生三十六员，天文生百五十员，太医诸生二百一十一员，太卜生三十员，合计亦不过七万零三百九十七人。按唐代人口，在玄宗开元二十八年间有四千八百一十四万三千六百零九人，是每七百人中才有一个入学校读书的。惟在唐初，入学人数当视此为盛，太宗贞观初，中央各学学生，多至八千余人，所置博士至三百六十人，其余州县学当亦较多。

各级学生入学年龄，亦有规定，普通限定十四岁以上，十九岁以下，惟律学生须十八以上，二十五以下，其他专科不详。

学校规例

学校生活中的一般规例，分述如次：

（一）肄业期限

学生肄业的年限，视所修科目而异，如经史一类，凡治《孝经》《论语》，限一年通，《尚书》《公羊》《谷梁》各一年半，《易》《诗》《周礼》《仪礼》各二岁，《礼记》《左氏传》各三岁。今假定一学生欲修五经，则其肄业期间应如下：

（大经二）共六年 +（中经一）二年 +（小经一）一年半 +

（《考经》《论语》）共一年 = 十年又六月

但事实上并不必如此，因为在修任何经之一年，同时亦可并修他经，即习大经之六年中，固可同时学习中经、小经，并不必用六年全力单学大经，后始依次及于他经。如是修五经者，最快六年即可毕业；同例修三经者，最快应三年毕业；修二经者，或三年或二年毕业。

专科中如书学,《石经》三体限三岁,《说文》二岁,《字林》一岁,是其期限,至多六年,至少三年。

算学,《孙子》《五曹》共限一岁,《九章》《海岛》共三岁,张丘建、夏侯阳各一岁,《周髀》《五经算》共一岁,《缀术》四岁,《缉古》三岁。此各科本分两类(详见前学科节),若学第一类的,至多七年,至少三年;学第二类的,至多七年,至少四年。

此外各科,如《老子》可代《尚书》《论语》,其期限应为一岁半,《开元礼》可代一经,惟不知究系何经。其他各科不详。

《唐书·选举志》谓,凡学生考试三次不及格与在学九岁、律生六岁,不堪责者罢归,这样学校修业的期限,最高应为九年和六年了。

(二)考试

考试分两种,旬考和年考。其制因每旬给假一日,在假前举行旬考。"读者千言,试一帖帖三言,讲者二千言,问大义一条总三条",凡以上通二为第,不及者有罚。到了年终,再通考一年之业,"口问大义十条,通八为上,六为中,五为下"。下即不及格,并三下即开除名额,此为学校考试方法。至于取士时的考试,系另一种,不具述。

(三)假期及校规

假期有好几种,一为旬假,即每十日放假一日,仿佛如现在的星期制;二田假,于每年五月放;三授衣假,每年九月放,其日期长短不详,惟必有相当的时日,因为凡二百里以内的学生,都可回家小住,至在二百里外的另给程,即可延长假期。

凡不帅教,即违犯校规,或年考三次不及格,皆开除。又一年缺课满三十日,或因事缺课至百日,缘亲病缺课至二百日,亦皆开除。由此亦可知学校除放假外,凡因事因病的亦可请假,惟不能太长。另外考试时有假代的,论如法。

(四)学费有无

学校教师,皆系正式官吏,其薪俸当然按其品级支取,此固不论。惟学生在学校,不惟不纳学费,且有俸仪或由政府津贴伙食,如高宗时定,试学生所业十通七,然后补其禄俸,又代宗时因战争学生皆辍学,乃命召集之,令度支给厨米。此外,中央那些贵族学校,恐怕对学生还有特别优待的地方,我们试看"诸学生通二经,俊士通三经,已及第而愿留者,四门学生补太学,太学生补国子学","通二经""通三经",本是各级学校所同的,现在如四门学生之及第,或太学生已及第,而乃又入同等之太学或国子学,这是什么原故呢?这是因为国子学生系三品以上子孙,太学生是五品以上子孙,四门学生是七品以上子孙,其阶级地位参差,则对学生的待遇亦必不同,大概禄俸较多,至少是同样及第而所做的官必不同,所以已毕业于较低的学校,还愿入较高的。

惟学生虽不纳费,却有束修,其制,"凡初入学皆行束修之礼,礼于师,国子太学各绢三匹,四门学绢二匹,俊士及律、书、算学、州县各绢一匹"。另有酒脯。《唐六典》所载较详,谓国子生初入,置束帛一篚,酒一壶,修一案,为束修之礼。太学、四门、律、书、算等学,皆如国子之法。又《开元礼》载,皇子束修系束帛一篚五匹,酒一壶二斗,备一案三脡。

此种束修共分五分,三分归博士受用,二分归助教。

总　说

综上所述,我们对于唐代的学校,可有如下的了解:

1. 唐代的学校种类,可谓甚多,计有十种:经、史、玄、学、律、书、算、医、乐、卜筮、天文及小学。

2. 学校的等级,若强为分别,只可分为普通(国子、太学、四门及府州县学）、专科（律、书、算及崇玄学、医、乐、卜筮、天文）及小学之分，应为两级，其系统应如下：

普通学校 }
专门学校 } 小学

除小学一级外，其他中央和州县各学，实并无大学、中学的等级关系，因为在州县学毕业后，并不必升于中央各学，且决不可能，明经、进士等试是州县学生和中央各学学生同等待遇的，其各州县学俊士能入四门学，亦只系待遇上的分别，决非深造关系。

惟欲勉强按程度上找寻大学、中学的等级，则每一学校都有大、中、小之分，或高级班与低级班之分。如学五经、学三经、学二经，其程度既不同，则通二经后可升学三经，通三经后可升学五经，自为应有之事，此为实际上的学级。此自不应视作今日学校中的年级制，因其并不必历学二经、三经、五经后始可毕业。如此则每一学校应有大、中、小学三级，与今日学校制度异。

3. 普通学校中所学本同，而乃有种种名称，全系社会的阶级关系。其阶级学生的家庭地位有分别，教师地位有分别，待遇上有分别。因为这种分别，我们可以想见，当考取官吏时（即明经、进士等试），国子、太学等学生，必较四门学生为容易，四门学生又较府学生为容易，府学生又较州县学生为容易。因为阶级性较高的学校，其设备完全，图书丰富（如弘文、崇文二馆特有图书馆长，其他则无），教授优良，且人数亦多（如国子学学生只三百人，但其教授有二十一人，四门学生千三百人，教授只十八人），其所学自易弄好。若阶级较低的学校，既无设备，教授亦恶劣，程度上自不如前者，考试起来自然要吃亏了。

如果这种情形属实，那末其结果必不外两种：其一，每次所取的明经、进士等，必多为皇族及大官僚子弟，愈至庶人愈不容易录取，如此所有官僚,愈近贵族,做的机会愈多,愈至庶人机会愈少,这样当时的政治,虽名义上有开科取士,不分贵族、平民,一律以学问考试,但其实仍为贵族或世家豪族一阶级把持的政体。其二,如果一般只能参加府州县学的平民学生,亦欲试中明经、进士等以得官,那末其所入的学校即不足用,势非力行自修,另聘通儒为其私塾先生,以增高其程度不可,这样那些府州县的官立学校,就等于有名无实。再假如国子学是标准程度,则其他太学生、四门学生,亦非另有私先生不可,此所以中国社会上师父徒弟的制度相沿不改,实因虽有学校,有等于无,非另结师父徒弟的关系不可(即在学校,亦须结有此种关系,始能受特别指点,长进学问)。

4. 另外还有更根本的一点,是这些学校很明白的和政治直接相连。学校所学的科目,全是考取官吏时所考的科目,或是政治机关中需要的技术,所以学生学过几年,经过考试,若能取录,即为"释褐",立能分发出去做官,若不能取录,再行学习,以预备下一次投考。如此学校简直是做官的准备时期,这才真正的是官僚教育。学校的性质既如此,因此我说他不是学校,只是政府的一种政治机关。所以中国历史上的学校,不应当称为学校,正名定分,应当称为"官僚养成所"!

(民国)二三. 六. 一四

原载《大厦》1934 年第 1 卷第 3 号

华夏名称及其种族考原

中国原始时代之民族，本甚复杂，吾人欲考究中国民族究属何种何系，自应分别对待，绝不应概以东来、西来，统括所有民族。

在中国之诸原始民族中，仿佛以被称为“华夏”的最盛，中国亦习以“华”为中国人之代表名称。此华夏种族究曾存在与否，当不成问题，华夏、蛮夷之分别，必应视为确有与蛮夷对立之华族，始能成立。惟此华夏种族究为一种什么种族？何以独为中国民族之代表？与中国文化之创立，关系至若何程度？此等问题实为吾人今日所急欲究明者。

惟此等问题的考查，在今日是否可能，或成问题。因为古代史料属于神话传说的部分太多，且经种种意见加以扰乱，欲使其变为可信的，殆已甚难，故最近一般意见，以为古史的究竟，只有待于考古学的解决。此种意见固是，但吾人颇觉古器物的发见，固能解决古史上许多问题，然若此等种姓名称的问题，若不是文字记载，亦恐甚难解决。况古代传说，究为备具有史料资格事项之一，其中往往包含有真史迹，亦犹沙土中包含有真史迹的一般。吾人根据传说，以发见传说中的真确意义，不惟非不正当，而且实有必要。古史中需此种方法处理的甚多，关于华夏种族的疑问，吾人亦欲由此以得其线索。

一　何谓华夏

华夏名称，在习惯上久已当成中国民族之名称，或中国地方之名称，但此名称在其发生的时代，究系指一种什么民族，或什么地方讲呢？吾人欲考查此问题，则首先在春秋时代，颇觉其对此名称的应用，实甚奇异，既非必指一民族，也非必指一地域，推寻其意，仿佛特着重一种文化状况，合此文化状况的即为华夏，否则为蛮夷。这种应用方法，极可注意，兹先述之如下。

首先如民族，春秋时各国，周、晋、鲁、卫、郑、蔡等为姬姓；齐、许、申等为姜姓；宋为殷后子姓；杞、鄫，禹后姒姓；陈，舜后妫姓。这许多姓氏，乃都是华夏。比方《左传·襄十四年》戎子驹支对晋范宣子说：

> 我诸戎饮食衣服，不与华同……

晋人为姬姓，当时姬姓为王室，自不同于蛮、夷、戎、狄，当然为华。而襄四年晋魏绛因晋侯欲伐戎而谏曰：

> 劳师于戎，而楚伐陈，必弗能救，是弃陈也，诸华必叛，戎禽兽也，获戎失华，无乃不可乎？

是妫姓之陈，亦得为华。又定十年孔子因齐侯欲使莱人劫鲁侯，因谓之曰：

> 裔不谋夏，夷不乱华！

及闵元年，管仲因狄人伐邢，劝齐侯救之，而曰：

> 戎狄豺狼，不可厌也。诸夏亲昵，不可弃也……

邢，姬姓，是姜姓之齐，显然亦得为夏为华。又如禹后姒姓之杞，僖二十三年，《传》谓："杞成公卒，书曰子，杞，夷也，不书名。"是好像以杞为夷，但襄二十九年《传》谓晋与鲁争杞田，鲁人以晋灭诸姬已多，而：

杞，夏余也，而即东夷，鲁周公之后也，而睦于晋，以杞对鲁犹可，而何有焉！

由此语意看，是杞并非夷，只是“即东夷”的，所以僖二十三年《经》下杜预注云：

杞入春秋称侯，庄二十七年黜称伯，至此用夷礼，贬称子。

是年《传》下杜亦云：

成公始行夷礼，以终其身，故于卒贬之。杞实称伯，仲尼以文贬称子，故《传》言“书曰子”，以明之。

是可见杞在《春秋》上数被贬黜，其原因即由其用夷礼，因用夷礼而被贬，明其原本非夷。按杞国本在雍邱，即今河南杞县，杞成公始迁山东，用夷礼，故《春秋》贬之。

此外更可注意的，为与楚人同为祝融之后八姓的妘姓偪阳与曹姓郲人，若据杜注，则此二姓虽与楚人同族，然而并非蛮。《左传·襄十年》，晋灭偪阳，“以偪阳子归献于武宫，谓之夷俘”，此所谓“夷俘”，杜预云：

讳俘中国。故谓之夷俘。

《正义》更释之云：

昭十七年晋荀吴灭陆浑之戎，献俘于文宫，不言谓之夷俘，彼真是戎也。此言谓之夷俘，明非夷而谓之夷，知其讳俘中国，改名之也。庄三十一年传例曰，凡诸侯有四夷之功，则献于王，中国则否，中国之俘既不合献王，故献庙亦讳。

又昭二十三年，《传》云，“郲又夷也”，杜预云：

郲杂有东夷之风。

此注亦明郲本非夷，是妘姓偪阳、曹姓之郲，本与楚人同祖（见《郑语》），然而楚人在春秋时无疑为蛮，而其同族之偪阳与郲，却为中国——华夏——即使为夷，而亦非蛮。

以上包括春秋时各著名氏族，已都可为华夏了。但更可注意的，是本为华夏的氏族，而另外又有几国，却称之为蛮、夷、戎、狄，不得为华夏。

比方姬姓一族，无疑为华夏，但与姬姓同族且为近支的吴，却被视为蛮夷。春秋之吴，近人颇有疑其并非如传说，为所谓太伯后裔者，但事实上无论如何，在春秋时人眼中，却以其为太伯后裔。如《左传·昭十三年》记吴晋为黄池之会时，争盟先：

吴人曰，于周室我为长，晋人曰于姬姓我为伯。

是晋人并不反对吴人为周室长之说，其为姬姓又有何疑，然而吴人之被视为蛮，不待证明。又姬姓中，有戎人之骊戎，狐姓之大戎，大戎且为晋之先唐叔虞之后，又有狄之鲜虞，凡此皆为姬姓，而却为戎为狄，不得为华夏。

再如齐为华夏，亦无疑问，然而齐之同族，亦多为戎，如自以"饮食衣服不与华同"之戎子驹支，本为姜姓，故襄十四年《传》，晋范宣子数之曰：

来！姜戎氏！……

驹支对曰"……惠公蠲其大德，谓我诸戎是四岳之裔胄也"云云。所谓"四岳之裔胄"，齐实亦其一，《周语》云：

祚四岳国，命以侯伯，赐姓曰姜，氏曰有吕……申吕虽衰，齐许犹在……

此齐、许、申、吕，即所谓四岳国。是齐明与戎子驹支为四岳之后，而齐为华夏，驹支乃为戎。陆浑之戎，允姓小戎，亦四岳后。

至于前记之郑与偪阳，本与楚人同祖，而一则为中国，一则为蛮夷，族姓同而待遇不同，亦甚显然。

如上所述，华夏名称之应用，并不以族姓为限——或本不同族姓，而亦可同称华夏，或本同一族姓，而又不能同称华夏。这样看来，春秋间华夏名称的应用，似非用于民族了。那末华夏、蛮、夷的分别，究竟以什么为观点而分别呢？初看起来，好像应是一种地域上的分别。《左传·昭十九年》记楚人曰：

晋之伯迩于诸夏，而楚僻陋。

当时楚之中心在长江中部，而诸夏诸华悉在黄河南北，由此所谓华夏，好像是以黄河流域某一范围内而言，所以吴虽姬姓，而僻在长江下游，故只为蛮，东夷各族，远处淮海，亦只为夷，戎狄与秦，僻在北方或西北，亦只为戎，皆不得为华夏。是华夏好像为地域名称，但在实际上却又不然。有很显明的数点，如当时之狄潞氏、甲氏、留吁、铎辰、白狄、赤狄等，皆在晋国境内。戎之陆浑之戎，扬拒、泉皋、伊雒之戎，皆在河南，更迫近王城，然皆不得为华夏。山东之齐鲁，为华夏大国，然其境内多有夷人、莱人、莒人、根牟、介等，皆不得为华夏。虽名族如太皞之后，任、宿、须句、颛臾，亦只"服事诸夏"，并非华夏（僖二十一年《传》）。普通以吴、楚僻在长江，故为蛮夷，但我们看陈、蔡二国，原介于吴、楚之间，亦应僻远，然却仍不碍其为华夏。《国语·吴语》申胥谏吴王曰：

昔楚灵王不君，其臣箴谏以不入……罢弊楚国以间陈蔡，不修方城之内，踰诸夏而图东国。韦昭云："诸夏陈蔡，东国徐夷吴越。"

他如北燕僻在河北，远较留吁、铎辰等更在戎狄区，然而亦不闻有称燕为戎狄者。凡此都可见华夏名称的应用，亦并不以地域为限——不同地域，亦可称为华夏，而居地毗连，亦并不能即称以华夏。

如此，在春秋间，对于华夏名称的应用，既不限于一定族姓，又不限于一定地域，那末华夏、蛮、夷的界限究竟以什么为区别呢？

首先，我们可以断定，这种观念，那时是以一种文化状况为标准而区别。这种区别根据，就以上所引各事，即可看出。即如吴，明明与晋为同姓,且为“周室长”,而其被视为蛮,实应由其“断发文身”,而非由其僻远。禹后的杞,明明本非夷,而经传以夷待遇,实由杞成公的政用夷礼,而并非由其处在夷地。反过来如齐、鲁本亦在夷地,但未尝被视为夷,即因其未用夷礼。楚人同族姓的邾与偪阳,或为中国,或为夷,无论如何,未尝如楚一样视为蛮,实因楚人早已蛮化的原故。但我们更应注意,在春秋以前或东周初年,楚人是否已被视为蛮,尚成问题。我们看《郑语》记史伯对郑桓公评论各国,中有论及祝融之后八姓的,谓:

> 融之与者,其在芈姓乎?芈姓越,不足命也,蛮芈蛮矣,惟荆实有昭德……

可见芈姓各支,有越芈,有蛮芈,是皆由其生活而分,并非由族姓分,而史伯口中之荆,自不能与蛮芈同视,则在西、东周之间,荆芈亦即后来之楚的,显然尚未蛮化,则其后来之被称为蛮,当然应由其逐渐蛮化的结果,而并非由其民族为蛮也。此点甚可注意。

至于姬、姜两姓,有的早为中国主,自为华夏,而有的却为戎,这自然也是“或在戎狄,或在蛮夷”的结果。在戎狄的,其生活与华不同,所以姜姓之戎子驹支说“我诸戎饮食衣服不与华同”,这种不同,实在是造成华夏、蛮、夷分别的大根原。

明白了华夏名称这种使用方法,我们才可进一步讨论华夏的种族。

二　谁是华夏

在春秋间,华夏名称的应用,既不是限于族姓,也非限于地域,只是因生活或文化状况的不同,而有蛮、夷、戎、狄区别。那末,天然应有的结论,是那些能自称或被称为华夏的各族姓,当然是属有一种共同生活或共同文化状态的。也就是说,春秋间的各族姓,如姬、如姜、如子、如姒、如㛅(姚同),甚至如唐、如杜、如祁、如祝融之后八姓等,除其蛮化、夷化、戎狄化者非,皆是属有共同生活或共同文化状态的。这在事实上是如此,而根据上边所述,也应如此。那末我们就要问:为什么这许多族姓,就能有了共同的生活或文化呢?假使他们不是有共同生活,就不能同称为华夏,既同为华夏,则根据我们上边所见春秋时对此名称的使用方法,他们就非有共同文化不可,但是他们何以就能属于一共同文化的系统呢?

关于这个问题,我们不妨有种种推论,但是古代有一种极熟习于我们的传说,正是解答这个问题的。这个传说就是说,春秋时普通所见的那许多族姓,推其原乃是多不过两个祖先传演分支的结果,也就是说,他们实在是一种民族,至少也是两个关系极密切的民族团体。既是一种民族,那他们的生活或文化,当然会相同的了。

这个传说的内容怎样呢?

此传说见于《国语·晋语》,据谓:

> 昔少典氏娶于有蟜氏,生黄帝、炎帝。黄帝以姬水成,炎帝以姜水成。成而异德,故黄帝为姬,炎帝为姜。二帝用师以相济也,异德之故也。异姓则异德,异德则异类。异类虽近,男女相及,以生民也。

黄帝、炎帝是姬、姜两姓的祖先,而春秋间各族姓,除少数外(如风姓各族),实尽为黄、炎后裔。关于黄、炎以后的传演系统,各书述及的甚多,兹分别述之如下。

黄帝一系,《大戴记·帝系篇》载有其完全的系统,吾人可就其所述,为表列之如下:

(一)黄帝
- (二)玄嚣—(三)蟜极—(四)帝喾(高辛)—(五)
  - 帝挚
  - 放勋(尧)
  - 弃(商)
  - 稷(周)
- (二)昌意—(三)颛项(高阳)—(四)
  - 鲧——(五)文命(禹)
  - 穷蝉—(五)敬康—(六)勾芒—(七)蟜牛—(八)瞽叟—(九)重华(舜)
  - 老童(卷章)—(五)
    - 重黎（皆祝融）
    - 吴回（皆祝融）—陆终（其后分为八姓）

照此所述，古代各著名帝王，除另外一些外，而如尧、舜、夏、商、周各代，皆为黄帝后裔，春秋间各国，有大部分是尧、舜、夏、商的后裔国，实和周为同族，故皆为华夏。但此种传说，后人怀疑的甚多，尤其《帝系篇》所载世系，显有不合，宋欧阳修曾首先辟之，他说：

> 尧、舜、夏、商、周皆同出于黄帝，尧之崩也，下传其四世孙舜，舜之崩也，复上传其四世祖禹，而舜禹当寿百岁！稷契于高辛为子，乃同父异母之兄弟，今以其世次而下之：汤与王季同世，汤下传十六世而为纣，王季下传一世而为文王，二世而为武王，是文王以十五世祖，臣事十五世孙纣，而武王以十四世祖，伐十四孙而代之王，何其谬哉！

照《帝系篇》所述，则欧阳修此驳，诚然是对的，不过也有人替《帝系・姓》辩护，如孔广森说：

> 古人“本其族姓所自出……往往非父子继位”。

但是不论《帝系・姓》这个世系是否可靠，而他总是包含一种由尧、舜、夏、商、周以来皆为黄帝一系子孙的观念，即使他所列的世系有误，而这个观念究竟误不误呢？假使我们已经充分注意了，春秋间尧、舜、夏、商、周的后裔，都因文化相同，故能同称华夏的事实，那就对于这种观念，虽不能即刻承认，至少亦应深切注意。而且各书中类此观念的传说甚多，亦不应骤然否定了《帝系・姓》中所包含的观念。

《帝系·姓》所列的世系，若参以他书，显然是有错简的，如《左传·昭八年》谓：

陈颛顼之族也……自幕至于瞽叟无违命，舜更重之以明德……

又《鲁语》谓：

幕能率颛顼者也。

是颛顼以后，瞽叟以前，显然尚有一幕（郑众云“幕舜之先”，贾逵云“幕舜后虞思也”，韦昭《国语》注亦同贾。但传文明谓“自幕至于瞽叟”，然后及舜，是幕显在舜前，《鲁语》文更明，先郑说是），而《帝系·姓》中却未提及。又《汉书·律历志》谓：

颛顼五世而生鲧。

如此说属实，则鲧应为黄帝后七世孙，而《帝系》中乃以鲧为颛顼子，只四代孙，相差甚远。是《帝系·姓》显有错简，原无可疑。但其世系虽有错简，而其根本观念——即以尧、舜、夏、商、周悉为黄帝一族——却并不应因此而亦否认。《国语·周语》说：

昔共工弃此道也……皇天弗福，庶民弗助，祸乱并兴，共工用灭。其在有虞，有崇伯鲧，播其淫心，称遂共工之过，尧用殛之于羽山。……夫亡者岂繄无宠，皆黄炎之后也。

是亦以夏之先为黄帝后，姜之先为炎帝后。又《国语》及《礼记·祭法》皆载有虞夏以来各代所祀之祖先，谓：

有虞氏禘黄帝而祖颛顼，夏后氏禘黄帝而祖颛顼，商人禘舜而祖契（《祭法》作“禘喾”，韦昭云，舜当为喾字之误）。周人禘喾而郊稷。

各代所祀之祖先亦同，大体上亦与《帝系·姓》同。各书中除与《帝系·姓》相符合之传说外，未见有完全相异的传说。吾人互相参证，觉那种传说观念，似未便遽然抹杀。

至于炎帝以后，姜姓一支族姓，传说材料，远不如黄帝一支丰富，其中当然有极可注意的原因。综各书所述，仅可知炎帝以后，姜姓族人尚有数人，如前列《国语》谓，共工及鲧灭后，尧用禹治水，而“共(共即共工)之从孙四岳佐之，高高下下，疏川导滞……莫非嘉绩，克厌帝心……祚四岳国，命以侯伯，赐姓曰姜，氏曰有吕……申、吕虽衰，齐、许犹在……”是共工、四岳、齐、许、申、吕，皆为时期不同之姜齐国，而齐、许、申、吕实即商周间之四岳国。又如《左传·襄十四年》晋范宣子称戎子驹支为姜戎氏，而驹支自谓为四岳后。又汉以来如《西汉书》及《隋书》等，皆谓古之三苗亦为姜姓之一支，如《后汉书·西羌传》说：

> 西羌之本出自三苗，姜姓之别也。

凡此皆为仅可见的姜姓(又《郑语》谓“姜伯夷之后也”，伯夷亦四岳国)。若勉强为立一系统，应如下式：

```
炎帝……共工……四岳国(伯夷等)……齐、许、申、吕(商周间之四岳国)
  │                              │
  └—三苗                         └—……姜戎
```

此系统如何，姑不具论，而其中各族，都为姜姓，据传说是无可疑的。

如以上传说看，春秋间各国，族姓虽多，而其实都不过是姬、姜两族的支派，且姬、姜两姓，原来尚是一族，都是少典氏后裔。他们既都是一族，自有共同生活、共同文化，故共称华夏。若和他们生活不同的，即分称蛮、夷、戎、狄，甚至即他们自己的族人，如有已经蛮、夷、戎、狄化了的，即亦以蛮、夷、戎、狄视之，不得称为华夏。春秋间对华夏名称的这种使用方法，根据这个传说，是完全可以了解了。

但是这个传说，终竟是个传说，我们虽就是对传说持极尊敬的态度，但也不能无条件的接受，我们为真正明了起见，至少应对这个传说作进一步的考查才是。

原载《大夏》1934 年第 1 卷第 6 号

白虎族考

原始时代之族姓，因文字讹变，致其原意无法索解者，不知凡几，而以太皋、少皋之"皋"字为尤甚，幸吾人得一大师孙诒让，由其启示，吾人进一步探索，始得知其本意为"虎"，而后太皋、少皋之族姓始明。

按"皋"，普通亦作皐，或昊，或皞，其本字实作"臭"，《说文》大部："臭，大白，泽也，从大从白，古文以为泽字"。皋之通泽，经传中其例固多（如《诗》"鹤鸣于九皋"，《毛传》云"皋，泽也"，《左·襄十七年》"泽门之皙"，《诗正义》引作"皋门"），然"大白，泽也"之意，历来不得其解，汉以来相传有"白泽兽"，故普通读作"皋，大白泽也"，谓臭为"大白泽兽"，段玉裁以其不经，谓"兽名白泽，故非经典即有此物，孰别其大小乎"？因以"泽"字为妄人所加，非许书原文，王筠《说文句读》始以"大白，泽也"为句，而谓"大白者，以形释义，此句言其色；泽者光润也，此句言其光芒也，通两句言之，只是白而有光耳"，此可谓极望文生义之能事。

按所谓"白泽兽"者，初见于宋书《符瑞志》，谓"泽兽，黄帝时巡狩至于东海滨，泽兽出，能言语，达知万物之情，以戒万民，为时除害，贤君明德，幽远则来"。宋张君房《云笈七签》言之更详，云："黄帝巡狩东至海，登恒山，于海滨得白泽神兽，能言，达于万物之情，因问天下鬼神之事，自古精气为物，游魂为变者，凡万一千五百二十种，白泽言之，帝令以图写之，以示天帝，乃作祝邪之文以祝之。”此兽之形状，《隋书·经籍志》载有《白泽图》，《潜确居类书》引《白泽图》云“黑犬白首，长毛，卷尾，龙也”，《图书集成博物汇编》又引《兽经》云：“虓，狮子也，无角而善走，亦曰狻麑，亦曰白泽。”或又称为“貊泽”，唐段成式《酉阳杂俎》云：“貊泽大如犬，其膏宣利以手所承及于铜铁瓦器中贮，悉透，以骨盛则不漏。”唐以来往往绘其状于旗帜，或绣为服饰。

此白泽兽，虽为汉以来之神话，未尝能确指其物，然在古代，实以“泽”为“虎”，臭，“古文以为泽字”，臭亦虎，臭与泽实为一字，皆训为“虎”。

臭之为泽与臭之为虎，孙诒让尝欲于古金文中寻其字源，虽其所释未能尽确，然臭、泽为虎之义，实赖其启示。孙氏《名原》曰“《说文》‘臭，大白泽也，从大白，古文以为泽字’，金文则以为斁字”，“毛公鼎云，緙皇天亡临保我有周，皆当读为斁。斁，泽同从睪得声，古可通用”。按以毛公鼎之字，释为斁字，吴大澂亦有此说（详《字说》，斁字说）。惟孙氏《名原》又释字曰：“金文纪锡兵器，有甲胄㦰彝云，‘易锡衮（甲之异文）冑（胄之异文，详《古籀拾遗》）干戈’是也，伯晨鼎则云‘□戈胄（冑之省）’，盂鼎又云，‘矢百，画一，贝胄一’。采校文义，甲、胄二物相将，不宜偏举，伯晨鼎以与胄同锡，则亦必与甲同物矣。”考字，从虎，从幺，从本，古字书未见，以形声推之，盖当读为‘皋’（旧释为绶或为虢，并误），其意则为虎皮弢甲，亦即庄十一年《左传》之‘皋比’，杜预云‘皋比，虎皮’，孔疏引服虔注，据《乐记》‘倒载干戈，包之以虎皮，名之曰建皋’为释。今《礼记》作‘建櫜’，郑注读为‘键櫜’，云‘兵甲之衣曰

橐’，二字古多通用。《管子·兵法篇》有捇章疑亦即虩之变体。《说文》本部‘皋从白夲’，会意，实兼髇夲声，此虩从本，与彼声类同，盖实虎皮包甲之正字，而橐则橐韬之通名，皋则同声之假字尔。因其用虎皮，故从虎，其从幺者，疑从系省，甲衣亦以线缕缝缀之也（又疑幺当为白，拓本模黏，误仞为幺，梁园东案原拓本实为幺甚明，非白）。古盖本有此字，而字书脱之。盂鼎字，亦当即此字，右从虎甚明，惟左半形磨灭，不甚可辨，要以伯晨鼎证之，必是一字。《少仪》说献甲云，“甲若无以前之，则袒橐奉胄”，是甲必有橐，与胄同献，凡赐与亦必三者相兼，故两鼎并以“皋胄”同锡，明说皋可以赅甲，互相证核，足以决定矣。

孙氏此释，发前人所未发，章太炎曾极称之（见《太炎文录·与孙仲容书》），然细考之，实未尽确。毛公鼎之字，实非“臭”字，其字从横目，从矢，应隶作“睪”，甲骨文作（前篇卷五第九页作，同上第三十九页），县伯彝作，目形及矢形皆甚明，另有作（小子射鼎）、（静敦）者，其字为“无斁”之“斁”本字，原取义于射，射必有鹄，至鹄即终，射者厌足，故射有终意、厌意，睪与射同音同训，矢头或弓端横目，即示射鹄，其作罢者，乃睾之省，经典中作“斁”者，乃睪之借字，睪与臭，形义皆悬绝，自不能诠释臭、泽相通之义也。至伯晨鼎之字，孙氏释为“虎皮包甲”之字，固甚确，然谓皋仅为其同声假字，却不尽然。《左传·庄十年》鲁公子偃蒙皋比犯宋师，系蒙虎皮，并非蒙“虎皮包甲”之虩或橐。服虔《左传》引《乐记》“倒战干戈包之以虎皮，名之曰建皋”，正因皋为虎皮，故云然。是皋之与虎，必有其可贯通处，绝非仅为虩之假借字也。且《广雅·释草》与《本草》，皆谓“泽兰”一名“虎兰”，而《楚辞·招魂》“皋兰被径

兮”，注云“皋，泽也”，是泽兰、虎兰、皋兰，实同物同名，此尤为皋、泽为虎之确证，而与“虎皮包甲”之虠或櫜无关。此三字之通用，在字源上必另有其原委，孙氏实未能尽行串通也。

惟孙氏所释，虽未尽确，然实足予吾人以启示。今细考之，此三字之通用，有极古远之神话背景，且有字形上之一再演变，颇不易明了，兹试寻绎之如下。

按《说文》“臭，大白泽也”之文，应如王筠分两句读，即“臭，大白，泽也”，谓皋既为“大白”，又为“泽”。所谓“大白”，乃就臭之原来字形并其神话言，所谓“泽”，乃大白之别体。大白者，即大白星，乃白虎之神，大白之臭，即指白虎。《淮南·天文训》云“西方金也，其帝少昊，其佐蓐收，执矩而治秋，其神为太白，其兽为白虎”，此少昊、蓐收、太白、白虎，实皆一物，惟以人与神与兽分言之，始析为数名。《淮南》此文，《礼记·月令》及《吕览秋纪》作“其帝少皋，其神蓐收，其虫毛”（《吕览》高注云“毛虫之属而虎为之长”）。蓐收即大白之别名，《晋语》二记蓐收之状曰，“虢公梦在庙，有神人面，白毛，虎爪，执钺立于西阿……史嚚对曰，如君之言，则蓐收也”，韦注云：“蓐收，西方白虎金正之官也。”《山海经·西山经》，“泑山，神蓐收居之”，郭注云：“亦金神也，人面，虎爪，白毛（原作白尾，误），执钺，见外传。”（《文选·思玄赋》李善注引《山海经》，郭注作人面，虎身，右手执钺）此蓐收之神，传说为少皋氏之族，《左传·昭二十九年》蔡墨曰，“少皋氏有四叔，曰重，曰该，曰修，曰熙，实能金木及水，使重为勾芒，该为蓐收”，此蓐收与其他四行，共为“五行之官”，号“上公”，蔡墨曰：“是谓五官，实列受氏姓，封为上公。”而太白亦号上公，《史记·天官书》：“察日行以处位太白……太白，大臣也，其号上公。”《正义》引《天官占》云：“大白者，西方金之神，白帝之子，上公大将军之象也。”《说文》女部媥字下云“《甘氏星经》曰，太白上公妻曰女媊”，是太白、蓐收，原为一神，乃少皋氏之族，为白虎金正之官，因号上公也。

此白虎之神，太白或蓐收，就《晋语》所记形状采之，应即甲骨文中最习见之人形字。甲骨文中之人形字及其相似字形，与白虎神话有关者，可分为如下四类：

（一）前编卷六第十八叶，后编卷下第十四叶，此类字王国维释为“夋”或“夒”字。

（二）前编卷六第十八叶，后编卷上第二十四叶，此类字罗振玉释“伐”，以为与字同，叶玉森释为“颇”字，又以为“锄”字。

（三）前编卷六第十九叶，同上，此类字《铁云藏龟》第九十五叶罗振玉释“奚”，与、等同。

（四）前编卷一第十六叶，此类字商承祚以为“奚”之异体，隶作“㜎”，叶玉森释为“系”字。

此四类字旧释皆未确。

（一）第一类字，王国维释夒或夋，谓即帝喾，久已成定论。王氏之理由，以字形象人面手足之形，与夒字类，卜辞称“高祖夒”，与称高祖亥、高祖乙同，“以声类求之，盖即帝喾”。帝喾，诸书或作帝告、帝诰、帝俈等，皆与夒字声相近，其又有以帝喾名夋者，则又夒之讹云云。今按王氏以此字指帝喾则可，然却不能释为夒字，夒为母猴，明为另一图腾字，古以母猴为图腾之部族，有虞氏有此传说，若指母猴为商人之祖，则传说中毫无其征，即帝喾传说中亦无其迹象，自无缘为商人所祀尊称为高祖甚明。王氏初本释此字为夋字，后始改释夒，而以夋为夒之讹，其实帝喾名夋，商人禘喾，实不如径释为夋字尚较确。然释为夋字，又与帝喾或帝告等声类不近，此所以不得不改释也。且夋字亦为另一族之图腾字（另详），与此人形字无误。古文字中象人面手足之形者甚多，大体皆类似，实各有其用意，不能徒以其字形相近概释为一字也。

此字以图腾关系论，实应为太皋、少皋之“臭”字，即《说文》所谓“大白”者。商人为少皋之族，事极明白，少臭氏“以鸟名官”，商人之图腾玄鸟，即为少臭鸟官之一。“大白”为少臭氏之神，而商人亦以“大白”为徽帜。《礼记·明堂位》“殷之大白，周之大赤”，谓殷以大白为旗。《周礼·巾车》“建大白即戎”，郑注：“大白，殷之旗，犹周大赤。”所谓“大白旗”，乃画虎形于其上之旗帜。金榜《礼笺》曰，司常“熊虎为旗”，巾车“革路建大白”，大白即熊虎。《司马法·旗章》“殷以虎尚威”，是其证矣。金氏谓“大白即熊虎”，尚欠分明，大白为虎旗，非熊。贾疏引《司马法》曰，“夏以日月尚明，殷以虎尚威，周以龙尚文”，是殷旗仅绘虎，可为证。殷旗称“大白”，而为绘有虎形之旗，此尤为“大白为虎”之确证。大白为虎，即“臭”为虎矣。殷人以少臭氏之神为旗，此可为殷人出于少臭之明证。惟其殷人出于少臭，故甲骨文中有祀“高祖臭”或“寮于臭”等文句。臭为大白，大白为虎，故所祀者实图腾神之虎，而非个人。商人祀臭，以古礼言之，应即“禘臭”，而《礼记·祭法》谓商人“禘喾”，及诸书称商人为帝喾之子孙者，因“喾”即“臭”，为臭族后期之代表，已混合有其他部族，不纯粹为臭族，故以喾或告或诰、佶等字以与初期之臭族分别也。

至臭或虎之所以称“大白”，乃由字形演变而来。人形字之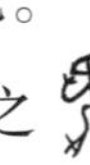本为虎神，非即真虎，由图腾字渐变为普通字时，此虎神之图象，欲有以象之，乃以“白”象其貌，兼及其为“白虎”之义。“大”乃尊称，即商人恒称其领袖或祖先为大乙、大甲、大丁之“大”，意即大人，故“大白者”，明言之，即“大人白虎”耳。

所谓以“白”象其貌者，《说文》皃部云，“皃，颂仪也，从人，白，象人面形”，徐锴《系传》谓，“白非黑白之白，直象人面”，段玉裁亦从其说，其实大非。以“白”象面，正因其面为白色，此可由《说文》所谓“颂仪也”知之。所谓颂仪，即乐舞时之容仪（徐、段诸家皆以颂为古容字，非是），颂为舞容，阮元释颂，言之甚明，谓“《周礼》大司乐，凡曰奏皆金也，曰歌皆人声也，曰舞皆颂也”，“所谓商颂、鲁颂者，若曰商之样子，周之样子，鲁之样子而已”，“何以三颂有样而风雅无样也？风雅但弦歌笙间，宾主及歌者皆不必因此而为舞容，惟三颂各章，皆是舞容，故称为颂”。阮氏此释极精确，凡言“颂”，即是舞蹈，舞蹈时必为种种化装，或画为奇形怪状之脸谱，或戴羽戴角，为各种禽兽形状，其事在原始民族中至为平常。《说文》说皃为“颂仪”者，正谓皃为舞蹈时之容仪，而其貌为“白”，即谓某种舞蹈时，必画其面为曹操式之大白脸，此种大白脸之颂仪，近则必为以“大白”为旗之商人，远则必为以“大白”为神之少昊族。《说文》皃字下重文作“貌”，乃另一族之舞容，字义同而字形不同，即可知其舞蹈时之样子不同也。白既为象人面之舞容，则大白之“白”，亦象人面形无疑。人形字之面容，在图腾时代纯粹图画时，或扮为白虎神像，舞蹈时，必着白色于其面，一望可知，及改写为普通文字，乃不得不以“白”字示之也。

至以“大”为尊称者，《说文》大部，“大，天大，地大，人亦大，故大象人形”，此全为后世增饰之义，非初谊。按“大”字意即“大人”，《易卦》恒称“大人”，如“利见大人”“大人虎变”等，周人无此尊称，当系商人遗语。商人祖先称大乙、大甲、大丁、大戊，实即大人乙、大人甲、大人丁、大人戊。甲骨文之人形字译写为“大”，正谓人形乃商人之“大人”。此种演化，在甲骨文中明有其痕迹。甲文中、等字，罗振玉皆释为“奚”字，与同，是也。“奚”字下部之“大”字，正

为人形字之变形。又甲文中多有执戈或戉之人形字，作、等，而亦有作、者，以“奚”字例之，“戈”字傍之“大”字，亦当由人形字变来，似无可疑也。

故“大白”者，意即“大人白虎”，由“大白”之意，即可会意“白虎神”之义，合而书之即为“臭”字，此《说文》所以谓“臭，大白”也①。

“臭”为“大白”之合文。“皋”与“泽”乃臭字之繁文。皋字，《说文》以为从本从白，其实应从臭从十，臭为大白，十者非数目字之十，乃柄竿形。《说文》率字下云，“率，捕鸟毕也，象丝罔，上下其竿柄也”，谓上部之丄，象竿之顶，下部之十，象竿之柄，此皋字所从之十，亦为竿柄形。臭之所以加竿柄，当为置白虎神像于竿首，或蒙虎皮于竿首，以为侑神舞蹈之具。惟其执以舞蹈，故皋字之义，有“前进”及“叫呼”两义。《说文》皋字下云，“皋，气皋白之进也，《周礼》曰，‘诏来鼓皋舞’，皋告之也”。“气皋白之进”一语甚费解，段玉裁以为应作“皋，气白之进也，谓进之见于白气滃然者也”。盖舞蹈时，必号叫、奔跑，故白气滃然，随人前进。《周礼》“诏来鼓皋舞”者，郑玄云“皋之言号”，谓号呼舞者来舞之意，是皋有号呼意，号呼之皋，后世以嗥字为之。据此则皋字之义，明示舞蹈时之形状动作，则皋为蒙虎皮或白虎神像之舞具，当无可疑，故引伸之，虎皮可称“皋比”，“虎皮包甲”可称“建皋”也（臭或皋之字由虎声而得，《说文》“唬字下云，虎声也，读若暠”，与臭声通）。

至《说文》所谓“臭，古文以为泽字”之“泽”，其本字为“睪”，《说文》㚔部云，“睪，司视也，从横目，从㚔，令吏将目捕罪人也”。今按此字非从“横目”，乃从臭从羊之字，其不从横目甚明，如“睪”字（古择字）从此，金文作（沇儿钟）、（郘公华钟），其上部非横目，乃大白之“白”字。其较白字多一横或二横者，在古文无所差别，仍为白字。白字本亦可作“自”,《说文》白字下云“古文白”,“自”字小篆及金文皆作,而亦可作(此亦白字,乃表白之白,非黑白之白),《说文》字下云,“此亦自字也”。睪字上部为白字,中为大字,合之即为臭字,其下部乃羊字。羊者,《说文》干部云“羊,撖也(即刺),从干,入一为干,入二为羊”。此字与干戈之“干”为一字,古代干之为用甚广,最初当为臿土之器,故臿字从之,臿土必锐其下方,故干有刺意(章太炎《文始说》),《说文》谓“入一为干,入二为臿”,入即刺意。干又为竿之古文(林义光《文源说》),可以叉物,如罕字是(《广雅》云罕,率也,本猎鸟之网,象干首置网形,今借为罕字)。睪字,亦为竿首置大白,即置白虎神像或蒙虎皮之形,与皋字全同。但其用意不同,皋为持白虎神像或虎皮以舞蹈之具,睪乃用以执捕罪人之器。《说文》睪字下云,“令吏将逮捕罪人也”。睪之为物,当如《周礼》所谓鞭度之器。《地官》司市云,“凡市入,则胥执鞭度守门”,胥云,“执鞭度而巡其前,掌其坐作出入之政令,袭其不正者”。所谓“鞭度”,如过去警察所持之木棒然,所以镇压人众,故郑注云,“胥守门,察伪诈也,必执鞭度,以威正人众也”。此种鞭度,在古初时,或置白虎神像于竿首,或叉虎皮于竿上,以增加威正人众之效力,故有睪字也(《说文》祋字下云“或说城郭市里高悬羊皮,暂下以惊牛马”,既有悬羊皮于殳上之事,则亦有悬虎皮者)。惟其睪亦为虎皮制具,或虎形之器,与皋同,故皋与睪同用,皋陶作睪(《列女传》),成皋作成睪(《续汉郡国志》)也。睪本用为泽字,《荀子·正论篇》:“载睪芷以养鼻。”睪即泽,谓泽兰。《孙叔敖碑》,“收九睪之利”,即谓“收九泽之利”。而皋字亦有加水傍用作泽字者,《夏小正》“鹈鴂先泽”,《史记·历书》引作“鹈鴂先滜”。是皋与睪与泽,在古实为一字,其所以为一字,正因其皆为从“臭”之字,若如《说文》所说,一从白从本,一从横目从夲,则焉能相通?此《说文》臭,“古文以为泽字”之义，所以终不得其解也。

（二）第二类人形执戈或戉之字，罗振玉释为伐字，是则是矣，然未得其实。按卜辞中有两伐字，义本不同，而后世混为一字。其一为杀伐之伐，作、等形（分见前编卷一第十八叶，卷二第八叶，卷三第二十九叶，卷六第六叶），象人悬于戈上被杀之状，卜辞中常有“伐人”若干之文，当为此伐字。其二为《公羊传》昭十七年“伐为大辰”之伐，此伐字应作人手持戈或戉之状，即甲骨文之、，即此第二类人形字乃蓐收神之象形字，而与前一伐字完全不同。此点与本文之考查，极关重要。按《考工记·辀人》云，“熊旗六斿，以象伐也”，郑注云，“伐属白虎宿，与参连体而六星”，参与伐同体，故参伐并称（《公羊传·昭十七年》何注云，伐谓参伐也）。《史记·天官书》云，“参为白虎”，是参与伐皆指白虎宿。星占家谓参伐主斩艾之事，故称“伐”，其实“伐”乃蓐收之象形字。蓐收固为白虎之神，故白虎、蓐收与参伐，三者实一物也。

此人形字所以为蓐收之状者，蓐收之状，人面，虎爪，白毛，执钺（此据《晋语》李善注《思玄赋》引《山海经》，郭注作人面、虎身、右手执钺略同，惟《海外西经》谓蓐收左耳有蛇，乘两龙，当为另一图象），皆与此人形字同。

“人面”者，此类人形字首部皆凹入，或以为象两角或两耳耸起，为兽类状，其实非。按此正所谓“圩顶”之形。圩顶者，《史记·孔子世家》“孔子生而圩顶”，《索隐》曰：“圩顶言顶上窊也，故孔子顶如反字，反字者若屋宇之反，中低而四傍高也。”此人形字之首部，正作中低四傍高之状（普通作两角或两耳状，其实甲骨文中凡四足兽，多书为两足，两足者多作一足，今人形字两傍高起正示四傍高之状）。此种异相，当为臭族特有之观念，以具此相为贵，如后世以“两耳垂肩，双手过膝”为贵相者然。商人为少臭之族，孔子为商人，故保有此观念，惟此种观念如何起源，则不得知矣。

“虎爪”者，《说文》虎字下云，“虎足象人足”，虎字小篆作，其下部直从，即人字。又如处字，金文作（井人钟）、（颂鼎），其虎字所从之，乃全为人足形。虎足之所以象人足，疑古虎有两种取象，一种取象真虎形，如甲骨文及金文中虎之象形字是，一种乃取象人舞蹈时所饰之虎形，金文处字及小篆虎字即是，此蓐收之形特著其“虎爪”者，无非示其为虎耳。

“白毛”者，更表示其为白虎，图腾时代之图画中必画有白毛，文字上已不可见，而仍存其传说。

“执钺”者，甲骨文中此类字，正为执钺形（钺即戉，乃斧之象形字，甲骨文作）。惟《淮南·天文训》谓蓐收“执矩而治秋”，按矩字《说文》作“巨”，云“规巨也，从工，象手持之”，其重文作榘。巨字普通借为巨大之巨，规矩之字乃省重文榘之木字而成。但《说文》此两矩字，实皆金文矩字之讹，金文矩字作（伯矩敦）、、（伯矩尊），其字从一大人手持工，则《说文》之“巨”实此字之破字，而其重文“榘”，则又讹大为矢字矣。《淮南》谓蓐收“执矩”，疑金文矩字实蓐收神之象形字，大字为人形物之演变，前已言之，今以大字易人形物而手执工，则与甲骨文此类字极近似，如是则《淮南》谓蓐收“执矩”者，当云蓐收“执工”矣（工即壬字，乃治方之器）。又甲骨文从大持戈之字作（后编卷上第二十二叶同上）者，以同理推之，亦当为蓐收之象形字，其执戈、执戉、执工或矩之形虽不同，然古文字中实不甚分别，正如《卜辞》中牧牛、牧羊之形虽不同，而为牧字则一也。

蓐收之神，所以执钺或戈，或矩，或工，当不外两种意义：其一，据《左·昭二十九年》蔡墨语，谓“少皋氏有四叔，曰重，曰该，曰修，曰熙，实能金木及水，使重为勾芒，该为蓐收，修及熙为玄冥，此不失职"。所谓"能金木及水"，当为长于各种工事，如《考工记》所谓"攻金""攻木"者然，如是则蓐收之执矩或工，应为履行其"金正"之职司也。其二，《淮南》谓蓐收"执矩而治秋"，考仲秋九月乃驱逐疫鬼之月，《礼记·月令》仲秋，"天子乃难以达秋气"。难，淮南时则训，《吕览·仲秋纪》皆作"傩"。傩者，《吕览》高注云，"傩，逐疫除不祥也"，《论语》"乡人傩"，《集解》引孔安国曰，傩，"驱逐疫鬼也"。驱逐之法，《周礼》方相氏云，"方相氏掌蒙熊皮，黄金四目，玄衣朱裳，执戈扬盾，帅百隶而时难，以索室欧疫"。是傩之时，必有神执戈扬盾，以利逐鬼之工作。此种神在古代必为图腾神，因凡图腾，皆为部落之保护神（Guardian Spirits），有为其族辟除灾害、保护安宁之责任。臭族之图腾为白虎，白虎之神为太白或蓐收，即为臭族之保护神，故蓐收之执矩或钺以"治秋"，正为方相氏之"执戈扬盾"以欧疫之事也。

以上两种意义，据《左传》及《淮南》之文，则蓐收之神当兼而有之。因其"金正"之职务，则绘为执工或执矩之状，为后世规"矩"字之所本，因其"治秋"之职务，则绘为执戈或钺之状，为后世"伐"字之所本，白虎七宿之所以称"伐"，正因蓐收为白虎之神，故象其形而名之也[②]。

（三）人形字之第三类作、作者，罗氏释奚，与、等同。其释奚固是，然绝非奚奴之意。按奚字，《说文》收入大部，云"大腹也，从大，𦃃省声，𦃃籀文系字"。又豕部豯字从奚，云"豯，豕生三日腹豯豯皃也"，是奚原训大腹，并未言及奚奴之意，惟女部嫨字下云，"女隶也，从女奚声"，女隶何以称奚，亦未明言。《周礼》之女奴，皆假奚字为之。《酒人》"女酒三十人，奚三百人"，郑注，"古者从坐男女，没入县官为奴，其少才知以为奚"。《春官》叙官云，"守祧奚四

人”，注云“奚女奴也”。奚为女奴实假借字，非其本谊。奚之本意，训大腹，而说者莫解。吴大澂《奚字说》，以为“象人戴窭数形，今朝鲜民俗负戴于道者，男子多负，女子多戴，童仆亦有戴者，犹有三代之遗风，故女奴为奚”。叶德辉《说文·奚字释义》，又以为即雞之本字，谓“爫象其冠，幺象其腹毛，介象其两距”云云，然皆与大腹之义不相涉也。

今按奚字当与“要”（即腰）字同释。奚与要在字形上应为一个字源，惟义训不同，奚训大腹，指腹部，而要指腰部。要字小篆作，《说文》谓古文要作，金文要字与古文同，小篆之要，为人形字或之上半部，重文及金文之要，以代。⊗即容皃之皃，亦即大白之白，下部从女，显为省之形，应作形。而奚字乃如前文所述，系变人形为大字，而存其上部，故作形。是要与奚，实同为此人形字之变体。此两字之所以一训腹一训腰，亦必与古初生活事项有关，后世失传，故无法索解。以意求之，当亦为辟除灾害之事，考其实，应为“邮表畷”之属。

阮元《释邮表畷》曰：“将欲于平坦之地，分其间界行列远近，使人可以准视望止，行步无尺寸之差，而不可逾焉，则必立一木于地，且垂缀他物于木上，以显明其表识矣，此邮表畷之权舆也。”此其所述于邮表畷之形制则略似，而于其作用则未确。《礼记·郊特牲》云：“飨农，及邮表畷，禽兽，仁之至，义之尽也。”郑注云：“邮表畷，谓田畯，所以督约百姓于井间之处也。”又《周礼·大司马》郑注云：“表所以识正行列也。”阮元盖本郑氏为说。其实此仅为秦、汉时代之邮表畷，若在古初，何能有田畯？人少地宽，何需用“识正行列”？此皆以后世制度释古代，自不能得其真象。按邮表畷为八蜡神之一。八蜡之祭，传说始于伊耆氏，其事将于后章详论。《郊特牲》云：“伊耆氏始为蜡，蜡者索也，岁十二月合聚万物而索飨之也。”是蜡祭为索飨神鬼之事，则邮表畷何关于人之行步行列？邮表畷之初制，当为于边陲之地[③]立一木为表，畷神物于其上，以惊骇野兽，或除害逐邪，此神物经年做鉴察工作有功，故于年终十二月与其他共同有功之七神，合为八神而祭之，称为“八蜡”。此邮表畷之神，各族自各以其所崇奉之图腾神为之，以白虎为图腾之臭族，自亦以白虎神，即称为大白或蓐收者为之。卜辞中罗氏释为奚字之人形字，所以与其他人形字异者，即因其为邮表畷神之象也。

所以知者，此人形字从或上一字隶作𡿨，即奚字所从，《说文》谓“𦃃省声，𦃃，籀文系字”，又系字下云：“𦃃，籀文系，从爪丝。”以𡿨为系字，固确，然谓其从爪从丝，却非。甲文、金文中从爪之字甚多，一部分固可释为爪字，然一部分实为𠂹字（即下垂之垂），此意严可均、王筠已辨之甚详（严氏《说文教议》，王氏《说文句读》），治《说文》者多未与注意。爪应为古𠂹字，亦可于𦃃字明之，𦃃者系也，有所悬系，故“县”字（即悬字）从之，《说文》云“县，系也，从系持首”，金文作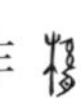（县妃彝），正象以索系物悬于木上之状。悬系之物必下垂，故𦃃字从爪即垂，亦以示悬系之处。若释为爪，则不过以手持丝，与悬与系有何相干？奚字所从，正为此悬系下垂之“爫”字，而非爪，其意为将“大”字，即人形物，亦即大白或蓐收神像，悬系于高处之状，正如“县”字为悬一倒首于木上者然。至“爫”下之幺，原作，明为绳索之状，故奚字之全形，乃以绳索系人形物而悬之，此正邮表畷之事也。

至于人形字之从者，为双手举物之状。凡物之大者，一人不能举之，必两人或数人共举之，即为“舁”字。《说文》云：“舁，共举也，从臼从廾。”小篆要字，正作，即象双手高举人形物之绳索，

将悬之之状(《说文》谓要“象人要自臼之形”,非 ,绝不象人形,实象绳索),其重文作 ,为更举其头部之状。其实此二字应为一个动作,乃所谓“舁”者,一人举其索,一人举其头,以共举之。此“舁”之动作,又应为 字(即迁字),《说文》云,“升高也”,其重文作 、 ,从㔾,段玉裁释之曰:“㔾,谓所登之阶级也。”盖凡邮表畷之神,必甚庞大,惟其庞大,始足以骇人兽、惊鬼魅,意其状必如上海八大出丧时所用之“方相”“魌头”之属,硕大无朋,惟其硕大无朋,故欲举而悬于表上,自非数人共举不办,故有举其索者作 (要),有举其头者作 (要字重文),更有共举者作 (䙴),数人共举必借阶级以登,故又有从㔾之 字(䙴),而其义为“升高”。最后又有“罨”字,以举其足,《说文》云“罨,引给也”。凡 、 、 、 及 ,皆系人形物之一部或其全形,由前文所述,俱可明了,无待再释。《说文》训“罨”为“引给”之意,说者皆不得其解,段玉裁乃改为“引绘也”,谓“引绘而长之”。其实,由 至 ,数人共举,自必相互递送,“引给”之意至为明显,特不合此数字观之,并不知其造字之意,始无法索解。“罨”之意为“引给”,与䙴之意为“升迁”相同,皆由数人相互递送,升而悬之之动作得来。由此数字观之,其意既皆训“共举”“升高”“升迁”“引给”之意,而又皆从此人形物所从之绳索,而皃,则不惟可证明此人形物必为邮表畷神像之事,即邮表畷之形制,亦更可了然矣。

惟有一点可注意者,即此一类字皆从“女”,如 、如 、如 、如 等,皆从 ,即女字。普通女字作 ,此形为其反文,古文字书写并不论反正,此仍为女字(叶玉森释为“背剪双手”形,实误),疑古代臭族或商人所用邮表畷之神乃女性,故皆从女。如是,则其神当为《说文》所谓“大白上公妻，女嫡”者，详下文。

至此，始可言“奚”训“大腹”之意，盖奚字既从此人形字变来，而此人形字又悉从女，则奚之训大腹，必与女子有关无疑。按女子妊娠后，腹部涨大，原为与男子最相异之一点，古初之人不能不注意及此，女字之字形实应由此而得。《说文》释女字，谓“妇人也，象形，王育说”，然究象何形，未说明。按母字下云：“从女象褢子形，一曰象乳子也。”此“象褢子形”一语，实厅释女字，而“象乳子也”一语始为释母字，盖女字悉作两手相操状，由其操处正可示怀妊大腹之形，此实女字象形之本义也。后世说者不得象形之意，乃谓女字“象其揜敛自守之状”（段注），或谓“象交手敛衽之状”（徐灏笺），其实女子之此种形状或德性，皆为后世观念，甚或为宋以来观念，古代何能有之？若知母字下“象褢子形”一语应释女字，则晓然矣（又甲文及金文中凡从女之字多作坐形，即后世之跪，疑女子妊娠身重自必多坐，坐必两手相操，而后腹部隆然之状更显）。卜辞中所示邮表畷神之形状，既多从女，应为女神，则制为其形体时，自必使其腹部膨起，以示其特点，遂使人远望之，腹部隆然，挺凸于前，成为极显明之表识，故象其形以制之奚字，即训大腹，此当为奚训大腹之由来。惟其女子以大腹为特点，奚训大腹，即示其为女子，故商、周以来奴隶制盛行后，奚乃成为女奴之专称，男子之为奴者，固绝不称奚也。

至于“要”（即腰）字，命意亦同。腰之形状，无法取象，乃亦以此大腹之物象之。抑有进者，在文字发达以后，或将约束禁制之事，书而悬于此物之腰际，以示往来之人。此种悬示之法，应相当于后世之告示与今日之公报，在古代实甚通行。《周礼·太宰》：“悬治象之法于象魏，使万民观治象。”所谓“象魏”，谓门阙，此已为宫室制度发达以后之事，若在古初，自无所谓象魏，其悬于邮表畷处自极可能，且必悬于邮表畷神之腰际，惟其如此，故训“身中”之要，乃有契约、簿书之意(《左·文六年》“由质要”，杜注云“契券也”；《论语》“久要不忘平生之言”，孔注“久要旧约也”；《周礼·大司马》“受其要”，郑注“要者簿书也”)，合此数义观之，则要字应由古初邮表畷之制而得，殆无可疑也。

此外，关于奚字，更有一点须附及之者，即春秋间人多名“奚”。《左传·闵二年》有鲁公子奚斯，字子鱼。襄三年《传》晋有祁奚。此祁奚，据《吕览·去私篇》谓，“祁黄羊可谓公矣”，高注，“黄羊，晋大夫祁奚之字”，又《开春篇》“祁奚曰”，高注“祁奚，高梁伯之子祁黄羊也”。古人名与字必相应，今名奚者，或字子鱼，或字黄羊，命意何在？说者甚多，然徒连篇累牍，皆不得要领。其实，事极易知，奚训大腹，则凡大腹者，皆可名奚，鱼与羊皆大腹，故一字子鱼，一字黄羊。黄羊者，《尔雅·释畜》云，“羳羊黄腹”，或此种羳羊之腹尤大，故以字之。又豕亦大腹，故《说文》有“豯”字，形容其大腹豯豯然，设当时有人愿意，自亦可名“奚”字“黑豕”也④⑤。

(四)第四类字之作、作者，与前一类字，当属同一用意，为邮表畷神已悬系于木表上之状。此字右半所从之或，与“我”字所从相似，虽为戈或戉形，然就为一种木表(“我”字之义另详)。左半之，应为之省形，略其头而以口或三代之。此类字与前一类较，有一极明显之异点，即前一类字悉从或(其有作者，当为之讹，非手)，而无从木表者。第四类字悉从表于傍，而无一从或者，可知(即垂)足以代表，示悬垂之意，臼则为悬系时之动作，已悬表上，故皆省之。

此字字书中无字可当，商承祚释为“戭”字，以字形译写，固有可能，然本无其字，自不能定其义。叶玉森释为“系”字，则望文为说，形义俱不近。以数千年前久已废绝之图腾字，遽欲悬揣确定其义与形,自难望其正确。惟就前文所言邮表畷事推之,则此图画字所示之意义,或当即为《说文》所谓“女媊”之祭。《说文》女部云:“媊,《甘氏星经》曰,太白上公妻曰女媊,女媊居南斗,食厉,天下祭之曰明星。”女媊之名未见他书,《甘氏星经》亦久佚,据此所言,则女媊乃为辟邪除害之女神,可以食厉(厉即厉鬼,《左传》鬼有所归,乃不为厉),而为太白之妻,太白即蓐收,为臭族图腾白虎之神,则女媊为此白虎神之妻。若是,则臭族用以辟邪除害即其族之保护神,实分男女两性,男即太白或蓐收,女即女媊。就甲文所载之人形字论,似本分男女两形,如奚字,一作,一作,若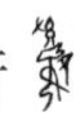及,则全为女形,其悬于表上之、等,亦悉为女字形。而执矩或钺之人形字,虽未见有女子两手相操宣示其大腹之形状,然亦看从头形()与单从目形()之异,应亦暗示男女之别。是则商代保存之臭族风俗,其图腾神在各种用场皆男神、女神并用,惟悬挂于表上之邮表畷神,或悉为女性,故此类字皆从女,此女性之神,殆即专指大白上公妻而食厉之女媊也。

此女媊之详情虽已不可考,然极有可能即神话中之西王母。《山海经·西山经》谓“西王母其状如人,豹尾,虎齿,而善啸,蓬发,戴胜,是司天之厉及五残”(郭注云主知灾厉五形残杀之气也),是西王母与《甘氏星经》所言之女媊“食厉”者,正相仿佛。且西王母与白虎族之关系亦极密切,《大荒西经》述西王母所处之环境曰:“西海之南,流沙之滨,赤水之后,黑水之前,有大山,名曰昆仑之丘,有神人面虎身,有文有尾,皆白,处之(皆白谓人面虎身及尾皆白色,郭注单指其尾为白色非;处之者,处,谓居也,谓其神居之),有人戴胜,虎齿,有豹尾,穴处,名曰西王母,此山万物尽有。”此处于昆仑之丘人面虎身之神,即陆吾。《西山经》云:“昆仑之丘,是实为帝之下都,神陆吾司之，其神状，虎身而九尾，人面而虎爪，是神也，司天之九部及帝之囿時。”此陆吾之形状，正与《晋语》所记蓐收之形状吻合，人面、虎爪、虎身皆白（所谓“九尾”，当指此族之部落数目而言，此族共有九部落，故于其图腾神亦制为九尾之状，以示其数，因此谓“是神也，是司天之九部”），皆显然为白虎之神。“陆”与“蓐”古音皆属尤幽韵，“收”亦尤幽韵，“吾”属鱼模韵，尤幽、鱼模旁转相通，由蓐收转为陆吾自属可能，是陆吾即蓐收，即臭族之图腾神。臭族之图腾神所以司昆仑丘者，昆仑即甘肃之祁连山，其附近甘肃、宁夏、青海之间，实为中国华夏民族之发源地，白虎族为当时最强大之一领袖部族，故云然。而传说之西王母亦居其地，不惟《山海经》所记如此，《穆天子传》记周穆王之访西王母亦在昆仑，《汉书·地理志》金城郡临羌县下原注，亦谓“西北至塞外有西王母石室及弱水昆仑山祠”，临羌县之西北塞外，正今之祁连山也。西王母固不必如秦汉以来之传说为一美丽女子，且亦绝非一个人名称，然其性能上既与太白上公妻之女婳相同，司厉或食厉，而其居地又与白虎族之图腾神同，则西王母即女婳，为白虎族之女神，殆甚可能也。

惟图腾时代之图腾神，绝非如后世之神鬼观念，完全由幻想虚构而成。凡被崇拜之图腾神，必代表一部族，而为其部族生活之象征，由图腾神之神话，可反映其族之生活事项。此女婳或西王母，并非白虎族故意虚构一女神，以为其图腾神大白或蓐收之匹配，如后世祀土地公公，必虚构一土地奶奶者然。此女婳或西王母，应为一部族，而为与臭族通婚之部族，故臭族亦祀之，如是则见于甲骨文之、等字，固必为女婳或西王母之祀，而亦必为一部族名称。如是则此一无法悬揣之字，殆可确定为有娀氏之“娀”字，或亦可能为《山海经》“威姓”之“威”字。

所以如此假定者，因此图画字皆有变为此二字之可能，而此二字又皆为与白虎族有关之族姓也。按甲骨文有字（前编卷二第十一页），商承祚释之曰“案甲，卜辞作□，故知此为娀字”（《殷虚文字类编》）。商氏释为娀字固确，然未得其实。戎字今隶作戎，小篆作，《说文》云：“戎兵也，从戈从甲。”释者以古文甲字多作，遂以今隶戎字从十为小篆之甲字。然古金文及甲骨文之“甲”字甚多，既无一作者，即古金文及甲骨文之“戎”字，亦无一从者。治《说文》者徒辨《说文》之甲字应从十作，不应从丁作，以为从丁者后人传写之误，不知整个甲字既不见于金文、甲骨文，则小篆之甲字，至多为小篆时代之新字（《说文》说甲字引“大一经曰”云云，《大一经》为阴阳家之书，则小篆甲字当为阴阳家所造），戎字从甲，亦为小篆时代之俗说也。古金文及甲骨文之戎字皆从十，说者徒以小篆戎字从甲，而古金文、甲字又作十，遂以戎字所从之十，必为古甲字。其实古文字中用十字表示之事物甚多，不必为古甲字，用丨表示之事物更多，更不必为古甲字也。今按古戎字绝不从甲，更有一明征。卜辞中“甲”字甚多，有十（前编一第五叶）、上（同上）、丨（同上）、田（卷一第三十八叶）诸形，金文亦作十（颂鼎）、田（兮甲盘），与卜辞同。其字本取象于龟甲之裂纹（林义光《文源说》），《易》称“百果草木皆甲坼”（解卦彖传），甲坼谓开裂，凡物之裂纹皆相同，故悉称甲。是甲之义为裂纹，其作甲胄字乃借字（甲为皮制，多有裂纹，如龟甲形，故亦名甲）。惟其为裂纹，故甲字仅能作十、上、丨诸形，绝无作形者，因为“结”形（俗名疙瘩），与“甲”之取义于裂纹，根本不同也。然金文之戎字，却有作（盂鼎），或（古晦文）者，其所从之，即象绳索之结，故凡、、等字，皆取象于绳索、丝绺，或悬系之意者，皆可作丨，亦可作，而亦可作。如午字，本象马策

形（郭沫若说）。卜辞作（前编卷五第三十八叶）、（卷七第三十五叶），亦作丨（卷三第五叶），作（卷三第三叶），金文中亦作曾伯簠，作（汤叔钟）。“御”字从此，卜辞作（卷二第十八叶），作（卷八第二页），作（卷六第八叶），金文中亦有作（颂鼎）者。又卜辞之字（卷二第十八叶，释穗或释緜），亦有作（卷七第十二叶，或，上编卷上第十三叶）者。又子孙之“孙”字，金文及甲骨文皆作，而亦有作者（古匋文，见《说文》古籀补）。是可见凡象绳索一类字之作者，无不可填实作形，或省作形，或开张之作形。反之，若作或十者，亦可推知其必为也。如是则金文戎字之作或，其原来必应为或殆可确定。甲字为裂纹形，绝无变作结形之者，则戎字之不从甲，实无可疑。小篆戎字之从甲者，乃小篆时代之谬说，彼见戎之故训为兵戎意，故造为从甲从戈之字。其实戎之初义为“大”（《尔雅·释诂》戎，大也）。经传中称“戎殷”“戎商”，即周人习称商人为“大邦”之意，戎之训兵乃引伸义，今不详论。

知戎字之初形应作或，则甲骨文之字，自可确定为“有娀氏”之“娀”字。今试以篆文之译写方法，译写此字，则为（此字右半所从之，在甲骨文为戌字，我字从之，篆文改作戈，又下之□或三，有全省之者，见前编卷六第三十三页），再省为丨，即为甲骨文之字，商承祚释为娀字，是也。若移女字于字之左方，并张其结作十，即为娀。如是则娀为本字，戎乃娀之省，为后起字也。同理，威字亦应由此字演变，省即为，威字金文作（虢叔钟），即，即戌字，在金文申破作（师虎敦），作（颂鼎），小篆遂误为“从戌含一”，故威字从戌，篆作，隶书遂作威也（娀与威皆由一个字源变来，则两字读音应相同，而古今音皆不相通者，或因译写时期及取义各不同，故音读亦异也）。

此二字皆为与白虎族有关之族姓者，《大荒东经》云：“有人一目，当面中生，一曰是威姓，少昊之子，食黍。”“少昊之子”即少昊之族，古初无亲属制度，不能以后世父子关系释之。威姓之人，“一目，当面中生”，与卜辞之人形字头部正相合。大约白虎为此族之最高图腾，其下复分为若干族，正如黄帝姬姓其后有十二姓者然。威姓亦为白虎族之一分族，惟威姓除《山海经》外从未见于他书，不得其详耳（章太炎《序种姓》曰“《战国策》记晋文公得南之威，三日不朝，女子举姓南之威犹齐物论丽之姬，是有威姓明矣”）。

威姓虽不得其详，然有娀氏却最为人所熟知。有娀氏有女名简狄，据传说为帝喾次妃，吞玄鸟堕卵而生商人之祖契者。此传说照普通解释为有娀氏与帝喾个人之通婚关系，然事实上古初无个人观念，凡姓名、称号，多不指个人，帝喾实等于称帝昊，喾即昊，乃白虎族之族名，谓商人祖契为帝喾子者，不过谓商人之族出于喾即昊族，非如后世之父子也（契与帝喾不能为父子，前人说者已多，参看《史记·殷本纪》引《古史考》及《礼记·月令正义》）。至简狄，亦非个人名称，余疑简狄即女嫃（嫃古音属真韵，简属寒韵，真、寒旁转相通）。凡有娀氏部落女子，皆通称此音（本音当读若晏），其字或作嫃或简耳，有娀氏与臭族当同为白虎族，而为互通婚姻之两部落，如姬、姜两姓，“男女相及，以生民”者然，商人之族由此种结合而产生，故甲骨文中与并祭，即“臭”与“娀”并祭也。

此与臭族互为婚姻之有娀氏部落，其女子简狄有“吞玄鸟堕卵”

之神话，由此点论之，则神话中之西王母即应与太白上公妻之女嫲相同，为白虎族之女神者，必即此有娀氏部落之神，更有数事可证。因西王母之神话，又多与鸟类有关，且其族以鸟卵为食，正与简狄之事类也。《山海经·海内北经》曰："西王母梯儿，而戴胜（今本戴胜下有杖字衍文，《汉书·司马相如传》如淳注引此即无杖字），其南有三青鸟，为西王母取食，在昆仑虚北。"《大荒西经》曰："有西王母之山（今本作"西有王母之山"，郝懿行曰"西有"当为"有西"，《太平御览》九百二十八卷引此经作西王母山可证）壑山、海山，有沃之国沃民是处沃之野，凤鸟之卵是食，甘露是饮，凡其所欲其味尽存……鸾鸟自歌，凤鸟自舞，爰有百兽，相群是处，是谓沃之野，有三青鸟，赤首黑目，一名曰大鵹，一名曰少鵹，一名曰青鸟。"是西王母既有"三青鸟"给使为之取食，又以鸟卵为食，且头又"戴胜"。所谓"戴胜"，《山海经》数言之，《西山经》谓西王母"蓬发戴胜"，《大荒西经》谓西王母"戴胜虎齿"。所谓"戴胜"，郭注云："胜玉环也，音庞。"郭系以汉以来妇人头饰为说，绝非其义（《汉书·司马相如传》注师古曰"胜，妇人首饰也，汉代谓之华胜"）。《尔雅·释鸟》云"鵖鴔，戴鵀"，郭彼注云："鵀即头上胜，今亦呼为戴胜。"《说文》胜字下段注云，郭注《方言》云："胜所以缠纴。"按本部云："滕，持经者。"系部云："纴，机缕也。此鸟之首文有如缠机缕之滕，故曰戴胜。"因此郝懿行曰，"戴胜即今楼楼谷，小于鹁鸠，黄白斑文，头上毛冠如戴华胜，戴胜之名以此"（《尔雅·义疏》）。是"戴胜"者，必此鸟头上毛冠耸起，如缠机缕之"滕"形，故称"戴胜"也。是西王母之族，殆必取象于此鸟以为饰，甚或选取此鸟之头部以为饰，故曰"戴胜"也。是西王母族与鸟类关系之密切，由此数事观之，至为明显。且《左传·昭十七年》记少皞氏"以鸟名官"，其鸟官之一即曰"青鸟氏司启者也"，而西王母亦有"三青鸟"，与臬族世为婚姻之有娀氏女简狄，吞玄鸟堕卵有孕，而西王母族亦以凤鸟之卵是食，凡此皆不能视为偶合。少昊氏、有娀氏及西王母，其有图腾崇拜与生活上之共同关系，殆必然矣。关于“三青鸟”，若细为考查，更可发见古代若干极有趣味且极重要之神话，当另详。

此外，更有可注意之一事，即《海内北经》谓“西王母梯几”，“梯几”为何事？郭注及各家皆无说（郭注仅云梯谓冯也），然实至有意义，足以证明西王母必为一图腾神，其为大白上公神妻之女嫡，或不误也。按古人坐必冯几，祭禅时亦如生人之礼事之，故亦设几，惟生人之几设在左，鬼神之几设在右。《周礼·春官司几筵》云：“掌五几五席之名物，辨其用与其位。”郑注云：“五几左右玉、雕、彤、漆、素。”贾疏云：“云左右者……生人则几在左，鬼神则几在右，是以下文诸侯祭祀云，右雕几，国宾云，左彤几。”又《仪礼·少牢馈食礼》云：“司宫筵于奥，祝设几于筵上，右之。”郑注云：“布陈神坐也，席东面近南为右。”又《士昏礼》《士虞礼》凡为神布席设几，皆云“在右”。又《有司彻》云：“尸还几缩之，右手执外廉，北面奠于筵上，左之。”郑注云：“左之者，异于鬼神，生人阳长左，鬼神阴长右。”是古人祭神必设几，惟在神之右面，以与生人别。《山海经》记西王母“梯几”者，必为《山海经》之作者所见西王母图像，旁有几，故云“梯几”。其实图像所示，必为祭西王母之状，否则何能有几在旁？《山海经》之作者不悉其制，故云“梯几”也。此神右设几之事，于文字中亦可见之。《说文》几部处字下云：“处，止也，得几而止，从几从夊，处，处或从虎声。”此二“处”字，示祭神设几之事甚明，其重文“处”字，乃后世通用之处字，金文作 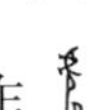（井人钟），作 （舀鼎），其字为设几于虎右之形，明为祭祀虎神之事。为虎神设几，虎神即降止其处，安居享受，故处字之义，《说文》云“止也”，广雅云“居也”，《礼记·射义》郑注“处犹留也”，其训止，训居，训留，正因神灵降临，止其处、居其处、留其处而来。《说文》谓“处,止也,得几而止”者,正谓神“得几而止”,不然从虎从几,虎之咆哮奔突岂能得几而止?是《说文》之重文“处”字,应为祭虎神之事,更可晓然(小篆之处字当为处之省文,而当作正字)。“处”既为祭虎神之字,自必为白虎族之图腾字,当无可疑。而《山海经》记西王母“梯几”,则此字应为祭西王母之图腾字,亦极有可能。若如是,则西王母之为白虎族图腾神,更可得一佐证矣。惟就其“司天之厉”言,与太白上公女嫡相同,则西王母应即女嫡,为白虎族之女神,非男神,男神乃太白或蓐收(陆吾)也。

至西王母名称之由来,当另有原因。《山海经》记西王母神话区域,称其地为“沃之国”“沃之野”,其人称“沃民”(《吕览·本味篇》亦记沃民食鸟卵事,当采自《山海经》),而《穆天子传》记西王母区域,又称其人为“西膜之人”,其地有特殊之拜仪,称“膜拜”。按沃古音属宵韵,膜属鱼韵,鱼、宵旁转声通,则“沃”与“膜”应为一地,“西膜之人”应即“沃民”,而膜、母双声,“西王母”者实即西膜王矣。考氏族时代之领袖不称王,领袖称王始自夏商以来,大约在夏商之间,古代白虎族之苗裔,在沃之野或西膜之地,尚有强大部族,故称“西王”,曾有“禹学于西王国”之传说(并见《荀子·大略篇》《韩诗外传》及《新序》),西王之称,在夏商间或甚普遍。西王为何?若并著其地与人,则曰“西王,膜”,或“西王,母”,《穆传》称“西王母之邦”“西王母之山”,应读作“西王,母之邦”“西王,母之山”,称“母之邦”,犹称“沃之国”。惟自写定为“西王母”后,又与白虎女神之神话观念连合,遂以一女神姿态,流传于后世矣。

最后,关于此白虎族,另有两事须述及。

其一,古氏族之称皋者,有太皋、少皋之分。《盐铁论》曰:“轩辕伐涿鹿,杀两皞、蚩尤而为帝。”皞即皋,明皋有两皋,即太皋、少皋。其所以有此分别,当系白虎族分化之结果。古代部族分化后,其名称上似有一种惯例，即对迁往他处另行发展之一族，往往加称“大”，留居原地之一部称“小”或“少”。如汉代之大月氏，本居敦煌、祁连间，及后迁居沩水，其余小众不能去者，保南山羌，号“小月氏”（《史记·大宛传》）。又葱岭西北有大宛国，而婼羌附近有小宛国，准大、小月氏之例，则大宛亦应为迁出者，小宛为留者（古代欧洲希腊人殖民于意大利南部后称其地为大希腊，亦同此例）。太皋、少皋之分亦应如是（少皋《逸周书》尝麦解称作小灏）。太皋氏当系从甘、宁一带较早迁入黄河流域者，少皋远在其后，此从传说中即可看出。且细考之，太皋一族，实有为华夏各族最初之领袖部落可能，其他各族似皆曾隶属于太皋氏，以故各族之神话，多能于太皋氏中发见其痕迹，此族当为最初开启黄河流域之一族，当于后章详论。

又白虎为皋族各族之共同图腾，故皋为共名，及两皋分化后，当又各有其族名。太皋氏之族名，或当为奰，《说文》大部云：“奰，壮大也，从三大三目，二目为奰，三目为奰，益大也。一曰迫也，读若《易》虙牺氏。”（按二目为奰，各本误作畾，段注本改之，甚是，《说文》云：“奰，大皃。”）此字金文作 （艾伯鬲，见《说文》古籀补），并不从目。《说文》实误，其字明为三个“臭”字之形（  亦白字之变），则奰亦应为两个臭字，应作 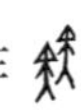，余疑太皋氏之族徽，当以“三个白虎”为之，其音读若“虙牺氏”（本音伏长言之即若伏羲），则古以太皋氏即虙牺氏，信属不误。臭为部名，为其原有之族姓， 为族名，乃分化以后之标帜。同理，则两个臭字之 （奰），即两个白虎，亦即少皋氏分化后之族名。传说少皋名青（《逸周书》），或名青阳（《帝王世纪》），或名契，字青阳（《世本》），皆当为奰字读音之变。奰，《说文》云“读若拳勇字”，拳古属寒韵，青与清皆属清韵，旁转相通，契属脂韵，与寒部合用，故皆得相通。少皋名青或契，即谓其为皋部之 

族；太皋虙牺氏，即谓其为皋部之族也（《山海经·海外东经》谓“君子国衣冠，带剑，食兽，使二大虎在傍”，“使二大虎在傍”明为图腾时代语，当即君子国之标帜，是古有以二虎为帜者，则谓太皋，使三虎，少皋，使二虎，非无据也。余颇疑君子国即少皋之族，古代东北及朝鲜各地流传皋族之神话甚多，皋族必曾分布其地，详下章）。

其二，白虎为臭族之图腾，亦即其族姓，已如上述，然在传说中，臭族之各分族，实皆以鸟类为姓。如太皋姓“风”，乃凤鸟；少皋姓“巳”，巳即子字，与商人姓“子”同，乃“玄鸟”；皋陶“偃”姓，偃亦凤之别名，秦祖伯益“嬴”姓，嬴为偃声之转，实同族，故过去有益为睪子之说。此族本以白虎为族姓，今各族又以鸟为姓者，其间实包含一重大演变，因此族最初本为狩猎民族，及后渐渐发见农业及蚕桑生活，且发见鸟类之活动与农桑之季节有关，鸟遂被视为神奇，且与其族之生活上发生密切关系，故逐渐采用新图腾，以各种鸟为之，此于《左传·昭公十七年》所记少皋氏各种鸟官之性能作用可以见之，而于《山海经》所记为西王母给使之各种鸟类皆为农桑之候鸟者，亦可见之也。

三六年六月写定

【注释】

① 此人形字之改写为臭字，已始于甲骨文时代，卜辞中有、等形（分见前编卷六第十七叶及卷七第四叶），诸家皆释“昊”字，当是。字当从大从白而多一横，小篆改为从曰从天，隶作昊，《汉书·古今人表》书太臭、少臭，字即作昊，采其文义，当为人名，是已作普通字用矣。

又人形字之写为臭或昊，当由其制成之图象使然，后编下第二十九叶有字，第二十五叶作，似为人形物之图象置于高处，作邮表畷神之用。邮表畷神详下。

②《卜辞》中“贞□□雨”（前编卷六第十八叶）、“贞五牛田”等文句，必

为祷祭于蓐收神之事，当释为“伐为大辰”之伐。又前编卷六第十八叶“贞乎方”及“乎”等句，则当释为征伐之伐，乃借参伐字为之。

③ 凡设邮表畷之处，虽曰边陲，其实亦不甚远。《周礼·夏官》言：“王畿内名县内。”《礼王制》“天子之县内”，郑注：“县内夏时天子所居州界名也。”所谓“县内”，县即悬字，金文作（县妃彝据孙诒让释），其字明为表上悬有邮表畷神物之象，“县内”者即悬有邮表畷之境界以内，天子所居称“县内”，可知古王者所居必设邮表畷。《周礼·县士》郑注云“王城三百里至四百里曰县”，此亦以周以来制为说，古王者所居或数十里内皆为“县内”。

④ 古代辟邪除害之事，为生活中一重要事项，邮表畷之设，必甚普遍，宜有专名称之，惟经传中除邮表畷外，未见其他名称，今以字义求之，列数字，或可当之。

其一为“县”。县为悬一物于木上之状，前已言之，此事本平常，然《王制》谓天子所居为“县内”，《周礼》又谓王畿称“县内”，则古王者之领土，实以有物悬于木上之处为识，则此县识处甚为重要，其为邮表畷极有可能，如是则“县”当为某一时期或某一地域邮表畷之名称也。

其二为“祋”。《说文》殳部云：“祋，殳也，从殳示声，或说城郭市里，高悬羊皮，有不当入而欲入者，暂下以惊牛马曰祋，故从示殳，诗曰‘何戈与祋’。”许君释此义，显为两义并存，未能确定。其一以祋为殳，殳为长丈二之木棒或竹棍；其一以为“高悬羊皮”之物。此“高悬羊皮”即邮表畷，阮元《释邮表畷》谓表畷即系以皮裘一类毛物，缀于木上，以为标识之意，即引《说文》祋字下或说，以为此乃“以木缀裘之明正”。其说甚是，然“城郭市里，高悬羊皮……暂下以惊牛马”之邮表畷，必为甚后之事，古初无城郭市里，亦不止惊牛马，惟其物称为“祋”，则可注意。《说文》引《诗》“荷戈与祋”，乃《曹风候人》文，而《礼记·乐记》郑注，引作“荷戈与缀”，此为三家《诗》与《毛诗》之异，且不必论，惟可见“祋”与“缀”通，则祋为表缀之物无疑。且其字从示从殳，凡从示之字，皆与神祇或祭神之事有关，亦与邮表畷为八蜡神之意合，意者古祭邮表缀神，自当向悬此神之木表祭之，故于殳傍从示，以示其为悬于木上之神。商周以来邮表缀之制久已改变，祋字久废，故许君收入殳部（其实应入示部），而犹疑其词也。

其三为“逑”。《史记·封禅书》记“雍有日月星辰，诸布，诸严，诸逑，百有余庙”，“诸逑”，据章太炎释，亦即阮元所谓以毛物缀于木上之邮表畷（《太炎文录》），是秦汉间当称为“逑神”而立庙祭之，则为一变再变之结果，惟又可知秦汉间对邮表畷尚有专名，称为“逑”，其详当于后章详论。

⑤ 甲骨文中此类字，既可释为“奚”或“要”，惟就其文句观察，则意义殊不一。如前编卷一第三叶之“贞小母矢”，当释为奚，为人名。卷二第四十二叶之“壬申

卜贞王田”，当为地名。《殷墟卜辞》第二千九十七版之“贞于”，以字论当为要字，然不能释为要，其意当为贞问于此邮表畷神之事，则应以邮表畷之专名释之，今姑以前说假定为“贞于祋”，或更如前说此为女神，则亦可释为“贞子女媥”。又前编卷六第十九叶“隹我不正”及“壬子囗贞隹我不正日□月”二文，极为奇奥难解，意者或象记其所悬邮表畷神，日久失修，倾欹不正，此当为大不敬之事，虑有天殃，故卜问其吉凶，若如是亦应以邮表畷之专名释之，应为“隹我祋（或县），不正”及“壬子囗贞隹我祋（或县）不正□月”。

古代均田制度的真象:历史上一个误解

一 引 言

近日社会主义盛行,吾人皆以"平均分配土地"为改革旧农业制度之极则。他处且不论,即如吾国,在前之太平天国、武汉政府,皆曾一度拟行。施行结果如何,可惜为期都不长,且亦不普遍,究竟可行与否,实在尚未试验出来,吾人尚难判定。但此种平均分配土地观念的由来,由于社会主义学说的启示,固属一因,而由于历史上一种传说的见地,以为古代某数时期,实在行过此种制度,故构成吾人理想的一部分,实为其主要来原。但吾人若就事实上反复考虑,实觉此种制度既不可能,且亦并不必要。社会上财产分配之不平均,乃指自然物经制造后,变成人之直接需用品而言,需用品能平均分配,则人人可享受,各满足其需要,若分配不平均,则一部分人可过度享乐,一部分人感觉缺乏,故当作可以直接满足需要之财产,实有平均分配之必要。但若未经制造之自然物,固亦可当作财产,可是在未经制造以前,并不能直接享用,假若亦必欲与以平均分配,或者竟将其能制造或能生产的效用,完全消灭,亦未可知。即如一座矿山,能产生煤或铁,归人享用,吾人要求分配平均,固在能享用之煤或铁,而非矿山本身。一架机器,能制造种种用品,吾人要求分配平均,亦有在其产出之种种用品,而非机器本身。假若并一座矿山或机器,亦必欲平均分配之,始得谓为平均分配财产,则每人抱一石块,拿一机器零件,是岂非既无用,且将矿山或机器的能生产效用完全消灭了么?关于可耕作、能产生食物的土地,又何异于是!一大片土地,并在一起,用马达耕种,飞机播种,其生产效用岂不更宏,更能有益于人?今乃欲零零碎碎,划成豆腐干块,平均分配给甲三亩乙三亩,并牛耕而不能用,必返于原始时代的人耕,始得谓之平均分配财产,此实大愚不可能之事!

所以吾人若细加考察,平均分配土地一事,即在真正社会主义制度下,亦决不会如此。即如现在之苏俄,亦仅行集体农耕,而非平均分配。平均分配土地的观念,大都由历史上一种错误解释而来,由此种错误解释,以为古代实行均田制度,遂与社会主义者平均分配财产的学说相合,竟欲实行之,实应视为一种谬误!现行农业制度的不良,急应以改革,自无待言。惟究竟该如何改革,吾人不妨加以探讨,但若仍缠绕于过去的误解,以为必行平均分配土地始可,实不应该。

但所谓历史上的一种误解,究指何事呢?按吾人传统的见地,以为古代如东西周间,曾行过一种均田制度,即井田制。因为此种井田制,历来经人解释为一种均田制度,所以近人疑惑其为儒家的一种理想,并非事实。但井田制并非均田制,只不过是封建社会下地主贵族分配农奴劳力的一种制度,乃为一种确切事实,并无所用于理想,而人之所以误其为理想,只是由于误其为均田制的缘故。惟此种井田制的讨论,且不必谈,因人已多认其非事实,应无大影响,虽已误古人,当不至再误今人,故不必推究亦可。惟除此以外,虽近人尚多以为均田制实为一种事实,在古代确曾有过的,乃原于魏、晋、隋、唐间行过一种均田、占田、班田的制度。此种制度,亦被后人解释为真正的均田制度，从至现在，亦仍如此相信，始实为应辩正的一种误解。按魏、晋、隋、唐间有均田、占田、班田的制度，固是，但是此种制度，其实质上只是一种赋税制度，并非在那里平均分配土地，才是真正的事实。今试略为说明如后。

二　唐中叶以前赋税制度的特点与均田制

按秦汉以来历代所行的田赋制度，有全然不同的两种形式，一种是由秦汉至唐中叶以前的，一种是唐中叶后至现在的。唐中叶以前的赋税，全以人丁为本征收，与唐中叶后按财产计税的不同。按人抽税，杜佑谓始于秦，实际上也就是始于秦，在秦以前，国家和人民全是地主对佃奴的形式，连佃奴自己也是地主的，原无所谓赋税。《通典》卷四说：

> 夫夏之贡，殷之助，周之藉，皆十而取一，盖因地而税，秦则不然，舍地而税人，故地数未盈，其税必备。

《通考·田赋考》中亦说：

> 按自秦废井田之制，隳什一之法，任民所耕，不计多少，于是始舍地而税人……

自秦以后至唐中叶前，赋税大体分三种：一种是田赋，一种是户赋，一种是力役。其中除汉代的田赋外，其余都是按人计税，和秦代同。此种赋税方法，唐初最是标准的。唐制：系丁岁输粟二石，谓之“租”；丁随乡所出，岁输绢、绫、絁各二丈，布加五之一，绵二两，输布者麻三斤，谓之“调”；用人之力，岁二十日，闰加二日，不役者日为绢三尺，谓之“庸”。唐代的“调”，即汉代的算赋和口赋。汉代的算赋，民年十五以上至五十六，人纳百二十钱为一算；口赋，民年七岁至十四，人纳二十三钱。唐代的“庸”，即汉代的更赋，有“卒更”“践更”“过更”诸名。唐代的“租”，即汉代的田赋，或十五税一，或三十税一。两晋南北朝间，其名虽不同而实则一。西晋与后魏，并田赋与户赋为一，而其力役不详。晋制为一户调之式，每丁男之户，岁输绢三匹、棉三斤，女及次丁男为户者半输。魏制，每调一夫一妇，帛一匹、粟一石，人年十三以上未娶者，四人出一夫一妇之调，若麻布之乡，以布代帛。

以上汉、晋、后魏及唐初，其三项抽税的方法，虽详略不同，而其按人、按丁或按户的抽取方法则一。其中只有汉代的田赋不是按人丁抽，而是按亩抽其出产的十五分之一或三十分之一。实际秦代也是，汉法本原于秦法，秦法就是十五税一的。这是我们应当研究的起点。我们试问，秦汉本是按人抽税，为人都要抽其算赋、口赋和力役的更赋，而对于田赋却是按亩抽，这是什么理由呢？我们只要一细想，即可知其并无理由，只是秦汉制度上的一种大缺点，是不完备的地方。按亩抽税的方法，自唐中叶后直至现在，还都通行，原是最通用的方法，但在秦汉两代讲起来，他们的赋税制度本是以人丁为本的，而独对于田赋计亩征牧，却是一种缺点，这种缺点就是说，其制度显然是矛盾的。因为他们的赋税既是按人丁收，凡其人民，个个都须纳算赋、口赋和为国家服役，那末按理国家天然应当对每个个人给以相当的财产始可。假若不给以财产或生活的基础，那人民又拿什么东西来应国家的赋役呢？但是秦汉两代却毫没有顾虑到这一点，他们一方既对每个人民都要抽其赋役，而对于人民生活的方法，却毫不顾虑，于一般人民依赖为生的田地，只按亩抽。按亩抽税就是说，不管田地谁属，国家只是计亩征收的，那末所有的田地，若只为少数人所有，而大多数人并没土地，他也不管，只按亩征收好了。但是单按亩征收原无不可，可是秦汉两代还要对那些毫无土地的赤贫人，征收其算赋、口赋和更赋，那末这些绝无恒产的人，他们又拿什么东西来应国家的赋役呢？按汉代的算赋、口赋，征额好像很低,合起来也不过是一百四十三个钱,仿佛极易措办,但是我们要知道,古代的力役,即汉之所谓更赋的,其苦况绝非工钱劳动制下的人所能想见。凡人民应国家的差役,不惟是毫无报酬的替国家服役,而且在服役期间的一切饮食、衣服和家里的生活费用,仍须自己设法,所以王莽说:“汉氏减轻田租,三十而税一,常有更赋,罢癃咸出……厥名三十,实什税五!”王莽这话还是指有田的说,若并立锥之地亦无的赤贫人,其苦况更难想见。这种情况,正是杜佑批评秦代的话:“地数未盈,其税必备。”换句话说,就是说人民的生活基础毫无,而赋税必备。在这种赋税制下,人民的苦况是不言而知的。

但是秦汉两代,也并不是毫没有觉察这种苦况。《通考》载,“始皇三十一年使黔首自实田”,这就是说使没有田地或田地不够用的人,先自己补充。我们从这句话即可想见秦代尚全无一定的土地制度,恐怕不惟没有一定的分配方法,而且田地也未必经过买卖,他一定还是如秦孝公时代,“任民亦耕,不限多少”,即由人自占,惟其如此,所以能够任人自实其田。秦始皇命人民自实其田,当然是感觉到人民没有田地,势必影响到赋役,所以令他们来补充。到了汉代,因为这个问题的纠缠更烦,贾谊、晁错、董仲舒一般人,都曾数论贫富不均、人民生活的苦况。董仲舒和后来的师丹,都曾建议“限民名田”,我们也可想见汉代的田地大概仍多由人民自占,而并不是如后世一样全由买卖(此意本叶适,叶适谓田地由买卖转易,其制始于唐代,唐以前都由豪强者强占兼并,并不由买卖,其说虽未全是,但秦汉间恐以强占为重,买卖只极少数)。董仲舒的“限民名田”,意思即是限制豪强者,勿使占地太多,豪强者不多占田,则不余的可与没田地的人“自实”,这也是为没有田地即没有生活基础而只向国家缴纳赋役的人设法,可惜全未施行出来。

所以秦汉两代的田赋计亩征收,并不是因为什么理由,而只是一种缺点。他们的赋税制度，本是以人丁为本的，然而因为没有一定的土地制度，即不能使人人有田，所以只好按亩征收田赋，但是另外又不能对每个个人征收其口赋，且主要的是为征其力役即更赋，于是有田的人自然不感困难，而没田的人即无生活基础，又须应国家的赋役，就变成很困难的了。所以汉代的贫富阶级特为悬殊，“贫民常衣牛马之衣，而食犬彘之食”，常有“卖田宅鬻子孙以偿责”的，这种情形自然是当然的结果，非经过晁错、董仲舒、师丹、王莽等人提议改革，终不能实行出来，这是西汉一代纷扰几百年而终未解决的问题。

西汉一代的困难和纷扰，到东汉自然还完全存在，所以政论家如荀悦、崔实、仲长统等，都提议限田或徙民以为救济。如荀悦谓井田之制既难猝行，宜以口数占田，为之立限，人得耕种，不得买卖，以赡贫弱，以防兼并。崔实谓：

> 宜……徙贫人不能自业者于宽地，此亦开草辟土振人之术也。

但此种办法，亦终未能实行，一直到了晋代，才把秦汉间所感的困难解决了，而将其制度上的缺点补充起来。

晋代解决的办法是什么呢？即是“占田法”，亦谓占田，即是规明：男子一人占田七十亩，女子三十亩，其外丁男课田五十亩，丁女二十亩，次丁男半之，女则不课。照这个办法，凡丁男女既各有田七十亩或三十亩，那末每个人丁的生活基础是有了，生活基础既定，那就以其所入应国家的赋役，就不至毫无着落了。以国家来说，照晋代的“户调之式”，每丁男之户，岁输绢三匹、绵三斤，假使不预先为丁男之户想好一定的生活基础，那其绢和绵又何从而来呢？今因欲抽其税，故给以一定的财产，自然比汉代只抽税而不给人民财产好多了。

晋代这种占田制的效用，后来元魏的均田，唐代的班田，完全与之相同。元魏的均田，是每男夫十五以上，受露田四十亩，妇人二十亩，人年及课则受田，老免及身殁则还田。另外即受田时，每男夫另给田二十亩为桑田，桑田不在还受之列。唐代的班田，凡丁男十八以上者给田一顷，笃疾废疾者给田十亩，畜妻妾给三十亩，为户者加二十亩，皆以二十亩为永业，八十亩为口分，永业田不还，口分田于每年十月还授。照此均田、班田的方法，每丁男既给以若干田地，国家即从而赋税之，如魏每一夫一妇税帛一匹、粟一石，又唐之租庸调等。

这样，晋以来的占田、均田、班田等法，都显然是一种赋税制度，其给民以田，都只是为按丁口抽税的这种赋税制度下必要而给。秦汉间并没有这种给田的制度，田地由人自相兼并，人民有田也好，没田也好，而国家却只是按所有的人口，每个个人都抽以赋役，其结果使没田的人极端困苦。到了西晋、后魏和唐初，才把这种缺点补正了。所以他们这种给田的制度，全是为赋税打算，是适应按丁口抽税的制度自然产生的方法，至少其目的上不是什么为人民平均分配土地了。

三　古均田制不是真正均田的理由

如上所述，西晋以来所行的占田、均田和班田等制，既只是一种赋税制度，而不是为平均土地，但是于此极易引起三种疑难，即是：第一，由秦汉到唐初，为什么一定要行以人丁为准的赋税制度，而不全以田地为准抽税呢？晋、魏、唐初且不论，即如秦汉，明明是按亩抽税，但我们为什么还定要说他是以人丁为准的赋税制度呢？第二，由晋到唐，既可以按人给田，以完成了按丁口抽税的制度，但是两汉间本也有多人提议限田或占田，为什么就不能行呢？第三，晋、魏、唐初既已实行占田、均田、班田，不管他是赋税制度与否，但他现已是按人给田，且每人所给都一致，那末无论他施行这种给田制度的目的如何，而其结果，每个人丁既都有同样的田地，已经显然就是平均分配田地的制度了，但为什么又说不是呢？

关于此种疑问，可以解答如下。

首先，秦汉以后至唐初，所以必行丁口税制，而不能按财产抽税，其中有许多社会的原因。此种赋税制度，全是封建社会的遗迹，换句话说，也就是东西周的遗制。封建时代以人，即奴隶，是第一等财产，土地或其他财物尚在其次，所以《大学》说“有人斯有土，有土斯有财，有财斯有用”，大约那时人口稀少，土地广阔，贵族地主必须先领有许多人民，自然才能占领土地，开垦耕种，始有财、有用，否则人尚没有，又何能占据土地，且即使占据了又有何用呢？所以周代的封建，即是分封土地，也是分封人民。如《左传·定四年》载祝佗述周初之封建曰：

> 分晋公以……殷民六族：条氏、徐氏、萧氏、索氏、长勺氏、尾勺氏，使率其宗氏，辑其分族，将其类丑，以法则周公……因商奄之民，命以《伯禽》，而封于少皞之虚。分康叔以……殷民七族……聃季授土，陶叔授民，命以《康诰》，而封于殷虚……分唐叔以……沽洗，怀姓九宗……而封于夏虚。

可见封建是既分土地又分人民的，“聃季授土，陶叔授民”，正是分封中的两大标的（《文献通考》引水心华氏语，谓先王建国只是有分土，无分民，实欠考），且实际上恐以人民较重，所以古代计算国家的大小，必是说“小国寡民”，或“户口盛兵，多大国也”。又如《孟子》载梁惠王以“寡人之民不加多，邻国之民不加少”为恨，而孟子教齐国君主，亦以行仁政招徕人民为主，都可见封建国家实以人民为首重。国家重视人民，固然后代直至现在也是，但古代尤其重要，因为有了人才可以占领土地，耕种土地，贵族们的生活所需，才有所出。所以，古代的赋税，必须按人征收，人多所得才能多，人少所得亦少，故必先计清人口多寡，然后按以征税，如丝麻、布帛、甲兵等，都是按民户分派征收的。假使不按人口征收，而如后世一样，按亩计算，则有的土地已开辟，有的土地没有，若不指望其耕种的人，又何从征税呢？所以封建时代对于人民的管理防备极严，唯恐其逃亡(《文献通考》引叶适云，“周之制最不容民迁徙，惟有罪则徙之”)，如《汉书·食货志》载周制，“春令民举出于野，冬行毕入于邑……春将出民，里胥平旦坐于右塾，邻长坐于左塾，毕出然后归，夕亦如之”，这是最好的记载，人民如果逃亡了，租税又何从征起呢？所以古代要按人丁抽税，全是实际上的必要，是非如此不可的。

到了秦汉以后，显然和东西周间不能差了多少。由秦汉到唐初，土地仍然比人多，且每经一次丧乱，人口必更锐减，政府所缺乏的，是能够耕种土地以出赋役的人，而不是土地，所以两汉、三国、两晋、南北朝间，历次都有劝课农桑而禁趋末利的政令，其必须就人口计算国家的收入，自不待言。而尤其力役一项，更非按人丁计算不可。古代未有工钱劳动制度，凡国家的徭役，都是由人民担负，凡打战及戍边的兵士，社会公共的工役，各级政府所需的差役，都须就人民分派担任，若不就人丁计，又有什么方法呢？所以唐中叶以前，按丁口抽税的制度，依其社会论，是无论如何非如此不可的。赋税既非以丁口为准不可，那秦汉间独对田赋是按亩征收，就是他们的缺点，是制度上不完备的地方了。

秦汉既非丁口税制不可，但他们为什么不也如晋、魏、唐初以来一样，把田地分给纳税的丁口，也按丁口抽田赋，而乃要故行矛盾，独对田赋按亩征收呢？这一点和秦汉时代的社会情形尤有重要关系。我们可以说在东西周间要把田地平分给纳税人(如井田制的样子），是可能的，晋、魏、唐的初年平分给纳税人，也是可能的，可是秦汉间，实不可能。因为东西周间，土地都是一般的诸侯、贵族的，贵族以下都是受压迫的农奴，贵族把他的土地分派给某人耕种若干，某人耕种若干（即井田制），自然无人敢反抗，这是可能的。但到战国以后，这种专属有土地的贵族阶级，已全崩溃，在秦代“任民所耕，不限多少”的制度下，土地属于人民，国家并不过问，国家只是来收其租税。我们试问，这种“任民所耕”，土地属于人民的结果，究竟属于哪一部分的人民呢？事实上自然不能属于个个人民都有，结果乃是为少数的豪强垄断了去。这个我们可以从汉代几个议论家的口中显然看出来，比方董仲舒说“富者田连阡陌，贫者无立锥之地”，即是说土地集中于少数富者之手。而更重要的如《汉书·食货志》说，当汉初高祖约法省禁轻田租，量吏禄度官用，以赋于民，而山川、园池、市肆租税之入，自天子以至封君汤沐邑，皆各为私奉养，不领于天子之经费。

可见这种自天子以至封君所占的私奉养，为数必甚可观。而汉代的封君又甚多，由诸侯王、将相、公主、宗室、关内侯等侵占的土地必极巨，而吏民之豪强者又往往武断于乡曲，如王莽说：

> 豪民侵陵，分田劫假。

“分田劫假”必应包含强夺民田等事在内。又如荀悦谓：

> 豪强人占田逾侈，输其赋大半。

从这两条看，我以为汉代豪民侵陵贫民的方法，必有较后世更为残暴的地方。但不论怎样，封君或豪民拥有最大部分的土地，自是无疑的事实。惟其如此，所以董仲舒提议“限民名田”时，既不能用，而平帝元始间师丹又提议限田，孔光等且已拟好限制的办法，但丁傅用事，董贤隆贵，皆不便也，诏书且须后，遂浸不行。

及后王莽更毅然下令分田，而终因豪民的反对，乃自行推翻其法，所以汉代给田制度的不能施行，由于封君、豪民、富人的阻碍，必为根本的原因。两汉距离封建社会不远，其时封建贵族阶级虽已崩溃，但存留的世家大族必不在少数，所以清俞正燮谓两汉全为“豪族政治”，实为最了解秦汉以来社会的一人。他的不能施行仿佛平均分配的给田制度，实属当然，但经两汉、三国的长久时期，且已历数次大乱以后，那些垄断土地的旧豪族当已逐渐消灭，且西晋、元魏、唐初，实行其给田制度，却在初年，方经大乱以后，土地户名，自必因丧乱而改变未定，尚能粹然行之，设使其在中叶，如董仲舒或师丹之于汉代时，亦必不能行。洞见此种症结的为汉时的荀悦，他说：

> 且夫井田制，不宜于人众之时，田广人寡，苟为可也。然欲废之于寡，立之于众，土地布列在豪强，卒而革之，并有怨心，则生纷乱，制度难行。由是观之，若高祖初定天下，光武中兴之后，人众稀少，立之易矣！

所以西晋至唐初各代，能勉强行其占田、均田、班田等制，实尚因两种条件：其一，即距离封建社会更远，旧社会的世家大族都已消灭，豪族势力已大行减轻（至于两晋间的士族阶级，实已属两汉豪族的残余，并非具有权力，参看拙作《门阀观念不始于魏晋考》）；其二，因其在初年，方经大乱之后，土地、户籍未全确定，故略可行。若在汉代，尤其在董仲舒、师丹等人提议时，已决不能行了。

最后，关于西晋至唐初各代，其行占田、均田、班田等制，即便不论其目的是在抽税，而只就其迹象看，已明白把土地平分开了，但为什么不能说他是平均分配田地的制度呢？这一点更易明白，因为他们的目的，既是为便于征收赋税，而不是平均分配土地，那就无论从他们的方法上、实质上或结果上，都可看出来。

首先，试看他们分配的标准，都严格的要限于丁男，不是丁男就不给田。如晋代所给的七十亩田，是限于年十六以上至六十岁的；

在十五岁以下至十三，六十一以上至六十五，为次丁男，尚给丁男田一半，为三十五亩；昔十三以下或六十五以上就全不给。魏至唐各代都大同小异，不悉举。什么是丁男呢？即是有力量耕种田地、能供给国家赋税和能应国家徭役的人。若非丁男，或老或小，都不能耕地，自然不能供国家赋税，所以就全不给了。但是我们要问，假使其是为人民平均分配土地，应不应有这种限制呢？过小的儿童，自然随父母生活，不给田也可以，但是六十五岁以上的老人，如果真是平均分配土地，则在原则上又有什么理由不给呢？我们可以说，现在假使要施行平均分配土地，那就六十五岁以上的老人绝不能不给，他虽自己不能耕种，也可托人代种，为生活之资，决不能因为他老了，就取消了公民的资格。但在晋、魏、唐初，对老年人不给，却是可以的，因为他们的本意就不是平均分配土地，只不过是为抽税罢了。

又如郑樵羡所称足为已废七百年的井田制之继续，而行"均田之法"的后魏，其名固极动听，然而极不符合。他除普通丁男受田四十亩外，而有牛一头，即可另受田三十亩，不过限止四牛，如此则假若有一属有四头牛的丁男，则共可受田一百六十亩，有三牛的可受一百三十亩，余类推。为什么有牛的可多给三十亩呢？没别的，因为有了牛，自可较没牛的多耕种，其对国家的赋税亦自可多为缴纳。这样的分配下，还说什么均田呢？另外后魏又规定：

> 有盈者无受无还，不足者受种如法；盈者得卖其盈，不足者得买所不足；不得卖其分，亦不得买过所足。

照这个规定，"有盈者无受无还"，"盈者得卖其盈"，那末假如这个盈者要不卖其盈，从所下的"得"字，政府自然也不强迫他卖，那盈者终久是盈的了。而且他于普通的丁男，已规定及丁受田，老或死后即还田于政府，其还受时期定例于每年正月行之。但对于此种"有盈者”,却明谓“无受无还”。“无受”自然不须说,但“无还”,岂非全和一般丁男不同,一般向来有地的仍永久可属有其地,而只是没地的才还受罢了。这样又那能说是平均分配土地呢?所以马端临对于魏制推测说:

> 观其立法,所受者露田,诸桑田不在还受之限,意桑田必是人户世业,是以栽植桑榆其上,而露田不栽树,则似所种者皆闲无主之田,必诸远流配谪无子孙及户绝者墟宅桑榆,尽为公田,以供授受,则固非尽夺富人之田,以予贫人也。

这个推测是极合理的。从其规定“盈者无受无还”上看,对于富人的田地,恐怕毫不更动,所授的只是荒闲无主的土地罢了。这应当是西晋至唐初各代授田的实在情形。

至于唐代的班田,离平均分配更远。他规定每丁男给田百亩,以二十亩为永业,八十亩为口分,永业田不还,口分田是还受的。但又定:

> 凡庶人徙乡及贫无以葬者,得卖世业田,自狭乡而徙宽乡者,得并卖口分田,已卖者不复授。

这样他所授的田,既都可买卖,那就不用说人所叹息的租庸调制度破坏的后来,即在其初立法时已是破坏的。因为某人受田一顷,政府已经注册,即要按其抽税,今所授的田既都可卖给别人,那又何必说班田,何必说还受呢?后魏的均田制下,田地也可买卖,不过还说“不得卖其分,亦不得买过所足”,唐代并此亦无之,则不惟兼并、买卖仍可通行,即其按户抽税亦要发生困难了。

诸如此类,我们只要略把占田、均田、班田的制度考查一下,已可知其并不是真正均田,他们这种制度,只是在按丁口抽税的那种赋税制度下,稍有意义,是略比两汉不完全的制度为强,其根本上是一种赋税制度,我们要把他看成是平均分配土地的模范,那就完全误解了。

最后就可以再举出宋代一个学者评论平均分配土地制度，如一般对于古井田制的观念，根本不能施行的一般极精辟议论，以打破我们还要固执于平均分配土地的这种谬见。《文献通考》引叶适的一段话说：

> 自黄帝至于成周，天子所自治者，皆是一国之地，是以尺寸步亩，可历见于乡遂之中，而置官帅，役民夫，正疆界，治沟洫，终岁辛苦，以井田为事。而诸侯亦各自治其国，百世不移，故井田之法，可颁于天下。……今天下为一国，虽有群封吏，皆总于上，率二三家、一代，其间大吏有不能一家半家而代去者，是将使谁为之乎？……井田之制，虽先废于商鞅，而后诸侯封建绝，然封建既绝，井田虽在，亦不可独成矣。故井田封建相待而成者也。

这一段话，只需略易几个字，即可用于现在。须知即是使汉唐以来已经歆羡的井田制，已经不是平均分配土地，他不过是原始的农业部落或封建国家，属有地方十里、二十里、五十里、七十里，多不过百里，由属有土地的贵族地主，督率其农奴，正经界，治沟洫，然后分配给其奴隶，某人五十亩，某人七十亩，或者大率是一百亩，令其耕种，而责其应丝麻、米粟、布帛及丘甲。这全是分配劳力的方法，他的划好五十亩、七十亩或百亩一块，只不过是视劳力上的必要，又那里是平均分配土地？井田制度废除了么？我可以说并未废除，到现在也有的存在，我们只要到乡下参观地主的田庄，他们的土地就是划好的，经界也正，沟洫也治，分配给佃农，或“贡”，或“助”，或“彻”，都有的施行，有什么稀奇呢？但是无端要把他看成平均分配土地，请问依赖地租为生的地主，平均分配土地干什么呢？汉唐以来不知，误解了罢了，到我们现在还要误解，还要做着平均分配土地的迷梦，那末叶适的话就是最好的回答："诸侯各自治其国，百世不移"，他们代代相传，其财产——土地和人民——下如指拳，故能详为分配。然而我们早已不行封建了，由君主已到民主，上自主席，下至区县长，已都预备实行三年一举的民选，请问"役民夫"，"正疆界"，"终岁辛苦"，以平均分土地于人民的事，"将使谁为之乎"？将使照社会主义的学说，有使中华人民平均得一块豆腐干的必要，但我们试试集体农耕不好么？

原载《申报月刊》1935 年第 4 卷第 5 期

从历史上观察中国的土地问题

中国的土地问题，多少年来就是很严重的问题，在战后恐怕是首先急需解决的，要是土地问题不解决，其它的建设问题恐很难收效。不过土地问题的内容，究竟怎样？究竟什么是土地问题？必须明了了这点，然后才能设想解决的办法。

欲了解一个问题，可以从各方面去考查研究，从历史上觉察，也是一个了解的方法，而且有好些问题，除了从历史上看，是无法了解的。中国的土地问题，虽未必非从历史上去了解不可，但我们现有的土地制度，非一朝一夕所形成，乃几千年来历史演变的结果。这种演变的情形怎样，他所形成的土地分配状况如何，他所引起的问题如何，这些都是研究中国的土地问题必须了解的，而正是非从历史上去观察不可的。我现在就是要把历史上观察所得，向大家报告出来。

从中国历史上看来，首先应提到一件事，即普通对于土地制度，有一个错误的认识，以为历史上有一种均田制度。实行均田制度，是理想的极则，一直到现在，还有好多人认为要解决中国的土地问题，莫妙于实行均田。这实在是一个很大的误解！中国历史上从没有过均田制度，而且均田制度也绝不是解决土地问题的办法。均田在行政上和技术上的困难，且不要管他，即使行的通了，也绝不能解决当前的土地问题。

因为土地是一种生产手段，他和机器、矿山等一样。普通说分配不平均，是指由生产手段产生的物质资料（如农产物、矿物及其他物品等）分配不平均，绝不能把生产手段拿来平均。如果要来平均，那就须把机器、矿山拆散开来，你拿一个车轮，他拿半副马达，你占半个山头，他占半个山头……如此一来，只有把生产手段完全毁坏了，那里还能生产呢？土地也正是这样。从前武汉政府时代，曾经计划把南湖的土地，按人口平均分配过，结果各人所得只有三亩多。试想各人拿上三亩多的土地，这可说是均田了，但能不能解决了中国的土地问题呢？当然不能。均田的办法，实在是一个错误的想法。这个错误，都是由于对历史的误解，以为历史上某几个时期实行过均田，遂以均田为极高贵的古制。其实就在历史上也从来没有过均田制度。

历史上被误解实行过均田制度的，主要有两个时期：其一，为战国间人所传的井田制度；其二，为从魏孝文帝时颁行的均田制和唐初的班田制。这两个时期，都是被后世模仿的蓝本，但其实都是被误解了的，误解的原因，老实说，历史学家要负大部分的责任。

关于井田制度，已经争论了两千年，到现在还在争论，其症结所在，就在于没有了解井田制是种什么制度。普通以为井田制"一夫百亩"，是在平均分配土地。其实井田制根本不是土地制度。试想那时的土地所有权，都掌握在封建贵族阶级手里边，他们那里肯把土地拿出来分配给平民呢？要说那时的土地制度，只有贵族为领主、为地主的土地制度，绝不会再有完全相反的平均分配给农民的土地制度。所谓"井田制"，实在是一种组织，一种编制，它把每九个人编成一组，替贵族来生产服役，即所谓"九夫为井"。至于"一夫百亩"，是劳力的分配，不是土地的分配，正为现在乡村的地主，把他的土地或百亩，或五十亩，或二十亩，划成若干段落，分配给佃农耕种的一样，绝不应误会成是替佃农平均分配土地的。这种制度，说穿了，就是欧洲封建时代的农奴制度。试想那时候的封建诸侯，为自己争城争地都来不及，还能那样恩惠，把自己争来的土地，分给他所奴视的人民么？

至于后魏的均田制，那时故意说好听是为人民均田，其实也不是土地制度，不过是一种赋税政策。那时大部分的土地，都在世族、大族手里边，当时称作“世族”或“士族”。这些世族有种特权，主要的为他们虽有极多的土地，可是并不担任国家的赋税，而且不惟自己不担任，凡依附他们的人，如门生、佃客之类，也可以不担任，这个称作“荫”，即是世族可以荫庇许多人。因为有这样的制度，于是凡想规避国家赋税的人，都可以投靠于世族，情愿给他们做门生、佃客之类。这样一来，凡世家大族，都拥有很多的土地和投靠他们的人口，结果世家大族愈发达，国家的损失就愈大，所有应向国家缴纳赋税的人民，都渐渐被世家大族吸收了去，政府必至税收减少，人力缺乏，财政困难。这种情形，在六朝时是很普通的，有些政府也常想各种方法，向世族争权（除经济权外，还有政治权、军事权），可是很少效果，且常起纠纷。魏孝文帝时的这种均田制（同时并行的还有三长制），是比较有效的一种办法。这个办法，明白说来，就是凡肯替国家劳动的人（即担任赋税），政府各人给以露田四十亩（露田是完全可以耕种的田地，上面无树木、房屋等），女子减半，及桑田二十亩（桑田不还）。其对政府的义务是，如一夫一妇（称一床）年纳帛一匹、粟二石。照这个规定，农民既可领得田地，而其担负，较之做世家大族的荫附要轻得多，于是农民就渐渐脱离世族，而投向国家的怀抱里来。国家的纳缴人增加，国力自然充实；反之，世族的经济权，可渐削弱。所以这个办法是国家向世族争取人口、争取经济极好的办法，然而却绝不是均田。为什么呢？因为世家大族的土地照旧保存,丝毫未说及要没收来大家"均",政府所给与农民的那些露田、桑田,不过是荒闲无主的田地,而那是在乱世,荒废的田地很多,分配给农民耕种,藉收租税而已,至于整个的土地分配平均与否,当时的政府根本没有想到,而且也不会去想。大部分的土地既都在世族手中,并不拿出来均分,还说什么均田呢!所以如果不了解他这个制度的作用,只从名词上看,以为真是均田,那就是一种误解。

至于唐代的班田制,是承袭后魏的办法来的,其作用完全一样,不必再说。后世的文人,不了解这些时代的情形,把唐代的租庸调制推崇的了不起。其实这些制度到后来都用不着了,因为唐中叶以后,中国社会已走入更进步的阶段,政府的权力增高,办法已多,已不再要那些可怜办法了。

历史上的均田制度,既是一种误解,从来没有过真正的均田制度(至于根据这种误解,认真打算实行均田的王莽、林勋、洪秀全等,又是一事),那么从历史上看来,中国土地问题的内容,究竟是怎样呢?

从历史上看来,中国土地问题的真象,似乎和一般的看法不能一致,我特别提出来,请大家讨论。照普通看法,土地总是日趋集中的,中国的土地问题,就是少数地主握有大量的土地,以剥削广大的农民。根据这个看法,天然的要求,仍是那个历史上传统的理想,要平均分配。但土地有集中的趋势,固然是事实,可是历史社会的现象,绝不是单纯的一种现象,往往有相反的事实,对立发展。在历史上,土地固然时时集中,但时时又有其它新事实产生,使集中的土地,又时时分化开来。而且就几千年历史发展的情形看来,分化的趋势,实较集中的趋势,来的普遍长久,促使中国社会,早已形成一种小农经济。这就中国土地的经营方法和分配情形看来,都很明白。我们平日感觉到中国政治、社会各方面的缺点,实都由这种土地分配的过于分散而产生。今日欲加改革，当然应矫正这些缺点，采取集中经营的方法，而不应更加分散，实行那个从历史上误解而来的平均分配方法。

为什么说历史上土地分化的趋势超过集中呢？这有四种事实，可以看出：

第一，历史上的大地主，都是世家大族，这是不须说的。但自秦、汉、六朝、隋、唐以来，这些世家大族，皆日在衰退分化中，随着他们的衰退分化，集中在他们手中的土地，当然亦日趋分散，自不能继续集中。

世族的衰退，在历史上是极明显的事实，大略说来，如两汉时代的豪族，其势力远不如春秋、战国时代的封建贵族，而至南北朝时代的世侯士族，又远不如两汉的豪族，及至唐代，这些士族更有明显的没落。士族衰退后，其土地必须分散，是当然的事实。因为大家族不能维持，势须“分爨析灶”，“兄弟异居”，南朝宋孝武帝时的周朗说：“今士大夫以下父母在而兄弟异计，十家而七矣，庶人父子殊产，亦八家而五矣。”那时还号称是世族政治时代，已经成了这种现象。“兄弟异计”的结果，就是逐渐把大土地所有，化成小土地所有。一分再分之下，从前有几万亩或几十万亩的大地主，就只成为几千亩或几百亩的中小地主了。这种情形，历代都在继续，而且愈到后世，分析的愈快，土地的分化转移亦愈速。因此，在社会上就产生一种观念，以数代同居或数世同堂为稀奇可贵，如唐张公艺“九世不分居”，为千古艳称，其他凡能数世同居的，居然名列青史，自《后汉书》以下皆将为记录。其所以艳称这类事实，正是说明了世家大族的渐渐稀少。但其实若往下看，不惟春秋、战国没有这种观念，即秦汉之间，也没有这种观念。因为那些时代，聚族数千、传世数百年的大族，并不稀奇，所以不以此称道。东汉以降，渐渐少了，物稀为贵，遂被重视。可是唐宋时代同居十世以上的还偶一有之（如南唐陈氏、宋越州裘氏等），及明清以来，同居三世、五世的已难能可贵，都要挂匾。可见愈到近世，大家族的分析愈速，土地的分化亦愈速，这是造成土地所有日趋分散的一大原因。

第二，世家大族为什么不能长远存在，这是另一个问题，姑不细述。不过自唐中叶起，更有一种新的政治压力，使族大、人多、土地多的人家，更不易维持，尤其增加了分化的力量，这种政治压力就是唐德宗时颁行的新赋税制度——两税制。因为在唐以前，凡豪族、世族，都有种种特权，政府繁重的赋税剥削不到他们，所以世家大族还较易维持。及隋唐以来，世族陵替，他们已不再能掌握政权，于是政府颁行新的赋税制度，不再维持任何特权，一律以财产为标准征税，所谓“资产多者其税多，资产少者其税少”，这样的结果，凡土地多、人口多的民户，所任赋役自较小户人家为多，若赋役过重，土地多的人家，担负自然愈重，往往不易支持。尤其唐初以来，即已施行分民户为九等的征税方法，凡大户，都列第一二等，担任主要的赋役，其八九等多为贫穷下户，担负很轻，于是一般人民为减轻负担计，不得不用各种方法，求居下等。这种现象在唐玄宗时代已是如此，到了宋代，尤其明显。宋仁宗时韩琦言：“州县生民之苦，无重于里正、衙前者（皆役名），有孀母改嫁，亲族分居，或弃田与人以免上等，或非命求死以就单丁。”神宗时的吴充言：“民间规避重役，土地不敢多耕，而避户等，骨肉不敢义居，而惮人丁。”这种情形，是唐宋以来普遍的现象，是绝大多数人的心理。明末有名的杨椒山，被刑前给他两个儿子遗嘱说：“田地四顷有余，够你两个种了，不可贪心，见好田地又买，盖地多则门必高，粮差必多，恐至负累，受县官之气也。”这种土地不敢多耕的心理，是政府残酷剥削的直接结果。在这种事实下的中国人，遂以“知足者常乐”为教条，只求温饱，只求小康，很少敢非分之想的。其中固然也有例外,如军阀、官僚、豪绅一流可以规避赋役,敢任意占有许多土地。但就一般情形说,就社会上最普遍的现象说,却是在政府的残酷剥削下,把土地逐渐零星分散开来的。

第三,使土地日趋分散的再一种原因,是由于商业资本侵蚀的关系,这对于军阀、官僚的影响最大。我们在历史上常常看到,军阀、官僚、豪绅一类人,对土地的兼并风气很盛。假使就这种事例单纯地看,很容易误会成土地是日趋集中。其实,他们的兼并,并不是发展性的,其兼并每到相当阶段,必致停顿,且必渐渐崩溃下来,土地又迅速分散于别人,其能保持三代五代的都很少,往往一两代即致没落。其所以如此,即因商业资本侵蚀的关系。因为唐宋以来(隋唐以前,秦汉至六朝微不同),社会经济日见发展,任何地主皆不能再过封建性的生活(自给自足),且地主愈大,他们仰赖于市场的亦愈多,而农产物的价格,远不能和其他货物相比,结果,日积月累,他们的大宗土地,必被商业资本的巨浪冲散开去。这种过程,是春秋、战国的封建地主不得不崩溃的根源,而由秦汉到六朝,由唐宋到明清,这种过程进的尤其快。我们只要稍为留心,即可看出他们的兼并集中,远不如分化他们的力量来的又大又快。比方唐代官僚、豪绅的兼并,是很厉害的,而《唐语林》传给我们几个故事,如郭子仪"将出,见修宅者,谓曰好筑此墙,勿令不牢。筑者释重而对曰:数十年来,京师达官家墙,皆是某筑,只见人改换,墙皆见在。郭令闻之怆然! 遂入奏其事,因请老"。同书又说:"肃宗时京都第宅,屡经残毁,代宗即位,宰辅及朝士当权,争修第舍,颇为烦弊,议者以为土木之妖。无何皆易主矣!"又《旧唐书》载,唐初有名的李靖,出将入相,盛极一时,但不到百年,至天宝间,其家庙已做了杨国忠的马厩。代宗时的马磷,煊赫一时,单建一座堂屋,就费钱二十万贯,在当时极著名,然而死了不到几年,"子弟无行,家财荑尽"。这些虽都是指宅第讲，但其广大的庄园（土地），当然为同样的命运，自不待言。这些都是商业资本侵蚀上使兼并者不能继续发展且必迅速败亡的现象。商业资本的侵蚀，以道德眼光来分析，就是“子弟无行”。唐玄宗时的张嘉贞，人劝其买田，他说：“比见朝士，广置良田，及身没后，皆为无数子弟作酒色之资，甚无谓也。”这是“子弟无行”的注脚，然而没有商人们运来了锦绫、罗縠、珍宝、香料，子弟们的无行也是有限的。

所以历史上军阀、官僚对土地的兼并，虽尽管时时有之，而土地并未因此集中。集中是时断时续的，而经常的现象却是缓缓分散开来的。于此有一附带问题，即近来研究历史的，对历史末年的扰乱，都解释作是每一代经过一二百年的安定时期，土地日日集中，到了最后，土地集中过甚，没有土地的人太多，遂致引起农民暴动，酿成了大乱云云。这样的演变，各代相同，几千年的历史，就是这种过程的循环。这种解释，实在太笼统、太粗浅，如果属实，那中国二千余年的历史，只是一种循环，绝无进步。究其实，唐代末年的扰乱，如秦末、汉末和隋末的大乱，就绝不是普通所指的农民暴动。至于唐末、元末和明末的混乱，普通所谓农民暴动的性质似多一点，然而其中官僚、地主、知识分子参加的那么多，也可知道绝不单纯是纯粹的贫农暴动。这些都有待于我们细密分析研究，不能遽认那种循环论就是定论的。

第四，由以上三种事实，交织互流，随着历史的演进，使土地的分配日趋分化、分散，而并未集中起来。如果有人仍不相信这个趋势的正确性，那就请看现在的土地状况。现在我们亲眼看到的土地分配状况，就是两千年来历史现象的成果，他是一步一步由历史事实做起来的。现在的土地状况是怎样呢？自从民国以来，中外人士，政府机关，社会团体，各方面调查所得资料已经很多。这些调查，虽不见得完全，资料亦不尽可靠，但汇合起来看，有几个共同的特点，都指的明明白白，是确切的事实。第一，中国农民有百分之八十四所占的耕地数目，都在五十亩以下，只有四十亩、一二十亩或三亩、五亩。第二，在中国凡占有五十亩以上耕地的，即称作地主，这类地主多则拥有数百亩土地，共有百分之十四。第三，在千亩以上比较大的地主，约为千分之一（略据武汉政府时代的统计及华洋义赈会的调查）。照这个数字看，则中国土地分配的零星、散漫，甚为显然。不过有些人就耕地面积去看，以为百分之十四的地主，拥有百分之六十二的土地，而五十亩以下的小农，人数有百分之八十四，但所占的耕地只有百分之三十六，由此可见大部分的耕地是集中在少数地主手里边的。但这个看法是表面的。因为，假使拥有耕地百分之六十二的地主，只有几十个人或几百个人，那土地的确太集中了，但在中国，所谓百分之十四的地主，其实在的数目要有四千余万人（全国农民总数，据二十一年立法院调查，为三零七九四二零零零），以四千余万人分配百分之六十二的耕地，结果各个地主所得，也不过五十亩、八十亩、一二百亩或三五百亩，多则几千亩而已，其能拥有数万亩以上的地主，极其少见。这些拥有数百亩或数千亩土地的人，在中国固然是地主了，但这就能说是土地集中么？我们试看外国的情形。在法国革命前，其全部耕地的五分之一属于国王，其五分之二属于贵族和教会，下余的五分之二始分配于占全国人口总数百分之九十一的农民。在俄国革命前，有二百个普通地主，各人占有三万俄亩，各俄亩约合十八华亩，即是各人占有五十四万华亩，这在俄国还不算大地主。以这些情形来和中国比较，那中国土地的分配，岂不是太分散了么！况且即以拥有数千亩或数万亩土地的较大地主而言，再从其经营方法看，当然也是零零星星分散于许多佃农耕种，这更是不待说的。

所以从历史上各方面看起来，中国土地分配的趋势，时时在分化、分散中，并未集中起来，实在是毫无可疑的事实。由这种趋势的结果，形成中国农业的特点，是一种小农经济，不论在土地分配或经营方法，都是如此。这种小农经济，久已是中国社会的特征了。

正因为中国的土地分配过于分散，是一种小农经济，所以我们看中国政治、社会、文化各方面有许多缺点，都很明白是由这种经济状态反映出的。

第一，社会关系太散漫，组织太松懈。因为是小农经济，土地分配和经营方法都非常分散的原故，广大的农民群众，除极狭小的区域以外，彼此之间绝无关系。所谓"燕越不相及"，是从古到今都能适用的话。日本人占据了东三省，对于中国内地的关系，远不如对于美国人关系的密切。国家的组织，在一般农民看起来，只是要粮要差的机关，"哪个朝廷手里不纳粮"，是到处都流行的一句话。在这样的情形之下，所以中国社会极易为野心家所操纵、统治，只要一批人掌握住武力，即可任意称王称帝，社会对他是无可如何的。中国政府永远是一批污浊的官僚把持，恣意横行，其原因即在此。到了现在，如果不把一盘散沙似的土地所有状态改革过来，那中国社会还是不能真正组织起来的。

第二，生产力不能发达。中国的贫穷，人多归咎于工商业不发达，其实即以农业生产力论，何尝发达起来？因为土地的分配和经营都过于分散的原故，全部生产力，都易限于狭小的土地面积中，收获既极有限，工具、肥料和水利皆无力讲求，生产力又那能发达？虽在今日，即欲采用最新式的机器农耕，在这种落后的土地制度之下，亦是办不到的。

第三，道德心的低落。中国常以精神文明自诩，但事实上中国人道德观念的薄弱，着实可惊！自私自利，阴险狡诈，贪污卑鄙，普遍了三十六行，行行皆然。在历史上往往可以举出许多圣贤君子，但那又有什么用呢？在那些时代，除去极少数的圣贤君子以外，大多数的民众还不是都在不道德中过日子？有些人归咎于中国的教育不发达。究其实，历来最阴私、最卑污的人，多出在文人学士中，目不识丁的老百姓反要纯洁的多。事实上是因为一般的意识，皆为狭小的土地生产力所限，一生劳动要仰事俯畜都办不到，又那能顾及公共福利或他人利益？结果，只有极端自私，以阴险狡诈遂其所欲，一旦得志就大填欲壑，贪污卑鄙。如果中国的土地分配状态不改革，中国人的道德修养是不会高起来的。

在抗战以后，中国的改革真是千端万绪，总其纲领，不过是政治、社会的组织需要加强，生产力应发达，文化应提高，总而言之，是要把中国的生活整个改造一下。而这个改造最根本的一点，实系于土地问题上面。就以上所述看来，中国土地问题的症结，既在于分配过于分散，那末改革的根本办法，当然应为集中经营，绝不应再援用过去那个错误的认识，再来平均分配。在集中经营之下，和“耕者有其田”的原则，毫不相违，凡参加集中经营的农民，都应有他的所有权利，这是不待言的。

至于怎样把零星的土地集中起来去经营，这是技术问题。中国目前当然不能实行苏联的办法，不过看几点是可以想到的。比方，中国的荒地本来很多，抗战以后荒地必更有增加，对这些荒地，与其采取旧方法，分配给人耕种，远不如集中起来，由政府设立农场，采用最新方法大量经营，这是很容易办到的。其次，有钱的人欲投资于土地，与其做旧式的地主，还不如集合起来组织公司，收罗大宗土地，用最新方法经营，较为得计。这种农业公司，在抗战前已有很多地方实行的。再次，旧日的地主，与其把他们的土地零星分配给人耕种，也不如集中起来，用新方法经营。地主们的土地，多半是分散的，不会连成一片，这样最好是土地相靠近的地主、自耕农等，都以其土地作资本，加入这个组织，也成为一大公司或私人农场，其所得利益必较做旧式地主要好的多。不过凡统治阶级，都是保守的，绝不肯采用新方法，但如不肯采用，只有静候没落。最后，还有一个办法，是以乡村为单位，把一乡的土地，都集合在一起，共同经营，设立乡村的公共农场，对地主保租、减租，自耕农以下，皆平均分配。这种公共农场若成立，对于乡村农民生活的改进，必可收极大的效果。

总而言之，中国的土地，不论就其分配状况言，或经营方法言，都不应再行分散下去，急应采取集中经营的方法，这在今日从各方面看起来，都是毫无可疑的。抗战以后，要解决中国的土地问题，似应从这方面入手。惟本篇牵涉的问题太多，是否有误，还请大家讨论、批评。

原载《东方杂志》1946 年第 42 卷第 1 期

井田制非土地制度说

井田制度之讨论，数年前曾盛极一时，今年突又提出，此两千余年之大迷藏，大约将永为后世所捉摸，而永不能捉获！此实为井田制度之不幸，然亦为井田制度之幸，历史上问题能时时引起人之兴趣而讨论的，实无过于井田制度。

虽然，任何问题应无不能解决之理，井田制度究因何故而不能解决？吾以为其症结并非因时代过于渺远，亦非因史料过于残缺，凡古代事，本属渺远，史料大抵残缺，然而吾人能为确切断定的，亦甚多，何于井田制度独不然？井田制度之不能解决，吾意或系因汉以来解释者一种错误观察所致，若将此种观察改正，则井田制当为古代一种极平常现象，并无不可了解之理。

此种错误观察，即历来释者悉以井田制度为一种土地制度，且进而以均田为井田制度之本质，凡讨论的，自都系讨论此种土地问题——古代土地制度之有无，平均分配之可能与必要否，平均分配之方法等问题。于是，甲以为古代无土地制，且均田为不可能，以证明井田制之绝无，应为儒家之理想，乙又以为封建制下平均分配为可能，古代确有云云，如此聚讼，纷纭莫决。但此种讨论，实有如近视眼看牌匾的危险，万一井田制中并无丝毫均田的意思在内，那此种讨论岂非全成了笑话？可是就事实论，此种笑话颇有证实的可能。

按均田观念，本发生于秦以来土地归人民自由买卖，盛行兼并的结果，因盛行兼并，使“富者田连阡陌，贫者至无立锥”，故理想家多欲用均田以救济之，后世兼并现象时时存在，故均田亦时时成为理想。但在古代，即秦汉以前，与此种情形全然相反。古代诸侯、大夫，各有封土，世禄世官，土地全为少数贵族所有，此即当时唯一之土地制度。当时之人民，正如土地一样，系诸侯、大夫受封物件之一，人民都在被迫着劳动，土地非其所有，何能发生均与不均之问题？况且事实上古代人少地广，即如孟子时代之国君，尚极以招徕人民为政，梁惠王以“寡人之民不加多”为忧，孟子本人亦教滕文公使其民“死徙无出乡”，商鞅变法亦以诱三晋之人耕地为一大政，是当时患人缺乏如此，又何能以土地分配不均而有创立井田制以均田之必要？以井田解作均田，本始于董仲舒，董仲舒因见于其时贫富不均，贫者负担过重，而推其原致，怪于商鞅之废井田，后人相习不察，遂以为井田果为均田，其实若我们将“以五行灾异说《春秋》”这样一个学者的理解能力看穿了，这个问题很有再推原一步考查的必要。

一　井田制有无之先决

不过井田制究竟有没有呢？这是应当先决定的问题。因为井田制经多年的争论，认其为儒家理想的似占多数，若真的竟是一种理想，事实上未尝存在过，那我们的考查，岂不更成了近视眼看牌匾的笑话？

关于古代事项，近人多相信以古物做解决，而且认为系唯一可靠的解决。但古物固系史料之一，然亦不过为史料之一，任何时代之生活情状、制度、意识，决不能全由其时之实物史料表现出来，原不待论。古史上问题将由古物之发现而解决其一部分，固是，然若谓能尽解决吾人之所有问题，恐不尽然。即如井田制的有无，能不能在古物中找到满意的解答，我颇怀疑。近见吴其昌先生《秦以前中国田制史》(《武汉大学季刊》五卷四号，只上篇，下篇尚未见)一文，谓在金文中绝无井田制痕迹。其主要两点，一谓金文中"根本没有疆界观念和土地计算标准"，又谓"根本没有所谓租、赋、税"。但即使这样，井田制就没有了么？金文中也许没有疆界观念，但是我们能说金文时代没有疆界的事实么？金文中也许没有租、赋、税等字，但是那时的国家竟没有剥削制度么？金文时代私有制度已甚发达，疆界划分自不待论，剥削制度尤不必论，我们应从古物中找到比古书所载更真确的疆界或剥削制度始可，如今金文中竟"根本没有疆界观念"，也没有"土地计算标准"，也没有由剥削制度结成的一种词字，这样，这种古物简直要不得，还能解决古史上的问题么！

但其实井田制度，不惟在春秋、战国间存在，且即至西汉初年，正如封建诸侯们的苗裔一样，亦都存在。惟其古代确有这种制度，自必有其遗迹残存到汉初，所以汉初一些人讲到田地的状况，尚都是就着井田说，大约到汉武帝时始将井田完全改尽。至于汉以前商鞅之"废井田，开阡陌"，孟子之称述井田制，及楚人之"牧隰厚，井衍沃"，都是不能否认的事实，井田制之曾存在，何待他求？若必须把这些事实都抹杀，而只就孟子自称为"此其大略也"的讲述，即以为系理想，似乎不是应当的。

二　井田制可能之真象

若如是，井田制既曾存在，而又非均田制，那末究为何种制度呢？我以为必不出两点：

第一，为分配劳力之制度。古代诸侯、大夫领有广大的土地、人民，其对于农奴性质之人民，自不能无管理、约束之方法，然古书中记述此类事实的既甚少，即吾人平常述古代史，亦很少提及此点。只《汉书·食货志》（何休《公羊传注》略同）有一段，却显然为当时管理方法之描写，如谓民受田以后：

> 春令民毕出在壄，冬则毕入于邑，其诗曰，“四之日举止，同我妇子，馌彼南亩”，又曰：“十月蟋蟀……入我床下，嗟我妇子，聿为改岁，入此室处！”……春将出民，里胥平旦坐于右塾，邻长坐于左塾，毕出然后归，夕亦如之。入者必持薪樵，轻重相分，斑白不提挈。冬民既入，妇人同巷相从，夜绩女工，一月得四十五日；必相从者，所以省费燎火，同巧拙而合暨俗也……

这一段实活画出一幅农奴生活状况。农民们都被迫着到田里劳动，而一出一入都有人监视。他们从春天起，都住在田里，到冬天回到贵族的堡垒中，所住的房子必恶劣不堪，所以有《诗·七月》“嗟我妇子……入此室处”之叹。他们冬天的工作，可从妇人夜绩女工看出，“一月得四十五日”，即须作一白天又半夜，即三十六小时的工作。农民们在这样的生活状况下，还有什么分配不均平均土地的制度呢？我们须知井田制即是这种生活下的制度。在这种生活下，他们大约令每个农民必须耕种一百亩地（那时的一百亩，约当汉以后的四十一亩余，正是一个人力所能任的最高度数），凡二十岁以上的青年，似都须担任这种工作。在二十岁以下，六十岁以上，劳动力薄弱，生产效力低，贵族们当然不愿意把他们可贵的土地给他们糟塌。所以“一夫受田百亩”，应当是对农民劳动力的分配，而不是为农民分配田地；“二十受田，六十还田”，应当是劳动年龄的规定，不过在统治阶级的口中，自然可说是“老者安之，少者怀之”了！

农民工作派定以后，其收获所得，自然也有一定的分配办法。初看起来，当时农民既不过是诸侯、大夫受封的物件之一，那农民耕种所得岂非全部都是贵族的，还有什么分配？但其实这正是农奴制和奴隶制差别的地方。在更早的奴隶制,奴隶简直同牛、马、猪、狗一样,只要喂他点东西就够了,自不要分配,可是在农奴制下却多少较好了一点,农奴也多少有点人的身分。这种分配方法,孟子们所说的"什一之税",其本来也许不差,可是也被后人说坏了。"什一之税"本来只是赋税之一,更严格的讲,或当只是一种谷税——只是直接征收的谷物。但是其他的赋役及征收物品,还很多很多,即如汉代,后世讲赋税的都说他只"什五税一"或"三十税一",但汉代人民的担负只这十五分之一的税率么?事实上完全不然,这是我们知道的,古代的赋税也是如此。

可是古代的完全赋税制度,即剥削农奴的全部方法,非从《周礼》上看不见,近人误于"伪书"之说,对于许多书都完全不睬,实在是极上当的事!究其实,《周礼》《王制》等书所述的井田制,其义实较孟子为古,较详,更不待论,我们必须合起来看,才可以了解井田制。这完全的赋税制度是什么呢?就是井田制的第二个意义。

第二,为赋税单位。按一夫授田百亩的办法,已将农民的工作派定,事实上已可进行剥削,为什么还要定成井田的形式呢?照孟子所述,很简单,只是因为有公田、私田的关系,因为中间的一百亩公田,须其外八家来共养,所以就把田地弄成井字形式。但若这样,那就只有行他所谓"助"法才能成,若行"贡"法,就不是井田,所以后来的人都根据他这种解释,说是都鄙用助、乡遂用贡云云,弄的纷纭莫决。但公田、私田的说法,除孟子和他引的诗外,他处未见,而《周礼》小司徒和匠人,都说是"九夫为井",明明是以九个农夫所耕的地成一组,故称为井。若照孟子的说法,只有八夫,和"九夫为井"的话并不合。况且遂人和大司徒所授的田地全同,大司徒是"不易之地家百亩,一易之地家二百亩,再易之地家三百亩",遂人也是上地每夫百亩莱五十亩,中地每夫百亩莱百亩,下地每夫百亩莱二百亩,除遂人上地每夫多莱五十亩外,余都同。从《周礼》所载的抽税方法,都鄙和乡遂间并没有根本差别(只乡遂较重),即没有助、贡的不同。照情理上想,井田既是通行的制度,无论什么地方,也应一样,绝没有都鄙是井田,乡遂不是井田的道理。

但是这种纠纷,都是把井田看成土地制度的关系,即是把井字田形呆板地看成土地上面形式的原故。如果必须这样呆板,那就困难极多,无怪乎后人疑惑。但我们若就《周礼》和些别的记载,细细来参合研究,那就可知这种井田制,其重要关键,并不在土地上面的形式如何,而是在"九夫为井",即九个农夫成一组的这个单位上。因为那时统治阶级所抽的赋税、力役、勇士、车马、衣甲等项,都是以这九个农夫为单位计算,换句话讲,即是以九个农夫的生产力为起码,而计算赋税。这种制度正确的名称,本应当称为"井牧法"。《周礼》小司徒谓:

> 乃经土地而井牧其田野。九夫为井,四井为邑,四邑为丘,四丘为甸,四甸为县,四县为都。以任地事,而令贡赋。凡税敛之事……

又小司徒命其乡大夫时时要考查其所属人民的多少及财产数目,凡至三年,必更行大规模的考查一次,这种考查称为"九比法"。小司徒说:

> 小司徒之职,掌建邦之教法,以稽国中及四郊都鄙之夫家九比之数,以辨其贵贱、老幼、废疾。凡征役之施舍,与其祭祀、饮食、丧纪之禁令,乃颁比法于六乡之大夫,使各登其乡之众寡、六畜、车辇,辨其物,以岁时入其数,以施政教,行征令。及三年则大比……

所谓"九比",先郑云:"九比谓九夫为井。"而郑玄云:"九比者冢宰职出九赋者之人数也。"两种解释不同,但我们细看,先郑义稍较长。郑玄所谓“九赋”，乃指冢宰总执掌的九种赋税，他以九赋人数释九比，实不大妥，因九比之法是小司徒命其乡大夫等考查人民多寡、财物数目之法，然冢宰所总掌之九赋，其中如“关市之赋”“山泽之赋”“币余之赋”等，并不归小司徒所掌，乡大夫更考查不到，焉能说“九比法”就是考查“出九赋之人数”的方法？按小司徒是属于大司徒的一官，专管农民和土地赋税的事，先郑释“九比谓九夫为井”，义近是而未详。按“九比”实即“井牧”，系以夫家九数而施行考查的意思，原来“经土地时”，既已照井牧法而编定好每九家为一组（即一井），故在稽考其老弱、废疾及财产多寡时，亦必以每一组为单位而考查之，此为手续上当然之事，不待细论。如是夫家既系每九家为一组，此九家在所耕的田地上，当然以接近为原则，故在土地形式上大体形成一“井”字形，故称“井牧”或“井田”。但其要点在以九家为一组的单位上，而非在田地的形式上，那末无论任何地方都可通行，绝没有后世解释者因误会成土地制度而引起的那种麻烦和纠纷了。

井田既定，但怎样说是当时的赋税单位呢？这个若细说起来极繁，我们且引所谓“司马法”来做个例（“司马法”即经学家亦有怀疑的，不过就《左传》鲁宣公“作丘甲”看，其存在实无疑）。据《汉书·刑法志》载：

> 因井田而制军赋。地方一里为井，井十为通，通十为成，成方十里；成十为终，终十为同，同方百里；同十为封，封十为畿，畿方千里；有税有赋，税以足食，赋以足兵。故四井为邑，四邑为丘。丘十六井也，有戎马一匹，牛三头；四丘为甸，甸六十四井也，有戎马四匹，兵车一乘，牛十二头，甲士三人，卒七十二人，干戈备具，是谓乘马之法。一同百里，提封万井，除山川、沈斥、城池、邑居、园囿、街路三千六百井，定出赋六千四百井，戎

马四百匹,兵车百乘,此卿大夫采地之大者也……

此所谓"司马法",他所征的赋税、车马、甲士、干戈,都是以"井"为单位计,比方"四井为邑,四邑为丘",共十六井,须共出"戎马一匹,牛三头",其始必系以每井所纳的定额赋税而积起来,共积十六井即一丘时,即成戎马一匹、牛三头,余类推。照司马法看,当时所谓百乘之家,千乘之国,万乘之主,其收入及军力的计算,都以井计,如百乘之卿大夫是有赋六千四百井的,千乘之诸侯是有赋六万六千井的,万乘之主是有赋六十四万井的,都以井做标准,其为一种赋税单位,显然可见。这种情形正如后世各代是以"户"为赋税单位,凡计算收入,都以户口计算,到了资本主义社会的现在,又全不同,连户的单位也要不着。但是古代为什么不也如秦汉以来一样,以户即每个夫家做单位,而必须用九个夫家即一井做单位呢?这种原故必是因那时生产力过低,每个夫家所能缴的各项赋税极微,所以必须总合九家即一井,才有计算价值。其次,或者系因管理上的原故,每九家设一小头目统率之,故以一井计算。总之,无论怎样,"一井"必是一种编制,是应当时剥削方法而产生出来的制度,必无可疑。若必说是土地的形式,那就不惟对当时的统治上毫无便利和用处,而且直是无意义的麻烦罢了!

照以上大略的解释,我以为井田制度必不出此两点,而决不是什么均田的土地制度。照我这个解释,《孟子》和其他许多记载,都可以说明,不过本文只一短篇,不能细说了。如果我的解释不错,那井田制度实在就是古代的农奴制度,我希望再有机会能把他说的更详细点。

原载《经济学季刊》1935 年第 6 卷第 3 期

南宋和战问题的分析

历史上有许多事实，能时时引起人的兴趣来讨论他，且亦确有讨论价值的，南宋对金人的和战问题即其一。

南宋对金人的和战问题，就通常的道理说来，本是不应成问题的，因为国家既受到外族的侵略，就通常道理说，应当是只有抵抗，尽力抵抗，绝没有任何理由而不抵抗的道理。南宋受金人偌大的污辱，无论就国家，就民族，或就君主、臣民的道德立场上说，更只有抵抗、驱逐的一途，绝不应反倒再受极其屈辱的条件，和金人讲和。所以南宋的和战问题，就普通说，本早有定论，千载下莫有不表同情于主战派而痛骂秦桧的。可是另外有些人就当时情势上看，觉着秦桧的主和，也未尝没有理由，从南宋的叶适起，到清赵翼止，略替秦桧辩护的也很多，所以这个问题，究无法论定，时时有被人提起的可能。可是这个问题的讨论，若仅仅是历史上的一个问题，是千余年前南宋的问题，那就随便由人们提出来讨论，主和也好，主战也好，都罢了。但是他的讨论并不仅因他是南宋的重要问题，只作历史的讨论，而他的提出往往是因为和某一期间的现实情势相合，所以就被提出来作参考，讨论的结果也往往能影响到现实的政策上去。比方明末对满洲人的侵略，就因为参考了这个问题，绝无人敢出来做秦桧主和；到了现在，我们又受到外族的侵略，也许有人又会出来援引赵翼所指出的理由，以为主和也未尝不可。所以这个问题虽发生在千余年前的南宋，而时有和现实发生关系的可能，所以就被人时时提出讨论作参考。

但是这种参考，实在是不应当的，历史上绝没有相同的事实，可以把前一代的应付方策拿到后一代应用的。某一时期受到外族的侵略，宜和宜战，只有按当时的情形决定，和也好，战也好，总以不丧权辱国、能消除外患为主，绝不应把历史上的情形参考来做和战的理由。况且南宋的和战所以成为问题，在当时自有他的特殊原因，这些原因，既不应参考，也不足参考，如果仍然要把他和现实的问题发生关系，实在是很危险的。我现在愿意把这些原因分析出来，希望我们对这个问题，不必再为有价值的注意。

首先，我们就主和一方面说。当时秦桧的力主和议，后世尚颇有人替他辩护的，也有一部分理由。不过这种理由，我们要认清是完全站在统治阶级的观点上看，因为就统治阶级的观点看，才觉着非和不可，而却并不是就国家和民族的立场说。站在统治阶级的观点上，觉着非和不可的理由，赵翼已经分析的很明白。因为当时主战的人虽然很多，但是殊未注意当时的军队早已变成军阀，宋高宗和秦桧所代表的中央政府，久已不能绝对指挥。在这种情形下，遑论和金人战能否必胜尚成问题，即使胜了，把北方收复了，而是不是仍然还为宋高宗的江山，能不能再受宋高宗的统治，尤其成问题。那时军阀跋扈的情形，不惟秦桧一派的人是这样讲，即反对秦桧的人，且在秦桧未相以前，久已有人这样讲。当时南宋的正规军约有二十万人，分隶于所谓“四大屯”张（俊）、韩（世忠）、刘（光世）、岳（飞）之手。这“四大屯”只有岳飞最好，韩世忠已经差远了，至张俊、刘光世，简直坏至不堪。另外如王琼、杨沂中、吴玠、刘锜、李显忠等，虽好坏不等，但其为军阀则一。这些军阀的情形，当时人汪藻、季陵、胡寅和稍后的叶适，都说的很明白。其大要如胡寅述军阀把持财政的情形说：

今煮海榷酤之人，遇军之所至，则奄而有之；阛阓什一之利半为军人所取；至于衣粮则日仰之大农，器械则必取之武库，赏设则尽出于县官。

又如季陵说：

今乘舆服御之费，十去七八，百官有司之费十去五六，犹无益于国者，军太冗也，张俊一军以川陕赡之，刘光世一军以淮浙赡之，李纲一军以湖广赡之，上供之物得至司农大府者无几！

此外，军队有屯田，将官有私田，普通都不下数百顷，更非政府所能过问。然而此尚不足，如刘光世军月费至二千万缗，尚感困乏，中央为调他处酒税给之，尚不足，宋高宗只好把他自己的纺织工厂（织御服罗）停闭了，省出七百万缗以助之。耗费这样多的军队，其内容怎样呢？胡寅说：

今诸军……避户役免门户者往焉，纳贿赂求官爵者往焉，有过咎不得仕者往焉，犯刑宪畏逮捕者往焉，违科举失士业者往焉，则又有乡党故旧之人，百工手艺之人，方术技数之人，音乐俳优之人……

当时的军队就是这些诸色人等构成。而且将吏的家小父母妻子，也是军队的一分子。有一次刘锜所领的"八字军"和金人战争，因为利害切身，"军士皆奋勇备战守"，军中妇人都砺刀剑争呼跃曰"平时人欺我八字军，今日当为国家破贼立功"。其所以这样奋勇，是因为军士们都带有父母妻子，欲走恐为敌人追及，欲弃妇女又不忍心，所以不得不力战。但是不得已力战还是好的，普通却是见敌人即逃走，季陵说：

（今军队）统领家口随行，一闻贼至，择精锐者护送老小，其自随者只办走耳！

因此所以南宋的军队实际上都是"家军"，而不是"国军"，他们的军队都有特别名称，如韩世忠的为“背嵬军”，刘光世的为“太尉军”，刘锜的为“八字军”，岳飞的为“岳家军”等，虽有中央的番号，普通也不用。军队既成了“家军”，所以各军都是各自独立，绝不受任何人统率，而且各有地盘，各有财产，彼此都不得侵犯，结果常因此生出冲突。其间冲突的事极多，最有趣的是有一次张俊军和刘锜军相遇，张俊公然命其军士于一夜抢劫锜军，结果为刘锜发觉，杀死多人，未能抢成。至于中央要命令他们打战，那须看对他们的地盘和财产有无侵犯，如侵犯不到，就按兵不动，不得已才来打，觉着打不过去时就席卷所有以逃，韩世忠、刘光世、张俊等都是如此，中央的命令却不过是那末回事。汪藻对此有一段叙述，说：

> 臣痛念自去秋以来，陛下为宗社大计，以建康、京口、九江皆要害之地，故杜充守建康，韩世忠守京口，刘光世守九江，而以王琼隶杜充，其措置非不善也。而世忠八九月间已归镇江，所储之资，尽装海船，焚其城郭，为逃遁之计。洎杜充力战于前，世忠、王琼卒不为用，光世亦晏然坐视，不出一兵，方与韩相朝夕饮宴，贼至数十里间而不知……

这是建炎三四年间的事，结果建康不守，杜充降金，宋高宗逃入海，而奉命守镇江的韩世忠于建康下后，也急席卷所有率部下逃往台州，宋高宗闻讯说“朕与世忠约坚守，今乃来”，但也没有法子，只好优诏抚慰（此事见钱穆《收复平江记》）。南宋军人对命令，对战争，大率类是。所以后来绍兴六年刘豫的儿子刘麟侵淮东，张俊、刘光世都不敢战争，欲退兵，政府欲调岳飞往抗（那时岳飞驻襄阳），也生怕不奉令，不料岳飞闻诏即行，宋高宗喜欢的说：“刘麟败北不足喜，诸将知尊朝廷为可喜！”于此也可见宋高宗的可怜了！

南宋的军人既是这样情形，在秦桧专政以前，宋高宗别无办法，对他的大将，只有抚慰，只有奖励，虽败了也是升官，我们试看张俊和刘光世传中所载,几乎是每打一次败战,即升一次官。这样的军队,即使如主战派所主张,继续和金人战争下去,能不能把金人打败,把北方收复了,自然很成问题。但是这且不要管他,即就这种情形,不惟喜欢揽权的秦桧大不高兴,即在秦桧执政以前,宋高宗政府所用的一些官吏,已经非常愤慨,都思设法惩治。绍兴初年的御史中丞沈兴求说:"今兵权不在朝廷,虽有枢密院及三省兵房尚书兵部,但行文字而已!"另外一些人,如张守和陈规等,都劝高宗分大将权力而任其部下,使"每将不过五千人,棋布四路,朝廷号令,径达其军,分合使令悉由朝廷,可以有为也"。这些办法都没有实行出来,直到秦桧主和,才把各军阀的军权收回,南宋才真正成了宋高宗的天下。

秦桧的主和,究竟是以和议为目的呢,还是以和议为手段,而要借此以取消各军阀的军权呢?这一点虽然没法辨明,但是他认定欲使宋高宗的天下安宁,非和议不可,这却是真的。他主和最大的理由,即在议和可安,所谓"欲天下无事,南自南,北自北",是他的根本理论。他劝宋高宗想,再三的想,让宋高宗自己坚决觉悟非和不可的理由,结果才断然实行,遣使金人和收三大将兵权并行,以十二金字牌调岳飞的军,在主战派看来固甚可惜,但以秦桧的既定政策看却非此不可,而且愈胜利愈能中秦桧之忌,最后岳飞就非被杀不可。这中间的苦衷,叶适说的很明白,他说:

> 秦桧虑不及远,急于求和,以屈辱为安者,盖忧诸将之兵未易收,浸成疽赘,则非特北方不可取,而南方亦未易定也。故约诸军支遣之数,分天下之财,特命朝臣以总领之,以为喉舌出纳之要。诸将之兵尽隶御前,将帅虽出于军中,而易置皆由于人主,以视臂指相使之势。向之大将,或杀或废,惕息以俟命,而后江左得以少安!

议和的这种结果,正是宋高宗想了六日六夜所决定了的,我们岂能说议和便是目的么？议和实在是他们君相的手段，目的只在求安，换句话，即是求统治力的巩固。当时的军阀直接是这种目的的障碍，所以就决定虽以屈辱条件向金人议和，而也不让军阀存在，于是三大将的兵权收回了，岳侯牺牲了，宋高宗他们才放心了。岳侯被杀一事，据《宋史》所载，好像完全是秦桧的罪恶，宋高宗事先并不知道。其实这全是掩人耳目，宋高宗并非昏聩的人（宋高宗实相当精明，如秦桧专政时期，他也并非全是傀儡，及后秦桧一死，大权更归入他手中，精明专制并不让人），对那样的事那能不知，不过是故意装作不晓得罢了！岳侯的所以被杀，实在是最犯了他们的忌讳。当时三大将中张俊已投降于秦桧，韩世忠亦早腐化，只有岳飞英气勃勃，在河南借忠义社的力量已将山陕、河北各地都号召动，那样的声势，不管岳侯如何忠义，而在他的君相看来，他的声势愈大实愈增不安，中间再夹以张俊私人的忌妒，从中挑拨，岳侯自然非牺牲不可了。若说宋高宗完全不知，那真是骗人的话！

所以我们若就南宋初年前后的情形看来，那秦桧的力主和议，宋高宗的偏信秦桧，都是必然的，惟一的原因即在为巩固他们的统治权，秦桧振振有词，说“诸君争取大名以去，如桧但了国家事耳”，即是在此。

南宋的不惜屈辱议和，在统治阶级的观点上看，既有其必不得已的理由，那末当时的主战派又是什么原因呢？就一般地说，南宋受金人那样的压迫，自然只有对金人决战，所以主战准是对的，但是这中间也应当分别论。当时主战意识的形成，一方面固然是感于国家的危亡，觉着非决战不可，而一方面在那些军阀的观点上，也是非产生主战的论调不可。这是很明显的，当时的军阀们都是以军为家，不惟个人的地位、权力和财产都建筑在军队上，而且赡养的无数亲戚子弟、故旧部曲，他们的这种军队所以能存在，政府不敢干涉，社会也相当拥护，其惟一原因就是因为有金人，有金人时时来侵，他们时时战争，然后他们的权力、地位才能保持，否则一旦和金人议和，战争不需要，军队不能扩张，而且议和的根本目的，尚在于取消他们军阀自己，在这种情形下，军阀们或依赖军阀为生的官吏们，自然非对比的提出极端主战论不可。而且更有一点是主战论的提出，足可以麻醉民众。军阀、官僚对民众尽量的搜括，其所持的理由就是为对金人备战，在主战论的烟幕弹下，民众对他们过甚的剥削，亦只好忍受。假若一旦战争变成不需要的，又凭什么来维持他们的剥削权力呢？所以就军阀、官僚的本身利益讲，主战也是不得已的。

这种情形，并不是我们深文周内，故入人罪，当绍兴六七年间，正张浚布置诸将，倡言兴复时，有名的吕本中说："臣庶劝兴师问罪者不可胜数，观其辞固甚顺，考其实不可行；大抵献言之人，与朝廷利害绝不相侔，言不到事不济，则脱身而去，朝廷施设失当，谁任其咎？"那时正宋高宗命群臣讨论"进讨与固守利害"，同时尚有兵部侍郎綦崇礼说："君之有臣，所以济治，臣效实用则君享其功，臣窃虚名则君受其弊，实用之利在国，虚名之美在身……"这些话似乎都是有为而发。那时正是主战论盛行，秦桧尚未得势，他们并非受秦桧指使。所谓"窃虚名"，即是指高唱"兴师问罪"说。高唱"兴师问罪"既与朝廷无利，且即使兴师问罪成功，在那种军阀割据下，又焉能与朝廷有利呢？秦桧他们看清了这一点，所以就不惜把北方弃于金人，而务必保存江左的偏安。后来和议成功，三大将罢兵，单韩世忠一人，所积军储钱百万贯、米九十万石、酒库十五，始归于国，杨沂中罢兵亦将其在楚州的私田三万九千亩献出。我们固然不应说韩世忠的主战就是为维持他这巨额的军储，可是这也是当然的结果，亲戚、故旧、无数部曲赖以为生的军队，使他不主战能成么？所以军阀、官僚的主战，实也有他不得已的理由，这并非深文周内的话。惟其军阀有这种理由，那就对比地使宋高宗非偏信秦桧力主和议不可，而主和的结果对军阀有这种不利，那就使军阀和依赖军阀为生的官僚们又非主战不可了。

南宋主和、主战的两种议论，明白说来，实在是两种立场、两种看法的结果，究其实，都不是真正为国家、民族的存亡着想。在军阀、官僚们各自的计算下，只可惜当时热烈望收复失地的北方民众。那时北方民众，自金人入侵以来，都退保山砦，结成像如现在东北的义勇军，和金人相抗。他们时时期待宋室出兵，而终于失望。这些义勇军的活动，我不暇悉指，最著名的当然是绍兴五年以后，北方忠义社梁兴等和岳飞取得联络的活动，岳飞得忠义社的鼓励，才有绍兴十年的郾城大捷。当时不要议和，岳飞确可有相当成功。不过在朝廷利益和军阀利益的对比观点下，岳飞当然不能再发展下去，北方的民众就只好牺牲了！

原载《史地知识》1936 年第 1 卷第 2 期

岳飞、秦桧旧案

岳飞、秦桧的旧案，近年来重复提起，又讨论的很热烈，讨论的结果，大体已公认南宋诸将为军阀，连岳飞也在内，而对秦桧颇有开脱的趋势。这种论调，自然也不无理由。南宋诸将之为军阀，原不成问题，我从前也曾为此论（《南宋和战问题之分析》，载《史地知识》第二期）。不过南宋诸将的带有军阀性质，系就一般的说，若特别指出岳飞和秦桧的这一案件和酿成这一案件的事实本身，再去分析，那就大有不尽然处。即使南宋诸将为军阀，但也不能把这一定案平翻过来，秦桧的罪名也绝不应开脱。兹特再指出其间有关事实如下。

（一）南宋军阀问题

指南宋诸将之为军阀，最初是清史家赵翼提出来的，近人承受他的指示，援引《文献通考》等书，对南宋诸将尽力丑诋。这中间细看起来实另有一种原因，乃是我们痛恨民国以来军阀的表现。不过我们要知道，历史上的事件，各有特点，绝没有相同的，南宋诸将虽为军阀，但和民国以来的军阀，有许多地方不同。首先如南宋诸将，虽也有专横不法、把持财政等事，但就国家和民族全体说，大体上实无大过。就国家说，南宋初年建业、绍兴之间，大江南北群盗如麻，直找不出一点干净土地，都赖诸将为之平定，到绍兴三四年后已完全肃靖，中间虽也有两个最坏的，如苗傅、刘正彦的叛乱，固然是一种扰乱，但像如民国以来的军阀，割据地盘，互相战争，却是没有的。南宋政府的能存在，实不能不归功于当时诸将，否则早应亡于群盗之手。而且使当时诸将真为军阀，如唐末藩镇或民国以来的督军一样，那南宋也绝不会存在下去。至以民族全体说，那南宋诸将更有可取。他们自始至终，都力主对金人抗战，时时计划收复失地，以失败而降金的，只杜光一人，最坏如刘光世，也没有勾结外人以固权位等事。至于做傀儡，做汉奸，只有张邦昌、刘豫等数人如此，军人绝无其事。其间如刘光世、张俊常不免望敌兵而逃遁，虽韩世忠有时也如此，但若宗泽、张所、张浚、岳飞、刘锜、吴瑜等，都是始终抵抗，极可钦敬。就这些地方说，若一口咬定南宋诸将为军阀，甚且替秦桧开脱，实太欠平允。

至于秦桧的力主和议，虽然借口于诸将兵权太重，恐成尾大不掉，故借和议收兵权，以安南宋。这种做法，仿佛近于现在取消军阀、完成统一的政策，致引起现代人士的同情。殊不知现在的情形和那时不同，秦桧的主张纯是借口，何尝有充分理由？当时的军人，目的只在收复失地，何尝为他统一的妨碍？别的不说，即如秦桧议和时，南宋军队几全部在张、韩、岳三大将手里，秦桧要收他们的军权，只下了几道命令，即完全成功，试问民国以来的军阀有这样便当么？收兵权那样容易，适可反证诸将的非军阀。那时诸将虽也有专横不法处，足为南宋中央政府行政上的障碍，但也并不是绝无方法改良。即如张浚为相时，因不满刘光世的军队，加以改编，刘光世在诸将中算最坏，然亦俯首受命（刘光世部下郦琼之叛别有原因）。但秦桧并不学张浚，宁牺牲整个华北，决意谋和，我们还应承认他所借口的理由么？

至于《文献通考》的著者马端临，亦指出南宋军人最大的一个罪状，是诸将把持财政，破坏国家的财政统一。殊不知军人自擅财赋，是南宋初年的镇抚使制度就是如此。镇抚使制初建议于范宗尹，其原意即是恢复藩镇，明白将一地方权力交与军人，使其削平群盗，且以抵抗金人，并非军人自己把持割据，如民国以来一样。此外近人又多根据郦琼的话，以怀疑当时军人，认为实不足一战，其主战只是宣传作用的(《中华二千年史》意见如此)。其实郦琼是刘光世的部下，他那些话是从刘光世出而所得的印象，但其他诸将却决非如此，至于岳飞，就更不用说了。

总之，南宋军人，替国家削平群盗，使国家统一，抗拒金人，时时规划收复失地，他们既未演出军阀的内乱，也未勾结外人以固权位，这样的军人，着力诋之为军阀，实欠允当。他们虽也有骄惰不法的缺点，但就许多事实看，未尝不能整顿。秦桧若以坐收三大将兵权的威力，以整饬诸将，何尝不可？南宋军人，我们是绝不应以唐末藩镇和民国以来军阀的眼光去观察的。

(二)岳飞

南宋诸将既已不应以一般军阀观念来论定，至于岳飞，更不应和当时诸人并论，乃近来至有人谓岳飞的的确确为军阀的，实过属诬罔！想当年岳飞受了“莫须有”三字的罪名，已遭杀身，不料最近又要受“莫须有”的罪名，或遭除名，岳飞这个人真太不幸了！按岳飞在南宋诸将中，不惟最有功绩，军队最有纪律，而且最服从命令，无论从任何方面看，实最无军阀嫌疑。这些批评并非后人表同情于他，故意溢美，实系在当时已有这样评论，兹试以两事为例。有一年刘豫的儿子刘麟南侵，声势颇大。那时不惟刘光世不敢抵抗，预备退兵，即连张浚，也预备暂避其锋。宋高宗没法，急调岳飞往御。那时岳飞出平杨么之乱，连年战争，兵士既疲困，即岳飞本人亦积劳致疾，方屯兵襄、汉休养，因此当时人颇揣想岳飞未必受命，不料岳飞闻命即行，毫无犹豫，于是宋高宗大喜，对人说：“刘麟败北不足喜，诸将知尊朝廷为可喜!”又有一年,刘光世对政府有所请求(大致为因其旧有田地不好,欲另易田地),宋高宗已答应,有一个小官晏敦复独持不可,他说:“光世帅一道,未闻为朝廷措置毫发,乃先易私亩,比者岳飞属官,以私事干朝廷,飞请加罪,中外称美,谓有古贤将风……”就此两事看,岳飞的为人岂不甚明!

按近人评论南宋诸将所征引《文献通考》诸书,实并非一般之论,在当时都各有所指。南宋诸将最先被指为军阀的,系张浚。张浚督川、陕军务时,虽措置有未当处,然其人极忠诚,才略、计划都极伟大,主张抗金最力,可惜终被多人攻击外遣,他的冤枉是不待说的。其次是刘光世。刘光世才的的确确是军阀,专横骄惰,搜括剥削,都以他为最。当时人攻击他的甚多,但宋高宗偏喜欢他,处处保全,后来还是张浚力主,把他的军队改编,致激成郦琼之叛,然刘光世终以功名终。其次是张俊。张俊比刘光世好不了多少。再次是韩世忠。韩世忠有几件事,已经很像最近的“长腿将军”张宗昌,当时人攻击他的也很多,不过韩世忠比较还算好的。我们现在所见季陵、陈规、胡寅、汪藻等人的议论,大都各有所指,马端临摭拾群言,笼统评论,已有未当,我们若更以影响之谈,加到岳飞身上,尤其不可。还有一人,比如杨沂中,他完全是宋高宗私人的军队,最属柔顺,也非军阀行径。

此外关于岳飞能不能到黄龙痛饮一点,固然我们不能说必能,但就当时形势上看,至少收复华北未尝绝无可能性。他自绍兴五年后,已将黄河南北所有义勇军都号召动,那时金人统治华北并不如现在东北四省被统治的严密,各地人士都退保山砦,金人势力达不到的地方甚多,而这些人都已和岳飞有联络,岳一到即起响应,那种形势,看了今日东北义勇军的情形,绝非虚伪。而且这些布置,最初都是张浚的计划,假使不要由秦桧一力谋和,且使张浚仍为都督,和岳飞连络进行收复华北实有可能。试研究当时形势，即可明了，决不应以郦琼的话，把这些事实全部抹杀。

（三）冤狱始末

至于岳飞的被杀，事本甚明，正因他在北方的声势过大，引起揽权固位的宋高宗和秦桧之忌，就非把他杀掉不可。若说张宪和岳云确有不轨行动，那实绝无其事。据曾亲见当时岳案全卷的王明清所记，其事初由秦桧买通岳飞部下王俊，诬告岳飞嘱张宪等谋不轨，王俊的告状达政府后，经秦桧等再三质审，全无实迹，后遂弃此不说。乃又谓岳云亲口供出曾与张宪书，阴图叛变云云，不料这样重要的供词和供出来的书信，据说都已烧掉，未曾留底。结果岳飞被杀的最后罪名，只有两条：其一谓岳飞尝自言，与宋太祖同以三十岁为节度使，“以为指斥乘舆，情理切实”；其二谓岳飞“握兵之日，受庚牌不即出师者凡十三次”。即以此罪名判决，当时判决案真象如此，可见罗织的不容易。设使岳飞真有军阀行径，那要找些专横不法的事实，岂不容易，还要这样闪烁其词么？

原载《人文月刊》1936 年第 8 卷第 5 期

桃花石名号解

历来外人称呼中国,有汉、唐、契丹(Cathay)及支那(China)等名,皆为人所熟知,惟另外有一奇怪称呼,即称中国为桃花石,至今仍不得其解。此名在中国书中只一见,元长春真人丘处机之《西游记》,记其至阿里马城(Alemalik)(在今新疆绥定附近)时谓:

土人惟以瓶取水,载而归,及见中国汲器,喜曰"桃花石诸事皆巧",桃花石谓汉人也。

阿里马人何以称中国为桃花石?极费索解。中国书中既未多见,无由知其原起。惟中亚细亚及欧洲数种记载中,往往有 Taugas 或 Tamghaj 一字,亦指中国,桃花石似为其字译音无疑。此名起于何时,亦不得知。据今日所知记述此名称最早的,为七世纪初东罗马著作家提奥费赖刻塔(Theophylactus Simocatta)之历史书,其书皆配中亚细亚突厥人事迹,旁及其他各国,中有一节说及东方另外一个大国,名 Taugas,其大略谓:

Taugas 的国王称为 Taissan(天子),意即"上帝之子"(the Son of God)。其国从无王位继承的纠纷,因为君主皆由一系世袭。人民崇拜偶像,惟他们有公平的法律和贤慧和平的生活……Taugas 境内有大江,分其国为两部,不久以前各为一国对立,时相战争。两国人民以服装为区别,一国用黑色长袍,一国用红色。惟至现在约自莫理斯(Maurice)皇帝治理罗马以来,黑袍国家渡大江袭击红袍国家，胜之，遂将全国统一……（Henry Yule：Cathay and the Way Thither，vol. I，P. 29－34）

提奥费赖刻塔此处所记情形，显指中国。其大江，即指长江。所谓两国，实指南北朝分裂事。莫理斯在位时，当公元五八二到六〇二年（陈宣帝太建十四年至隋文帝仁寿二年），隋灭陈统一在五八九年。可知那时已有许多民族称中国为Taugas，故提氏有此记载。此外提氏又记及中国的丝及哈姆丹城（Khumdan）。哈姆丹本为中亚各民族称呼长安之名，惟提氏据传言谓该城系由亚力山大（Alexander）所建云。

除上述记载外，此名称见于亚拉伯和波斯人著作中的尤多，惟字形各有不同。十三世纪间，当成吉思汗初兴，西征花剌子模（Khovarazm）时，先遣使至其国，其汗阿剌丁摩诃末（Alai－ud－din Mohammed）谓使人云："成吉思汗征服桃花石（Tamgadj），信否？"对曰："此一大事，孰能虚构"（见多桑《蒙古史》，译语从冯译本）。又著名的亚拉伯地理学家亚巴耳费陀（Abulfeda）（一二七三至一三三一年间人），其地理书中有云："扬州（Yanju）为中国天子所居，其称号为Tamghaj Khan。"又有一人名阿耳尼斯威（Al Niswy）（冯译多桑书作奈撒人），其人曾为被成吉思汗破灭的花剌子模沙扎兰丁（Jalainddin）的秘书，扎兰丁亡后，他作有《扎兰丁传》记其事，其中述及"鞑靼王在中国的称号为Tooghaj"。尼斯威此语，亚巴耳费陀书中亦引及之（以上见Henry Yule书Vol. I，P. 256）。

又当帖木儿（Timur）在位时，有西班牙（Castilian）大使克来味哥（Clavigo）于一四〇四年九月至十一月间因事在其廷，据云中国使人适于其时亦至，彼因述及中国云："中国（Cathay）皇帝称为朱斯干（Chuyscan），其意为'九个帝国'，但柴格太人（Zagatays）称他为Tangus，意为'猪皇帝'（Pig emperor）。"又波斯的著名史诗《沙那美》

(Zafer Nameh)中亦有云:"当一三九六或九七年帖木儿方在中国附近的西洪(Sihun)地方过冬,中国皇帝 Tanghuz Khan 遣使来,带有罕见礼物甚多。"其下又谓,"一三九九年消息传来,谓蒙神佑在位已久的中国皇帝 Tanghuz Khan 已卒,中国人民造反,其国大乱云"(按此书即指明太祖卒,靖难兵起一事)(此段见 Bretschneider: Mediaeval Researches. Vol. Ⅱ,P. 145 及 P. 261)。

除中亚各民族外,另如光绪间在外蒙喦昆河(Orkhon)附近发见之唐代突厥文碑,对中国皆称作 Tabgac,又宋代之回纥碑称作 Tapkac,其字与 Taugas、Tamghaj 等亦极相近。可知各外族以此名称中国,似甚普遍而长久,其字形虽有种种不同,然桃花石一名必从其中某一字形译来,应无疑问。元代的长春真人至阿里马时,自然闻得此名,故译为桃花石。独可怪的是此名称自南北朝以来已有,南北朝以降,中国使人或旅行家至西方的甚多,何以未见于中国他种记载呢?这也是我们解释此问题应注意的一点。

桃花石一名既如此普遍,但各外族何以称中国为桃花石呢?对此问题,东西学者讨论的已甚多。最初试作解释的为法人德基涅(De Guignes),他系就提奥费赖刻塔的记载,疑 Taugas 一名,当系大魏的译音,因在提奥费赖刻塔以前不久,中国北方正为拓跋氏的后魏,后魏在五世纪时甚强,前后历一百余年,其势力远及西域,当时各外族或即以魏代表中国,故呼为大魏——Taugas。此说虽似有理,但有一点,恐大魏一名,虽在当时亦未必系习用名称,更未必能流传如是久远,且大魏字音,与 Tamghaj、Tanghuz 等字亦不相合,所以其他学者多不赞同。

其次为研究中国学著名的德人夏德(Hirth),他以为应系"唐家"的译音,因为唐代对外势力既盛,当时各外族多称唐为"唐家",其名见于唐书各外族传的甚多,而"唐家"字音又与 Taugas、Tamghaj 等皆能切合。此说甚得多人赞同,如法人洛费(Laufer)及日人桑原骘藏皆作同样主张。惟此说亦有一点绝不可通,即年代关系。因为据现在所知,记述此名称最早的,系提奥费赖刻塔的记载,其所记为莫理斯皇帝即当公元五八二至六〇二年间事,其时尚无唐代,自不能有"唐家"名称。此点 Henry Yule 书中已经指明,夏德氏未曾注意。最近桑原骘藏复主此说(见所著《蒲寿庚考》),乃又根据 Henry Yule 所指出之事实,谓提奥费赖刻塔书中曾记及波斯王和斯鲁巴味兹(Chosross Parwiz)被刺一事,其事在公元六二八年,即唐太宗贞观二年,可知提氏著书时已在唐太宗时,应已知"唐家"名称。但其实此点在 Henry Yule 书中亦已加以辩解(参看 Cathay and the Way Thither, Vol. Ⅰ, P. 29~33),即使提氏系卒于六三〇年左右(桑原骘藏所说),即唐太宗贞观四年左右,然而唐代势力的播及西域,实在贞观四年以后(灭西突厥,置西北羁縻州更在高宗时),"唐家"一名的被普遍应用,无论如何亦不能在贞观三四年以前,更不能远及欧洲,使提奥费赖刻塔著入书中。所以桑原骘藏不顾 Henry yule 的考虑,仍主是说,实欠允当。

再次,对此问题较为有力量的解释,为日人白鸟库吉与法人伯希和(Pelliot)的拓跋氏说。此意与德基涅的大魏说相似,都因为后魏在五六世纪间占据中国北方甚强,后魏本姓拓跋,故各外族即以拓跋代表中国,因有是称。白鸟与伯希和所以不用大魏而必用拓跋,系因拓跋字音与突厥碑文 Tabgac 更为相近,且中国书中多称拓跋氏,亦较大魏为普通。此说为最新的一说,然究其实,亦甚勉强。遑论拓跋字音与 Tabgac、Taugas 等字并非真正相合〔对音的不精确,伯希和自言之。惟白鸟库吉却硬将 Tabgac 字,改为 Ta(k) - bac,以从其说,实为曲解〕,且拓跋氏一名只中国史籍中推原其姓氏如此,并非后魏的普通称呼,后魏的种族是鲜卑,国号是魏,若鲜卑与魏二名尚不著称,拓跋一名更无著称之理。以此并不广泛的名称代表中国,尤欠允当。所以桑原骘藏不取此说,只得复用"唐家"一说。

我意此数说中,"唐家"一说本来最近情理,惜在年代上万不可能。外族以"唐家"称中国,不惟见于《唐书》各外族列传,即亚拉伯著作中,似亦曾著录,Henry Yule 书中引及亚拉伯史家阿耳合神(Alhacen)数语,谓:"我们称此区域为支那(China),而他们自己的语言称为唐(Tame),其人民称为唐家(Tangis),我们称之为支奴牙(Chinois)。"其中之 Tame,当然为唐,而 Tangis 一字,除"唐家"或"唐家子"外,亦无其对音。可见此名称确曾见于外籍,但提奥费赖刻塔的 Taugas,却不能作同样解释。

对此问题,最近我国人亦有数种解说。洪钧之《元史译文证补》,其《西域补传》中,亦引及多桑书所记花剌子模沙称中国为 Tamgadj 语,而译为大贺氏,其下自注云"多桑书字音如曰唐喀氏,意不可解。其所谓唐,必非唐宋之唐,及注《西游记》,有谓汉人为桃花石一语,循是以求,乃悟即契丹之大贺氏也。蒙古称中国为契丹,今俄罗斯尚然……是知契丹盛时仍沿大贺氏之旧称,故邻国亦以氏称之"云云。洪氏此说,虽亦成理,然实不知此名已早见于隋唐间。隋唐间契丹八部之大贺茂虽或存在,但其势尚微,焉能代表中国?其为误释自不待辨。

又张星烺氏之《中西交通史料汇篇》,谓此名为大汉之音转,正如中国人自称为汉人,都系汉代声威遗迹。此说甚有理趣,然亦未确,说详下文。

最近岑仲勉氏有《释桃花石》一文(载《东方杂志》第三十三卷二十一号),又有一新解释,谓系敦煌城的译音。其大略谓,汉代初设敦煌郡,敦煌一名实应为译音,且即为大月氏之音转,因敦煌一带原为大月氏故地,后大月氏徙居阿姆河流域,西方记录皆称作 Tokhari，即后来译作吐火罗的是。可见Tokhari即大月氏的译音，而敦煌字音又与Tokhari相近，是敦煌一名的来原必应系从原居其地的大月氏即Tokhari一名得来，应无疑问。同时再考究Taugas一字，其读音又与敦煌相近，而提奥费赖刻塔书中又曾谓Taugas为一城（按提氏原文谓“这个Tangas城为亚力山大所建”云云），且敦煌城见于西方他家著录的亦甚多，可见此城必是一向名闻外族，故外族即以此城代表中国，而译为桃花石。

岑仲勉氏此新解释，实较其他说为优。因为提奥费赖刻塔所指的Taugas，确曾说是一城，且谓距此城不远另有一城，蛮人称为哈姆丹（长安）云云，是距长安不远的Taugas，当然应译为敦煌。除提氏外，另有他种记载，亦明指Thamgaj为城，如亚拉伯地理家巴库（Bakui）述及Thamgaj时，谓系“突厥国内一大城，附近有许多村镇，介于两山间，只有一羊肠小径可通”云云（引见Henry Yule书，其形势与敦煌不合，应非敦煌），是此名确曾被指为城，释为敦煌，自属可能。

但此新解释，纵然能释明其一部分，然而未必能释明其全部分。因为第一，若Taugas、Tabgac等称果为敦煌，是等于谓突厥人以敦煌称中国，称中国人为敦煌人。若如此，远如东罗马人等或者还可以，突厥人似不至如此。突厥人向居中国边境，且自五五二年后已与中国发生密切关系，对中国事情自应熟习，何至以极远的一个西北边城代表中国。况且自西晋亡后，凉州一带久为独立国，与中国中部分离甚久，更无理由足以其地代表中国。纵谓敦煌为丝织物出口要地，但亦正如滇国和日南郡不足解释China的一样。欲以中国为其殖民地的突厥人，似应有能包括中国全部的名称，绝不至如此勉强。这是一点。

其次，更有一点，从来解释此名称的，似都未注意。在许多著录中,本皆以此名称为中国皇帝的称号,并非指一城。即在突厥人中,亦明以此为尊称。Henry Yule 书中引证一突厥可汗在一〇四三或四四年间所铸的钱币上,即以 Thougaj 为其尊称,此当然出于模仿。中国皇帝有没有这样一种称号呢?这是应当注意的。我们并不应过分轻视外族,以为外族不了解中国事情,误将一个城名讹传为称号。其实外族讹传一些事情固然也有,但通常多是正确的,即如中国皇帝称"天子",回教徒著作家早已著录(作 Baghbur 或 Faghfur)。尤其数百年间不断来中国贸易的大食人或波斯贾胡,无论如何,绝不能误传中国皇帝的称号为敦煌汗——Tamghaj Khan,即使一时误传,亦不应由唐到明永远沿用。我们试就此点细思,将可想见此名称必有长远的背后事实存在,而历来解释此名称的,并未与以注意。即如伯希和只断定此名为种族名称(《支那名号考》),如果是种族名称,那张星烺氏的大汉一说实应最正确,但我们以为回教徒著作家绝不会误传中国皇帝称号为大汉汗,亦犹不会误传为敦煌汗的一样。

那末此名称较近事实的解释是什么呢?我以为是一种称号,有许多事实可证,兹特分述如下:

(一)突厥字 Tabgac 的解释

首先,我们知道最初使用此名称的,不是提奥费赖刻塔,而是突厥人,提氏所知此国事实,系由突厥人传来,这已无容细说。突厥人为什么称中国为 Tabgac 呢?这是问题的中心。此字在突厥文究竟作何意思,迄今尚不得其解(白鸟库吉根据 Radloff 的意见,用回纥字 Tapkac 作解释,意为"司又谓系蒙古语印者 Tangn 之讹,谓系'有名'或'著名'之意,皆非突厥文本义")。所以解释家都从译音上设法。但任何译名既都不能解决此问题,我根据下文所举各事实,敢断定突厥人使用此字,系有意义的,而非译音。将来突厥语学发达,必会得其正确解释,惟我拟假定此字必为 Altai 语系"天"字的别体。

“天”字，Altai 语系有 tengri、tangri、tagri 或 tangara 等形式，如古匈奴单于称号为“撑犁孤涂单于”，“撑犁”训天，即为 tengri 之译音。若 Tabgac 一字，明系将 n 收声改为 b（此例甚多，即如 tagri 一字，亦无 n 收声），若加入 n 收声，即应写作 Tanga，与 Tangara 一字，已甚相近。至其最后之 c 字，应如白鸟库吉氏之解释，为 ci 之省文，即系《南齐书·魏虏传》所记拓跋氏官名扑大真、乞万真之“真”，与元代官名怯里马赤、必阇赤等之“赤”意，为某种官或司某事者。如是若直译突厥此字，即应为“天官”或“司天”，而其本来用意必系因中国皇帝称“天子”而来。突厥人与中国交往，不论最初以商业的或后来政治的，皆时时要与“天子”这个名称接触，自然会以“天子”代表中国。突厥是个新起的民族，未曾领受古代秦或汉的威力，而在三国两晋间不常再有同样威力的朝代，突厥人所见的只是一群天子，更有使他用此名称的必要。况且北族的匈奴，亦向以天为尊号，tangri 一字所含的威严，为北族所熟知，而自东汉以降匈奴迁入中国，即系北族的天子入中国，其继兴的鲜卑称“大人”，柔然称“可汗”，皆不再称“天子”，故事实上亦应以“天子”称中国。是突厥人要以“天子”一名代表中国，实极其自然。

突厥人以“天子”称中国，无不可能的理由，且绝不勉强，惟应研究 Tabgac 一字，究竟是不是 tangri、tagri 等字的别体。关于此点，我以为若就下述事实看来，应当不误。

（二）天可汗之原字

我们熟知唐太宗擒突厥颉利可汗后，西北各族尊太宗为天可汗（公元六三〇年）。《唐书·太宗纪》：“西北诸蕃咸请上尊为天可汗，于是降玺书册命其君长则兼称之。”此名称显然系北族语，自有追究其原来字面的必要。按突厥阙特勤碑对中国皇帝皆称作 Tabgac – qaganqa Khakan，此名称 Thomsen 等诸译家皆译作“中国皇帝”。

今按译作“中国皇帝”固无不可，但我们应知，当阙特勤碑建立时，天可汗一名流传已甚久，我们绝无理由断定突厥人不用久已习用的天可汗一名以称中国皇帝。况且天可汗一名既曾流行，而我们在近来发现的诸突厥、回纥碑中，亦未见有相当于天可汗的原字。就此两点观察，则 Tabgac - qaganqa 一名，必有为天可汗原文的可能。

其次，天可汗一名不惟用于北族，且曾盛用于西域，当唐玄宗开元、天宝间，西域各地皆受回教帝国压迫，都来求救于中国，其对唐玄宗仍称天可汗。如开元十五年（七二二年），吐火罗求救表云：“奴身今被大食重税，欺苦实深，若不得天可汗救活，奴身自活不得，国土必遭破散，求防守天可汗西门不得，伏望天可汗慈悯，与奴身多少气力，使得活路……”（《册府元龟》卷九九九）。又开元二十九年（七四一年），石国王伊吐屯屈勒表云：“奴身千代于国忠赤，只如突厥骑施可汗，忠赤之中部落安贴，后背天可汗，脚底大起。今突厥已属天可汗，在于西头为患，惟有大食……”（《唐会要》卷九九）。又天宝元年（七二四年），西曹王“逻仆罗遣使者献方物，诏封怀德王。即上言，祖考以来奉天可汗，愿同唐人受调发……”（《新唐书·西域传》）。诸如此类，是西域各地亦向流传天可汗名称。然而西域各家记录亦从无相当于天可汗的原字，所见的只谓中国皇帝称作 Tamghaj Khan。是见于汉语中的天可汗，必应为见于西域语的 Tamghaj Khan，否则除 Tamghaj Khan 一名外，尚应有一相当于天可汗的西域语，但事实上又无之〔可汗（Khakan）一名，当金元间已简称作“汗”（Khan），故天可汗 Tabgac - khakan 之变为天汗 Tamghaj Khan，实无足异〕。

按西域字 Tamghaj，本为突厥语 Tabgac 一字之演变，在西域本无其义，唐代翻译家自熟知天可汗一名在突厥与在西域流行之原文，故能直译为天可汗，而无其他异译。是 Tabgac - qaganqa、Tamghaj

Khan 等语，必为天可汗之原字，此从汉语、突厥语和西域语流传的一致性观之，殆无可疑。如此，Tabgac 一字应比定为训"天"或"天子"之义，亦当无疑。我意突厥人本以"天子"即 Tabgac 一字称中国，及贞观四年后，西北各族视中国不只是中国的天子，且是他们共同的可汗，故天然称为 Tabgac - qaganqa。其以 qaganqanqa（Khakan）一称加于中国皇帝，并不应仅如普通视作系"皇帝"或"天子"翻译，实为尊崇意，应如英国王加印度皇帝尊号的一样。

（三）契丹太祖之称天皇王

天可汗一名的应用，尚不限于唐，紧接唐代在北方甚占势力的契丹，亦有用此名称的痕迹。

我们熟知契丹太祖阿保机即位后所用的尊号是天皇王，辽史作天皇帝。此天皇王一名看似中国名义，然其原来却并非对中国人的称号，乃系由契丹语转译。《资治通鉴考异》引《纪年通谱》云"保机虏中又号天皇王"，可知此名称系出自"虏中"，其作天皇王或天皇帝，都系汉人转译，那末此名称亦有追究其原来字面的必要。按契丹主在阿保机以前所用的称号都系可汗，故当九〇六年末其痕德堇可汗卒后，阿保机继位，必仍称可汗，是"天皇王"三字中必有从可汗（Khakan）转译之字，而且必为"皇王"二字。因 Khakan 一字，意译即为"大王"（可，Kha，意为大，汗，kan，意为王），辽代两院北院官多有称"大王"的，原字即为可汗。而"皇"亦大意，"皇王"亦即大王。中国之翻译家必系因辽之君主与其部长皆称"大王"（可汗），无所分别，与中国习惯不合，故以"皇王"甚或如辽史直作"皇帝"以别之。其实北族之君主及大小部长同称可汗，并不仅辽人如此。知"皇王"即为"可汗"，则"天皇王"自亦为"天可汗"。阿保机的用此称号，自必因其统一各部时，适在唐亡以后，"天可汗"的盛名必仍流存于外域，故阿保机径模仿此名称而用之。是"保机虏中又号天皇王"，实自号“天可汗”,毫无足异。同样的道理,其子东丹王号“人皇王”,即应为“人可汗”。

天皇王或天皇帝既应还原为天可汗,那末天可汗之“天”字,其契丹原文虽不得知,但我们知道契丹和西域各地的关系,尚较唐代为密切,故直以契丹国名(Khatai 或 Cathay)代表中国,是天皇王亦即天可汗的称号,必仍流传于西域。然而我们在西域文字中,亦没有见相当于契丹天皇王的文字,所见的只谓“Tanghuz Khan, emperor of Khatai”——契丹皇帝桃花石汗(波新史诗《沙那美》中语),是 Tanghuz Khan 一名,亦当为 Tabgac Khakan,或其相近的字面。

(四)Tabgac 一字的演变

如上所述,我拟假定北族使用 Tabgac 一名的沿革如下:

约当五六世纪间,突厥人或北族全体,或因中国皇帝向称“天子”,或因中国势力广大,历为其最高统治者,故尊称“天”,因以从“天”字变来的 Tabgac 一名称中国。及七世纪中,北族更在实际上也受中国统治,因共尊中国皇帝为其共同可汗,始将向称中国的 Tabgac 一名,与可汗(Khakan)的尊号连起来,成为 Tabgac Khakan,汉语因译作天可汗。及十世纪初,有天可汗称号的唐室虽亡,而契丹人却兴于北方,且占据唐室领土的一部分,遂将此称号承袭下来,而汉语又转译为天皇王或天皇帝,于是 Tabgac Khakan 一名重复盛用起来,遂使数百年中从中国发往西域各地的消息,皆系有天可汗尊号的君主,故西域各记录家即认此为中国皇帝的称号了。

惟此字流传既久,且至西域转为他种语言,其字形当然要改变,故 b 收音改为 m 或 n(b 与 m 二声北族语原不分),gn 或写作 gha 或 gu 等,语尾之 i 改作 j、z、s 等,皆甚普通。间亦有写作 Toughadj、Thougaj、Tamgawa 等异体的。总之流传愈远愈久,异体亦愈多,其原来意义亦愈失,遂使人只知一桃花石或桃花石汗,无复知其原意了。

惟此字既系一称号，但何以有多人又谓系一城呢？我以为凡指明谓一城的，都系未明了其原意，而与传闻的敦煌城相混，决非其本义。即如提奥费赖刻塔，他所记述的 Taugas 地方事迹，本系从突厥使人口中听得，突厥使人还特别介绍给他此国的君主称“天子”，故提氏亦得著录 Taissan 之称。但突厥使人并未解释明白其所称 Tabgac 就是“天子国”的意思，致使提氏著书时因欲力求明了，遂与从托洛美（Ptolemy）以来所传的敦煌城相混合，因就此点极力描写。为什么知道是这样的呢？这很明显，因为提氏描写此城，谓系亚力山大所建，其地有许多象，城中国土妇女日常乘坐一个牛拉的黄金车等等。这许多传说材料，显是西方旧有的，绝非听自突厥人。故提氏的记载，实系揉合突厥人的报告和西方旧有传说构成，故其记 Tangas 为一城，即系此种揉合的结果，绝不能断定系出于突厥使人所述，所以应视为误记，似不应据以考释此名甚明。

原载《新大夏月刊》1938 年创刊号

藏经书室札记

一　中国古解剖学

中国医学如何发明、创立，确是一个谜。不说别的，即如人体内部构造、五脏六腑的部位等，中医所知，大体上亦与今日生理学所记吻合。中国古代并无解剖学，为什么能知道身体内部的构造呢？说者解释不一，有说是古人参考牛、羊、猪等脏腑推测而知的；有说是中医本发明自道家，道家可以反观、内视，所以能知道体内的情形。这些解说，都无法证明其确实性。

不过，事实上，中国古代也有过解剖工作，且都是为研究医学，只是见于记载的太少，无法说明其关系罢了。

初见于记载做这种工作的是王莽。《汉书·王莽传》说："捕得翟义党王孙庆，使太医、尚方与巧屠共刳剥之，量度五脏，以竹筵导其脉，知所终始，云可以治病。"王莽百事荒谬，只这件事做的差强人意。因为皇帝要杀人，谁能阻止，而王莽不肯把人白白杀掉，还要做医学实验，这是他比别的皇帝高明的地方。

又宋郑景璧《蒙斋笔谈》载，宋时流传有"欧希范五脏图"。据谓欧希范为宋仁宗间一大盗，后为杜杞平定，捕得欧希范磔于市，见"剖腹，刳其肾肠，因使医与画人，一一探索，绘以为图"。

像如这类事，或当很多，只是没有系统记载罢了。若再往上推，如《史记·扁鹊传》载上古医人俞跗，其治病完全是今日西医的做法，可知中国医学其原来必有其科学的根据，绝非凭空臆造。又今日的西医，最初本创自中亚细亚（波斯）或在上古时代中亚的医术，对中国有过影响，亦未可知，这是值得考究的。

二 饭前祈祷与宴会致辞

天主教徒每饭前，必举行祈祷礼，以示感谢上帝之意。此礼在中国古代亦有之，称为"祭食"或"祭酒"，所祭者虽非上帝，而亦为古代最初创造食品之人，亦表示感谢，与天主教用意全同。

其称"祭食"者，如《礼记·曲礼》记"进食之祭"，于主客坐定后，"主人延客祭，祭食，祭所先进"，郑注云："祭，祭先也，君子有事不忘本也。"祭食之法，孔疏云，"主人延客祭者，延道也。祭昔，君子不忘本，有德必酬之，故得贪而种种出少许，置在豆间之地，以报先代造食之人也。"

其称"祭酒"者，《史记·荀卿列传》记荀卿在齐"三为祭酒"。《索隐》云："礼食必祭先，饮酒亦然，必以席中之等者一人当祭耳，后因以为官名。"

又今人遇大宴会，必有演说，由主客双方互致祝辞，或发表意见。此礼本仿自西洋，然在中国古代亦有之。《资治通鉴》卷二五一，记唐懿宗咸通九年徐州戍桂州卒，返归王泗州，刺史杜慆飨之于毬场，优人致辞。胡注曰："致辞者，今诸蕃府有大宴，则乐部头当筵致辞，称颂宾主之美，所谓致语者是也。"此虽由优人致语，非宾主自行致辞，与今日稍有不同，然宴会时有演说则同。此礼不知始于何时，亦不知至何时停止，致吾人不知，反以为来自西洋也。

三 中国古代之民主思想

中国虽自古为君主专制国家，然思想家中，间亦流露民主思想，普遍以孟子“民为贵，君为轻，社稷次之”之说，为民主精神。其实，孟子远不如汉代今文家思想之进步。今文家主张革命，主禅代，反对一姓帝王永远统治，西汉末年曾有数次进行推翻汉室的运动，皆遭失败。代表他们的思想而说的最明白的为谷永。《汉书》本传记其言曰：“臣闻天生烝民，不能相治，而立王者以统理之，方制海内，非为天子，列土封疆，非为诸侯，皆以为民也。垂三统，列三正，去无道，开有德，不私一姓，明天下乃天下之天下，非一人之天下。”此“天下乃天下之天下，非一人之天下”二语，到今日犹觉可贵。他们的办法是“汉帝宜谁差天下（谁差即访问意），求索贤人，禅以帝位”（《眭弘传》）。连汉的宗室刘向，亦主张“王者必通三统，明天命所授者博，非独一姓”。这样明白主张天下不应私一姓，宜随时求索贤人禅代，这是后世所没有的。

四 木牛流马非诸葛亮作

世传木牛流马为诸葛亮作，系本之《三国志》。其实，作者为蒲元，并非诸葛。《北堂书钞》引《蒲元别传》曰：“元为丞相诸葛亮西曹掾，亮欲伐魏，患粮难致，元牒与亮曰，元等辄推意作一木牛，连布双辕，人行六尺，牛行四步，人载一岁之粮也。”据此，则作木牛者明为蒲元。按诸葛传称，“亮性长于巧思，损益连弩，木牛流马，皆出其意”是造作之意或出于亮，而推其意制作者，实为蒲元。

五　中国裸体跳舞

裸体跳舞，中国古已有之，可见此事非礼义之邦所不许也。明张萱《疑耀》载："宋嘉裕间（仁宗），正月十八日上元节，上御宣德门，召诸艺色人，各进技艺，与银绢，内有裸体妇人相扑者，亦被赏赍。"《司马温公集》亦有"请停裸体妇人相扑为戏劄子。"

六　始作俑者

孔子曰："始作俑者，其无后乎，为其像人而用之也。"尝恨不知此始作俑者为谁，无以考其有无后裔，以验圣人之言。近读《茶香室丛抄》，始知曲园老人已考得之，其说曰："国朝马骕《绎史》，引王肃《丧服要记》云，'孔子曰，宁设桐人乎？公曰，齐人虞卿，遇恶继母，不得养父，死不能葬，自知有过，故作桐人。曰，吾父生得供养，何桐人为？'按《说文》人部，'偶，桐人也'。《淮南子·缪称篇》，'鲁以偶人而孔子叹'。高注曰，'偶人，相人也'。治《说文》者，疑桐人是相人之误，相人者像人也，乃观此文，亦作桐人，疑其不误，盖古偶人以桐为之耳。孔子曰，始作俑者，其无后乎？自来不知始作俑者为谁，据此则齐人虞卿也。"若是，则后世虞姓甚多，有无齐人虞卿之后，当询之虞姓之族。

七　程邈隶书即今楷书

程邈所作隶书，后世多误为真、草、隶、篆之隶，其实，今所谓隶字，乃汉之八分书，程邈所作之隶书，实即后世通用之楷书。关于隶书、分书、真书之混淆，全祖望《鲒埼亭集》曾有详辨，然其致误之由，以赵明诚《金石录跋尾》所言最为明确。其言曰："东魏大觉寺碑阴，题银青光禄大夫臣韩毅隶书，即今楷字也。"庾肩吾曰，隶书今之正书也。张怀瓘《六体书论》亦云："隶书者程邈书，字皆真正，亦曰真书，自唐以前皆以楷书为隶，至欧阳公《集古录》，误以八分为隶书，自是举世凡汉时石刻，皆目为汉隶……"据此，则程邈隶书本即楷书，其以八分为隶，实欧阳修之误。

按《晋书·王羲之传》，称"羲之善隶书"，右军书传世者多，皆作楷书，并非今所谓隶字，是古隶书即楷书，甚明也。

八　反金人铭

中国自古以"多言"为戒，孔子称"刚毅木讷近仁"，又说"敏于事而慎于言"。以故历代传训，无不以谨言慎行为上，好事者遂造为"金人铭"，谓金人三缄其口，立于周太庙，以多言多事为戒。然亦有立意完全相反之"反金人铭"，其言亦颇有理。晋孙楚《冯翊集》载其铭曰："晋太庙有石人焉，大张其口，而书其胸曰：我古之多言人也，无少言，无少事，少言少事，则后生何述焉！夫惟立言，名乃长久，胡为块然，生钳其口！"此石人盖近于要求言论自由之西人作风。

九　《中庸》非子思作

《中庸》自韩愈、李翱引其言以辟佛，遂为儒家所重，宋以来乃推为经典之一，与《论》《孟》《大学》号称四书，且认为系子思所作，然实非。梁绍壬《两般秋雨庵随笔》，举叶书山言，谓孔、孟山东人，故其举例，皆举太山、北海，而《中庸》独称华岳，明明为长安人指长安之山，自当为秦汉间人所作云云，此论已甚明。而俞曲园《湖楼笔谈》，所陈尤切，其言曰，"子思作《中庸》汉时已有此说，太史公亦信之，然吾谓孔氏之徒为之，而非子思所自为也。《中庸》盖秦书也。何以言之？子思之生当鲁思公时，其殁也当鲁穆公时，是春秋之末而战国之初，当是时天下大乱，国自为政，家自为俗，而《中庸》乃曰，

'今天下车同轨，书同文，行同伦'，此岂子思之言乎？吾意秦并六国之后，或孔氏之徒，传述绪言而为此书。秦始皇廿八年琅琊刻石文曰，'普天之下，抟心壹志，器械一量，同书文字'，廿九年之罘刻石曰，'黔首改化，远迩同度'，皆与《中庸》所言合，故知《中庸》作于此时也……"

十　魏徵之进化思想

中国思想界，自古以来即为一种退化观念所笼罩。凡百事物，无一不以古代为上，愈古愈好，愈到后世愈坏。政治以唐虞之治为极则，人物以周、孔为至圣，下至诗文字画，亦无一不以古代为精，甚至如《抱朴子》所言，"俗士多云，今山不及古山之高，今海不及古海之广，今日不及古日之热，今月不及古月之明"。由此种观念之结果，遂使人人憧影古代，做古代美满快乐的迷梦，对当前事项，不思改良，不求进步，徒为慨叹消极，实为中国思想上最危险的一种毒素。按唐《语林》载魏徵为唐太宗陈古今理体，言太平可致，封德彝驳之，谓"三代以后，人渐浇诋"，实不易治，魏徵书生，若信其虚论，必乱国家云云，魏徵乃折之曰，"若谓古人淳朴，渐至浇讹，行至于今日当变化为鬼魅矣"。徵此数语，实可使有退化思想的人猛省！

原载《学艺》1947 年第 17 卷第 1 号

中国史上之斗争形态

如果人类的历史是阶级斗争史，那中国历史究竟是什么样的阶级斗争形成的呢？

当数年以前，凡尔加的《中国革命论》初传至中国，他那种以为中国国家是由防止水患和灌溉田地而成立起来的理论，在当时颇有人加以接受。如果这样，那中国史应当是很美丽的阶级合作史，不会有什么斗争了，可是按之实际并不然，明显着凡尔加分析的错误。不久拉迪克的《中国史之理论的分析》又传来，拉迪克以较正确的眼光，指出中国政府的剥削性质和农民不断的反抗，他的结论以为中国历来政府，是建筑在地主阶级和商业资产阶级身上，而和时时企图建设自己政权的农民对立，这样就形成中国的历史。拉迪克以为秦代和元代的政府，商业资本主义性质最浓厚，当时农民的反抗亦最烈，反抗的结果，产生了汉代和明代，汉代和明代的初期，就是一种农民政权的建立，只是不久以后又转到地主和商人身上去，所以农民时时企图建设自己的政权而总是失败的，政权永远在商人和地主的掌握，以施行其剥削。拉迪克的全部意见，大体上我们不能不承认是正确的，可是以一个外国人，要做这种尝试工作，无论如何也难望其十分正确。比方拉迪克所谓“农民政权”，究竟是一种什么样式的政权，我们就不十分了解，而且把全部中国史只看成是农民和商人阶级斗争的历史，也和真象全不相合。中国的国家究竟是怎样构成的？中国历史究竟是那几种阶级表演出来的？我们应当自己来考查一下。

关于中国国家的构成，是略如拉迪克所说，秦汉以来各朝代的专制政府，正是建筑在地主阶级和商业资本的结合关系上，以剥削农业劳动者、手工业者和小商人等。这样性质的政府，在各代实都相同，并不是如拉迪克所说秦代和元代竟能“超越历史”，建立纯粹商业资本主义的政权，而汉代和明代又退后来。这种政府——就是建筑在地主和商人结合关系上的政府——其所以必要，当然是因为同时有其他阶级存在，因为有其他阶级存在，那商业性的地主阶级，为保护他们的财产权力，自不得不时时设法巩固他们的政权，以和其他阶级斗争。在斗争的过程中，一方面就自然产生了历史上所有的法律、制度、政策以及思想、学说等，一方面也产生了屠杀、暴动、战争、混乱等等。所以我们从历史上每一个事件看，无不可以看出阶级间对立斗争的姿态来。这些对立斗争的阶级，最有关系的约有四种或五种。

秦汉以来历史上，尤其在前半段，斗争最多也最激烈的，是商业性的地主和残余的封建阶级，如豪族、世族、门阀、贵戚等的斗争。这种斗争通遍两汉、两晋、南北朝，一直到唐代，才渐渐消沉下去。斗争的结果无疑的是商业性的地主得到胜利。这一段至少有八九百年的斗争史，要详细说明自然非一篇短文所允许，但却就大端说也是很明了的。两汉豪族之多尽人皆知，豪族在当时实是统一政权上一大障碍，两汉的君主势不能不以铲除豪族为政，时时利用所谓的酷吏大批屠杀。可是因为种种关系，终不能除尽，屠杀了旧的，又产生新的，一直延到末季，终因豪族多年横行，使“被穿帷败，寄死不敛，冤枉穷困，不敢自理”的人，愈来愈多，致酿成大乱，使汉室政府和他的社会同时崩溃。汉代既亡，那些大豪猾和门阀勋戚，都乘机招抚流亡，以为部曲，自行割据，结果产生了三国、两晋、南北朝间的政象。这一个长期扰乱期间的政治动向，颇使一些研究者为之迷惘。其实这一期间的门阀世族政治，正是两汉豪族的代身，他们破坏了以屠杀他们为政的两汉统一政权，自然要急急建设他们自己的政权，结果竟发明一种奇怪的“九品官人法”，把士庶的区别定的极严，同时把君主的权力也尽量剥削，以企图永远维持王、谢、袁、萧或崔、卢、李、郑的政权。可是他们这样的把持政柄，正是说明了他们的将要没落，感觉到自身的危险。机会成熟以后，商业性的新地主自然要抬起头来，隋唐的统一，即是商业性地主阶级统一政权的再建。这个政权再建以后，豪族、世族存在的可能性更少了。以后由唐到宋，由宋到明清，我们所见的是社会经济的日益发展，君主的专制权力日益高涨，任何特权阶级已都无法存在了。

不过因为中国经济的演进，终究是极迟缓的，始终也未发达完成，所以残余的封建势力时时有复活的可能，唐宋以降既不是绝对已无豪族、世家，而且仍时时不免有封建政权的再现，只是和隋唐以前较已相差不啻天壤了。所以通遍秦汉以来两千年的历史，几乎都是商业性的新地主阶级和残余的封建势力斗争的历史。这一种斗争，在拉迪克的书中也曾略略表出，可惜他并没有觉察他的重要性，而反以一般农民和地主的斗争，代表中国史上的主要斗争，是稍应改正的。

随着前一种而来的再一种最大的斗争，才是拉迪克所主张的一般农民反抗地主的斗争。这一种斗争，就其对中国史的关系讲，远没有前一种来得重要，但是时时不能免的。一般农民，包括贫苦的农业劳动者和中小资产的农民都在内，他们受着地主和其政府苛刻的剥削，到了能够忍耐的范围以外，自然只有反抗举动的一途。各代的末期，尤其明显的是汉末、唐末、南宋的群盗、明末的流寇等，都只是因为土地的所有日益集中，失业的饥饿的群众日益普遍，引起来的结果。这些暴动的农民，据拉迪克的意见，以为是在要求建立农民政权，而且如汉代和明代的初期，这种政权就实现过。但是据我的观察，恰恰相反，历来暴动的群众很少有阶级觉悟，除一二特别时期以外，并没有建设自己政权的企图，他们所希望的是"真龙天子"，他们所要求的是"爱民如子"的官吏。这些要求都表露出中国下层民众长期生活在地主阶级的严厉统治下，至失掉其阶级意识，并不知用何种必要的方法以解决他们的痛苦，而只知依赖慈悲的主人。所以各代的末期都有下层民众伟大的暴动，但是只要有人走出来标榜"省刑罚，薄赋敛"的政策，立刻就可平息下去。结果只有改朝换姓，即是商业性地主阶级政权的再建，而绝没有什么农民政权出现过。拉迪克的观察是全错了的。

不过虽然如此，中间也有一二特别时期，如北宋的蜀盗李顺，南宋湖寇杨么，清代洪秀全所领导的群众等，都曾居然没收地主的土地，实行均田。其他时期也偶然有类似的主张，只是都没有实现出来。这些口号的提出，实在是中国史上阶级斗争的最尖端了。

其次，中国史上再一种相当普遍的斗争，是出现于农业者和商人之间，这一种斗争是中国史上许多次政变的根原。按中国旧日社会上的农业地主阶级和商业资本家，在平常本是一个东西，并不能严格分开，我们特以"商业性的地主"一个名词称他们，即是为此。但是既是一个东西，为什么又发生斗争呢？况且他们是构成中国国家的主要阶级，他们反抗残余的封建阶级，压迫下层民众，都有共同的需要，且即就其生活和经济利益，也是不能分离的，为什么又发生斗争呢？这中间另有其他不得已的原故。

因为商人和农业者的冲突，原是通常现象，在中国其所以构成那种一体的结合关系，只是特殊情形，是适应秦汉以来特定的生产力所形成的结果。但是如果在某一期间生产力发展,这种关系势必要发生变化。生产力发展以后,商人有多量的产物供其运用,自可独立发展,在此时期结合关系中的人员,首先在生活上必渐渐分离,从而使其利害关系亦绝不同,结果通常的冲突现象必爆发出来。这些现象即商业资本及高利贷资本的侵蚀兼并,使地主阶级的生活发生动摇,终于现出汉时晁错所谓商贾"男不耕耘,女不蚕织,而衣必文绣,食必粱肉","操其奇赢,日游都市,毋农夫之苦,有阡陌之得",同时在农民一方却受其侵蚀,流于破产,终致"衣牛马之衣,食犬彘之食"。若商业的发展到了这种程度上,连地主阶级亦感到恐慌时,那就必然的要起来反抗。这种斗争也是各代都有,而汉之桑弘羊,唐之刘晏,宋之王安石,是尤其显著的。他们的改革变法,都是代表更多的农业生活者,对发展过甚的商业加以有效的统治或压迫。此种政策中国旧日总名曰"重农轻商",其间表面上虽有的成功,有的失败,然实际都是收效的。其失败,如王安石的招人反对,另有原因,且不论。不过在这种斗争之下,地主阶级的学者绝没有根本取消商业组织的企图,而且那些改革者还不免被人加上"与民争利"的恶名,这是当然的。因为这种斗争的目标,只是要限制商业不为过甚的发展,而始终和农业者保持平衡的结合关系即足,若不如此,而"兴民争利"过甚,致赶入另一个极端,使商业完全衰落,失掉土地所需要的交换者,既属不愿,且把经济的剥削方式都由政府掌握起来,那也是地主阶级非常不欢迎的,所以地主和商人的冲突虽不时会有,而终久是互相提携的。

最后,中国史上另有更多的一种斗争,是出现于政府和人民间的分裂。这并不是指普通所说的政府黑暗、人民暴动等事,而是指一种特殊的阶级冲突。秦汉以来的专制政府,我们已说过,是代表商业性的地主阶级利益而建立起来的,所以在平常政府和人民(地主）中间必是利害一致的，至少是在对其他阶级作斗争时是一致的。但是我们应时时注意，专制政府仅仅是代表地主的利益而成立起来的，这个政府除过用科举制度取来的官吏以外，其中有很多分子，尤其重要的是专制君主本人，他们不惟不是和社会上一样的地主阶级，而且本来是十足的封建阶级。专制君主之为道地的封建阶级，并不能因为他们的出身有国王、丞相、留守、节度使或农夫、和尚等不同而有差别（拉迪克对这点即有误会，他因为刘邦、朱元璋出身农民，就以为汉朝和明朝就是农民政府，但是朱元璋也曾为和尚，就可视为和尚政府么）。就他们的身分和权力说，都是封建阶级，和封建时代的天王毫无二致，只是他们不能用封建方式以维持其政权，而是在代表一般地主阶级利益下以维持其地位和政权罢了。专制政府的领袖，既是这样一种性质，所以专制政府虽和他所代表的阶级时时在合作着，然而也时时在那里酝酿破裂。破裂的根原，简单说来，是专制君主时时防备大权旁落，或惧地主的直接代表者官僚把持政柄，或竟产生篡夺，同时在地主一方，也怕君主荒淫无度，任意搜括剥削，以增加他们的负担，于是双方一面在合作着，一面在防备着，合作是为共同向其他阶级斗争，防备是各自为怕上了对方的当。在这种对立中产生的现象是，一方面地主阶级的学者主张君主纳谏，奖励诤臣，巩固御史组织，以及时时向君主灌输“仁政”“爱民”的学说等；另一方在君主方面却不是这样和缓，在必要时即把政权交与他所亲信的外戚、宦官等，或是预先封建他的子弟为王，以为羽翼。一切这些都是君主和人民间两个阶级对立的表现，在平常状况下，双方用这些方策也能相安几时，但是各个朝代都有大破裂的时候，其间即是君主过于不信任那些自称为“忠臣”的（客观地说，本来不是忠臣），而时时增加他所偏信的外戚或宦官的权力，结果外戚、宦官的权力扩大，就不顾地主阶级的抗议，任意横行剥削。这时地主阶级的直接代表者官僚们，初时不免联合谏诤，陈说外戚、宦官之不可任用，但怀疑的君主少有能听用的，于是最后士大夫们或有的投降于外戚、宦官手下，以保持其禄位，而比较好的不忘故主（地主）的，却多始终坚持，或取不合作主义挂冠以去，或时时讥弹朝政，以与外戚或宦官相抗。这种局面如过分紧张了，即不免大流血，最残酷的当然要算东汉的“党锢之祸”和明代东西厂直到“东林党争”时所作的罪恶了。历代的党争固然也有不同的背景，不过涉及外戚、宦官的党争，那就只有是这种阶级分裂下才能产生的事实了。

以上我们把中国史上主要的斗争形态，举出这么几种，其他影响较小的不具论，倘能就这样概括的说明，以分别观察历史上复杂万端的事迹，或可有助于中国史的了解和认识。

原载《史地知识》1936 年创刊号

中国史的问题

关键应在封建社会如何发展问题

中国史的问题，在我看来，并不是奴隶社会和封建社会如何分期的问题，而是封建社会如何发展的问题。普通所以把问题都集中在奴隶社会和封建社会分期的讨论上，主要原因恐怕是受这一种成见支配，以为中国社会绝不会成熟那末早，大体上必须和世界上同时期的其他地区的民族一致，或者须和欧洲历史一致。根据这种成见分析中国历史，就不知不觉陷入理论上或方法上的错误，把历史唯物主义割裂开使用，以迁就其奴隶社会说，或把古代史料故作歪曲解释，以符合其主观成见。这些成见的错误，在近年许多著名的著作中，都表现的很明白。

关于中国历史必须和世界上其他地区民族历史一致的说法，前几年苏联的考古学家吉谢列夫在武汉讲演时就说过，他说，苏联的历史学家大都主张中国在两汉时代还是奴隶社会，因为当时亚洲其他地区的民族都还在奴隶社会阶段，中国绝不能例外。根据这一看法，到了下一阶段，也自然和其他地区一致，即是晋代开始进入封建社会，同时期的欧洲也正进入封建社会。更进一步，欧洲的资本主义是在十五六世纪开始发展起来，于是中国的资本主义也是在这个时期的明代中叶萌芽。当然，这些主张都各有理由，都能举出许多事实做证据，不过不免使人怀疑的，是它究竟分析了中国的具体事实而得出来的结论呢，还是根据成见先定了结论，然后找寻证据来证明呢？进一步研究，这种成见，是不是过去半殖民地时代意识的残余——中国的一切必须跟着欧洲跑，在支配，这也很值得怀疑的。

分期问题上的一些不同意见

事实上从种种方面看来，奴隶社会和封建社会的分期议论，多半根据成见先定了结论，然后找寻证据来证明。正因为如此，就不惜割裂理论，歪曲事实，以迁就其主张。比方，等级支配制式阶梯政治，又称为金字塔式政治的，是封建社会最显著的特征，是适应封建生产方式的上层建筑。但是主张周代是奴隶社会的人们，却把周代最突出的金字塔式政治，说成是“家长式的奴隶制金字塔”了。有谁见过“家长式的奴隶制”时代，有金字塔式的政治呢？把生产方式说成是奴隶占有制，或是早期的家长式奴隶制，而不管那时的上层建筑是否能和它相适应，这是对历史唯物主义的割裂使用。这种割裂使用也表现在另一方面，即把剥削阶级和它的剥削方式割裂开来，可以不相适应。比方，西周时代即已存在劳役地租的“籍”法和实物地租的“彻”法，两法同时使用。但有的人并不管这些最明显的事实，而只满意于他所找出来的种种奴隶名称，以为就是奴隶社会。这就是把剥削方式和剥削阶级分裂开来，好像这两件事是毫无关联的。既然西周时代是奴隶社会，自然没有地主，于是主张地主到了春秋中叶才有，中国在春秋、战国之交才开始进入封建社会。这种主张主要的根据是鲁宣公十五年的“初税亩”，据说这件事实就是地主阶级开始产生的证据，但是这个证据，是对史料明目张胆的歪曲！按鲁宣公的“初税亩”，是“初税”农奴的份地，是领主地主对农奴剥削的增加，绝不是初有地主税其土地。“初税亩”，春秋三传都说“古者籍而不税”，如今“履亩而税”，即是除“籍”以外（即除劳役地租以外），又加上“税”（即是实物税），分明是两重剥削。这种两重剥削就是后来鲁哀公所谓“二吾犹不足”的二重收入。这是地主阶级剥削的增加，农奴负担的加重，地主阶级统治的进一步发展，那里是初有地主的现象呢？像这样不管前后事实，我以为是对史料任意曲解，对理论任意割裂。

研究中有教条主义的倾向

但还有更严重的错误，是近来很有几位历史家，拿马克思指出的"亚细亚所有制形态"，来分析中国殷周时代特别是周代的历史，以为周代正是土地的公社所有制，由高居在无数小公社之上的统一体，以最高所有者的资格，形成绝对的专制主义，来剥削公社的社员和奴隶，成为马克思和恩格斯常常提到的东方的奴隶制国家。据说周代正是这样的国家。在这里我们遇到了最典型的和毫无顾忌的教条主义者！按马克思和恩格斯所指的"亚细亚所有制形态"，有两个不能分开的特征，即君主的残酷专制和灌溉农耕。在那种形态下的专制君主，是"以最高的所有者或唯一的所有者的资格而出现"的，他们是公社集合体或统一体的体现，因此能对公社社员及奴隶进行残酷的剥削，成为特有的"东方专制帝王"。试问周代那个共主周天子，有丝毫专制权力呢？不要说东周，即西周时代的周天子，也不过是个共主的名义，那里能对那一千多个封建国家进行专制！古代早已有人说过，周代"诸侯南面而治，有不纯臣之义"（《公羊传注》）。老实说，即在西周时代，周天子所封的诸侯，已和他同样称王，他那里是唯一的所有者呢！至于灌溉农耕，那更明显，马克思所说的亚细亚形态，灌溉河渠、交通工具等等，都是那个"高居于各小公社之上的专制政府手里的事"。不要说周代的灌溉事业尚未十分发达，即使已有所发达，但是共主周天子何时关心过诸侯国家（各小公社）的灌溉河渠？不管这些具体事实，硬要说周代是具有君主绝对专制和中央政府办理灌溉两种特征的亚细亚所有制的奴隶国家，这是教条主义者的胡说！至于周代的财产制度是否公社所有制，那更明显，在周代等级支配制下，各个等级都有一定的支配权，并非如亚细亚所有制那样集中。周代天子可以把土地分封其子孙，这固然是“普天之下莫非王土”的体现，但诸侯、大夫也可以其领地任意分封其子孙，这就是土地所有权是等级所有的明征。即在同一等级，土地好像是领主家族共有的，但“君子之泽五世而斩”，第六代起即无共有权，必须另立氏姓，自谋生路。况且，自西周以来，各国贵族地主内部因土地而互相争夺的事例极多，那有公社共有的痕迹？近人多引《诗经》“雨我公田，遂及我私”的“公田”，以为公共田地的证据，殊不知战国以前“公”字绝无公共的意思，“公”是指君主或君主之事，引此作证，完全是一种误解。

从西周起就应是封建社会

总之，在周代一直从西周起，无论上层建筑，或剥削方式，或土地所有权形态，都是封建社会的，而不是奴隶社会的。假使不割裂使用历史唯物主义的理论，不歪曲事实，那周代的社会只能是封建社会，而不是其他。周代既已是封建社会，那汉代就更不待论。汉代有那样显明的事实，如农民受豪民侵凌，什税其五，农民因贫困，卖田宅、鬻子孙。这些尚有十分之五的生活资料和尚有田宅可卖、子孙可鬻的农民，又那里是奴隶呢？无论晁错，无论董仲舒或王莽，所说的农民，都是指一般的农业劳动者，绝不是仅举少数人做例。一般农民既都是农奴待遇，那还能说汉代是奴隶社会么？

事实上，中国自西周以来即已是封建社会，这个断定并没有错。问题在于这样三千年长的封建社会，如何发展？为什么经历这样长的时间而没有发生变化？这些问题不能圆满解决，也是使人们拉长奴隶社会以缩短封建社会的原因之一。在这些问题的讨论中间，我们也经常看到使人不能满意的非马列主义观点。比方，很多人把中国三千年封建社会的发展，说成是直线的发展，愈到后世，封建的统治愈强:秦汉时代超过春秋、战国,隋唐以降又高过秦汉,而明清时代封建统治又最为高涨。这显然是机械唯物论的发展观,和马列主义无关。另外,又有人用过去"循环论"的说法,而披着马列主义的外衣来解释,即是以列宁"螺旋式"发展的学说,解释中国封建社会的发展,以为某一朝代经过大乱灭亡,新兴的朝代必然是螺旋地和前一朝代相似,建立同样的封建王朝,以后又灭亡,又建立,这样螺旋不已,中国封建王朝也重复不已,封建社会因此就停滞下来。这种说法完全是三国演义"天下大势,分久必合合久必分"的理论,却戴上"螺旋式"的面具重复出现。须知列宁所谓"螺旋式"的发展,是指不同社会而言,封建社会对奴隶社会螺旋,资本主义社会对封建社会螺旋。如果是同一社会,例如同一封建社会,其经济基础始终一样,那里能螺旋呢? 实际上,这种议论无非是把中国社会说成是始终原封不动的怪物罢了! 那是唯心论的观点。

封建统治是逐渐削弱的

那末,中国的封建社会如何发展呢? 在这里有一件件可注意的古怪事情,即讨论中国封建社会问题的论著很多,但还没有看到那一篇文章讨论中国封建社会如何解体和何时解体等问题。我们所看见的论文都还停留在初期的阶段,即只是从种种方面证明某时期的是封建的、封建制度的、封建统治的等等,至于中国封建社会,何时削弱、解体、衰败,从来没有人论及。比方,欧洲的封建社会,照恩格斯的分析,从十世纪起封建的统治已开始削弱,以后逐渐解体,到十四世纪大形衰败,遂产生资本主义的生产方式。这种说明旧事物的解体、衰微和新事物的产生、发达,才是真正的马列主义的发展观。不料标榜马列主义,自以为是最正确的马列主义者,却把中国的封建社会始终说成是高涨的! 最近有人谈到资本主义在明代中叶萌芽了,但照他们的说法,资本主义好像也是突然萌芽的,明代初年封建统治还在向高度发展，到中叶突然产生了资本主义，这也是非马列主义的观点。

究竟几千年来中国的封建统治是不是有所削弱，有所解体呢？这应当是不成问题的。第一，中国一直到土改以前，固然始终是地主阶级统治着，但总不能说几千年来地主阶级始终是一样的吧！我们试看周代的封建领主，他们的统治势力，远比秦汉以降的豪族、世家、门阀地主等大的多。而秦汉至魏晋南北朝间的世家大族，又比唐宋以降的地主阶级势力要大的多，这不能说不是地主阶级有所削弱吧！第二，中国的农民始终过着农奴、半农奴的生活，这是事实。但是不是就能说几千年来始终是那些羁绊，从来没有改善过呢？我看事实上并不是如此。春秋、战国时代农民表面担负什一之税，事实上受三分之二的剥削（《左传》：民参其力，二入于公，而衣食其一）。及到秦汉时代，表面已经是什五税一或三十税一的，事实上是什税其五，这不能说不是减轻了。至于其他羁绊，如兵役、力役、迁徙等，在秦汉以降，历代皆有所减轻或改善，这不能说不是封建的统治有所削弱或解体。第三，从另一方面说，秦汉以降，各种新事物历代都在增加中、发展中，如商品经济、雇佣工人、手工工场、交通、货币等等，都是一代比一代扩大，这些新事物的扩大和发展，也正是旧的统治削弱、解体的结果。对于这些活生生的发展事实，为什么不深入考查，而偏偏要割裂理论，歪曲事实，争论那些奴隶的问题呢！

原载《文汇报》1956 年 12 月

《回鹘史》译注

十年前，余从 E. Bret Schne der 的《中部及西部亚洲·史地研究》中，节译其关于黑契丹的一段，订为《〈西辽史〉译注》，交由商务印书馆出版。久欲继续译其关于回鹘的一段，迁延未能竣事。近年国人对边疆史地，极为注意，因特检出译成，以供参考。

——译者〔（民国）三二. 三. 八〕

第一节　引　言

回鹘一名，是指古代活动于东部亚洲的一种土耳其族，他们在东亚和中亚史上占重要地位，历数世纪之久。据中国的记载，当七世纪时，回鹘人建牙于今外蒙古的西北；及八世纪，他们居于后来十三世纪时蒙古人所住的哈喇和林地方，当回鹘全盛时，其势力大约延及阿姆河下游一带；九世纪中叶，其帝国为黠戛斯人所摧毁，其族因而分散，但不久以后，他们又在中国的西北边甘州一带和天山南北路，又建立起几个小王国；当成吉思汗兴起的时代，天山一带的回鹘人，又被称作畏兀儿人。惟中亚细亚的回鹘人，中国方面则所知甚少，十一二世纪间的回教徒著作家，对此种民族似乎一概称为东土耳其人，至十三世纪始称之为 Uigur，即在同时，畏兀儿一名，亦出现于中国的蒙古人记载中。在此以前，中国人皆称之为回鹘，此回鹘一名，蒙古时代的中国历史家，普通又用以称回教徒，关于此点，下文将另有述及。

回鹘既初兴于东亚，所以要研究其历史，自须往中国史册中找寻。中国史籍中对回鹘的记载，颇为丰富。此处兹不想把中文所载回鹘史料全部译出，因如此将过于冗长可厌，且中文的回鹘史料，早已和欧洲学者接近，其中最重要的一部分，已有很好的译本，由味斯代鲁（C. Visdelon）译出，载于其所著《东方文库补编》中。海辛斯神父（Father Hyacinth）所著《中亚细亚民族》（Nations of Central Asia）（一八五一年俄文本），对回鹘历史内有极详尽的记述。其材料皆译自中国史籍，惟此种文献，皆只及于西元九世纪。除此以外，克来拍劳斯（Klaprath）对回鹘的历史语言，写过一些很有价值的作品。他证明蒙古时代以前中国著作家所称道的回鹘，就是回教徒所指的Uiguren人，其所操语言，属土耳其语系，所以回教徒著作家天然应把他们分于东土耳其人的一类。其详参看克氏所著书，如《东方考古录》（Fundgruben des Orientes，一八一一年）、《回鹘之语言文字》（Sprache und Schrfider Uiguren）、《柏林王家图书馆之中文和满文书录》（Verzeichniss der Chines und Mandschur，一八二二年）、《亚洲语汇》（Asia Polygtotia，一八二三年）、《亚洲史表》（Jableaux Histt，de L·Asie，一八二六年）及《亚洲论文集》（M，em Rel a·L·Asie卷二，三〇一页以下，一八二六年）。

关于回鹘的语言，万贝里（Vambery）的《回鹘语石刻与库代比昔利刻》（Uigurische Sprachmanumente und Daskudatku Bilik，一八七〇）中亦有述及。库代比昔碑系一〇七〇年立于喀什噶尔，原文为回鹘语，是专论一个统治者对其人民所负义务的一篇韵文。万贝里对此碑加以翻译，并对回鹘语加以注释。

本书对中文所载回鹘史迹，将只撮述其大要，惟对前人所未及，或解说未十分满意的问题，将略加详述。

第二节　见于中国记录的回鹘史

中国唐代（西元六一八—九〇七）的历史书，专门有一卷详记回鹘事迹（译者按下文所引《新唐书》卷二百一十七）。据谓当北魏时（西元三八六—五五八），其族被称为高车[①]，及隋代（西元五八九—六一八），称为韦纥，有时又称为乌纥、乌护或袁纥。究其实，其人当为高车的一部。据《唐书》所述，回纥即由袁纥得名，而袁纥本为高车部落之一，其先臣属于突厥，及七世纪初，他们终合了铁勒的另外三个部落，叛突厥而独立，始称为回纥，奉时健为君长，号为俟斤[②]，姓药罗葛氏，居薛延陀北，娑陵水上[③]，其地距唐代的都城（即长安，今陕西的西安府）约七千里。

时健的继承者为菩䔃，移居土拉河上[④]，六二九年（唐太宗贞观三年），遣使献方物于中国皇帝。

菩䔃的继承者为胡禄俟利发吐迷度，与睹部攻薛延陀残之，并有其地，遂南逾贺兰山至黄河，于六三〇年遣使献款于中国皇帝，于是中国将回纥王国及铁勒十四部全部臣属，将各部领土皆划入版图，其君长皆视作中国官吏，因此回纥部落即变成中国的瀚海都督府。

《唐书》所载回纥可汗，大约有二十个，皆历述其与他部战争事迹，对突厥战争尤详，此地只略举几个较著名的。

骨力裴罗即位于西元七四二年，自称为骨咄禄毗伽阙可汗[⑤]，于七四五年击斩突厥可汗，并摧毁其在蒙古的帝国，遂拥有古代匈奴领土的全部。其疆域东极室韦，西至金山（阿尔太山），南控大漠，徙牙于乌德鞬山与昆河之间[⑥]。其时回纥分为九姓，即九部：曰药罗葛（可汗之族姓），曰胡咄葛，曰阿勿啇，曰药勿葛，曰啒罗勿，曰葛萨，曰奚邪勿，曰貊歌息讫，曰斛嗢素。

回纥初时对中国友好，及其既强，乃侵掠中国边境。七五六年，裴罗死，于磨延啜立，号葛勒可汗，剽悍善用兵，曾助中国讨伐安禄山，皇帝回幼女宁国公主赐之，并特派一队使人送公主往回纥，磨延啜于结婚之次年即卒，公主后还中国。

七五九年，移地健继磨延啜而立，号牟羽可汗。牟羽未即位前，中国已以一公主妻之，公主死后，于七六八年，中国又妻以另一公主。及牟羽卒，此公主去回纥王廷，继续生存好多年，至七九〇年始卒。牟羽于七七九年为其相顿莫贺所杀。顿莫贺自立为合骨咄禄毗伽可汗，在位期间为七七九年至七八九年，在其卒前一年，与中国的咸安公主结婚。咸安公主居回纥王廷历二十年，先后为四个可汗的妻子，至八〇八年始卒。

当七八八年时，回纥向中国皇帝请求，改名为回鹘，意欲表明其捷鸷善战，犹如鹘然。皇帝答应这个要求。数年以后，回鹘助中国破吐蕃于北廷，且献其俘虏。八二二年，中国又以太和公主下嫁于回鹘可汗，中国特派礼使送公主于回鹘，公主亦自建牙，以二相出入帐中。

在此时期，回鹘的西北边黠戛斯人（Kirghizes）开始兴起，对回鹘时加侵扰，几二十年，至八百四十年时，终于攻破回鹘城，杀其可汗，回鹘部族全部溃散，其相厖特勒率十五部奔葛罗禄（Karluks），残众入吐蕃和安西，其余十三部南走，保错子山，另选立新可汗。此后他们仍继续侵扰中国边境，八四七年，黠戛斯和中国人复加追剿，其最后一可汗委众西走，部众逃归厖特勒。是时厖特勒已据甘州，兼有碛西诸城，中国皇帝乃册封他为可汗，但回鹘终未能复兴。以上为《唐书》所记回鹘事迹之大略。

据《辽史》所记，辽氏和回鹘的关系如下：

西元九一三年，和州回鹘入贡于辽国皇帝（按是年为辽太祖初建号之第七年）。九一七年（辽太祖神册二年，据《辽史》，实应为神册三年，即九一八年事），回鹘又来贡，惟未载明为何部分。九二四年（天赞三年），回鹘（君主）巴哩，又遣使入贡，其时辽太祖阿保机方出征，行次古回鹘城（即哈喇和林）。同年，甘州回鹘都督毕离遏为辽所擒，辽国遣使谕其主乌母主可汗（辽亡后耶律大石西走，遣使至回鹘处，曾提起太祖此次使节，参看《西辽史译注》）。九二五年，乌母主可汗遣使贡谢。九三二年（辽太宗天显七年），回鹘阿萨兰（Arslan）遣使来贡，此后贡使不绝。九七〇年（辽景宗保宁二年），辽国皇帝遣使至阿萨兰回鹘。九八八年（辽圣宗统和六年），阿萨兰回鹘来贡。九九六年（统和十四年），回鹘阿萨兰遣使为其子求婚，被皇帝拒绝。入十一世纪后直至一〇五三年，《辽史》所记回鹘使人甚稀。一〇〇八年（统和二十六年），契丹（即辽）讨甘州回鹘，降其汗耶剌里，但不久契丹却为回鹘所败。二十年后，即一〇二八年（辽圣宗太平八年），夏或唐古忒（Tanguts）已在今河套一带建立起一个很强盛的国家，逐渐侵占回鹘的甘州、火州、肃州以及其他地方。及道宗（一〇五五——一一〇一）和天祚帝（辽代最后一帝，一一〇一——一一二五）两代，据谓回鹘尚有使人十次至辽。

一一二五年，辽为金所灭，于是中国北部又为金人统治，历百余年，回鹘也常有使人至金。据《金史》所记，一一二七年（金太宗天会五年），回鹘噶里可汗遣使入贡，同年，回鹘活剌散可汗复入贡。最后的回鹘使人至金，载于一一七二年（金世宗大定十二年）。

中国的宋代，从九六〇年至一一二七年，只领有中国的中部和南部（译者按，此仅指北宋），也和其西北边外的回鹘常有关系。《宋史》四百九十卷也有回鹘专传，传中于略叙回鹘的古代史（如上文所述）后，即谓唐会昌（武宗年号，八四一—八四七）中，其国衰乱，其相厖勒（即上文之厖特勒）奔安西（今吐鲁番），既而自称可汗，据有甘州、沙州、西州（即高昌或哈喇火者），重新建立一个帝国，然无复往时之盛，历五代，即十世纪之前半期，皆遣使进贡于中国，以至于宋，由十、十一以至十二世纪，其使人有的来自甘州回鹘，有的来自沙州，有的自西州。据《宋史》所记，回鹘的最后使节，是在宣和间（一一一九—一一二六）。

《宋史》本卷又有《高昌传》，其中述及九八一年时（宋太宗太平兴国六年），中国皇帝遣王延德出使其国。此事经过，已由周连氏（Stan J Lien）译成法文，载于一八四七年《通报》第九卷。周连氏译文，系据马端临书，马氏书成于十四世纪初年，当系抄自《宋史》（译者按，此语显误，只有《宋史》抄马端临，马端临不能抄《宋史》）。按在纪元前一世纪以前，即当汉代，东部天山的南北，有两个国家，称作车师前王和车师后王。及唐代，此两国又称为高昌。至六四〇年（唐太宗贞观十四年），又成为中国的一省，称作西州。十世纪初唐代灭亡，高昌乃复为国（译者按，高昌在安史乱后已复国），然为回鹘所建立。他们和宋以及上文所述之辽，都有政治关系。当王延德出使其国时，其王名阿厮兰汗（Arslan Khan），中国史家很正确地译此名称为“师子王”，其国西界及西南界，远及大食、波斯，各西天（西藏西部），南界达于阗（和阗）。《宋史》所记高昌事迹，止于十世纪。

十一世纪时有龟兹回鹘入贡于宋。龟兹王国已见于《汉史》，在唐代亦称为屈兹和屈支（见七世纪时玄奘之《大唐西域记》），其国位于东土耳其斯坦，高昌之西，中国人皆认为即今之库车，克来拍劳斯、周连、海辛斯诸家，亦同意此说。《宋史·龟兹传》亦载于四百九十卷，据谓其地当十一世纪时属于回鹘，其国主称师子王（即 Arslan Khan），衣黄衣，从其国西至大食国，行六十日程，东至夏国九十日程，龟兹回鹘也称作西州回鹘，从一〇二九至一〇九七年（宋仁宗天圣七年至哲宗绍圣四年），他们常遣使入贡于宋。据其所述，似乎在十世纪间，高昌回鹘或阿厮兰回鹘，对中国的政治关系，到十一世纪时其中心已移于西边的库车。

据以上所举中国纪录看，可知自九世纪中叶，在外蒙古的回鹘帝国崩溃后，其遗族南下，仍相当恢复其势力，分别建立了两个王国，从十世纪至十二世纪，常见于中国记载。其一，即中国著作家所称，在高昌的阿厮兰回鹘，立于天山东部，其疆域所及，据谓西边直达波斯和大食境界。在此期间，另一个回鹘王国，在中国的西北边界，据有甘州、火州、沙州和其他沙碛地方。

据克来拍劳斯的意见（见《亚洲史表》），此东部天山南北的国家，即汉代的车师或龟兹，唐宋时代的高昌，系回鹘的原始居地，其始居于此当远在纪元前一世纪以前。克来拍劳斯虽把回鹘居住此区域的年代提的这样早，可是在中国史籍中，却并无可资证实的材料。汉唐两代的历史家，并未说起车师或高昌有回鹘，直到《宋史》上才开始讲起，而是说从北方迁来（九世纪），《高昌传》说高昌"亦谓之回鹘"，因其地回鹘颇多云。

《元史》亦记有回鹘，不过是用另外一个名称，即辉和尔（畏兀儿）[7]，且用此名称呼东部天山南北所有的人民。其人主要的居地在别失八里，另外一个要地是哈喇火者（Karakadjo，即火州，亦即高昌，在今吐鲁番附近）。《元史》所记回鹘事迹，散见于全书，有几个显赫的回鹘人，供职于蒙古皇帝处，其传中所记尤为丰富。卷一百二十二《巴尔术阿而忒的斤传》，所记回鹘古代事迹，尤为详尽而有趣。巴尔术是成吉思汗时代的回鹘王，极可注意的是《巴尔术传》中所记的传说，乃和回教徒著作家的记载，完全一致。波斯历史家谓其所记材料的来源，系得自回鹘本国。若如是，则此回鹘王传的材料，亦系采自回鹘史籍，应属无疑。《巴尔术传》原文如下（译者按，以下原著者全译《巴尔术传》原文，兹为阅读便利计，特参照译文改作语体文）：

"伊都呼"[8]是高昌国王的称号，其先世居辉和尔（畏兀儿）之地，地有和琳山[9]，山有二水，一曰秃忽剌，一曰薛灵哥[10]。一夕有神光降于两水间的树上，树即生瘿，若怀妊状，以后历九个月又十日，树瘿裂，得婴儿五人，土人收养之，名其最小者为不可罕。不可罕既壮,即被举为王,逐渐并吞其附近各国[11],历传三十余君,至玉伦的斤。玉伦的斤强甚,数与唐人相攻战,久之议和亲以罢兵,于是唐以金莲公主妻玉伦之子葛励的斤。金莲公主居于和琳之别力跛力答,其意为"妇所居之山"。又有山曰天哥里于答哈[12],其意为"天灵山"。其南又有山曰胡力答哈,意为"福山"[13]。某次唐使行至辉和尔境,人告以和琳之盛强,因有福山,若唐人能毁坏其山,辉和尔即将衰弱。唐使因要求辉和尔汗,请以福山为和中国公主结婚的代价,汗即允许。福山之石甚大,中国人乃以烈火焚之,并浇以酰醋,其石碎,乃用车载往中国。山既毁,所有鸟兽皆为之悲号,后七日玉伦即卒,而全国亦屡起叛乱及各种灾难,以后数代辉和尔汗的在位者,皆短促早亡。其人不得已乃迁居[14],至于交州,交州即火州,据有其全境,称之为巴实伯里[伯失八里(Bishbalik)],逐渐扩张,北至阿珠,南接酒泉[15],东至兀敦和甲石哈[16],西临西蕃[17],居其地九百七十余年[18],乃至巴尔术时代。

巴尔术初臣于契丹(黑契丹即西辽),及成吉思汗兴兵征朔方(一二〇九年),巴尔术乃杀契丹所派监国等官,欲遣使往附,未行,适成吉思汗使至其国,伊都呼大尧,即遣使入奏曰:"臣闻皇帝威德,即弃契丹旧好,方将通诚,不自意天使降临下国,自今而后,愿率部众为臣仆。"

是时成吉思汗方征迪延汗[19]及托克托[20],托克托被射死,其四子[21]以不能归其父全尸,乃取其父头,涉雅尔达实河(Irtysh),将奔巴尔术,先遣使往,巴尔术杀之,四人至,乃大战于襜河[22](译者按,原文谓四人兵败,为巴尔术所杀,似《元史》无其文,或系因误读使人被杀一语所致,因著者原文亦未提起使人被杀事)。此后巴尔术即以金宝入贡于皇帝,及成吉思汗至吉鲁尔河,巴尔术又亲往朝见(时在一二一一年春),并恳求皇帝认之为子,以便效其犬马之劳。成吉思汗感其诚,以女思乜里安敦妻之[23],且序于诸子之列。旋巴尔术与者必那颜,往征回教徒的领袖罕勒勉力锁潭[24],及后又从尼沙布尔(Nishnpur)(从西方归后)征河西(即西夏),皆有大功,当将部曲万人,纪律严明,所向克捷。他死后,其子及孙皆相继嗣位为伊都呼(其后世事迹从略)[25]。

《元史》中另有若干传,皆专述供职于蒙古皇帝处的著名回鹘人,兹列举其名字,亦有意义:

卷一百二十四哈剌亦哈赤北鲁,本传中载有回鹘国和西边关系事。

同卷,岳璘帖穆尔。

同卷,塔塔图该。此人初任乃蛮部(Naimans)的宰相,本传曾由来米沙氏(Rcmusar)移译,载于其所著《亚洲新志》(Nouveau Mel Asiar)中。玉笏迷失、力浑迷失、速罗海,皆塔塔图该子。

同卷,孟速思。

卷一百二十五,布鲁海牙,其祖牙儿八海牙,父吉台海牙,其子廉希宪,卷一百二十六另有传。

卷一百二十八,阿里海牙,彼参与一二七二年攻襄阳之役,有大功。

卷一百三十,阿鲁浑萨里,祖名阿勒坦萨里,其兄辉和尔萨里,弟乌瓦尔萨里。

卷一百三十一,亦黑迷失,初为忽必烈(元世祖)侍卫,既又远征爪哇。

同卷,拜降,系北庭人。

卷一百三十三,业仙鼐,父沁海牙。

同卷,脱力世官,父帖哥术。

卷一百三十四,昔班,父阙里别斡赤。

同卷,唐仁祖,祖唐古直。

同卷,小云石忽怜,子巴登。

卷一百三十五，月举连赤海牙。

卷一百三十七，阿里海牙（与卷一百二十八之阿里海牙非一人），父图烈，子野讷。

卷一百四十一，察罕帖木儿，系出北庭。

卷一百九十五，伯颜不花的斤。

同卷，卜理牙敦。

卷二〇二，必兰纳识里，北庭人。

以下所举蒙古时代的回鹘人，皆属高昌国人：

卷一百三十五之铁哥术，卷一百四十四之答里麻及道童，卷一百九十五之全普庵萨里及索罗帖木儿。

第三节　回教著作家所记的回鹘

现在让我们再看中古时代西方人对回鹘的记载。

在十三世纪或蒙古时代以前，西部亚洲不知有回鹘一名，不过我们揣想亚拉伯人和回鹘的接触，或当甚早。上文曾提起中国使人王延德于十世纪末出使于高昌回鹘事，谓其国西界已远及波斯和亚拉伯；且《世界征服者传》（Jarikh Djihan Kushai）中，曾述及八剌沙衮（Belasagun）一城，系回鹘王巴库汗（Buku Khan）所建（译者按，此事在《西辽史译注》中详述，请参看）；且在中国史中亦暗示一种事实，即西辽所居之地（在吹河附近，亦详《西辽史译注》）原来实系一回鹘王国。

雷诺德（Reinaud）在其所著《亚巴尔费陀》（Abulfeda）序言中三百六十页以下，曾证明有一种突厥族，被九、十世纪间的亚拉伯地理家称作太格格（Jagagzgaz）的，实即回鹘人。据马素德（Masudi）所述（彼卒于九五六年），太格格人在突厥族中是一种最勇敢、最繁庶且最易管理的一种民族，其国境界从呼罗珊（Khorassan）直达中国，其主要城市名库山（Kusan），国王的尊号称“伊尔汗”（Irkhan）。马素德更谓太格格人是突厥族中信仰摩尼教的唯一民族。雷诺德以言库山城即东土耳其斯坦的库车，而巴比尔（Barbier de Mcynard）却以为是中国史籍中的高昌。说到摩尼教，王延德出使行纪中曾说及高昌有摩尼教的寺院，其中僧人皆波斯人，他们自有教规，排斥佛经，称之为邪说。

易本阿耳爱提尔（Ibn el Athir，一一六〇—一二三三），在其所著《史记》（Kamil – ut – Tevarikh）中，曾述及伊尔汗，或东土耳其斯坦汗，谓伊尔汗除领有东土耳其斯坦外，于十世纪中叶至一二一三年间且领有阿姆河流域。德基涅（De Guignes）、弗来恒（Fraehn）、雷诺德以及其他东方学家，皆认为有伊尔汗称号的王国，应即一回鹘王朝。此说颇合理，格利高里夫教授（Grigonilff）于其所刊行的《俄罗斯考古学会志》（Mamoire of the Russian Archaeol. Soc.）第十七卷（一八七四），有一篇专论此王朝，彼称作哈喇汗王朝（Karakhanids），此名称系因其第一代国王名沙圆哈喇汗（Satuk Karakhan）而来。哈喇汗信回教，但哈喇汗王朝的英主，第一个要算包哈拉汗（Boghra Khan），据谓其国东界直及中国，八剌沙衮为其都城，并领有喀什噶尔〔亦名奥尔都坎得（Ordukend）、和阗、哈喇崐仑、坦拉斯（Taras）和法拉不（Farab）〕。包哈拉汗曾远征阿姆河，攻占布哈尔，九九三年班师归土耳其斯坦时道卒。

其继承者为伊利刻汗（Ilek Khan），于一〇〇八年灭阿姆河流域的萨曼尼王国（Samanids），而统治其地。彼以后由其子图格汗（Toghan）继，据亚拉伯历史地理家所述，当一〇一七年时，有无数中国军队至土耳其斯坦，行抵距八剌沙衮三站之地，但图格汗集中其军力，将中国军击败[26]，且追逐至三月之久，一〇一八年返抵八剌衮沙后卒。

此后的统治者，有阿厮兰汗（Arslan Khan）、加地尔汗（Kadyr Khan）、另一阿厮兰汗和另一包哈拉汗。上文所述回鹘碑库代比昔利刻,即记此最终一包哈拉汗事。碑立于一〇七〇年,在喀什噶尔。

后传至马哈木汗(Mahmud Khan)时,黑契丹(西辽)侵入土耳其斯坦(八剌沙衮及喀什噶尔)[27]。惟伊尔汗仍继续领有阿姆河流域(萨马尔汗及布哈尔)。而称臣于黑契丹的葛儿汗,及一二一三年,此汗国的最后一汗奥斯曼(Osman),为花剌子模王莫哈谟苏丹(Sultan Mahmud)所杀,其国遂成为花剌子模的一省。

上文曾提起,回鹘一名初见于回教著作家的记载,约在十三世纪中叶,不过西部亚洲知此一名当较早,Uigur 一名,正和中国人及蒙古人所称的畏兀儿相当,而且同样都指的是天山东部(别失八里、哈喇火者)。下文将看到,回教著作家所写的回鹘史迹,和《元史》所记的畏兀儿,本质上亦相一致。

在《世界征服者传》中,对回鹘有极详尽的记载,下文将就多桑(d'Ohsson)所译,删其不重要处,重新与以迻译。《世界征服者传》的著者[28],于其导言中开始即说,其材料来源,皆从回鹘人的书中得来,惟将彼所不相信的故事,略加改作,他只是因好奇心而来记述,以下继续着说。

据回鹘的传说,他们原来住在鄂尔昆河(Orkun)[29]附近,其兴起地有山,名哈喇和林,最近由汗(指窝阔台,即元太宗)建筑一城,亦名哈喇和林,即由此山得名。附近有河流三十,皆从此山发源。有三十个部落,分住沿河各地[30]。这些回鹘人,设帐幕于鄂尔昆河的山谷间,共分为两大部落。及后人口日众,乃选举一国王,五百年以后遂有巴库汗(Buku Khan)出现。据其人民们说,巴库汗很和伊佛来西巴(Efrassiab)[31]相像。在哈喇和林山中,有皮斤(Pijen)狮子[32]的古穴。鄂尔昆河岸上还可以看见一座城市和一所宫殿的遗迹,此城的古名,称作鄂尔朵城(Ordu balik),但现在则称作马城(Mao balik)[33]。在宫殿发现以前,其上有刻着文字的石头掩盖。这些刻石,我们曾经看到,至汗时(窝阔台),石头被移去,发现一洞,其中有一块很大的石碑，汗乃命各国的人民研究，但没有一人能看得懂，最后汗命送往中国，中国人是被称作“克迷思”（Kames）[34]的，结果知此碑是中国文。其文如下：

在导源于哈喇和林山的秃兀剌（Tugola）和薛灵哥（Selinga）两河之间，有一地名昆兰赤（Kumlandju）。其地有两株连理树，其一为费丝图树（Fistuk）[35]，形状极似柏树，树叶碧绿超过松柏，并有毬状的果实；另一种为松树，某次有光从天空流下，落于两树交叉之处，其处遂隆起如一小丘，此小丘渐渐长大，乃生一怪车，正如孕妇分娩的一样，此小丘破裂，而又露出五个宛如帐幕一般的小丘，每一帐中包一婴儿，当地人民遂视此五儿为神，其中最小的一个，称作巴库特斤（Buku tekin），最有才智，回鹘人遂奉之为汗。巴库汗治下最为兴旺，且有天上派来的三个奇怪乌鸦，为之辅佐。这些乌鸦通晓世界上的一切语言，常将各地发生的新闻随时带回。有一次巴库汗梦一少女，将彼引至库太山（Kut tag）[36]，他们在那里每晚上讨论，直历七年又六个月二十二天，至最后一晚上，少女离去，而示兆于巴库，谓彼将统治全世界。巴库乃聚集军队，命其兄长等率领，与蒙古人、黠戛斯人、唐古特人、契丹人等战争，结果都获得许多战利品和大量俘虏，得胜而回，此后即建起鄂尔朵城[37]。巴库汗又做一梦，梦一白衣人授彼一块翠玉，并说道“你若能常有此玉，你将雄踞四方”，他的大臣所梦亦同，于是巴库汗命其军队进攻西方，直至土耳其斯坦。彼于其地选择一水草丰富的平原，建立帐幕，既而筑起八剌沙衮城，即今日之虎城（Gu－balik，即西辽都城之虎思斡耳朵）。巴库汗居此区域十二年，逐渐征服了全世界，其军队直推至野人区域，且据报告，已进至绝无人烟之地。一切被征服国家的酋长，皆为巴库汗所擒，他接待他们都很仁慈，不过只有一个小小的例外，即对印度国王，因其极端丑陋，遂拒绝接见。当他们应缴纳的贡物都交到后，皆被允许各自归国。巴库汗已将他的伟大事业完成，乃离八剌沙衮而返其本国。

在此时期回鹘的宗教，据谓信仰某种魔法，称为克姆（Kam）[38]。此种魔法，迄今仍存于蒙古人间。持此魔法者，执有许多鬼物，凡他所愿意知道的事情，鬼物皆能报告。虽至现在，成吉思汗的苗裔，大部分对此仍有极坚定的信仰。此外占验星相，也视作极端重要。这种克姆人亦善治疾病，回鹘尝请契丹可汗——一个崇拜偶像的国家——派一种人称作"南无衣"（Numi）的至回鹘，这些人有一种圣书，名"南无"（Num）[39]，是他们的经典，其中包含许多很好的格言式的寓言和故事，并有禁止损害别人，甚至于伤害动物的戒条。南无教有好几派，其教条各不同，其传布最广的一派，是相信轮回说一类事的。当南无衣从契丹来后，回鹘会他们和克姆举行一次辩论，以便决定此二宗教的优劣。及至南无衣把他们的经典宣读几章以后，克姆竟不能以一语答辩，因此回鹘即改信了南无教。在一切东方的偶像崇拜者中，南无教是回教最大的竞争者，我们不必尽量在回鹘人的书中找寻荒谬的事情，以表示这种人的无知和愚蠢。我有一个朋友曾说起，他读过一本书，讲到上边所述的两棵树生出小儿的故事，乃是一个人在树上挖了一偶洞，把他的小儿放在里边，而在附近放了一盏灯。

巴库汗很快乐的结束其一生，由其一子继承。此后回鹘境内所有的飞鸟、家畜，以至于野兽，甚至于小儿，常常叫着"快去，快去"（ghech，ghech），意即赶快离去[40]。回鹘人把此种叫声，当作是神的命令，于是开始迁徙，但同样的叫声仍继续听到，直到他们后来建筑别失八里城的地方为止[41]。他们在那里开辟了五个区域，因此叫作别失八里（意即五城）[42]。从那时起，巴库汗的子孙继续统治这个国家，其国王的尊号称作伊地库（Idikut）。

除以上所述者外，拉施提对回鹘的历史，又加了一些新的材料。据他解释，回鹘（Uigurs）一名存突厥文的原意，是"同盟者，辅助者"

的意思，其语原据传说是由一切突厥部落的共同祖先奥忽思汗（Oghus Khan）而来，奥忽思汗曾被他部攻击，他连合各部共同抵御，因将此名赐与连盟的部落。以下拉施提接着说。

据说回鹘的古国有两座山，一名巴拉塔巴斯鲁（Bukratubuzluk），一名奥斯昆鲁唐林（Uskun Iuk tangrin），在此两山之间有哈喇和林山，窝阔台汗即取此山之名，建筑哈喇和林城。此两山交接处，另有一山，名库太山。古代的回鹘人即居此数山的范围内，境内分二区域，一区有十条河，一区有九条河，住在十河一面的称昂回鹘（Ou Uigurs），在九河一面的称图克思回鹘（Tokuz Uigurs）[43]，十河又总称作昂鄂尔昆，其名称如下：

伊实计耳（Ishkil），或作伊实利克（Ishlik）；

奥尼忽尔（Onigher）；

图革耳（Tukair）；

乌坎达尔（Uzkaider），亦作阿思坎达尔（Askander）；

布拉（Bular），或作土拉（Tula）；

巴达尔（Badar），或作泰达尔（Tardar）；

爱得尔（Ader）（此河现在仍为色楞格河发源处的一河名，写作Eder）；

乌亦太丙（Uch tabia）；

昆兰赤（Kamjandja）（《世界征服者传》中以此为土拉河与色楞格河交叉处一地名，已见上文）；

乌德鞬（Utikian）（据《唐书》所述，乌德鞬为山名，在昆河附近）。

十河中前三河间，分列九个部族，以次四河间分列五个部族，第九河昆兰赤的两岸，为翁格部（Ong）所据，第十河乌德鞬附近为克曼爱提部（Kamea Ati 亦作 Kumuk Ati）所据[44]。除此各部外，尚有一百二十个回鹘部族，其名称已不能尽举。原先回鹘族本无君长，历时甚久，每部各自由其领袖统治，后来他们才选举两个共同领袖，其一名曼基贝(Munke bai),是属伊实计耳族的,其人民尊称他作伊耳易提利尔(Il - Iltynir),另一领袖属乌坎达尔族,称作库伊耳金(Kul - Irkin),两领袖连合治理,他们的子孙统治回鹘历百余年。后来回鹘王采用了“伊底呼”(Idikut)的尊号,意即“快乐的主人”。

当成吉思汗时,回鹘的伊底呼是巴甲克(Barjuk)。当葛儿汗(西辽)征服土耳其斯坦和阿姆河一带时,巴甲克变成他的藩属。葛儿汗派薛计末(Shadkem)为回鹘总督,其人横征暴敛,为回鹘所憎。及闻成吉思汗兴起,巴甲克乃杀西辽的总督于哈喇火者城,而急降于成吉思汗,并派遣克塔米失克塔(Katalmysh - kata)、奥马乌屈耳(Omur - ngul)及太他里(Tatari)等,奉书于汗。其书云:“正如云破天晴,日光重新照耀的一样,又如冰裂河开,清洁活水流来的一样,你的使人(成吉思汗先已遣使二人至其国)下临敝国,使我满腹愁肠,一变而为万分欢欣!”[45]成吉思汗之所以先遣使往回鹘,是因伊底呼拒绝收容在谦河战争失败后的托克托的子弟们(事见上文),因此回鹘的使人到后,很被优待,成吉思汗并邀请伊底呼亲住朝见,并贡献其宝库中所有最贵重的礼物。伊底呼到后,成吉思汗接待极为热烈,返国时带回许多尊贵的表识。后来成吉思汗讨伐屈出律(乃蛮汗的儿子,时为黑契丹的葛儿汗)时,巴甲克率其部下五百人从征,胜利而归。及成吉思汗大举征大食(波斯),伊底呼亦率军随察合台及窝阔台等从征,且亲俘奥特剌(Otrar),此后他即成为成吉思汗的随从。及成吉思汗西还,东征唐古特帝国时,伊底呼又率其部下难别失八里,加入军中,因此积累功劳,成吉思汗遂允其女爱耳唐别吉(Altum bighi)赐巴甲克,但因成吉思汗忽卒,婚事遂延搁。不久公主亦卒,婚事终未完成。窝阔台汗乃以另一公主阿拉斤别吉(Aladji bighi)赐此回鹘王,而巴甲克又卒,乃以公主赐其子基什曼(Kishman),彼时其为回鹘的伊底呼。基什曼卒后,又由其弟萨兰丁(Salendi)继。

最后我们再掇拾中古时代基督教著作家所记的回鹘事迹。中古时代的聂斯托良基督教派(即景教),大约老早已熟知回鹘,他们自五世纪起,已传其教义于亚洲诸不奉正教的国家,据吾人所知,当七世纪时,其教会已遍设于中亚及东亚各地。

著名的东方学家亚塞末尼(J. S. Assemani,一六八七——七八六)曾说,伊兀儿(Ighur)或亚兀儿(Iagur 即畏兀儿)一名,常见于聂斯托良派的史籍中,且经指明是属于契丹的东突厥人。

亚巴尔法拉赤(Abulfaradj)或巴细卜鲁(Bar Hebracus)(一二二六——二八六),在他用叙利亚文写的史书中,对东方的基督教叙述极详,他指出伊兀儿是东突厥族中最繁盛的一部,而属于契丹。

有一事实极可注意,即回鹘人首先改变突厥族的文字,而采用聂斯托良派教士所用的叙利亚文字母,不过其采用的时期,已稍能确定。大家都知道回鹘文字是现在仍为蒙古人和满洲人所用文字之祖。

加比尼(Pl. Carpini,一二四六)也毫不犹疑的说过,回鹘人信仰聂斯托良派的基督教。不过卢伯鲁克(Rubruck)在加比尼以后不久,也到过回鹘,而说他们是偶像崇拜者。海森(Huthon)于其所著《东方列国史》(History of the Eastern Kingdoms)中,明谓回鹘是台沙人(Tarse)[46],其回鹘字写作姚兀儿(Iogurs)。

加比尼又说起,在成吉思汗所征服的国家或民族中,有一种叫作撒里回兀儿(Sani Huiur)。

《元史》卷一百二十一《速不台传》,谓一二二六年时速不台受命度大碛,征伐撒里畏兀儿、塔勒、亦闵等部。

《明史》中撒里畏兀儿(Sari Uigurs)或黄回鹘记述尤详,卷三百三十《安定卫传》,谓安定卫在甘州西南一千五百里,即《元史》之撒里畏兀儿,一〇八一年时有和阗使人至中国,据其报告,谓在和阗与唐古特帝国之间,彼曾经过黄头回鹘的沙漠地,其地当即撒里畏兀儿。

在《东土耳其斯坦史记》(Turkhi Rashidi)中,记述十四世纪末帖木儿(Timur)远征朱特(Jetes,即别失八里)时,屡次说到撒里畏兀儿。

从这些回教徒的记载看,撒里畏兀儿似在且末(Charchas)之西,参看福西斯(Forsyth)的《叶尔羌传教记》(Mission to Yarkand,一八七三)中所引贝落(Bellew)的《喀什噶尔史》(History of Kashgar)第一四七及一五三等页,其第一六七页有云:"一五一五年喀什噶尔王派军远征撒里畏兀儿,其地距和阗十二日程。"

四月七日译竣

【注释】

① 据《后魏书》所述,高车是匈奴遗族,其人原居漠南河西一带,四世纪之末始迁居漠北。高车意为"高大之车",古史家诠释此名,谓因其车轮高大之故,其人有时也称为铁勒。究其实,高车只是更大的(土耳其族)部族,铁勒诸部之一,铁勒内部本分为好多部族。

② 俟斤(特宁 Teghin)是古代突厥酋长的尊称,加伽色尼王朝(Ghaznevid Dynasty)西元十世纪的亚耳卑俟斤(Alp teghin)、西伯格俟斤(Sebeg teghin)等。

③ 婆陵水是贝加尔湖西南的一条支流。

④ 土拉河是鄂尔浑河的支流,同入色楞格河。

⑤ 骨咄禄(Kutluk)在突厥文原意是"快乐",可汗显然即"汗"(Khan),是亚洲的突厥君长常用的尊号。据《东方书目提要》(Biblioth que Orientele),其意为"伟大而快乐的君主"。据我所知,汗的称号,在中国史籍中初见于西元三一二年,其时拓跋氏有汗名猗卢,曾助中国讨伐匈奴云。

⑥ 下文将引及拉斯特(Rushil)时著作,被谓回纥所居,在鄂尔浑河附近哈喇和林左右,其部族之一即名乌德鞬(Utekien),昆河当即鄂尔浑河。

⑦ 畏兀儿一名,并非初见于《元史》,《辽史》卷六十九部族表,列举入贡于契丹的部族,其中有一部即名畏吾儿。又卷三十记耶律大石西行时,至北廷都护府,有威武等十州来会(译者按,著者似以为威武即畏吾儿,其实非是,参看《西辽史译注》)。

⑧ 伊都呼之名亦见《元朝秘史》,拉斯得的《蒙古史》(I jami ut Tevarikh)作"亦氐呼"(Idikut)。

⑨ 和琳即哈喇和林,拉斯得书中亦有山名和林,彼说及提畏吾儿之原始居地时,谓其地有哈喇和林山。

⑩ 秃忽拉即土拉河，薛灵哥即楞格河。

⑪ 不可罕似即《唐书》之骨出禄毗阙可汗。

⑫ 天哥里即Tengri，突厥语为“天”，“于”即突厥字Yuz，意为“格式”，引伸为理性，“答”即突厥字Taph，意为“山”（此据克来拍劳斯书）。

⑬ 胡力即突厥字Koi，意为“幸运”。

⑭ 回鹘人的此种传说，与《唐书》所述大体上颇有相似处，惟回鹘可汗及公主名字全不相同，且回鹘人所传年代亦不可靠，葛肭的厅大约即《唐书》的葛勒可汗。

⑮ 酒泉为汉代郡名，即今甘肃之肃州。

⑯ 兀敦初甲右哈大约指和阗和克什噶尔。此处所指回鹘境界，当然不见得十分正确。

⑰ 西番意即西方边地，惟此名称在明代，或者更早，乃专指西藏的西北部。

⑱ 此处所述年代当然也不可靠，回纥从外蒙古被驱逐，在九世纪中叶，而巴尔术的时代乃十三世纪初年。

⑲ 迪延汗乃乃攒部可汗。

⑳ 托克托（Tukhta），乃蔑尔乞部（Merkiss）的酋长（据拉斯得书）。

㉑《元史》所载托克托四子为达都、齐拉衮、满济勒噶、图鲁实。拉斯得书谓蔑尔乞部酋长有六子，其名为霍都（Khidl）、齐龙（Djlaun）、图色（Tulsa）、海耳吐提梅斤（Hultugan merghen）、突贵斯（Tukius）、吉克（Djiuk）。

㉒ 襜河当为也儿的石河上游一支流。

㉓ 此公主名称，拉斯得书作阿里吉别吉（Adji bighi）。“别吉”是元代公主称号，《元史》卷一〇九公主表，载有成吉思汗另有一女儿，名仄臣别吉，拉斯得书写作（Hu jim bighi）。

㉔ 罕勉力锁潭，其原文大约应为Khan Melik Sultan，似当时呼罗珊苏丹之名。

㉕ 当成吉思汗卒后，巴尔术的回鹘国成为众哈台汗国的领土，以后仍然保有“亦都呼”的称号。

㉖ 此事亦见于东罗马的史籍中，马拉特（Comp. Muralt）的《比热廷编年史集》（Essai de chron. Byzant，一〇一七）卷一第五九〇页有云“图格汗在八剌沙衮附近击败了突厥人”，惟中国史中未曾说及此次远征，大约系东方的回鹘，误传为中国人。

㉗ 据中国史所载，此事在一二一四年。

㉘《世界征服者传》是波斯人阿莱哀丁（Alai eddin Atta mulk Djuveni）所著，其书所记，起于元太祖末年，历太宗、定宗至宪宗时代，叙至一二五七年而止。阿莱哀丁之父臣属于元，彼于一二五二年曾随其父参加元宪宗的即位典礼，卒于一二八三年。其书原为波斯文，有多桑译本。

㉙ 鄂尔昆河即现在的鄂尔浑河，亦即《唐书》的昆河。

㉚ 此区域内确是水草丰富，无数河流从杭爱山东北的斜坡上流下，都汇入鄂尔浑河或色楞格河。

㉛ 伊佛来西巴是极著名的突厥王，见费尔杜西（Firdusi）的《沙那美》（Shahnamch）。

㉜ 皮斤狮子是一头波斯狮子，为伊佛来西巴所擒，关在一井中，后为著名的鲁斯坦（Rustem）所释放，详《沙那美》。

㉝ 鄂尔朵城意即"汗之所居"。马城，多桑译作"恶劣的城市"或"凋零的城市"。

㉞ 详注十二。

㉟ "费丝图"是亚拉伯字，意即榧子树（Pistmeia tree）。但此处所描写的情形，并不像榧子树，而且蒙古地方也不产这种树。

㊱ 库太山或即《元史》之福山。

㊲ 我们曾说起，《唐书》载有回鹘领袖骨咄禄毗伽阙可汗于八世纪中叶时建牙于昆河（即《世界征服者传》之鄂尔昆河），此毗伽阙可汗，必为波斯载籍中的 Buku Khan，亦即《元史》的巴库汗，毫无可疑。据《元史类编》所附元代地图，巴库汗城位于哈喇和林的东北，古回鹘城在后来哈喇和林城的附近，且其地有古碑，在《辽史》中都可证实。《辽史》卷二《太祖纪》阿保机（九一六—九二七）于九二四年行次古单于国（即古匈奴故地），九月的第一日至古回鹘城，勒石记功，凿金河水，取乌山石（大约即哈喇和林山），辇致汉河（即东蒙古的西喇木伦河）及木叶山（辽人的神山，在辽河与西喇木伦河之间），以示山川朝海宗岳之意。是月二十九日（皇帝仍在原处），下诏重新树立辟遏可汗（译者按，即毗伽阙可汗）故碑，以契丹、突厥、汉字纪其功。

㊳ 克姆似即雪门教（Shamans）（译者按，此字或译作黄教，因其人多着黄衣，但恐与西藏的黄教喇嘛混淆，故改译），其巫有妖术，引人信仰，迄今仍流行蒙古和西伯利亚各地。据包太宁（Potanin）所述［《蒙古志》（Mongolia）卷二八十一页］，此种魔教，现在蒙古人称作"包"（Bo），唐奴乌梁山以北的乌梁海人称作"寒"（Kham），吉尔吉思人称作"卜喜"（Baksy，《马可波罗游记》作 Bacsi），西伯利亚和俄国称作"雪门"，史考得教授（Schott）以为，此字原来系一通古斯字，中国人称作"跳神"。

㊴ 此下原注云："多桑以为，Numi 即喇嘛（Lamas），现在蒙古人以 unm 为圣书。"

按此下所描写的 Num 教意，显然为佛教。回鹘人当时称佛教作 unm，当由僧徒随时口诵"南无"（南谟）而来，故选译作"南无"。多桑谓系喇嘛教，恐不确，回鹘时代喇嘛教尚在初创时期，未必遽能传至外蒙古的回鹘人中。

㊵ ghech 一字在突厥文是动词 ghechmek 的命令语，意即"快去"，见克来拍劳斯

《亚洲论文集》卷二第三四一页。

㊶ 波斯史家没有说及回鹘人这次迁徙的时期，但据中国史所记，毗伽可汗或巴库汗生当八世纪中叶，而在外蒙古的回鹘帝国，被灭于八四〇年，其迁往天山当属此后的事。

㊷ 此处多桑原文意义不明，究竟系一城兼治五区域，或五区域分有五城，不知。其原文如下：ils batin eat cinq quartiers aurquels ils donnerent le nom de Bish bajik.

㊸ 昂（On），在突厥文意为十，"图克思"（tokuz）意为九（多桑）。

㊹ 在《唐书》中，九姓回鹘之名一一列举，惟拉施特对河流名称并未举出。中国地理书谓色楞格河有六条河源，三条支流，惟除主要者外亦未列举其名，不过色楞格河流域确是水流极多的。

㊺ 此书文意，似由《元朝秘史》转译，由此和其他许多事实可以证明。《成吉思汗时代蒙古史》的著者，其所根据的材料，当和拉施特哀丁系同一来源。

㊻ 台沙人（Tarse 亦作 Tersa）一名，是萨山王朝时代的波斯人称呼基督教徒的名称，惟有时也用以称呼拜火教或其他魔教。十三四世纪间有许多欧洲著作家都称回鹘为台沙人，因此，亨利玉尔（Henry Yule）在其名著《契丹及往契丹之路》中说："此名称的应用于回鹘人，可知聂斯托良派的基督教，在回鹘人中已极流行。"（P. 205）

原载《边政公论》第2卷第3、4、5、6、7、8期（1944—1945年）

《〈西辽史〉译注》序言

新版自序

在二十年前，本书初进行编译时，原是一项较大工作的一部分。当时拟将中国沿边各地几个较小的国家，和中国有过密切关系，而史籍中记述却不详细的，都分别搜集史料，重新系统编述。当时初步拟进行的为大月氏、吐谷浑、南诏、回鹘、西辽等数国。除我自己进行外，并委托几个朋友分别搜集史料编述。但当时环境恶劣，生活糜烂，不能悉心工作，除我译注成《西辽史》外，只张君一纯完成了《吐谷浑八百年大事记》一种（稿本，未出版），其余皆未完成，此事遂搁置。抗战期间，我在四川教书，又会从布氏书中译出《回鹘史》，载于当时的《边政公论》第二卷第三、四、五、六、七、八各期，原拟补充译注，出单行本，亦未成。多少年来，连《西辽史》一书，我自己都几于忘却了！解放后，热烈参加社会主义建设工作，始恢复二十余年前的心情，并又与张君一纯相遇，提及从前旧业，张君始言及，《西辽史》出版后，曾承同好有所论列，颇有数篇。但我一篇未见，乃急访寻，于今年暑假始托人从北京图书馆抄得岑仲勉先生读《西辽史书所见》一文（《金陵学报》第四卷第二期，民国二十三年十一月出版），读后甚为惭愧！二十年前已承岑先生这样详密指正，我竟未知，真属荒唐之至了！现在中华书局和我商量，要重印此书，自然很好。我本拟根据岑先生所提各点及另外我久想增补的几点，一并修正,但因牵于其他工作,无暇治此,只得悉照原书重印,而将岑先生原文附印于后,以供读者参考。此事未先商得岑先生同意,尚请见谅。岑先生文中,对耶律大石称帝年代,谓我与丁谦所推几乎全同,而对丁谦原文一字未提,"扬善之谓何"!岑先生的责言诚是,但我实出于疏忽,绝非有意掠美。我对丁谦域外地理的各种考证,过于轻视,只当作笑话看,对这"最精采"的一段,实未注意核计,完全忽略过去。今再读其文,诚如岑先生所言,丁谦所定大石即位之年一一三一年(宋高宗绍兴元年辛亥),实较我所定一一三二年为优。我当时所以把《辽史》"改延庆为康国元年"定在延庆三年,并无其他根据,只是因上文"延庆三年,班师东归,马行二十日得善地,遂建都城改元"云云,遂以为改元也在是年。当时也曾想到中国改元习惯应在次年,但又狃于"延庆三年"一语,未再细核。其实以现在想来,"延庆三年,班师东归",即使东归在年初,而建筑都城绝非短期所能完成,设已在秋冬之交,则改元大典亦必择次年元旦。所以陈国元年应为延庆四年所改,殆无可疑。如是,大石即位之年应从丁谦说,定在一一三一年。特提出此点,以正书中之误。

另外,本书应加修正补充的还有数处,但关系不大,可俟他日。即如叙言中言及译出此书,"不是要我们偷懒的中国人,来享受他这个现成的利益"云云,这是二十年前愤激的话,如果是现在,谁还能说我们中国人偷懒呢?不过这句话现在也不改了,以保存当时的心情。

译注者　一九五四. 十一. 三

叙　言

中国的历史,有许多部分是黑暗的,至少是以现在的观念看是黑暗的,假若欲把这些黑暗部分董理清楚,那就非经过一番大大的整理不可。整理的方法，自然是按所整理的事项，各有不同。不过有极初步而极需要的一点，即是史料的“汇集”或“索引”。中国的史书，有的对某几件事情已经记得很清楚、很完备，这固然很便当了，但是最普通的乃是一件事情往往散见于许多书中，如欲从头至尾了解这件事情，除非同时把几十种书排在面前，参照对看不可。这还是指普通的说，假若要了解一些较特殊的事项，如我们现在所急欲了解的历代经济生活各方面的事项，那就连书也很难得立刻指出。究竟某书载有某种事项，更非先经过一番翻检的工夫不可，这样就有种种的困难。中国的书籍浩如烟海，往往使人望而却步，只好放弃研究的计画了！中国历史的所以黑暗，这种研究上的困难，也是一大原因。

我现在即举一个极普通的事来说，即如西辽——西辽是由中国支出去的一个国家，是个国家，并非一件琐屑小事可比，但是他怎样从中国支出去，怎样到了西方，怎样建立起国家，以及他的内部如何、何时灭亡、怎样灭亡等等，若要详细了解，就非遍检群书不可。据我所知，他的事迹，乃散见于十几种书上：《辽史》《金史》《元史》《契丹国志》《大金国志》《松漠纪闻》《元秘史》《亲征录》《西游录》《西游记》《西使记》，以至于《建炎以来系年要录》《归潜志》《宏简录》《遗山集》等非直接关系的书，和《通鉴纲目》《续通鉴》《续通考》《辽史纪事本末》等，而且这些书上的记载，势须再参考其他关于历史地理方面的许多书籍，才能真正了解，不然也是不精确的。这样如要弄清楚这件事情，就非用长期的时间，很大的精力，不能办到。但是现在如果有人能把这些散见的材料，汇集到一起，而且已加以相当的考证，使我们用不到一小时的时间，即可全盘了解，这不是再好没有的事么？做汇集、索引的工作，其为大功德事，即在这点。

现在且不谈别的，就说西辽，早已有一位俄国人，他给我们已经做了这样的功德工作，而且另外还搜集了些其他文字的记载，我现在译出来，不是要我们偷懒的中国人，来享受他这个现成的利益，而是把他作个例，为我们整理中国历史初步方法上的指示。

俄人 Bretschneider，他所著的 Mediaeval Researches From Eastern Asiatic Sources 一书，早已成了考查亚洲历史地理的宝库。这本《西辽史》就是从他的书中 Vol. I, P. 208 - 235 译出来的。惟本书翻译时，有许多地方并不忠实地依照原文。关于原译中国书上各节，大都重新改编，只第二、第三两章，原引自西书的，始尽力保存原文。另外原书的注释本极丰富，惟有许多地方著者似未过细考查，致于西辽事迹尚欠明了，今悉由译者改注于后译注中，也有许多是取自本书他处的，皆于注中一一注出，其改编各节及译注全部皆当由译者负责。

译注者　一九三三. 六. 二九

上海中华书局 1955 年 6 月再版

附录：读书提要

中国近代边疆沿革考

近百年以来，中国和外国发生的交涉，有一大半都是界务问题。到了现在，即除帝国主义者无端来侵占领土不说，只就划界的纠纷，延搁未解决的还很多。在从前清代办交涉的人，往往连自己的疆界也不大明了，能无端把领土送给别人，通常已视为笑话，可是，到了现在，我们能真正明了疆界方位或纠纷真象的，究有几人呢？假使一旦发生了新的问题，如最近法国占领西沙群岛附近的九小岛一样，临时才张皇失措，连失地的方向位置也不明了，这不同样是笑话么？

即退一步讲，不必说新的事实，即过去百余年来，历次所发生的纠葛，丧失的土地，现有的疆界，各家记述的已经甚多，但是我们若稍一翻检，类多影响模糊之谈，若一加复按，则此谬彼误，几不堪触目，而述者陈陈相因，书籍千篇一律，绝无方法究明。我们连既成事实都弄不清，这不更是笑话么？

这种原故，说穿了，就是我们急切需要有一本标准的、权威的边疆沿革书，葛绥成先生这本《中国近代边疆沿革考》，虽尚是顾全通俗，非求十分详尽，但是已确能供给我们这个需要了。

这本书的内容，共分五部：一部述中国和苏联间的疆界，一部述中国和苏联及英国势力所及的境界，一部述中国和英属地间的疆界，一部述中国和法属地间的疆界，一部述中国和日属地间的疆界，把中国四境和各国毗连境界，历来所发生的纠纷、丧失的地土及交涉经过、重要条约，都详为叙述，所附边疆地图，多至二十三幅。吾人读此书后，于百余年来所发生的边疆问题，才可以说能正确而明白。

此书本身，既是一本不常见而极需要的专书，已具有相当的价值了，而著者编著时，所参考东西书籍地图，又多至一百余种，于通常图籍中所有影响模糊之谈，厘订改正处极多，则尤为难得。兹略举数条于后，以见一斑：

> 如云《尼布楚条约》，这是清代和外人开始订的第一次条约，其大略为人人所熟知，但是若细加考核，则疑问处正多，即如此约原订共有几条，都成问题，本书中说：尼布楚约文，在各书中有的是六条，如《中俄约章会要》，日本《最近极东外交史稿》等是；有的是七条，如翁文灏的《中俄国界史地考》是；有的是八条，如上面西清所译的约文是（指《黑龙江外纪》所载）。

本书因为《黑龙江外纪》所载较他书多一条，故特引用，而且《黑龙江外纪》所载第一条，有"非乌地河以南，兴安岭以北，中间所有地方河道，暂行存放，俟各还国察明后，或遣使，或行文，再行定议"。此数语亦为他书所无。惟何秋涛谓此为雍正五年所定，如此应非《尼布楚约》原文，著者于此加以辩驳说：

> 考雍正五年《恰克图界约》之第七条说"乌带河（即乌地河）等处，前经大臣松会议，将此地暂置为两间之地，嗣后或遣使或行文定议"云云。所说"前经"，当系指康熙年间；所谓"大臣松"，当系指索额图，此证诸乾隆五十八年黑龙江将军明亮，疏奏尼布楚原委；所谓松鄂托，即索额图，可知松、索实同一人，是《恰约》第七条，实系重申尼布楚约文之语。我国汉文没有此段，显系当时脱漏……可见西清所译的确较完备。

就此两段以观，可见著者引用条文的审核精详了。

又如雍正五年中俄《恰克图条约》，当时先后订立的共有五约，为《恰克图鄂博案》《恰克图约》《布连斯奇约》《阿巴哈依图约》《色楞额约》等。但中文各书中只存前二约，后三约未传，直至光绪间施绍常始从俄约原文译出，载在《中俄国际约注》中。其中如《阿巴哈依图约》，所载当时划定分界之六十三鄂博甚详，实为中俄边疆之重要文件，惜除《中俄国际约注》外，流传甚少。本书特将此三约全文采入。又如《恰克图界约》，中文本原有两种，一为《中俄约章会要》所载，为普通所依据，一为《理藩院则例》所载，名《喀尔喀会议通商定约》，二约虽同为十一条，但前者是当时中国换给俄国的约文，后者是俄国换给中国的，内容上居然各有不同，本书著者说"此译文比较前者明晰易解，且多和西文符合，论外交公牍，确该依据此本，而不该依据前者"，所以本书中特将此约全文录入，以备参考。于此又可见著者所采条文的渊博了。

此外如关于地名译名的校正及方位的改订，几乎逐处多有，举不胜举，读者可自检其原书。在现在我们正加紧注意边防的时代，这本书实在是一本正确的指导。

原载《人文月刊》1934 年第 5 卷

《中国经济思想史》上卷

我们久已需要一部“中国通史”，但是通史的编著太不容易。我觉着最好是由各专家分门入手，将历史文化的各方面，分别整理编纂，先各成一部好的专史，然后汇集各专史研究的成绩，再纂辑较完备的通史。这种办法实在是必须的。因为通史包含的方面太大，而中国史籍又那么浩繁，年代又那么长远，研究历史的人，势不能把“三十六行”行行通了，只粗枝大叶述些政治兴亡的变迁，就算是通史，实在是不够的。其唯一办法，只有请各专家各就所学所长，先将中国史的各方面，譬如法律、政治、社会、经济、军制、教育、宗教、文艺等等，都整理出一个系统来，对通史的成功，自然就便利多了。专史固然有专史的立场，对专史作这样的要求，也许不应当，不过就通史的研究上看，实在是必要的。

目前我们已看到的几种专史，都是很好的。在这些专史里边，最近又添了一部唐庆增先生的《中国经济思想史》，我们非常之欢迎。中国经济发展的形态，近年正在热烈研究中，其结果对通史的关系，当然尤为重大。而经济思想又为各时代经济生活明白反映出来的意识，对这些意识的说明，当然有助于经济形态的了解，自不待言。惟经济思想的研究，正我所说的非专家处理不可！不惟这一类的专门书籍，须人专心搜集整理，而且各家的思想言论，若非专治经济的人为之剖析解说，势必隔靴搔痒，了无当处。唐庆增先生实在是最适于编著《中国经济思想史》的人，他既是家学渊源，对中国故籍既修养有素，且专治经济，于西洋经济学理尤有深刻了解，而且他在各大学专授此科已历多年，蕴积既富，浸沉又深，其书之精审不问可知了！

本书上卷系述先秦诸子的经济思想，约从《诗经》《书经》及《周礼》等谈起，迄战国末止，计分十编。除第一编绪论、第十编结论外，第二编述“老、孔以前之经济思想”，系分述《诗经》《书经》《易经》及《周礼》中所包含的经济观念。第三编至第七编分述儒、道、墨、法、农及杂家思想。第八编述春秋、战国期间其他政治家及商人如晏子、公孙侨、计然、范蠡、白圭等的思想。第九编述《春秋》《国语》两书中所见的经济思想。可以说凡秦以前所能考查的各种经济思想，都已包罗无遗。

本书的长处，搜罗广博，说理致密，固不待论，而独特之见足以矫正一般肤阔议论的极多。比方平常以为中国经济的不发达，系受儒家学说的影响，而本书力辟此说，如谓：

> 今日论我国经济思想历史者，多抨击儒家孔、孟二人，几成为众矢之的，其实二人于欲望商业各问题，其议论多趋向于积极及建设一方面，中国经济理论进步之迟缓，与孔、孟之思想，关系甚浅。

真正阻碍中国经济思想发展的，为道家学说。他说：

> 以愚见所及，则此责宜由道家任之，就经济思想方面言之，该派之绝欲主张，排斥工艺论调，此一类消极之思想，数千年来深入人心，实为中国经济思想发展上之大障碍。（页一三六）

因此著者对儒家学说极力辩护，如谓孔、孟并非不言“利”，亦并未如后世“腐儒”一样，主张“轻商”等，皆甚精到。又如对商鞅学说，亦多辩正。商鞅“废井田，开阡陌”一事，自董仲舒以来（原文引《汉书·

食货志》语，谓诋诃商鞅，肇自班固，其实所引数语乃董仲舒语，稍误），皆诋为造成贫富悬殊现象之厉阶。著者引《史记·商君传》及《蔡泽传》语，辩正商君之废井田，用意实在改善租税制度，且指出商君主张“治国之举，贵令贫者富，富者贫”，更可见商君之政策实在“均富”，凡此皆应为商君之知己语（原文见二七四至二七五页）。又本书结论中有一节专论中国经济思想不发达之原因，列举各点中，有数点甚好，如有一点谓“由于社会组织之不良”，说：

> 中国社会向以家庭为单位，个人主义向无充分之发展。中国古代于家族方面之组织，极形完备。……降至今日，社会组织乃形成一种畸形的发展，个人责任，务在牺牲本人幸福以为“社会及”家庭谋利益（社会及三字似应删），卒使社会变成一种静的社会，而非动的社会，偶有经济思想发生，大都均为一种限制个人的消极议论。（页二四）

“牺牲本人幸福为家庭谋利益”一语，实道着个个中国人心事！书中类此精辟语甚多，洵宜人手一编也！

原载《人文月刊》1936年第7卷第2期

中国农业概况估计

中国的社会经济问题，在近三数年来，为学术界研究最热烈的问题之一。可是因为中国的一切事情，都是一塌糊涂，了无头绪，连敌人的飞机炸弹已经在房顶上横行一年多了，到现在才把主人惊醒，起来措款买飞机。其他一切更不问可知，为学术上研究的材料，那更离需要的程度太远了！因此一般研究的人，因为统计材料的缺乏，只好献着一些空洞的理论，搬来搬去，谁都不敢说有真确的认识。现在能有曾经供职“立法院统计处”的张心一君，利用他的环境，供给出一本《中国农业概况估计》来，自是我们所极欣慰的！

张君此书，包含六个表和十二个图，前边有一篇《导言》和一篇《各表的大意》，是全刊的总说明。十二幅图指示农户、水田、陆田及主要农产物的分布区域，六个表包含下列事项的统计：

(一)二十五省的面积和已耕地亩数的比较，已耕地中又分水田、旱田的比较；

(二)已耕地亩数和作物亩数的比较；

(三)二十五省的总户数人数和农民户数人数的比较；

(四)二十五省每人或每农户平均分配所能得的亩数；

(五)主要农产物的产量、产额；

(六)主要农产物面积对总面积的百分比。

这几个图表材料的来源和校定的方法,作者在《导言》中都有说明。其主要材料,是由其半官式的调查得来。《导言》中说:

> 主要材料是由县政府邮政局及农民报告来的,请他们报告的时候,我们先制成一种简单的问题表格,由立法院统计处寄发各县,请其向当地熟习农事的人转问表上所问的事项,估计一个约数,照一定的格式,填写寄还。

除此种材料外,又参考其他材料,如前北京农商部的统计表及铁道部或各省民政厅的报告或统计等,加以平均估计。

据张君《各表的大意》中的说明,可以证明几点普通的结论,如:

第一,统计二十五省的总面积,约有一百二十万万亩,而已耕地面积只得十二万万余亩,是已耕地"仅当总面积的百分之十"。不过若按区考查,情形也各不同,如河北、山东、河南三省,已耕地要占总面积的百分之四十三,而西北数省如山西、陕西、甘肃、新疆等,已耕地才得总面积的百分之三。

第二,二十五省的总户数共八千余万户(人数四万一千九百余万人),农户五千八百余万户,农户约当总户数的百分之七十三。

第三,按二十五省统计,每人摊得的面积约有三亩,每家农户耕种的面积约二十一亩。又作物面积与自然面积不同,每人所能得作物面积亦为三亩。

此外,张君又和其他国家比较,得出下列几个结论,如:

第一,中国的农业富源并不丰富,因为已耕地才得总面积百分之十,而日本却占百分之十五,美国占百分之十八,法国占百分之四十一,都比中国为高。

第二,中国是农业经济的国家,因为总户数的百分之七十三都是以农业为生的,而他国如俄国只有百分之四十二,美国只有百分之三十是农业者等,张君说:"我们的农业富源那样少,而靠农业吃饭的又这样多”，这当然是很可怜的！

第三，中国的农产品大部分是为自己食用的，因为粮食作物面积，要占作物总面积的百分之八十二，这百分之八十二都是为自己食用的，中国并没有粮食输出。

我们于以上这几点，都可以了解中国农业的大概。

不过这几点，都是普通可以知道的，从其他几种统计中，也都可以看出来，张君的统计中，有一个较特殊的地方，乃是对农作物的统计较详，六个表中倒有四个表是指示农作物情形的，从这方面的统计，可以看出下列几点：

第一，二十五省已耕地有十二万万余亩，而作物所占的总面积有十五万万余亩，这是因为多数地方在同一块地上面一年可以种植两次作物的缘故，但这个大的数目，作者认为太少，因为有许多种鸦片烟的县分，把鸦片烟的面积没有报告出来。张君更进一步分区来观察，发见东北、西北各省，天气冷或地气薄的地方，作物面积并不多于自然面积，黄河流域以南才多出来。

第二，按二十五省总计，粮食作物占总面积的百分之八十二，以总人数平均，每人可得三亩，不过若分区观察，在东北区可得四亩九分，在东南区才得二亩，如果每人所需的生产面积为三亩时，在东北就有剩余，在东南必感不足。

第三，在第五表中详列出二十五省主要作物的面积及产量等，于此可以研究各地的生产力如何，是否能满足需要等，我认为在六个表中，这一个表是最重要的。

但是张君的制作中，有一个极大的缺点，即关于土地的分配状况，只字未提。我不知道原来调查时为什么没有把这一项列入。或者是因为不容易调查的缘故？但无论如何，总是缺憾！另外，张君对于调查的时间，也未注出来，这于参考的人大有不便。而且从全体看来,张君对于时间关系颇嫌疏忽,比方他把二十余年前的户口统计,十余年前的农商部统计,都拿来和他的调查平均估计,这是不是应当?实大有疑问。张君对于时间这样的疏忽,连他这本书出版的年月也未注出来!

不过在统计材料缺乏的中国,张君此书大体上是可以应用的。

原载《人文月刊》1933年第4卷第10期

中西交通史料汇篇

现在研究中国历史，要使他成为我们能了解的中国历史，那是对下列两件极普通的工作，必须着力去做：其一，为“搜集”的工作；其二，为“整理”的工作。这固然是极普通的研究方法，但是在田园向来荒芜的中国史领域中，若不预先下决心，着力准备好十分之六七的精力，来做这初步工作，那他的研究，我们敢断言，必不会有好的成绩。这种初步工作在中国史中所以形成十分必要，粗浅来说，是因为中国国家太老了，史迹太多了，历史的记载也太丰富了。美国有一个历史家曾说：“中国的史书可以如山一样的堆积起来。”(Goweni Asia, A Short History, P. 19.)别的不说，就像这山一样多堆积起来的书籍，若不预先用过十二分的搜集和整理工作，而只就三五种书，就要来讲中国史，此中国史所以永久不能使人了解啊！

中国到现在还没有一部“通史”（不是没有，是没有真正通的），这可以说是中国近代的历史家都太谨慎了！但如不客气的话，实在是因为我们太不肯做这种费力难讨好的搜集工作、整理工作了。自己既不肯做，也没有别人做出来给自己根据，那就只好望而却步了！

不过据我们所知，却有一部书，乃是从这种苦工中做出来的，即是张星烺先生的《中西交通史料汇篇》。

张先生这部书，正是做的“搜集”工作。他是把中西交通史上的史料，都搜集起来，汇为一书，给大家看。我们读他这部书，首先要知道做这部书的不容易。因为是中西交通史，是中国和西方各民族的交通史，那末要搜集他的史料，既须把所有中国书上的材料摘下来，更须把西方的记载同样摘下来，而在古代，不论中国或西方，又是那样不注意相互间关系的记载，大都是零碎片段，绝不能一翻即得，这样搜集这种材料的人，既须博极中西群书，且须是精细的读过。那末做这部书的困难，不言可知，但是张星烺先生却把他做成功了。

这部书共分八部分，第一部是总述中国古代的对外关系，第二部是汉以后一直到明代对欧洲的关系，第三部为对非洲，第四为亚拉伯，以下为对亚美尼亚、犹太、伊兰高原、西土耳其斯坦和印度。每一部皆列举历来中西书籍上所载的相互关系，傍及于其他名号及人名地名等考证。

张先生搜集这些材料的勤恳和其用处，我可以举一个例来说，即如汉代和欧洲的交通，普通所根据的，也不过是《史记》《汉书》等两三部书，但是张先生把《史记》《前汉书》《后汉书》和《神异经》《海内十洲记》《博物志》《西京杂记》《拾遗记》等，关于对欧洲的记载，都摘录下来，又益以西方人士对中国的记载，如斯脱拉波、费及流斯马罗、佛罗鲁斯、梅拉、白里尼、拖雷美、包撒尼雅斯等。这样普通根据《史》《汉》等一二种书，只知道“大秦一名犂轩”等数语的，于此即可很省事的得到其他许许多多事实或传说，其有助于研究汉代中国和罗马的交通，又何待言？其他都类是，不必举。

但读这部书，有几点应当明白的。第一，绝不应从他所举的书是否可靠来批评他。因为既是搜集资料，那就凡是任何一种记载上的资料，都应当搜集下来，若先存上一个可靠与否的观念，有所去取，那就是等于不搜集。何况普通所谓可靠与否，也不过是未经精密考虑的传统观念，又那里知道他究竟可靠与否呢？——因为我曾听过一个人作这样的批评,所以附带一说。

第二,对这部书也不应以其搜集的是否完备来批评。因为一个人的搜集,自然只是各尽所知,若另一个人算有其他的发见,尽管拿来补充,当然不应以完备与否来批评前一部书。

第三,我尤其要说的一点,是本书著者的“书德”极好,他除过勤勤恳恳把所见到的材料摘下来以外,决没有时下一般书中自打自唱的惹厌地方。书中也有一些议论和许多注释,可讨论的地方也很多,不过著者只是发表他的意见,决不是时下一知半解即欲以权威自居的。这里既“勤恳”又“诚实”的学者,实在是我们所极需要的。我愿意读者研究他书中所汇集的材料,尤愿意读者仿照他这种工作。与其在史料尚未尽知即冒然从事著作以前,倒不如先做这种益人益己的搜集材料工作。而另外更愿意读者能接收本书著者既勤恳又诚实的态度。

社会上的事情往往是说不来的!有些极浮浅的东西,反是风行一时,能连巴黎、伦敦也纸贵起来!但是一部从苦工中得出且极有用的书,青年们反不知道!我不知道这部书的销路如何,学问荒疏的我自己,惭愧的很,是最近才由暨南大学的陈刚父先生介绍给我,由北平买来,一看他还是十九年五月出版的。

原载《人文月刊》1933 年第 4 卷第 10 期

西域之佛教

“西北地理”，在中国也算一种专门学问，但自何秋涛、李光庭、徐崧之诸人以次，对于西北知识，也不过根据历代史籍，钩稽厘订，与以参订而已，并未能有所发现。光绪间洪钧借使俄之便，始采译多桑《蒙古史》等书，辑为《元史译文证补》，始溢出中国人所知西北史地之范围，颇为近人稽考西北地理者所根据。但其书既未完成，且近四十年来，西人对于东西土耳其斯坦各地之考查，已超过前者远甚，而吾人能综合其所得，以重新介绍于国人者尚甚少。

按西北地理，对于中国历史之重要，并不自汉武帝交通西域以来始，在秦汉以前，中国古史之传说，如《逸周书·王会解·汤四方献令》《穆天子传》等，皆与西北史地有关。吾人可大胆说一句，西域古史不明，则中国古史即不能明了。至若汉武帝以后，绘画雕刻之传入，佛教之输入，皆与西域各国有重要关系。所以吾人对于西域知识，尚不仅仅在某某地望之考释，而实在其全盘历史之明了。此种全盘历史知识，近今东西学者所知固有限，而吾国人所知者，尤为有限。

日人自那珂通世以来，开东洋史学研究之风，名家辈出，对于满蒙史地、西域史地、南洋史地，皆多有创获，因而对于中国史之了解，实超过吾中国人远甚。中国人不惟未能急起直追，即就其所创获,以介绍于国人者且甚少。依此一事以观,中国人欲抵抗日人之侵略,实有难能者在,此并非吾个人短气语也。

近贺昌群先生译日人羽溪了谛之《西域之佛教》,以飨吾人,颇使吾人于"抵制日货"之空气下,有不得不接受之感! 此书虽只偏于"西域佛教"一点,而正为吾人所欲了解西域知识之一端,故特介绍于读者之前。

此书共七章,所述者为大月氏、安儿、康居、于阗、龟兹、疏勒、迦湿弥罗、健驮罗及高昌诸国之佛教传布状况。此诸国之佛教,实正为传入中国之佛教根据地,正如原著者序文中所说:"世人多以为中国本土之宗教,系直接由印度传入者,实为错误。"在六朝以前,佛经佛像之最初传入中国,东来之僧人及翻译之佛典,大都皆自西域,此在中国书中,亦俱可考见。而历来皆谬以印度为佛教产生地,遂一归之印度,对于西城各国之佛教,皆毫不考查,实为一大缺憾。近法人烈维,曾谓中国人之称佛徒为"沙门",实为龟兹语 Samane 之译音,而非直译自梵文之 Sramana;又"出家"一词,实为龟兹语 Ost Memla lne 之意译,而非梵文词"前进"Pravrajva 一字之原意(见冯承钧所译《烈维龟兹语考》)。此俱可见西域佛教对中国关系之重要。而中国佛教书中,能供给此种知识者绝少。本书著者之目的,即在详考此种传入中国之西域佛教,于东来之西域僧徒及译为中国文之西域佛典,皆详为考订。虽其所述,尚未能真正寻绎西域佛教与印度佛教之不同处,然大体已能尽汉魏六朝间中国与西域在佛教上之关系。

本书对于西域史地之叙述,为其副材料,而亦极有关系。其所述大都根据日本东洋史学权威白鸟库吉之说,如谓于阗为西藏语"玉城"之译名、康居为 Kangar 之译音等,皆极有理趣。又如大月氏诸王年代之考查,康居、于阗等国史迹,亦皆博采近今西洋考古家之发现，增订甚多。此书虽非以此见长，然于普通欲了解西域一般史地情形者，极有功益，自不待言。

本书译者贺昌群先生，于译文甚为精审，虽不免一二小误，如赵汝适之《诸蕃志》，乃译为李调元《诸蕃志》(《绪论》第七页，下注《函海》三十八册，想原文当系指《诸蕃志》在李调元《函海》中，或因颠倒致误)。然全书中西名词甚多，译者大都能用旧译，虽原书必有注出，而亦必有大部分为译者辛勤所得也。

原载《人文月刊》1933年第4卷第10期

读胡适之先生《论学近著》书后

胡适之先生最近辑成的这部《论学近著》，里边有几篇文章极可注意。

这部书的内容，胡先生的《自序》中说的很明白。全书共分五卷，第一卷只三篇文字，一篇《说儒》，是对中国古代学术文化史的一个新鲜看法；次为《评论近人考据〈老子〉年代的方法》和《校勘学方法论》两篇，这两篇都是讨论治学方法的；此外附载别人有关系的文字五篇。第二卷共九篇，其中八篇都是整理佛教史料的文字，另一篇是关于道教史料的，外有附录三篇。第三卷本文六篇，后记两篇，附录两篇，都是整理小说史料的。第四卷共文十七篇，附录二篇，都是胡先生近年对于国内几个重要思想问题发表的文字。胡先生说："青年的读者若嫌这一集的考据文字太沉闷了，最好是读这一卷，这一卷的文字最容易读……"第五卷共文十四篇，附录两篇，是一些杂文。这五卷四十余篇文章，大体都是从十九年到二十四年五年中写作的，胡先生很客气的说，"五年之中，只有这一点讲学成绩，我自己很感觉惭愧"。但实际上五年中有这一点成绩的，还只胡先生一人！

这几十篇文字里边，有几篇极有价值，读者是不应当忽略过去的。在胡先生自己，似乎把第一篇《说儒》看的极重。胡先生说这篇所提出的新鲜看法，自信将来可以得着史学家的承认，虽然眼前还有不少怀疑的评论。但是我的私意这篇似乎倒没有什么，而且许多议论都微嫌浮泛。这篇文章的根本意思，是要说明儒家的学术，本是殷民族固有的生活习惯，也就是说儒家起于殷代。这一点本是十分对的，我们极欢迎胡先生来做这种主张——不过我觉着还可更进一步，我以为儒家实应起于更古的夷人（假如照傅斯年先生所说，殷民族就是夷人，那就对了，但夷人一名实更古更广博些）。胡先生在此文中和傅斯年先生一样，指出“三年之丧”礼，为儒家主张同于殷人的证据。可是儒家主张同于夷人的，除三年丧礼外尚有“山川”“社稷”的崇拜，“士冠礼”“饮食用俎豆”，酒食聚会揖让升降之礼，宽衣博带等衣冠制（参看拙作《中国民族中之通古斯族系》，《大夏学报》第一期），所以把儒家思想的原起，更推到夷人的社会中，尤有理由，且更觉重要。不过这一点且不谈他，胡先生这篇文章最可商榷的，是他根据《说文》，说儒者“柔也”，以为儒家主张的是“柔道”，儒的名称即因此而起；而且儒的所以尚柔，乃是因为殷亡以后，殷人为统治阶级的周人所压迫，致不得不养成懦弱柔顺的态度，遂成为儒。而且胡先生又因此牵涉到《易经》的“需卦”，以为“需卦”就是为亡殷的人们说的。此外又说“五百年必有王者兴”，是殷人亡国后，希望复兴的预言；又引宋襄公的争霸，是打算复兴民族再造殷帝国的运动等等，都极其有趣！我大胆的说一句，这些议论，都不免是影响之谈，绝不像胡先生的文章。他且不论，即如胡先生既已一再说明“儒是殷民族的教士”是殷代社会上久已有了的一种人物，但是何以又说儒是在殷人亡国状态下养成的呢？这已显然是矛盾！此外胡先生又把“吾其为东周乎”，解释成是孔子想“造成一个东方的周帝国”！对孔子“久矣吾不复梦见周公”，解释成是孔子想效法周公的平定四国，预备在东方独立！如是等等解释，都是“飞将军自天而降”，“出人意表之外”的解释！若照这样把《论语》重新注解一下，那《论语》一定要变成一部最早的民族主义的经典了！

我觉着《说儒》这篇文章，绝不像平日极精严的胡先生的文章，我意最近这几年胡先生大约受傅斯年先生的影响很深。老实说，这几年整理古史发表出来的意见，我最佩服的是傅斯年先生。傅先生读的书熟，意见也极其新颖，他有几篇文章都极有价值。胡先生这篇文章本是和傅先生走的“同一道路”（见附录一傅先生识语），但是胡先生似乎过于扩大了些。

我以为胡先生这部近著，最重要的几篇文章，其一当是论治学方法的几篇。卷三《醒世姻缘传考证》一篇，私意以为实是一篇最好最完备的作品。这篇文章虽是收在整理小说史料的一卷，但胡先生也说明是“可以做思想方法的一个实例”。这篇文章要解决一件“无头命案”，居然成功，胡先生把他原来怎样用思，怎样假设，怎样找寻证据，怎样得出结论，都写得非常明白，而且最精彩的，是最后一段把《醒世姻缘传》的社会背景也确实指出。这一点似乎也是胡先生其他文章中不常有的。若把这篇文章当作治学方法论读，实在是最好的了。（胡先生解决这个问题固然极科学，但有一点也很危险，假若不是偶然买了一本《骨董琐记》看，这篇文章也许要发生变化！）

除这篇文章外，卷一《评论近人考据〈老子〉年代的方法》一文，极可注意。这篇文章的大意，是历指近人自梁任公先生以下或用思想系统，或用文体、文字、术语，或用其他方法做证据，以考据《老子》一书年代的晚出。胡先生列举他们的证据，以为都不可靠，都不足以证明他们的假设。比方梁任公先生说《老子》若是春秋时的书，就不应该有“侯王”“王公”“取天下”“万乘之主”等语，也不应该有“仁义”一辞，因为这些话都是战国间人的口气，可见《老子》一书应成于战国时代。但胡先生指出任公先生忘记了《左传》中已常把“仁义”

对举,《易经》也有“王侯”字,《论语》也常用“天下”字,何以《老子》就不可用。又如胡先生举出《论语》中有“无为而治”的话,胡先生曾因此证明孔子系受老子的影响,但另一方面顾颉刚先生根据同样的材料,却以为是战国间作《老子》的人善袭孔子的见解,因此证明《老子》一书必在《论语》后。这样究竟在前抑在后?仿佛都可以说。如是等等,胡先生在本文中列举各种证据,悉指明他们价值的薄弱,所以胡先生还是主张《老子》在孔子以前的旧说。

我认这篇文章极关重要,并不是因为结论方面决定了《老子》在前或在后的问题,而是觉着实系一篇有关考据学本身价值的问题。考据学自清代以来已极度发展,而至最近更经胡先生尽力提倡,已被认为是研究历史最精严最正确的方法。但是胡先生这篇文章却差不多是一篇“考据方法的怀疑论”!因为胡先生在本文中所指出考据《老子》年代的一切论证方法,也正是清代以来各家考证伪书所用的方法,这样的论证,在《老子》年代一事上不可靠,同样在其他问题上又焉能可靠?假若我们把清代以来考证伪史伪书的一切论据,都加以检查,正不知要发现多少“丐辞”,两面割的双锋剑,替古人书做的凡例,或其他错误等。我不是说一切考据家所用的证据都不可靠,但是我们要知道,所谓最可靠的证据,必须是“最可靠的事实”,若不是最可靠的事实,而有待于另外推演论证,那就必会堕入错误而不自觉。况且考据一个问题时搜集证据,无论如何离不了个人的眼光见识,试问把这种满包主观成分的证据,即拿来当成最精严的断案看,还有一点价值么?一部《左传》,以今文家考来是这样,以古文家考来又是那样,双方都是极著名的大师,证据都是连篇累牍,到而今《左传》究竟是真的呢,伪的呢,胡先生能断定么?所以我觉着考据方法本身,就有许多弱点,他也是最容易弄错,最易走入歧途的一种方法,并不就是最精严、最正确的方法。

况且胡先生是把考据方法当作研究历史的最正确方法（如在《古史讨论的读后感》一文中所说），但是研究历史需用的方法很多，若没有其他方法把历史现象分析解释明白，而只一味来考据，也是考据不出道理的。胡先生要我们注重考据方法，注重考据方法上“拿证据来”的精神，不要臆测，这是对的。但是要把这种方法认为是研究历史的“基本方法”（见《介绍我自己的思想》一文），似乎是可商酌的。

胡先生这部近著，另外最重要的一部分文章，是卷二整理佛教史料的几篇，尤其是《楞伽宗考》《菏泽大师神会传》等篇。这几篇文字，就文章说，既是最好的，好学的青年实应当读，且就结论说，尤关重要。《楞伽宗考》一篇，把久已淹没的楞伽宗给表扬出来，同时在消极方面把南派禅宗所造的系统给打断了。《菏泽大师神会传》是继续前一文的宗旨，把南派禅宗推翻楞伽宗而建立自己宗派的经过，详细说明。这一篇《神会传》，说的活龙活现，实在是一篇极好的文章。这两篇文章的重要，是把唐中叶以来所传的禅宗历史，给与一大改变，而证明了胡先生自己的主张（我的私意如此）。因为胡先生向来主张禅宗是“中国的佛学”，是佛教入中国后和中国思想混合的产物。但是若照旧说，禅宗思想是印度人菩提达摩传入的，所以达摩被认为是禅宗在中国的初祖。胡先生不承认此说，在《楞伽宗考》和《楞伽师资序》二文中，证明达摩是楞伽宗的初祖，而和慧能、神会一派的禅宗（即南派禅宗）无关，慧能、神会一派的“中国禅”，最早不过起于南朝宋文帝时的中国和尚道生，道生以后，这派禅法中断，直到慧能（旧说禅宗六祖）时绍述其说，其弟子神会乃大行传布，把楞伽宗一派（旧说北派禅宗）推翻了，以后“中国禅”始大行于世，成了统一中国的佛学。所以神会在滑台大云寺定宗旨的故事，胡先生认为是中国佛教史上一大革命，可以比欧洲马丁路德的革命——

这一事确可注意。这样，胡先生这两篇和其他几篇文章的结果，同样也可说是对中国佛教史上一大革命了！

胡先生的结论，无疑的会成为定说，将来自有佛学家承认，我不敢赞一辞。不过我要说几句玩话，我觉得胡先生对神会和尚的待遇太不平均了！胡先生一方面推崇神会是中国佛教史上没有第二人可与比拟的伟大人物，而另一方面却又看成是公然作伪的龌龊小人！神会既假造传衣钵的伪说，又捏造出达摩以前的传法世系，又把自己的著作冒充作他先生的经典《坛经》，这样的公然作伪，大胆作伪，尚敢在滑台大云寺的会上，厚着脸皮说是“料简是非”“建立正法”！况且他的对手方自普寂大师以下，都不是弱者，他所造的伪说，别的不去说，像传衣钵等应当是佛门中的常事，当时距神秀、慧能等人并非很远，衣钵的有无应有耳熟能详的，神会居然敢造这样的漫天大谎，这样的胆量，真不能算小了！我们推想当时，山东远从人群中起来厉声质问，说“你便不顾身命”，空气如何紧张，神会如说错一句话，还不是马上拳足交加？而神会居然一谎再谎，接连造成了禅宗的全部伪史。这一点点胆子，真合了“连环套”前段的几句话：“哥儿哥儿，你好大的胆子！”

我这段玩话，不为别的，还是为说到胡先生《评论近人考据〈老子〉年代方法》一文，因为胡先生在本文中所用以证明神会作伪的证据，也似乎不能说不薄弱。关于伪造“传法袈裟”一条，胡先生全无他证，只不过因为“自道宣以来，从没有人提起过这个传法的方式”，因此就断定了是“神会捏造”，这全然是消极证据。这种消极证据是最不可靠的！按道宣死于六六七年，即作《楞伽师资记》的法冲，当麟德年时（六六四—六六五）已经七十九岁，而传授衣钵于慧能的弘忍，却死于六七四年，是道宣与法冲，又那能把这件事情记上？即使说道宣等不应该不记达摩、慧可、僧灿、道信间传授的事，但任何历史记载都不过是一种记载，绝不能把全部经历都包含进去。传授衣钵一事，本系神会提出了这段公案，才被人重视，所以以后各书都详加记载，但神会以前这种传授方式，或许是佛门中常事，正如某个和尚怎样吃饭睡觉一样，那能件件记载。当滑台大会时，神会明明白白说："秀禅师在日，指第六代传法袈裟在韶州，口不自称第六代，今普寂禅师自称第七代，妄竖和尚为第六代，所以不许。"要知这样露骨的指斥语，神会不是对自己的徒弟说，乃是对秀禅师的徒子徒孙们说。秀禅师曾否以第六代自称，他的徒弟们岂有不知的？这样明白的话，我们就可以轻轻拿上"死人无可对证"一语，抛过去么？我觉着胡先生加于神会的这个罪名，正可套用胡先生几句话："神会久已死了，死人无可对证，只可由胡先生说了！"

关于神会伪造达摩以前传法世系一事，胡先生举出神会把《禅经序》中的达摩多罗误认作菩提达摩这一点系确凿事实，当然可信。不过就方法上讲，似乎不应遽然断定就是神会个人的错误，也许是他们这一派一向有的错误解释，试看其一般，神会说是这个世系，达摩曾亲告给慧可也是如此，可见他必有所本。但胡先生说这些完全出于神会的伪造，尤其是第二点——神会说达摩曾亲告慧可——胡先生直指为神会"有心作伪"，最不可饶恕。但是假若另有曲折，胡先生岂不太冤枉了神会么？佛门中最戒"打诳语"，我想神会那样伟大的学者，未必便连这一点小小戒条也不守，竟再三的捏造事实——我这话也无证据，胡先生自然会责备我，但是我们考据古事，只不过根据几本书上的记载，然而社会上的事是极复杂的，往往有极多的曲折，正如胡先生说，谁能料到科学大家洛箕相信有鬼，哲学大家詹姆士深信宗教呢？我们固然不能绝对保定神会不打诳语，但是又那里能保定他说的事实，没有其他曲折呢？万一当年菩提达摩曾以第八代的达摩多罗自居，而真有亲告慧可的事实。那这段委曲，又从那里能考证出来呢？所以我以为这个世系，是否出于神会"有心作伪"，还应"存疑"，因为胡先生也并没有其他证据，仍然不过是"消极证据"，即是说达摩告慧可的话，除神会外没有人提起来过。那末胡先生可以因过于不相信神会的人格，直斥他为作伪，但我们也可以因过于相信神会的人格，说他必有所本，又有什么不可以呢？

最后胡先生又指出后世所传《六祖坛经》，是神会自己的著作。这原无不可，卢行者原是个不识字的人，《坛经》当然是由别人写的，不过我们似乎不能因此即说神会作伪，似乎不能说《坛经》所有思想，全然是神会的，就没有慧能的思想，那末神会的思想又从那里来呢？我并非有爱于神会，特别替神会辩护，其实我对胡先生的结论以及一切论证方法，都完全接受，我这一段话，并非是对胡先生在本文所用的证据有所怀疑，更不是打算要推翻胡先生的结论，我只是就一般说，因为一般的考证方法，只有如此，而在这种方法下不是不能提出怀疑理由的。近年在胡先生的提倡下，一般人认考据方法就是研究历史最正确最可靠的方法，于是东也考据，西也考据，结果历史的真象未明，而只是处处拿上"作伪"的一个观念抹杀一切，那末古今来一切书一切事都是伪造的。我们发见了这个秘密以后，那历史又何从研究，且又何必研究呢？胡先生不相信他们考据《老子》一书为伪的"考据方法"，我对于一般考据伪书伪事的"考据方法"，也正有同样感想。

原载《人文月刊》1936 年第 7 卷第 9 期

明末和民国

热河失守了，使人想起明末的事情！

明室的灭亡，人多谓亡于"流寇"，其实流寇就是利害，究竟终是流寇，居然能把偌大的明室给捣亡了，这就可见明室的本身已先经不起捣，不能全怪流寇了！

明室的经不起捣，我们看他把内蒙古拱手送给满洲人，即可看出，满洲人欲侵中国，知道非把漠南蒙古收伏了不可，但是只知诿过流寇的明人，却不知道蒙古和他边防的关系，一让满洲人极力经营，等到皇太极从热河领兵南下，包围了北京，却又怪山海关的袁崇焕，不早须防堵截，把他杀掉！

崇祯二年十一月，皇太极已把北京围住了，明室的中央政府才急召天下兵勤王。隔了一月来了些山西兵，一到良乡遇着金兵即溃去；又隔了一月才又来了些陕西兵，但是那时皇太极已满载而归了！

自这次以后，"边围尚强"的明室(寄皇太极语)，那些食俸禄拿军饷的官吏将卒，都眼睁睁地看的李自成把北京攻坏了，清人也入关了，薙发令也下了……明人才大忿，"不降！不降"，东也一群，西也一群，挺起头颈，让满洲人屠杀！

如果是人，谁能读了《扬州十日记》《嘉定屠城记》，不替明末的义民掬一把同情之泪呢？但是义民没有降，义民的孑遗，儿子孙子却都做了大清帝国的顺民了！

中国就是这样一个国家！说中国人没有组织，没有力量，是错误的，但是中国人的组织，只有封建的组织，中国人的力量，只有在极浓厚的封建意识下才能表现。假若能有一个伟大的封建领袖，众多的中国人，也能伟大组织起来，统一起来，但是这个伟大的封建领袖如果一旦失掉，情势上必然的分成许多小的领袖，结果中国的组织，亦必分成许多小的集团，这些小的封建集团一分开来，那就各个领袖，都有他们各自的地位权力，遇着事情，只有各自替自己打算，绝不替别人打算，这是当然的！

明代的末年，正已堕入这种状况。明熹宗、明思宗显然不是伟大的领袖，漠南蒙古显然不在各小领袖的势力范围内，自不会有整个的计划，长城内外的战争，亦和黄河以南的小领袖远不相及，自然只有打到门上再说。在这种情势下，那个较有大组织大势力的侵略者，只要采取“各个击破”的策略，又那能不成功呢？

现在虽是民国二十一年二十二年的中国了，但是我们看看，实际上并没有一点进步！现在的“后清”，跟着他的“把头”，完全采取和后金时代侵略中国一样的策略，而中国的应付，和明末时代，步骤未差分毫！所不同的是山海关连袁崇焕也没有，早已失掉，不必等待吴三桂第二了！

清人于征服察哈尔后，从崇祯五年到十五年，十年中又数度侵入长城，遍扰山西直隶各州县，且曾一度侵入山东济南，那时明室的大将，别无办法，只有日吃大黄求死，或是坐在芦沟桥上吃酒，把清人一批一批输送从山东掠来的子女玉帛，当作风景赏玩！

照这样的办法，现在的日本人，怕不更有需要？山海关虽没有中国的袁崇焕，但有洋大人的条约，日人有所顾忌，他于占据热河，以至于西进以后，怕不从山西、河北南下，以取山东、河南的子女玉帛么？

我们的命运将怎样决定呢？坐在芦沟桥上吃酒的风雅，怕不能够了！还是再供给一部《扬州十日记》的史料罢？还是……还是归咎于流寇罢！

原载《中庸半月刊》1933 年第 1 卷第 2 号

西域南海史地考证译丛及续编

本书所译，悉为欧洲所谓"中国学家"对中国边疆史地研究的报告或论文。中国边疆史地，清代学者已有多人从事研究，可是因为边疆民族关系的复杂，所有史迹，单凭中国载籍所见，自然不足，且即就中国载籍论，对于他民族的人名、地名以及国族官号等名称，都为译名，究系何所指，非就各民族自有语言文字考查不能知。所以欲从事此种研究，势须参照他种史料，并了解其他外族的方言文字始可。但是中国向无此种准备，所有研究都不过是就中国书所记，略为爬搜考证，得些似是而非的结论，其不能有伟大的发见，自在意中。但是外国人对此种困难，却感觉较少，他们不惟有同属旁行文字的便利，且因语言学的发达，对于各种文字，甚至历史上已死的文字，都已整理研究，大都了解；又因探险家、考古家的努力，在中国边疆各地不断有新事项发见，其所有资料，较中国书所有的已大大增广，然后再益以中国书所记，互相参证，故其发见远非中国人所能企及。近年以来，冯承钧先生专门翻译外人此类研究，以飨国人，前后所译经商务印书馆出版的已甚多。此两册《西域南海史地考证译丛及续编》，系去年三月出版的。其《正编》共包含论文十二篇，《续编》十三篇，共二十五篇。撰人以法国伯希和（Pelliot）为最多，两册中共计有十七篇，次为费琅（Ferrand）四篇，次斯坦因（Stein）、马司帛洛（Maspero）、戈岱司（Coedés）、鄂卢梭(Aurousseau)各一篇。

此二十五篇中,我认为最有价值的为伯希和的一篇《唐元时代中亚及东亚之基督教徒》(《正编》页五十七至八十二),最有趣味的为斯坦因一篇《玄奘沙州伊吾间之行程》(《正编》页二十五至三十八)。伯希和一文主要的为叙述十三四世纪间即蒙古帝国时代的基督教。他指出蒙古部族中如克烈部、汪古部的基督教徒;他又暗示当时欧洲流行有名的约翰甚克故事,应即指克烈部;他又指出《元史》中许多信仰基督教的外国人,都饶趣味。他最后说:"这种十三四世纪的东亚基督教徒,大致可以说不是汉人之基督教,而为阿兰人突厥人之基督教,或者还有少数真正蒙古人信仰此教,所以在一三六八年时偕元朝而俱亡。"至斯坦因一文,系用其在新疆考古的经验,以证实《大慈恩寺三藏法师传》所记玄奘偷出玉门关时最初的一段行程,他几乎把《西游记》所记的妖怪也找出了来源,因为《慈恩传》记玄奘所见的"妖鬼",斯坦因也曾亲见过。他分析玄奘所骑的那个"瘦老赤马",把他带到"青草数亩""甘澄镜澈"的地方,以解救了"四夜五日无一滴沾喉"的痛苦,给我们说明了这一次观世音菩萨的来源,真是妙到极点。而尤妙的是他为这匹"瘦老赤马"现身说法,他说:"我从前经过新疆大沙漠,到克里雅河尽头的时候,我们的几匹马有四整天未喝水,看它们到了河边的状况,或者还可以再渴两天!"

除这两篇外,本书中另有伯希和的《支那名称之起源》。这篇文章在现在看来颇有"明日黄花"之感,不过当然是应当读的。另如马司帛洛《宋初越南半岛诸国考》一文(《正编》),费琅《南海中之波斯》一文(《续编》),皆关重要。此外还有一篇极重要而有趣的,是冯承钧君题为《库蛮》(Apropos des Comans)的一篇(《续编》),此文本是伯希和介绍和批评德人马迦特(Marquart)所著《东突厥方言研究》一书的,冯君又只节译了和汉学有关的《库蛮》这一部分,读后颇有使人急欲学德文以急读原书之感！此外其他各篇，大都为地名的考证，史料的补充，皆各有其重要性，为研究边疆史地的所必须读物。

最后我要举出伯希和的一段话，请大家看一下（《续编》页九十八，《马可波众行纪沙海昂译注正误》一文中语）：

> 沙海昂君之错误，则在信任近代的中国编辑家太过，这些人不尽是饱学之人，而其所认识的蒙古、波斯、阿剌伯、阿美尼亚、欧洲的材料，是些节译本，而其译文，常不忠实；我时常说我们对于中国的考证家应该表示钦佩，可是仅限其所考证者是中国一方面的材料……

原载《人文月刊》1935 年第 6 卷第 11 期

兀良哈及鞑靼考

中国北方民族，与中国历史关系至为密切。然种族纷繁，民性复杂，已极不易了解，又加以中国书中译名错出，往往本一部族，不同译名多至五六七八，作史者又只断代，随所习用为记，不相统率，致读者即认识此等名称，已如入山阴道上，应接不暇，遑论了解史迹。

惟不同译名，若声音相近，处地相同，尚属易测其关系。如靺鞨、勿吉，即古之挹娄，后之女真；古之坚昆，即后之结骨、黠戛斯、奇尔济苏；古之丁零、丁令，即后之狄历、敕勒、铁勒，亦即高车、康里，都属易知。但若译音相差过远，且居地亦暧昧难指，则其究为何部何族，将无由明悉。以是如《通典》《通考》等近似通史之书，杂列诸名，使北方民族，宛如田间杂草，旋除旋生，一若从地中生出者然。其中数小部族，尚无关系；若较大部族，竟不明其种姓，实为一大缺憾。即如在中国创建元代且与世界各处都有关系之蒙古人，究为何族，若考查愈深，将愈不能明了。据《唐书》所载，蒙兀为室韦之一部，而室韦为契丹之别种；《北史》亦云，室韦“盖契丹之类，其南者为契丹，在北者号为失韦”。如此室韦为契丹，而契丹为鲜卑遗族，是蒙古人应以鲜卑为本来部族无疑矣。但宋以来各书，习称蒙古为鞑靼，孟珙之《蒙鞑备录》云，鞑靼之种“有三，曰黑、曰白、曰生”，“今成吉思皇帝及将相大臣，皆黑鞑靼也”。黄震《古今纪要逸编》亦云，“生鞑靼有二，曰黑、曰白，而今盛者（指成吉思汗）曰黑鞑靼”。此俱以蒙古为鞑靼，固亦可说。但此种鞑靼人，据《古今纪要逸编》，乃谓系靺鞨种，谓“初鞑靼与女真同种，皆靺鞨之后”。而《蒙鞑备录》乃谓系沙陀种，谓“鞑靼始起地，处契丹之西北，族出于沙陀别种”，但沙陀乃突厥族，无待再论，是则鞑靼又应为突厥族。按突厥族起源地在今蒙古之西，而靺鞨族在极东，今松花江流源，即置鲜卑族于不论，是蒙古人既与极西之人同族，又与极东之人同族，若再加以鲜卑族，则鲜卑据拓跋氏之传说，乃出于匈奴故地以北甚远，核其方位，当在今西伯利亚（此点丁谦已有考证），是蒙古人又与极北之人同族！此蒙古人究属何族乎？只使吾人愈不明了而已！（鲜卑与靺鞨同属通古斯族，上只就旧史言耳。）

类此诸问题，在中国史中甚多。中国史之极需人整理研究，即在此。惟整理研究之方法，绝非旧日史籍中所包含类此凌乱复杂之方法所能供给。欲研究中国史，实非多读近世东西洋史家之著述，默测其探讨叙述之方，以应用于中国书中不可。余今介绍日人箭内亘所著《兀良哈及鞑靼考》一文，即是此意。

箭内亘为距今去世不久日本东洋史学名家，尤长于所谓满蒙史地，其生前于此方面之著述极多。此文原本散见于《东洋学校》及《满鲜历史地理研究报告》等册上，最近经吾国陈捷、陈清泉二先生译为一小册出版。此书所讨论者，视名即知，即专究中国北方民族中兀良哈与鞑靼两族之族姓。其结论之重要，读其书即知，不烦备述。其《鞑靼考》一文，正与吾人上所述蒙古种族之问题有关。鞑靼究为何族，读此文自知。惟本文尚无究极之结论。箭内亘只谓蒙古人并不名鞑靼，蒙古之称鞑靼，乃中国人所加之名，蒙古人只名蒙古。然于鞑靼族之来源，鞑靼（即元之塔塔儿）居地何以与室韦相同，室韦何以又为鲜卑，与鞑靼是否同族，何以为同族诸问题，因不在其范围，尚未讨论。惟已解决鞑靼分黑白二种之来源，与阴山以北即沙陀种之并非鞑靼，实已给与蒙古种族问题研究上一最大助力。况且即弃此种结论于不论，而其文中参考书籍之多，与推断之细密谨严，在在皆足为研究中国史事者之取法也。

箭内亘此文，分别发表于民国四年及八年间。吾国王国维先生曾继其《鞑靼考》一文后，亦作有《鞑靼考》，于唐末以来鞑靼历与中国关系及其事迹，考证极详。鞑靼自宋人以后，几成为北方人之通称，实为最重要。然其事迹，只散见于各书，极难悉知。读箭内亘此书后，最好再读王先生文，始能尽悉也。王文载于《观堂集林》卷十四(《遗书本》)。

原载《人文月刊》1934 年第 5 卷

现代中国文学史

近年出版界，产量很多，然而想找一部真正有研究有系统的著作，却是很难得。最近世界书局出版钱基博先生著的《现代中国文学史》，可算是在这"很难得"的里边，居然能找得的一部书了！

编现代史，较之编古代史尤为困难。古史皆有成书可据，只要详为搜集排比，加以研讨，就够了。若现代史，既无成帙可资依据，势须凭空纂辑，必对于其人其事，时时与以密切注意。复须旁谘博访，以尽其相互关系，前瞻后顾，以明其终始流变，然后始能循其本事，加以贯串，就其变迹，与以论断，其事绝非仓卒所能见功。编现代史者，非其人有恬静心情，敏锐头脑，恒久毅力，绝难蒇事。钱先生编纂此书经过，吾人虽不悉，但据其《跋语》，谓是书草创，已早在民国六年，则其开始采访，必早在民国六年以前，积二十余年心力，以经营是书，则在编纂此书的资格上，已可算得是占有相当的权威了！

本书内容，分上下两编，上编为古文学，下编为新文学。古文学者，包含中国旧日之骈散文、诗、词、曲各体，就最近擅长此各体之文学家类述之。新文学者，指康梁一派之文体（称新民体）、章士钊一派之文体（称逻辑文）及今白话文属之。全书所叙列之文学家，正文自王闿运以下二十五人，附见者有黄侃等三十余人。于清末以来文坛之健者，大体咸备矣。

本书对于各家叙述，皆必略叙其经历，次及其诗文派别或主张，次及其演变，并略举其代表作，最后并举其著作名称，读之对其人之造境及地位，皆灼然可见。书中对于各人叙述，特点极多，皆不落平常窠臼。如对于梁启超，既述其《新民丛报》时代如万马奔放之文体以后，复力叙其逐渐改变作风，如谓：

> 启超见世之敩为新民体者，学其堆砌，学其排比，有其冗长，失其条畅，于是自为文章，乃力趋于洞爽轩辟。

又谓：

> 时国内士夫，人人效为启超文，而启超转自厌倦所为，时时以诗古文辞质正于望江赵熙、闽县陈衍诸人。

又如既叙章太炎崇魏晋文，而又表其对于桐城派之尊尚，又对康有为特表其临没与章士钊之一段谈话（原书三一四页），皆是别有会心。

总之，此书能将近数十年来，文坛有权威者之生平、个性及地位等，皆确然剀示于读者之前，不能不算是他一大特色。

虽然，此书亦有一二根本缺点，不能不特别为之指出，吾人决非故意指摘钱先生，实因尊重钱先生之著作，冀为将来继钱先生而起者告。盖钱先生此书，按实际讲，只为旧日各正史中所有《文苑传》之扩大耳，非所论于真正的“文学史”也。因为此书之编制方法，只按人排比，为之序传，除较旧史《文苑传》多一文、诗、词、曲等分类外，实不见有其他异点。吾人以为文学史之要素，既在源流派别之推阐，而尤要在时代背景之联系。读钱先生此书，只能知某人之诗文如何如何耳，至其何以如此，与其所处时代之关系，则毫不能了解。如是则将此书所述之各人，略改易其表示时间之字，以魏晋者还魏晋，以唐宋者还唐宋，亦将无根本之不可能，如是则又何取于文学史为？且此书虽名为“现代中国文学史”，然实不如称之为“现代中国‘旧’文学史”为更确，因其全书几有三分之二皆系述旧日“文匠”“诗匠”之文学，而非现代之文学，其真正能代表现代文学者，只下编之三派，然除新民体一派外，所述都甚略，尤其于近十余年来最占势力之白话文、诗、戏剧、小说等，所述尤略。此或由于钱先生之主张不同，然亦适使其书只能成为现代中国旧文学史也。此外钱先生之“旧”的地方还甚多，即如其对于“文学”一观念，窥其全书，似亦只以文、诗、词、曲始为文学，而于“小说”一门则全缺，又列旧日之曲，而独不列“戏剧”，此皆显有未妥。又单以旧的观点论，则钱先生于“现代”二字之诠释，亦似有可商之处。窥钱先生意，似以民国以来为现代，所以叙列诸人，只以现存或殁于民国者始列入，以是叙文列马其昶而不列吴汝纶，叙诗列陈三立、郑孝胥而不列黄遵宪，但其实现存诸诗古文家，推其源流，实皆孕育于同光间，甲午以后所产之变声，影响尤大。纵钱先生所言之“现代”，不愿扩充至清末，然于其渊源上似不能不溯及之，惜钱先生《文苑传》式之文学史，在体例上竟不许道及之，此尤为一大缺憾也。总之，钱先生费数十余年之心力，个别保存近数十年来数十人的文学史料，且能联贯而叙述之，其有功于著述界，已不可湮，希望能再进一步，本著述文学史的眼光，利用固有材料与经验，在最短时间，能编成一部真正的文学史。

再书中所引某某文字、某某谈话，多未注明出处，似不甚妥。又所列各段稍嫌过长，读者不易醒目。如能就各长段，再行分析成小段，且将其所引文字，能另行分写，则更明晰矣。

原载《人文月刊》1934 年第 5 卷

亚洲民族反帝运动史

欧战后的世界状况，有两种很明显的动向，就是社会主义和资本主义的斗争及弱小民族和帝国主义者的斗争。关于前者，我们且不谈他；关于后者，在欧战后各殖民地或半殖民地，皆有热烈反抗帝国主义的运动。在这种运动中，中国亦居其一。当一九二六和一九二七的大革命时期中，中国民族充分表现出反帝运动的精神和行动，且收了相当的效果。最近几年来，我们这种精神，虽为一种不可抗力暂时消沉下来，但是普遍世界上弱小民族反帝的这种动向，却是谁也不能阻止的。我们不看最近的阿比西尼亚么？就是绝好的模范。这种动向的结果，并不必要谁预测，历史上并没有一种势力永久统治另外一群人的，最后必是这一势力的没落崩溃，毫无可疑。目前的中国，最需要的是什么，这是人人都知道的。凡是有志的青年，若为准备将来的应用，准备将来活动的基础，这种反帝运动的史实，是不能不知道的。

印维廉先生这本《亚洲民族反帝运动史》，很可以为目前消沉局面中一般的读物。这本书列举亚洲各弱小民族，如朝鲜、印度、东印度群岛、暹罗、安南、菲律宾、土耳其、波斯、阿富汗、阿拉伯等反帝运动的史实，都原原本本详细叙述出来。这些民族斗争的经历，无不可为我们取法。他们的斗争虽都失败了，可是有谁不知"失败为成功之母"。他们的成功，正是随着反帝运动历史的演进，而日益接近,其间有应为我们作参考取法或研究的极多。

本书因为原著者搜辑材料的广博和叙述的清晰,增加我们兴味不少。他于各个民族的运动,都分四般叙述:一序幕,述各民族历史、地理及民族概况;二背景,述各帝国主义者政治上经济上文化上压迫的情形,为激起反帝运动的背景;三演进,述各民族反帝运动史实,为本书各章主要部分,皆由其初灭亡时述起,迄最近止;四将来,分析各民族状况,推断其将来路线及结果。

原载《人文月刊》1935 年第 6 卷第 7 期

中国近百年史

《近百年史》，实在是近来学校中最感需要的一种课本，可惜坊间普通所见的，大都简略不全，难供应用。最近商务印书馆出版罗元鲲先生所编的这本书，比较尚可应用。

罗先生这本书，把近百年史分为两大编：第一编自鸦片战争起，至清朝覆亡止，罗先生称为“西力侵入时代”；第二编自辛亥革命起，至最近中日《塘沽协定》止，称为“民国成立时代”。两编共分三十九章，将此百年中重要事实，一一举出，扼要叙述——就叙述上讲，颇能简要不繁，得欧阳修所谓“有犬死于奔马之下”的笔法。每章后又附有简表，把所述过的事实，再用表解一下，格外简明醒目，最便于学者。

这本书所以较其他书为适于采用的地方，就是因为他能把近百年以来的大事，无论内政、外交、文化各方面，都能多多少少叙述出来。这一点看他容易，其实很难，因为现代史料，大都是眼前事，往往易于忽过，不易搜集。且欲就各方面，搜集相当完备，这是做过这种工作的人，都知道很困难的。且不必说选取裁剪等手续，即如国民革命以来的许多事迹，如桂系事件，唐、石事件，扩大会议等事，为人人所亲历，然能道其详者绝少。这本书较易引人注目的一点，也就是在这包含有最近史迹的一段。其实著者用心力求完备的地方，尚不止这一点。如他于第一编第十七章述“晚清学术”一段，除过久已著称的今古文家略为叙述外，且把微乎其微的理学家和几个书家画家，以及杨仁山、詹天佑等，凡能代表一方面倾向的，皆举出来，以表示理学、佛学、史地学、文学、美术、实用科学等等方面的活动。又如第二编第八章述民国以来"各省之纷乱"节，把老洋人、孙美瑶等事迹，亦包括进去。这些都可表示著者在力求完备，要开始把近百年史建设成一部真正的历史书，不是如一般因陋就简、只顾出版、不管内容之粗浮残缺者可比。

总之，这部书的长处，就在"相当完备"。他把近百年以来的事迹，一直至最近一年前止，都能多多少少叙述进去。

话虽知此，但是，这本书要说他就能真正使人满意，却也很难。我们读了他这本书后，仿佛觉着毫无精神，这是因为他只把所有搜集到的事迹，一件一件平铺直叙的叙述下去，好像旧日的"纪事本末"体——但纪事本末，□□□□，足供参考，而此书又只是略述，于史迹的缘起经过，并不能详尽。那末，我们读了，于中国"近百年史"，能了解些什么呢？我可以说，除"知道"有过些什么事迹以外，对于怎样有了这些事迹和为什么有这些事迹发生，却都不能"了解"！作者编著时，似乎对于这些方面全未注意。我们读完他这本书，真好像他是漏说了什么东西似的，其实他是在力求完备。

我们推求这种原因，觉着他这本书实在有一种极大的缺陷。他是在述中国近百年史，而对于构成中国近百年史的主要动力，帝国主义或资本主义的势力，却全未重视。书中固然也一样的用专章叙述雅片战争、英法联军、中日战争、《二十一条约》等等。但对于这些事件的作用影响和百年以来中国内部所发生的那些骚动改变，其间的关系，全然未指出来。结果使读者对于那些事变，既得不到什么连系，那对于这些事变的了解，就只能如看流水账簿的一样，知道有些某事某事，并不能了解他们的意义，这样就是不能了解中国近百年史！

我且指出几点来一说：比方雅片战争，这在近百年史上的关系，是人所熟知的，作者于叙述此事经过后，亦有论其影响一段，他说：

> ……至其影响，则我国门户大开，外人进窥堂奥，后此英、法入寇，八国联军，皆此役启之。

这种议论，真不免是“模糊影响”之谈！从雅片战争订立《南京条约》起，外人势力开始侵入，攘夺种种权利，直接支配中国，其事实都是很容易说的，却不料著者才说是开启了“英法入寇，八国联军”！固然，如果没有雅片战争，也许不会有“英法入寇”，甚至也许不会有“八国联军”，但是请问这就是雅片战争的影响么？著者在下边又紧接着说道：

> ……《关税协定》《外国裁判权》及《居留地制度》，亦包括在此范围内……此为中国在国际法上失权之始，不可不注意者也。

我们看了这种议论，觉着雅片战争原来只是这样平淡的一回事，丧失了关税权、裁判权，也不过是一个国际法上的问题，那还用得着什么不可不注意呢？

但这还是雅片战争，威名太著了，作者才有这些分析，及至以后层出不穷的侵略，作者益发连这些轻描淡写的话也没有！好在帝国主义者对于中国的迫害，早已成了常识事件，不然的话，我们读了这本书，那会觉着有什么帝国主义？打仗失败，也只是枪炮不好；清政不才，也只是慈禧的坏；军阀混乱，也是军阀的混账；人民穷困，经济凋敝，更是自己没出息，又和帝国主义者有什么关系呢？

这且不讲，我们更看如清末革命运动这回事，这是人人都知道他的原因，到那时非发生革命不可的。不过这虽然已经成了常识见解，但是既称为一本近百年史，说到清末的革命运动，似乎总不能不提及他发生的种种因缘。但是我们看著者于叙述“辛亥以前之革命运动”一章内，他开头说：

……革命团体，原来极多，如三合会、哥老会皆以反清复明为宗旨，饶有民族革命意味。徒以无清世之主义与伟大之领袖，以致终不能有为。真正之革命运动，实自三民主义创造者孙先生乙未广州之役始……

以下著者即历叙革命运动的事实。我们看了他这种叙述，对于当时革命运动的重大性和孙先生创造的伟大，又会有什么了解呢？我们至多只知道乙未广州、庚子惠州那些事实，是称作“革命”罢了，又那里知道他的重要呢？

诸如此类，本书著者对于近百年史，只做到了一个叙述简要不繁的地步。我大胆的说一句，他全未编出什么道理来！在我们现在，像这种从头到尾都与以简单记述的历史书，果然不能说全不需要，但尤其是需要有道理的历史书。我国旧日的史籍，大缺点就在于全没有道理，乱七八糟，把许多事实累积在一起，就算是历史书，对于历代的因革变迁，全然讲不出所以然来。但是旧日的史籍，还有一种长处，他的包含丰富，虽不足作历史书看，但还可以作史料用。及至现在，我们习惯于指摘过去史籍的缺点，极力避免，然而正把他们的长处去掉，却没有方法比他更好，这是我们极需要再努力的。我读罗先生此书，对他搜集史料的辛勤上，是十分钦佩的。至于我所指出的缺点，不管是否，在我的意思，也不是单要罗先生一个人负责的！

原载《人文月刊》1934年第5卷第8期

西域文明史概论

西域各地是和中国历史最有关系的地带，他不只是因为历史上一件大事——汉代交通西域——而重要，而且因为他是中国文化西传的通路，又是西方文化——近如印度，远如欧洲——传入东方的通路，甚至如许多学者的推测，恐中国民族的主要部分，亦系由此地带迁来。此西域区原本单指葱岭以东今新疆言，更严格的说，尚着重在天山南路，汉代交通以后，始更包括中亚、印度、西亚，远及欧洲都在内。而在中国史上居重要地位的，葱岭以东的原始西域区，尤重要。

但此西域亦即现在之新疆，后代历为游牧民族的争逐地，不论其文化程度如何与其影响于中国生活的为何，而中国人总以较少注意的眼光视之，遂使其历史情形，虽在汉代交通以后，中国人与之交往已日密，而仍湮没不彰——但此湮没的重要区域，终可任其湮没了么？

自前世纪以来，俄、法、德、英诸国学者，已历在中亚细亚各地考查，其地的黑暗历史，已次第明了。及最近三四十年中，更转向注意于东土耳其斯坦，列国探险队相继东来，于废城古寺沙碛土堆中，发见可贵重的资料至夥。最近吾国人士亦多为之奋起，曾有数学术团体所组织之考察团前往，与外人合作。此湮没之西域史，现在已多明了于世。

但此重复发见之西域史迹,究竟如何呢? 吾人简直可说声愧惭! 虽各探险家之报告书,已远非五车所能载,而其流布于中国,书写成中国文字的,实在百不得一二,遂使此与中国史极有关系,前以湮没为恨憾,而今重复发现的西域史迹,仍不能为中国人所了然,此实至可痛惜! 国内学术界实应负其责。

于此能有一本书,将新近所发现的古西域历史,从各专家报告中,披沙拾金,汇其结论,报告出来,使我们虽不能悉知近代所发见的详情,而亦可略窥其概要,这自然是我们应当赶快取来一读的。

这本应当赶快取来一读的书,就是日人羽田亨著,由郑元芳君译为国文的《西域文明史概论》。

本书系一小册子,原是著者应其国内某杂志的要求而做的论文,也是为介绍这些新发现于其国人的。三年前又由著者汇集起来,略加增订,改为单行本。最近又由郑元芳君译出,收入商务印书馆《史地小丛书》中出版。全书共分十一节,前两节说明西域形势及中国与西域的交通略情;由第三节至第十节,即全为近来新发现的史迹,如西域人种、宗教、美术、西域的中国文化等等,并附以发见的图画雕刻照片等。

本书既是总括报告新近发见的材料和其研究,那末书中要点,自不烦本文缕述,读者径可取视原书。译文间有小误处,如 Sogd 应作粟特,乃作索格底,Soytlion 应作塞种,乃作塞克提(唐人虽有以“索格多”译 Sogdo 者,亦非作“索格底”)等是。

原载《人文月刊》1934 年第 5 卷第 9 期

《古史研究》第二集

近年国人因受暴日侵略，精神上更感觉极端痛苦，在此愁烦的局面中，自然无兴致也无暇来作学术的探讨。在前几年，往往能因学术上的某一问题，引起社会上各方面的冲动，讨论争辩极其热闹。近几年纯粹作学术研究的人，固然也不少，但是大都被认为书呆子之流，社会上固然不十分注意，即研究的人亦自认不过是些书本工作，无补于抗日御侮的实际，都不声不响，所以学术界十分沉闷，远不及当年的盛况了！

但是我们觉着过犹不及，学术事业，究竟是民族精华、国家命脉所系，现在我们的土地被人家夺去了，觉着是耻辱痛苦，但是假使我们的学术工作，亦被人家拿去代做了，等到我们用时还得向别人请教，这便不是耻辱么？我们有几个人常常说笑话：恐怕最多再过一二十年，现在的几位老先生过去了，中国大学的国学教授、国文讲师，或许得到日本去请，也说不定！但这是笑话么？我们试到各大学或各大书店的内部一行考查即知，大学的课程是以能合学生找出路为学生出路上实用的技术为唯一的要求，书店的出版物是以能合普遍应用为实际生活中应用的读物，销路最大——我这话固然不是由统计得来的，但我们大略考查一下，不是这样么？如果不是，那好了，我情甘认罪！假使我的话不幸而言中，那末一二十年后怕只有去日本或法国德国，请“中国学专家”来中国，在中国大学为中国人讲中国学问了！

我这话并非过于偏激，实际上一些较专门的作品，大学里也不拿来研究，书店里即有也卖不出去，唯一的理由，就是因为即使买来读了，也与世界经济恐慌、二次大战、抗日救国、衣食住行渺无相干！我现在要讲到的卫聚贤先生这部《古史研究》，恐怕就是这样的一部书！

卫先生的《古史研究》，在"九一八"前早已出版过第一集，最近又出版了这第二集两册。在这三本《古史研究》中，包含的事项极多，研究的和解决的问题，有许多都极可注意，但是直到如今，我还未见有人公开的讨论过。这些问题不值得讨论么？不是的，实际是因为讨论这种问题，远不如说说二次世界大战来的耸人听闻些！

卫先生的《古史研究》第一集，久已行世，兹不必谈。他这部第二集，是专门探讨古代"中国文化沟通"关系的。他以为古代在"战国时中国学术突然发达，若不知其受外来的影响是讲不通的"（原书《总序》）。战国时中国学术的突然发达，是否为受外来的影响，这个问题从来没有人提起过，卫先生"忽然从西北角上闪出来"，提出这个问题，无论是与否，至少值得我们注意。据卫先生考查的结果，认定战国时的学术，确曾受外来的影响，而且尤其是印度。这部《古史研究》第二集上下两册，就是专门搜集这类事实的。

据他搜集的结果，有几个极可骇异的发见。他以为那部古怪的《山海经》，就是一个印度人来中国旅行而作的游记，而且这个印度人还是墨子的弟子随巢子。他当然赞同前几年胡怀琛先生提出的墨子为印度人的说法，而以为随巢子"随墨子从印度来，经缅甸、云南、广西、广东、福建，由海道北上，至山东芝罘登岸，在泰山住了很久，到各处游历，把所到的山水都笔记起来，加上印度婆罗门教的神话"，就构成这部《山海经》（原书上册三〇二页）。他又说那个鼎鼎大名的老子，也是一个受有印度佛教影响的苗民（原书六八七至七一二页）；在战国间最著名医家扁鹊，也是来自印度（原书七一三至七三二页）。除他自己这类发现外，书中还包含着他人相类似的作品，共十五篇，大都是和这个问题有关系的。

我们在目前紧张的局面中，读了这样的一部书，或者有人觉着真的离实际生活太远了，但是卫先生所提出的这个问题——古代中印文化关系的问题——是不是应当讨论呢？我们知道中国古代和印度的关系，是早已有人注意过的。即就事实上说，当张骞交通西域时，明明白白已经见过原产自四川而经由印度输入大夏的货物；当印度的阿育王传布佛教时，明明白白说是曾经遣人来过中国；而且最近日人藤田丰八亦疑惑到《史记·秦始皇本纪》所载始皇三十一年"禁不得祠"的"不得祠"，历来无从解释，或当为 Buddha 的对音。如果这些都是事实，那中国古代和印度的关系，学者岂能随便放过的么？如果这个问题应当研究，那卫先生这部书，我可以说，正因为在抗日救国的工作下，尤其应当读的了。

原载《人文月刊》1934 年第 5 卷第 10 期

欧化东渐史

明中叶以来,随欧洲势力的东侵,其文化亦挟以俱来,历四百余年之时期,直至今日,欧美人在中国所占之势力且不论,即其文化已日积月累,几已尽化中国之旧有文化,上自国家制度,下及个人衣物用具,几无一不杂有欧化之素,故现在的中国,实大可称为"西装的中国",和南北朝后隋、唐间"和尚装的中国",直可先后比美!

不过中国早着西装,人人耳熟能详,只是西装零件,怎样传入,却很少道其详,我们久已需要一部详细叙述"欧化东渐"的历史书。最近(二十三年一月)商务印书馆出版了一本小册子,供给这个需要。这本小册子的著者张星烺君,本是一位博极群书——阅读中西书籍很多的人,我们前在介绍他的《中西交通史料汇篇》时已提过。可惜在这本小册子中,使我们读了,稍觉失望,全书大部分,似把历史家应具的客观忠实态度去掉,因此于材料事实,皆欠详尽,实为遗憾!

全书分为三章,第一章述"欧化东传之媒介",第二章述"有形欧化即欧洲物质文明之输入",第三章述"无形欧化即欧洲思想文明之输入"。这三章的价值,正可随其所列第一、第二、第三的次序决定,即述"欧化东传之媒介"一章最好。这一章几占到全书的二分之一,其中指出欧化东传的媒介有三:一为从欧洲东来的商人、游客等,二为东来的基督教徒,三为中国的留学生。此三节材料,多采自几种西籍及中国私家笔记,如叙述明代葡、西、荷、英诸国人初来事迹,利马窦等人初来传教情形及最初之留学生等,多不经见的材料。

第二章所谓"有形欧化",指军器、学术、财政、交通、教育等五项事业,除军器指枪炮外,学术指历法、测量、医药等,财政指海关、银行、币制等,交通指铁路火车、轮船、电报、邮政等,教育指报馆、学校等。此五项所述,即嫌简略,虽为小册子,不能尽量包含,然亦嫌过于疏漏,如新式工厂、商店的发生,著者即全未提及,学校一项亦只述数大学,而于清末所改易之全盘学校制度,亦只字未提。

第三章"无形欧化",指宗教、伦理、政治、艺术及学术上各种思想如进化论、新文学运动等。此章所述,似乎可商榷之处最多。如宗教思想,著者谓基督教在中国完全失败,固无可述,但于伦理一项,著者只大发议论,谓"全国鼎沸,生民涂炭",实"知识分子所造成之恐慌",但究竟是否如此且不论,即知识分子所造者究为何物,著者全未提及。著者谓"危险思想之输入中国,不宜早禁绝乎"?然此"危险思想"为何物?吾人读其书亦全不能知。又如政治思想,著者只说及输入卢梭、孟德斯鸠之学说,输入共产主义、法西斯蒂等思想,因泛论其为何危险等等,而于其如何输入,书籍之翻译,各种组织之发生,著者皆未提及。至若对文学,对艺术,其叙述方法皆如是,吾人读后,实不知所输入的究为何物。

大概本书于其所负责任,只明、清间事已有成书记载的,著者颇能尽之,而于民国以来尤其大量输入,深入社会、政治各方面的,著者却不能道之。著者于亲身所历,不能把握,而只以空泛议论书之,实为著述历史书籍所不宜有之态度。至于著者对现在政治、社会、文艺各方面所抱之思想态度,是否有当于义,虽属个人信念,不应论及,但一公正历史家,与其现实生活,亦似不应隔膜至如是程度!

原载《人文月刊》1935 年第 6 卷第 6 期

方志学

中国之“地方志”，以今日视之，实为一种不完全的地理学书。古代地理学，在两晋间应甚发达，盖当时人已知应用测量及经纬线制图，惟不知何故，一百六十家之说尽皆散失。隋唐以降，作者虽仍甚多，然大都只偏于风土人物、山川名胜，与地学相去已远，故目录家多以为史部一目，至章学诚，更直视地志为史。然究其实，地方志应为地理学书，而不应为史书，其理甚明。惟地学既不发达，作者以记史之法记地方、作史之体作地志，遂只好把地理书作史书看了。

以地志作史书看，地志应为一种地方史，故地志于建置沿革、人物掌故，类多特详，以作一地方史迹参考，原亦有用。然究其实，以史书论又不完全，普通史书，或断代，或编年，联续编次，历代演变递禅之迹，借以稽考。而地志大抵由人率意为之，创修既无前因，补修又不定限，断续相难，欲借以考知一地之风土民情之演变，殆不可能。况且旧志体例极不完全，经济、民生向非所重，而封爵、妖异乃连篇累牍，虽章学诚号为通达，所增“政署”一门，差胜于前，然而地方史之要，岂只此一点？今人已多有倡读地志的，虽披沙拣金，未必毫无所得，然博而寡要，正与中国之其他史籍同。

地志之书，在今日似不必作，一方一隅地质、土壤、山脉、河道之构造，气候、风雨、寒燠之变化，动植物产之特色，皆应有专书为之记载。若民情风俗、经济状况，更宜有专书。吾人极宜努力于各种专学专史之作，驳杂不伦之地方志，似无必要。

近读李泰芬先生《方志学》，偶得感想如上。李先生此书系“遭实斋之厄而作”，如序中所述，极堪同情。地志可作否为一事，此书又为一事，专论方志编纂，此书尚为创作。读者可以借此略知昔日地方志之大略、志书之体裁内容及应有之编纂方法。其第九章以下关于方志资料之选集、鉴定、整理诸法，直可作历史研究法读。

原载《人文月刊》1935年第6卷第9期

中国法制史

吾人今日欲整理中国史，舍分别从专史入手外，殆无他法。由专史着手之效力有二。其一，范围较狭，材料易集中，精力易贯注，则研究结果，自必较有成绩。其二，各门专史，自必以各门专家眼光整理分析，则史迹真象，自较一般泛泛然所谓历史家者所得为确。吾以为此后一点，尤为重要，因为治中国史者都不免为旧史上一般问题所包围，对于生活中真正事项，实少透彻了解，今若以此等问题，都付与各科专家，以其专门知识，加以分析，其所得自必较多。所以吾人以为今日固缺乏良好通史，然而实不如说是缺乏各种专史，假使各种专史，皆能由各门专家编纂成功，则良好通史之编纂，自易为力。

新近商务印书馆出版大学丛书中之《中国法制史》，实为良好专史之一。中国法制，本自成一系，异于世界其他法系的特点甚多，惜吾国史料虽多，而系统叙述迄今仍甚少，致使此种特点，究未能尽情显示。本书于中国历代刑律制度以及一切关于政制、选举、教育及经济政策，凡属涉及法令典章的，皆有详尽叙述。全书共分四编，除第一编总论外，第二编为“政治制度”，包含中央及地方政府之组织法、军队之组织法及选举、教育之制度等。第三编为“狱讼制度”，包含诉讼方法、各种刑名、科刑方法、监狱制度及赦例等。第四编为“经济制度”，包含田制、赋税制、抑商制及货币制等。其中以第三编分量最多，约及全书三分之一。

本书于史料选取，特为精严，于秦汉以前只略述备览，实际叙述，只始于秦，是著者显受良好史学训练，远非摭拾传说，以自炫中国法制起源之古者可比。中国法制观念，本极淡薄，历代间有趋重法治者，且多为人所诋呵。推其原故，为中国人以“礼”重于“法”观念之结果，自为人人所熟知，而其重礼轻法，实根本原于注重伦理之家族生产，尤为重要。本书说论中，对于此点，详为论列，足可使人了解中国法制之背景。又中国名法，向多“律例”并称，即以法律条文虽具，而实际更重于“例”，律文伸缩性极大，但例又不应称为不成文法或习惯法，实为中国法制中之一特色。本书于历代律外之律，叙述精详，最后著者说：

> 律在中国法制史上，虽立于正统之地位，而在汉受制于比，在蜀吴受制于科，在唐受制于格，在五代及宋受制于敕，在明清又受制于例，其能卓然发展其效力，盖仅矣！所以然者，法为君主一人之所立，纵不然亦出于一二臣工之操纵，仅可另立名目以弁髦之。且认为法令之作，应准乎礼以为出入，明刑即所以弼教，凡与五伦相涉者，皆宜屈法以伸情，故即贤良者，对法亦不认为有必要矣。

此论极为精辟，足可以道尽中国人之法律观念及其内容。

非过去中国法制中，绝无民刑之分，是诚一大缺点，但历来关于财产承袭、子嗣继承等事，虽全依习惯法，然散见于各书的，亦非全无定例可寻，倘掇而拾之，当亦为法制史中之要项，不知专家以为何如？

原载《出版周刊》1935 年新 124 号

唐代经济史

唐代经济状况，实为中国史上一个转变时代。唐以前各代，经济、生活的各方面，都不脱原始形式，虽有些新事项发展，但势力甚微。从唐代起，一切新的事态，始大行发展起来，比方国内外的贸易、货币、工厂、制造品，都有极新颖的发展，远非前代所及。唐以后各代皆承其端绪，继续演进。在这些新事项中，最显明的莫如因经济的发达，而结成的新式租税制度。唐以前皆信用极原始的以“丁口”为标准的租税制，虽至唐初犹然，及唐中叶始代以较合理的以“财产”为标准的租税制。这一个的转变，明白指示唐代经济的发达，使国家社会的财富，已不能仅从每一个人丁身上计算出来，而必须从堆积的资本上计算；同时也是表明资本主义的剥削关系已臻完成。这一个的转变，大体上是人所易知的，可是支持这个新制度的一切经济形态，其发达情形如何，颇不明了。研究这段情形，不仅仅是中国经济史，实是全部中国史上最重要的一项工作。

这部《唐代经济史》，即是致力于这种工作。本书著者陶希圣先生，不必介绍，是多年专攻经济史的名家；鞠清远先生在《食货》上的文章，也大家所常读的。他们搜集了极丰富的材料，把唐代的经济概况描写出来，虽然是本小册子，但已相当完备。

本书计分八章，第一章标明“前代的遗产与隋末之丧乱”，是绪论的样子，但不十分好，因为没有把“前代”经济状况的全部姿态指出来，而只略略说了一点东汉以后人民的流徙，田地的荒芜，与晋魏间均田、屯田的产生等，实际只是对唐初田制的一点导言。第二、第三两章，述唐代的"田制与农业"，把唐初班田的真象、贵族地主的兼并土地和一般农民的情形，都有概略的叙述。第四、第五两章是述都市和工商业的发达，前一章述都市，各种市会及商业道路等；后一章述工商业发展下所产生的柜坊、飞钱、邸店、行会、工厂等，一切都可代表唐代生活中新的事项。第六、第七两章，述唐代的"财政制度"，如初年的"租庸调"，后来的"两税制"，以及商税、茶税、盐铁、漕运等。第八章为结论。

本书自然不仅是材料的举出，且有许多重要的解释，如对唐初的班田制，明白指出为"国有土地"一部分的处置办法，并不是否认私有土地的均田。对"租庸调制"的崩溃，也有较普通所知为多的说明。对"两税制"，指明不仅是夏秋两季收税之谓，实质上乃是征收"地税"与"户税"两税之意等等。

原载《出版周刊》1936年新201号

韩非子

中国史上的大思想家很多，其学说对当时对后世有重要影响，极受人崇拜的也很多，惟中间有一个被冤屈了的，同时是被埋没了的思想家，其思想本身极伟大，且与中国历史极有关系，然而后世却并没有给与应得的地位，这个人即韩非。韩非的事迹，普通都晓得，在从前只看他是残刻的"法家"，一到了最近，因看法不同，稍为好点，承认他是伟大的法理学家。但其实韩非并不仅是个法理学家，他所讲到的问题，并不仅是法理问题，而实是社会转变期中，为将来新社会、新国家提出基础的理论，其结果直接展开了一个新时代。他的这些理论，明白说来，正是秦、汉以降历行两千年的"专制理论"。后世的专制君主很可以说都是韩非的信徒，是韩非主义的实行者，但那些徒子徒孙却把这位"先师"忘记了。

韩非的专制理论是怎样的呢？就先举出三点来说：

首先韩非有一种历史哲学，他认定古代一切国家的灭亡，都是不行专制的结果。因不行专制，故君主卑弱，贵族大臣权力过大，致为乱亡根本。他的这种观察，不妨和儒家相反，而且和其他各家也不同，如《爱臣篇》说：

昔者纣之亡，周之卑，皆从诸侯之博大也；晋之分也，齐之夺也，皆以群臣之太富也。夫燕、宋之所以弑其君者，皆此类也。

古代国家是如此，即战国间秦之强，六国之弱，原因也是在此。《饰邪篇》说：

> 彼法明则忠臣劝，罚必则邪臣止。忠劝邪止，而地广主尊者，秦是也。群臣朋党比周，以隐正道，行私曲，而地削主卑者，山东是也。

为什么“诸侯博大”“群臣太富”了，国家就要扰乱或灭亡呢？《有度篇》说：

> 当今之时，能去私曲就公法者，民安而国治；能去私行行公法者，则兵强而敌弱……

如果不能“去私行”“行公法”，那末就是：

> 此亡之本也！若是则群臣废法而行私重，轻公法矣！数至能人之门，不一至主之廷；百虑私家之便，不一图主之国。属数虽多，非所以尊君也；百官虽具，非所以任国也。然则主有人主之名，而实托于群臣之家也，故臣曰“亡国之廷无人焉”。

这是韩非主张“君主专制”的根本理论。其意以为君主是代表国家的，是公共的，若群臣不尊君，即是不为公共的国家谋利益，而各顾私利，那就“百官虽具”，都不“任国”，国家的事没人管理，自然非灭亡不可。他提出这个“公法”“私行”的分别，在中国政治思想史上看来非常重要。因为古代像儒家的学说，把“国”和“家”看成一样的，国、家不分。且以为“齐家”，即是“治国”，遂使公共事务和私家事务分不清，把家政既当成国政，国政也当成家政，虽非明白主张以公营私，但以公营私，必成当然的结果。儒家的学说，完全系保存封建社会的旧有意识，在封建社会，国、家固然不分，但到了国家社会组织都已相当发达的战国时代，实已不能应用。韩非子提出这一点，使人认清了“国”和“家”、“公”和“私”的分别，实是一大进步。但可惜后来儒家学说复兴，韩非子被人唾骂，遂使中国人对公私的界限永远认不清，讲道德只知道私德，全不知有公德，对国家的财政经济，也当成个人私利一样看，务以清高为尚，不肯讲求，直误尽苍生！韩非子以君主代表公共的国家，在今日看来自不无欠缺，但在当时提出了这个观念，无论如何是极有价值、极重要的。

韩非子既以君主代表公共的国家，要人奉公，故须尊君，结果自然成了"君主专制主义"。《爱臣篇》说：

> 臣闻千乘之君无备，必有百乘之臣在其侧，以徙其民而倾其国；万乘之君无备，必有千乘之家在其侧，以徙其威而倾其国。是以奸臣蕃息，主道衰亡。是故诸侯之博大，天子之害也；群臣之太富，君主之败也。将相之营主而隆家（原作"管主而隆家"，从孙诒让校改，营谓营惑），此君人者所外也。万物莫如身之至贵也，位之至尊也，主威之重，主势之隆也。

这是教君主务必保其尊贵的身位，隆重其威严，勿使大权旁落。又《主道篇》说：

> 是故人主有五壅：臣闭其主曰壅，臣制财利曰壅，臣擅行令曰壅，臣得行义曰壅，臣得树人曰壅。臣闭其主则主失位，臣制财利则主失德，臣擅行令则主失制，臣得行义则主失名，臣得树人则主失党。此人主之所以独擅也，非人臣之所以得操也。

这是教君主务须独揽大权。但是君主怎样才能永远保持威柄，独揽大权？韩非子举出许多"法术"，作君主们专制的方法。他所举出的方法很多，我们不能备举，最可注意的，他把后世宦官、宫妻、外戚、朋党的专权弄柄，都料个正着，要君主们防备。甚至亲如父子、夫妻都不可过信，因为人主若过于相信，人臣即得以夹之而行其奸。所以人主最重要的，是"明察"，是持"二柄"（二柄指刑与德）。明察可以防备奸邪；能持二柄，人臣即不敢营私舞弊，且都感恩。他的这些方法，详载于《八奸》《亡徵》《备内》《饰邪》《二柄》等篇。《孤愤》一篇，论朋党之害，尤为透澈。他替君主们想出的专制方法，实在是极完备的。

不过韩非子虽然主张专制主义，但我们更须注意，他所谓“君主专制”，却又不是“君主独裁”，绝对的君主专制。他的本意仍是把君主看成政治上公共的代表者：所谓君主，乃是“国家”，而不是“君主个人”。所以他所谓专制，真正说来，乃是“国家专制”，而不是“君主个人专制”，因此，他的理论，实际又和后世的君主专制，绝不相同。

为什么这样讲呢？因为韩非子所谓专制，乃是要君主根据一种“法”来统治臣下，统治人民。根据法来专制，君主事实上等于无为，即是并不要君主自己来专制，而实是用法来专制罢了。韩非子这种主张，我们如读他的书，即可显然看出。如《有度篇》说：

> 故明主使法择人，不自举也；使法量功，不自度也……故有口不以私言，有目不以私视……

又《用人篇》说：

> 释法术而任心治，尧不能正一国……使中主守法术，拙匠执规矩尺寸，则万不失矣。

又《扬权篇》说：

> 圣人之道，去智与巧。智巧不去，难以为常。民人用之，其身多殃；主上用之，其国危亡……

这些话都很明白。所以韩非的真意，实是“法治”，而不是君主个人专制。他的主张很近于近世所谓“君主立宪政体”，而却不是秦始皇他们的专制政体。韩非子在两千年前能有这种思想，我们不承认他伟大，还公平么？

因此我觉着《韩非子》这部书，应当把他当成专制主义的经典来读，也应当作为政治哲学书读。

原载《人文月刊》1937 年第 8 卷第 3 期